中国电力教育协会
高校电气类专业精品教材

普通高等教育“十二五”系列教材

电工测试基础

（第二版）

主　编　刘青松　李巧娟
副主编　侯　锐　李一峰
编　写　童　佳　吴伟雄　孙红贵　程海玉
　　　　张建新　朱丽军　许聚武
主　审　赵　伟　曹泰斌

中国电力出版社
CHINA ELECTRIC POWER PRESS

内 容 提 要

本书主要介绍了电工测试的基础知识，全书内容共分八章，具体包括电工仪表及测量的基本知识、常用电测量指示仪表、电能表与互感器、常用数字式仪表、电工测试技术、电量与电参数的测量、智能测试技术以及电工实验。

本书内容丰富，系统性和实用性强，可作为高等学校电气类、自动化类、电工电子及相近专业本科教材，也可供相关专业的高职高专院校及工程技术人员参考。

图书在版编目(CIP)数据

电工测试基础/刘青松，李巧娟主编．—2版．—北京：中国电力出版社，2011.5(2022.2重印)

普通高等教育"十二五"规划教材

ISBN 978-7-5123-1398-9

Ⅰ.①电… Ⅱ.①刘… ②李… Ⅲ.①电气测量-高等学校-教材 Ⅳ.①TM93

中国版本图书馆CIP数据核字(2011)第025323号

中国电力出版社出版、发行

(北京市东城区北京站西街19号 100005 http://www.cepp.sgcc.com.cn)

北京天泽润科贸有限公司印刷

各地新华书店经售

*

2004年9月第一版

2011年5月第二版　2022年2月北京第十二次印刷

787毫米×1092毫米　16开本　15.25印张　368千字

定价**39.00**元

前　言

本书是在第一版基础上重新修订而成的。本书在内容体系、广度、深度等方面，以更好地服务于教学的系统性、适应性、前瞻性为原则，注重理论联系实际，强调实际应用。

在对第一版的修订过程中，根据电工测试课程的性质和地位、电类专业的需求和电工测试技术的发展，从打好基础、保持先进、加强应用、培养能力出发，精选和强化了课程内容，注重测试的基本概念、测试的基本方法和常用仪表的阐述，为适应测试技术的发展和生产的需要，增加了数字式仪表的知识介绍。另外，作者总结多年实践教学的经验，并认真吸取各兄弟院校同类课程实验指导书的优点，新编写了部分电工实验，作为第八章的内容。

本书比较详细地介绍了测量的基本知识，测量误差的概念，电工仪表的基本知识，目前电工测试中常用的模拟式仪表的基本结构和基本原理，仪表的选择、测试电路的设计、安全用电知识，以及用仪表测量相关电气参数的原理及方法；介绍了常用数字式仪表的原理、智能电测量仪表的组成及智能测试技术等；在第八章中还介绍了部分电工实验的内容。本次修订更注重理论联系实际，强调实际应用仪表和实际应用电路原理的介绍和举例。

本书共八章，第一～三章由山西大学李巧娟编写；第四～七章由嘉兴学院刘青松编写，第八章由广东海洋大学李一峰和嘉兴学院侯锐共同编写。另外，嘉兴学院的童佳、吴伟雄、孙红贵、程海玉、张建新、朱丽军、许聚武也参与了本书部分内容的选编工作。全书由刘青松统稿，清华大学赵伟教授、嘉兴学院曹泰斌教授主审，提出了许多宝贵意见和修改建议，在此深表谢忱。

在本书的编写过程中，得到了嘉兴学院机电工程学院院长钱苏翔教授、冯小宁教授以及相关领导和教师的大力支持，谨向他们表示诚挚的谢意。

由于水平有限，书中难免有不妥或错误之处，恳请读者批评指正。

编者

2011 年 1 月

第一版前言

本书是普通高等教育"十五"规划教材，是结合当前电类专业"电工测试技术"课程实际教学需求编写的，本书在内容体系、广度、深度等方面以教学的系统性、适应性、前瞻性为原则，并在编写过程中注重理论联系实际，注重实际应用。

本书首先介绍了测量的基本知识，测量误差的分析，电工测试中常用的模拟式仪表如磁电系仪表、电磁系仪表、电动系仪表、电能表及互感器的基本结构和基本原理，然后介绍了仪表的选择、测试电路的设计、安全用电知识以及用这些仪表测量相关电气参数的原理及方法，并介绍了数字式仪表的原理、电测量智能仪表的组成及智能测试技术。此外，在附录中还介绍了非电量的电测试技术。

本书第四、七、九、十章及附录由刘青松编写，第一、二、三、五、六章由李巧娟编写。全书由刘青松统稿，由田震教授主审。

本书以电工测试的原理、方法为主线，内容丰富、系统性和实用性强。可作为高等学校电气工程类、自动化类、电工电子类及相近专业本、专科的教材，也可供相关专业工程技术人员参考。

在编写的过程中得到了山西大学工程学院副校长石生教授、李崇贺教授等许多专家、教授和同行的帮助，在此一并表示衷心的感谢。

由于水平有限，书中难免有不妥或错误之处，恳请读者批评指正。

编者

2004 年 4 月

目　　录

第一章　电工仪表及测量的基本知识

在电能的生产、传输、分配和使用等各环节中，都需要通过电工仪表对系统的运行状态（如电能质量、负荷情况等）加以监测，从而保证系统安全而又经济地运行，所以人们常把电工仪表和测量称作电力工业的眼睛和脉搏。电工仪表和测量技术是从事电气工作的技术人员必须掌握的专门知识。本章主要介绍电工仪表及测量的基本知识。

第一节　电工仪表的基本原理与组成

进行电学量或磁学量测量所需的仪器仪表，统称电工仪表。

一、电工仪表的分类

电工仪表仪器种类繁多，但归纳起来，按其结构、原理和用途大致可分为以下几类：

1. 电测量指示仪表

电测量指示仪表又称为直读仪表。这种仪表的特点是先将被测量转换为可动部分的角位移，然后通过可动部分的指示器在标尺上的位置直接读出被测对象的量值。如交直流电压表、电流表、功率表都属于这种仪表。指示仪表又可按不同分类方法分为以下几种类型：

（1）按仪表工作原理，可分为磁电系、电磁系、电动系、感应系、静电系、热电系、整流式、电子式等。

（2）按用途，可分为电流表、电压表、功率表、电能表、功率因数表、频率表、相位表、绝缘电阻表（俗称兆欧表）及万用表等。

（3）按被测电流的种类，可分为直流表、交流表及交直流两用表等。

（4）按使用环境条件，可分为 A、A1、B、B1、C 五个组，其中 C 组对应的环境条件最恶劣。

（5）按使用方式，可分为安装式、便携式等。

（6）按防御外界电场或磁场的性能，可分为Ⅰ、Ⅱ、Ⅲ、Ⅳ四个等级。Ⅰ级仪表在外磁场或外电场的影响下，允许其指示值改变±0.5%；Ⅱ级仪表允许改变±1.0%；Ⅲ级仪表允许改变±2.5%；Ⅳ级仪表允许改变±5.0%。

除上述分类法外，还有其他的分类方法。

2. 比较仪器

比较仪器用于比较测量，它包括各类交直流电桥和交直流补偿式测量仪器。比较类仪器测量准确度比较高，但操作过程复杂，测量速度较慢。

3. 数字式仪表

数字式仪表也是一种直读式仪表，它的特点是将被测量转换成数字量，再以数字方式显示出测量结果。数字仪表的准确度高，读数方便。有些数字式仪表还具有自动量程切换和编码输出功能，便于用计算机进行处理，容易实现自动测量。

4. 记录仪表

用来记录被测量随时间的变化情况，如示波器、X—Y 记录仪。

5. 扩大量程装置和变换器

扩大量程的装置有分流器、附加电阻、电流互感器、电压互感器等。变换器用来实现不同电量之间的变换，或将非电量转换为电量。

二、电测量指示仪表的组成和基本原理

1. 组成

电测量指示仪表通常由测量电路和测量机构两部分构成，其组成框图如图 1-1 所示。

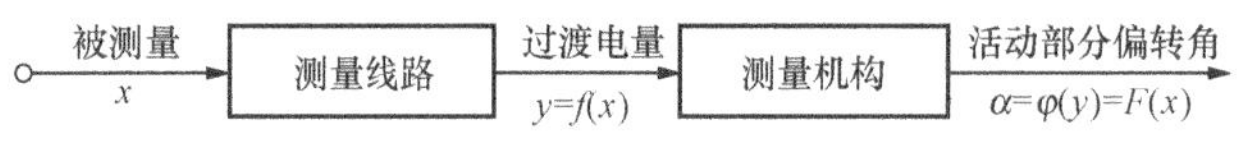

图 1-1 电测量指示仪表的组成

（1）测量电路。测量电路的作用是将被测量 x 转换为测量机构可以接受的过渡量 y，如电压表的附加电阻、电流表的分流电阻都是测量电路。测量电路通常由电阻、电感、电容或电子元件组成，不同仪表的测量电路是不同的。

（2）测量机构。测量机构（表头）是仪表的核心部件，各种系列仪表的测量机构都是由固定部分及活动部分组成，它的作用是将接收到的过渡量 y 变换为活动部分的角位移即偏转角 α。由于测量电路中的 x 和 y 与测量机构中的 y 和 α 能够严格保持一定的函数关系，所以根据偏转角的大小，就可确定被测量的量值。

2. 测量机构的工作原理

为使测量机构的活动部分按接收到的被测量的大小偏转到某一相应的稳定位置，电测量指示仪表的测量机构工作时都具有三种力矩，即转动力矩、反作用力矩和阻尼力矩。

（1）转动力矩。在被测量的作用下，使活动部分产生角位移的力矩称为转动力矩，用 M 表示。该力矩可以由电磁力、电动力、电场力或其他力来产生。产生转动力矩的方式原理不同，就构成磁电系、电磁系、电动系、感应系等不同系列的电测量指示仪表。但不论哪种系列的仪表，其转动力矩 M 的大小都与被测量成一定比例关系。

（2）反作用力矩。在转动力矩的作用下，测量机构的活动部分发生偏转，如果没有反作用力矩与之平衡，则不论被测量有多大，活动部分都要偏转到极限位置，就像一杆不挂秤砣的秤，不论被测量多大，秤杆总是向上翘起，这样只能反映出有无被测量，而不能测出被测量的大小。为了使仪表能测出被测量的量值，活动部分偏转角的大小应与被测量大小有确定的关系。为此，需要一个方向总是和转动力矩相反、大小随活动部分的偏转角大小变化的力矩，这个力矩称为反作用力矩，用 M_α 表示。

在一般仪表中，反作用力矩通常由游丝（即螺旋弹簧）产生；在灵敏度较高的仪表中，反作用力矩由张丝或吊丝产生。此时，反作用力矩 M_α 与活动部分的偏转角成正比，即

$$M_\alpha = D\alpha \tag{1-1}$$

式中 α——偏转角；

D——常数，取决于游丝、吊丝或张丝的材料与尺寸。

在转动力矩的作用下，活动部分开始偏转，使游丝扭紧，因而反作用力矩随之增加，当转动力矩和反作用力矩相等时，活动部分将处于平衡状态，偏转角达到一稳定量值，这时

$$M = M_\alpha$$

则
$$\alpha = \frac{M}{D} \tag{1-2}$$

可见，由于转动力矩 M 与被测量值成一定的比例关系，因而偏转角 α 与被测量值也成一定比例，所以偏转角的大小可表示被测量值的大小。

除了用游丝、张丝及吊丝产生反作用力矩外，也可用电磁力产生反作用力矩，例如比率型仪表。

（3）阻尼力矩。从理论上来讲，当转动力矩与反作用力矩相等时，仪表指针应静止在某一平衡位置，但由于活动部分具有惯性，它不能立刻停止下来，而是要围绕这个平衡位置左右摆动，需要经过较长时间才能稳定在平衡位置，因此不能尽快读数。为了缩短摆动时间，电测量指示仪表的测量机构通常都装有产生阻尼力矩的装置，用以吸收摆动能量，使活动部分能迅速地在平衡位置稳定下来。

阻尼力矩由阻尼器产生，常用的阻尼器有空气式和电磁感应式两种，如图 1-2 所示。空气阻尼器是利用一个与转轴相连的薄片在封闭的扇形阻尼盒内运动时，薄片因受到空气的阻力而产生阻尼力矩，如图 1-2（a）所示。电磁感应阻尼器是利用一个与转轴相连的铝片在永久磁铁气隙中运动时，铝片中产生的涡流与磁场作用而产生阻尼力矩，如图 1-2（b）所示。图 1-2（c）也是电磁感应式阻尼器，它是利用铝框架在强磁场中运动以产生阻尼力矩。

应当注意，阻尼力矩是一种动态力矩，它只在活动部分运动时才产生，方向总是和活动部分的运动方向相反，大小与活动部分的运动速度成正比，当活动部分静止时，阻尼力矩为零，因而阻尼力矩的存在对仪表的指示值没有任何影响。

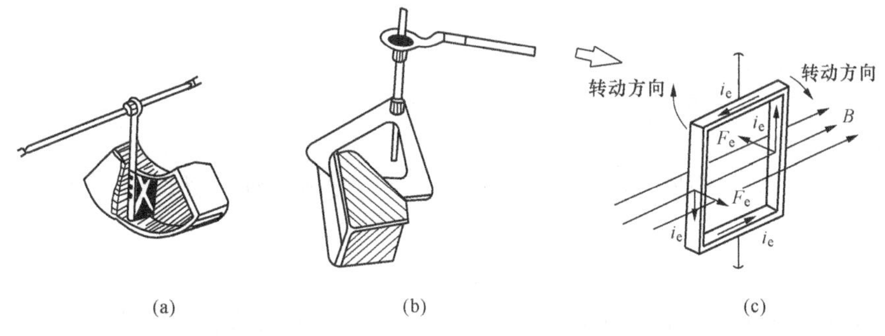

图 1-2　阻尼器

（a）空气式；（b）、（c）电磁感应式

除以上三种力矩外，用轴承支持活动部分的仪表，不可避免地会存在因摩擦而产生的摩擦力矩，它会在不同程度上阻碍活动部分的运动，使活动部分停在偏离真实平衡位置的地方，致使仪表指示产生误差。

三、电测量指示仪表的一般机构

电测量指示仪表种类繁多，结构各不相同，除具有产生转动力矩、反作用力矩、阻尼力矩的装置外，大部分仪表还有下面一些主要部件：

1. 外壳

外壳通常由铁、木、塑料等材料制成，用来保护仪表内部的结构。

2. 指示装置

仪表指示装置如图 1-3 所示，由以下部件组成：

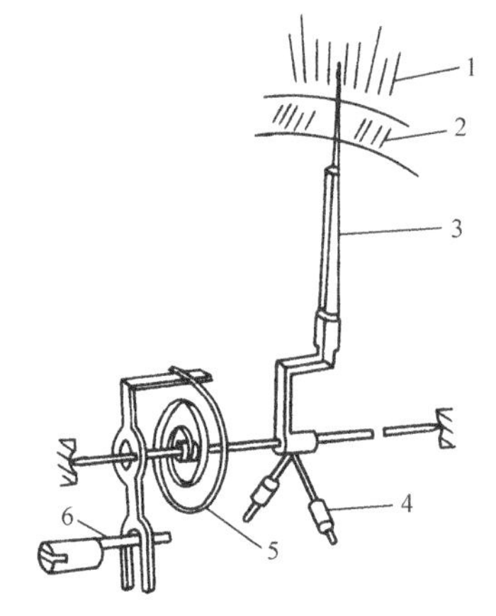

图 1-3 仪表指示装置

1—分度；2—镜面；3—指针；4—平衡锤；5—游丝；6—调零装置

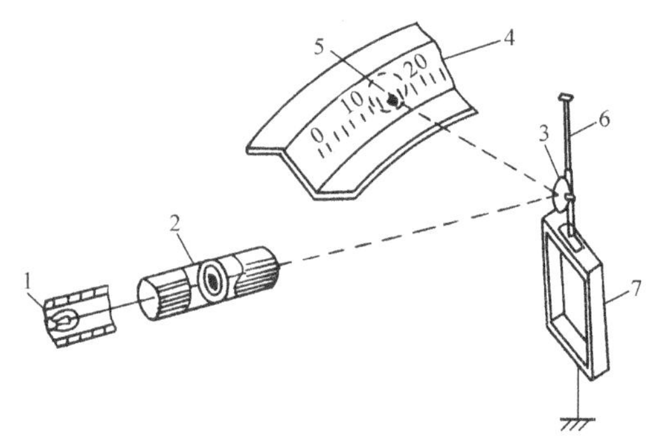

图 1-4 光标指示装置

1—灯；2—光学系统；3—小镜；4—半透明标度尺；5—光标影像指针；6—张丝；7—线圈

（1）标度尺。标度尺是表盘上一系列数字和分度线的总称。通常情况下，准确度等级较高（1.0 级以上）的仪表采用镜子标尺，即在标度尺下有一条弧形镜面，读数时应使指针与镜面反映出的指针像重合，以保证读数的准确。

（2）指针。有刀形、矛形等指针。灵敏度高的仪表有的采用光标影像指针，如图 1-4 所示。

（3）限动器。限制指针的最大活动范围。

（4）平衡锤。防止在指针偏转时，由于重心不正而带来误差。

3. 轴和轴承

用来支持活动部分转动，为减小摩擦，轴尖用钢制成。轴承材料有多种，如青铜、玻璃、蓝宝石等。

4. 调零装置

用来微调游丝或张丝的固定端，以改变初始力矩，从而使仪表的机械零位与适当的分度线（零位）相重合。

第二节 仪表的误差及准确度

一、仪表误差的分类

用任何仪表进行测量，仪表的指示值与被测量的真实值之间总有差异，这个差异称为仪表的误差。根据误差产生的原因，仪表误差可分为两大类。

1. 基本误差

基本误差是指仪表在规定的工作条件下，即在规定的温度、湿度、放置方式、没有外电场和磁场干扰等条件下，由于仪表本身结构和工艺等方面不够完善而产生的误差。如由于仪表活动部分存在摩擦、零件装配不当、标尺刻度不准等所引起的误差都属于基本误差，这种误差是仪表本身所固有的。

2. 附加误差

附加误差是指仪表因偏离规定的工作条件使用所造成的误差，如温度过高、波形非正弦、外界电磁场影响等所引起的误差都属于附加误差。因此，仪表离开规定的工作条件所形成的总误差中，除了基本误差之外，还包含有附加误差。

二、误差的表示方法

1. 绝对误差Δ

仪表的指示值A_x与被测量的真值A_0之间的差值，称为绝对误差Δ，即

$$\Delta = A_x - A_0 \tag{1-3}$$

由式（1-3）可以看出，Δ是有大小、正负、单位的数值，其大小和符号表示了测量值偏离真值的程度和方向。

由于被测量的真值A_0很难确定，所以在实际测量中，通常把准确度等级高的标准表所测得的数值或通过理论计算得出的数值作为真值。

【例 1-1】 某电路中的电流为10A，用甲电流表测量时的读数为9.8A，用乙电流表测量时的读数为10.4A。试求两次测量的绝对误差。

解 由式（1-3）可知：

甲表测量的绝对误差为

$$\Delta_1 = I_x - I_0 = 9.8 - 10 = -0.2(A)$$

乙表测量的绝对误差为

$$\Delta_2 = I_x - I_0 = 10.4 - 10 = 0.4(A)$$

由上述结果可知，甲表的读数比乙表更为准确。因此，在测量同一个量时，绝对误差Δ的绝对值越小，测量结果就越准确。

2. 相对误差

当测量不同量时，用绝对误差有时很难准确判断测量结果的准确程度。例如用一个电压表测量200V电压，绝对误差为+1V，而用另一个电压表测量20V电压，绝对误差为+0.5V。前者的绝对误差大于后者，但前者的误差只占被测量的0.5%，而后者的误差却占被测量的2.5%，因而，后者误差对测量结果的影响大于前者。因此，在工程上常采用相对误差来表示测量结果的准确程度。

绝对误差Δ与被测量的真值A_0的比值，称为相对误差γ，用百分数表示，即

$$\gamma = \frac{\Delta}{A_0} \times 100\% \tag{1-4}$$

与前述同理，实际测量中通常用标准表所测得的数值或通过理论计算得出的数值作为被测量的真值。另外，在要求不太高的工程测量中，相对误差也常用绝对误差与仪表指示值之比的百分数来表示，即

$$\gamma = \frac{\Delta}{A_x} \times 100\% \tag{1-5}$$

【例 1-2】 已知用甲表测100V电压时，绝对误差为+1V，用乙表测10V电压时，绝对误差为+0.5V，试比较两只表测量结果的准确程度。

解 由式（1-4）可知：

甲表的相对误差为

$$\gamma_1=\frac{\Delta}{A_0}\times100\%=\frac{+1}{100}\times100\%=+1\%$$

乙表的相对误差为

$$\gamma_2=\frac{\Delta}{A_0}\times100\%=\frac{+0.5}{10}\times100\%=+5\%$$

由计算结果可知，虽然甲表的绝对误差比乙表大，但相对误差却比乙表小，故甲表比乙表的测量准确度程度高。

3. 引用误差

相对误差虽可以表示测量结果的准确程度，但不能全面表征仪表本身的准确度。同一只仪表，在测量不同的被测量 A_x 时，其绝对误差 Δ 变化不大，但由式（1-5）可看出，随被测量 A_x 不同，相对误差变化较大，也就是说仪表在全量限范围内各点的相对误差是不相同的，因此相对误差不能反映仪表的准确程度，为此工程上采用引用误差来确定仪表的准确程度。

绝对误差与规定的基准值比值的百分数，称为引用误差，用 γ_m 表示。不同类型标度尺的电测量指示仪表，其基准值不同，引用误差分别为：

（1）对于大量使用的单向标度尺仪表，基准值为量程，引用误差为绝对误差 Δ 与仪表上量限 A_m 比值的百分数，即

$$\gamma_m=\frac{\Delta}{A_m}\times100\% \tag{1-6}$$

（2）对于双向标度尺仪表，其基准值仍是量程，引用误差为绝对误差与正负两个量限绝对值之和的比值的百分数，即

$$\gamma_m=\frac{\Delta}{|+A_m|+|-A_m|}\times100\% \tag{1-7}$$

（3）对于无零位标度尺仪表，引用误差为绝对值误差与上、下量限 A_{1m}、A_{2m} 之差的比值的百分数，即

$$\gamma_m=\frac{\Delta}{A_{1m}-A_{2m}}\times100\% \tag{1-8}$$

（4）对于标度尺为对数、双曲线或指数为 3 及 3 以上的仪表，或标度尺上量限为无穷大（如万用表欧姆挡）的仪表，基准值为标度尺长，引用误差为用长度表示的绝对误差 Δ_l 与标度尺工作部分长度 l_m 比值的百分数，即

$$\gamma_m=\frac{\Delta_l}{l_m}\times100\% \tag{1-9}$$

三、仪表的准确度

仪表的准确度是表征其指示值对真值接近程度的量。

1. 电测量指示仪表的准确度

对于电测量指示仪表，工程上规定用最大引用误差来表示仪表的准确度，即当仪表在规定的条件下工作时，在整个刻度范围内出现的最大绝对误差 Δ_m 与仪表的上量限 A_m 比值的百分数，称为仪表的准确度，即

$$\gamma_m=\frac{\Delta_m}{A_m}\times100\%=\pm K\% \tag{1-10}$$

式中 K——仪表的准确度等级（指数）。

显然，仪表的准确度表明了基本误差的最大允许范围。例如准确度为 0.1 级的仪表，基

本误差极限（即允许的最大引用误差）为±0.1%。仪表的准确度等级越高，则基本误差越小。

我国对不同的电工仪表，规定了不同的准确度等级，如电流表和电压表的准确度等级分为0.05、0.1、0.2、0.3、0.5、1、1.5、2、2.5、3、5等11级；有功功率表分为0.05、0.1、0.2、0.3、0.5、1、1.5、2、2.5、3、5等11级；相位表和功率因数表分为0.1、0.2、0.3、0.5、1.0、1.5、2.0、2.5、3.0、5.0等10级。通常0.05、0.1、0.2级仪表作为标准表使用，用以鉴定准确度较低的仪表；0.5、1、1.5级仪表主要用于实验室；准确度更低的仪表主要用于现场。

仪表的准确度等级标志符号通常都标注在仪表的盘面上。

【例1-3】 已知某电流表量程为100A，且该表在全量程范围内的最大绝对误差为+0.83A，则该表的准确度为多少？

解 由式（1-10）可知

$$\gamma_m = \frac{\Delta_m}{A_m} \times 100\% = \frac{+0.83}{100} \times 100\% = 0.83\%$$

因准确度等级是以最大引用误差来表示，且电流表等级按国标分为11级，而该表的最大引用误差大于0.5而小于1.0，故该表的准确度等级应为1.0级。

由仪表的准确度等级，可以算出测量结果可能出现的最大绝对误差与相对误差。例如该仪表的准确度等级为K，则由式（1-10）可知，仪表在规定工作条件下测量时，测量结果中可能出现的最大绝对误差为

$$\Delta_m = \pm K\% \cdot A_m \tag{1-11}$$

最大相对误差为

$$\gamma_m = \frac{\Delta_m}{A_x} \times 100\% = \pm K\% \frac{A_m}{A_x} \tag{1-12}$$

【例1-4】 若被测电压实际值为12V，现有150V、0.5级和15V、2.5级两种电压表各一只，试问两只表可能出现的最大误差分别为多大？应选择哪一只电压表？

解 用150V、0.5级电压表测量时，可能出现的最大绝对误差与相对误差分别为

$$\Delta_{m1} = \pm K\% \cdot A_{m1} = \pm 0.5\% \times 150 = \pm 0.75(\text{V})$$

$$\gamma_{m1} = \frac{\Delta_{m1}}{A_x} \times 100\% = \pm K\% \frac{A_{m1}}{A_x} = \pm 0.5\% \times \frac{150}{12} = \pm 6.25\%$$

用15V、2.5级电压表测量时，可能出现的最大绝对误差与相对误差分别为

$$\Delta_{m2} = \pm K\% \cdot A_{m2} = \pm 2.5\% \times 15 = \pm 0.375(\text{V})$$

$$\gamma_{m2} = \frac{\Delta_{m2}}{A_x} \times 100\% = \pm K\% \frac{A_{m2}}{A_x} = \pm 2.5\% \times \frac{15}{12} = \pm 3.125\%$$

故应选择15V、2.5级电压表。

从上述例子可以看出：仪表的准确度并不等于测量的准确度；测量结果的绝对误差与所选择的仪表的准确度等级K及量程A_m均有关；相对误差除与仪表的准确度等级K有关外，还与量程A_m和被测量A_x的比值有关，A_m/A_x的比值越大，误差越大。因此，选择仪表时不能单纯追求准确度级别高的仪表，还应根据测量的要求，合理选择仪表的量程，尽可能使仪表指示值在标度尺分度的2/3以上范围。

2. 数字仪表的准确度

数字类仪表的准确度用绝对误差表示，通常有下列两种表示方法：

（1）第一种表示方法为

$$\Delta = \pm \alpha\%\mathrm{rdg} \pm n \text{个字}$$

式中 rdg——仪表指示值（读数），为英文 reading 的缩写；

α——误差相对项系数；

n 个字——由于数字化处理引起的误差反映在末位数字上的变化量。

如 DSX—1 型数字四用表，直流电压各挡的准确度（即允许的绝对误差）为±0.1%rdg±1 个字。

（2）第二种表示方法是将 n 个字的误差折合成满量程的百分数来表示，即

$$\Delta = \pm a\%(\mathrm{rdg}) \pm b\%(\mathrm{f.s})$$

式中 b——误差固定项系数；

f.s——仪表满度（量程）值，为英文 full span 的缩写。

如 SK—6221 型数字万用表直流 2V 挡的准确度为[±0.8%(rdg)±0.2%(f.s)]，则测量 0.1V 电压时的绝对误差为(±0.8%×0.1±0.2%×2V)，即绝对误差为±0.004 8V。

第三节 电工仪表的标志及技术要求

一、电工仪表的标记

电工仪表的表盘上有许多表示其基本技术特性的标志符号。根据国家标准规定，每一只仪表必须有表示测量对象的单位、准确度等级、工作电流种类、相数、测量机构的类别、使用条件组别、工作位置、绝缘强度实验电压的大小、仪表型号及额定值等标志符号。电工仪表表面常见标志符号见表 1-1。

表 1-1 电工仪表常见表面标记符号

分类	名称	符号	分类	名称	符号
工作原理	磁电系仪表		工作原理	电动系比率表	
	磁电系比率表			铁磁电动系仪表	
	电磁系仪表			铁磁电动系比率表	
	电磁系比率表			感应系仪表	
	电动系仪表			感应系比率表	

续表

分类	名　称	符　号
电流种类	直流	—
	交流	~
	直流和/或交流	≂
	三相交流	3~
工作位置	标度盘垂直使用	⊥
	标度盘水平使用	 ⊓
	标度盘相对水平面倾斜（例60°）使用	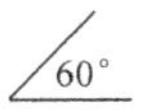 ∠60°
外界条件	不进行绝缘强度实验	 ☆0
	绝缘强度实验电压为2kV	 ☆2
	Ⅰ级防外磁场（例如磁电系）	
	Ⅰ级防外电场（例如静电系）	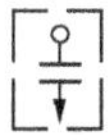
	Ⅱ级防外磁场及电场	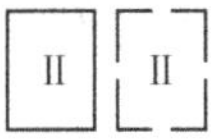 Ⅱ　Ⅱ
外界条件	Ⅲ级防外磁场及电场	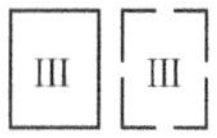 Ⅲ　Ⅲ
	Ⅳ级防外磁场及电场	 Ⅳ　Ⅳ
等级指数	等级指数（例如1.5）基准值为量程	1.5
	等级指数（例如1.5）基准值为标度尺长	 1.5
	等级指数（例如1.5）基准值为指示值	 1.5
端钮	正端钮	+
	负端钮	−
	公共端钮	*
	电屏蔽	
	零位（量程）调节器	
	一般接地	⏚
	保护接地	

二、电工仪表的型号

电工仪表的型号可以反映出仪表的用途及原理。我国对安装式仪表与便携式仪表分别做了不同的编制规定。

1. 安装式仪表的型号组成

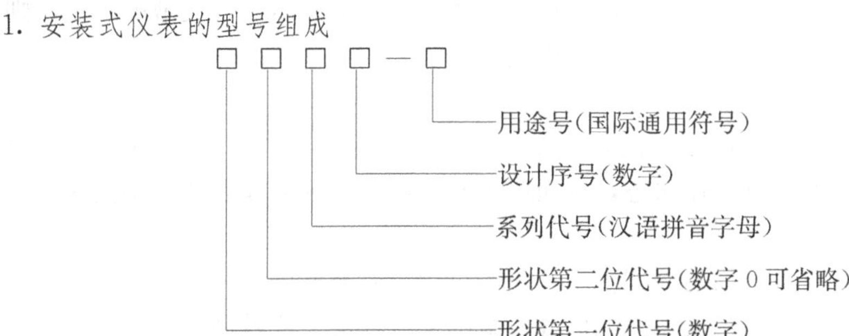

形状第一位代号：按仪表面板形状最大尺寸编制。

形状第二位代号：按仪表外壳形状尺寸编制。

系列代号：按仪表工作原理编制。如C表示磁电系，T表示电磁系，D表示电动系，G表示感应系，L表示整流系，Q表示静电系等。

用途号：按仪表测量的电量编制。如电压表为V，电流表为A，功率表为W等。

例如，42C3—A型电流表，其中“42”为形状代号，可由产品目录查得其尺寸和安装开孔尺寸；“C”表示是磁电系仪表；“3”为设计序号；“A”表示用于电流测量。

2. 便携式仪表的型号组成

由于便携式仪表不存在安装问题，所以将安装式仪表型号中的形状代号省略，即是它的产品型号。如T62—V型电压表，“T”表示是电磁系仪表，“62”是设计序号，“V”表示是电压表。

此外，一些其他类型仪表的型号，还采用在系列代号前加一个汉语拼音字母表示其类别号，如电桥用Q、数字用P等。

三、电测量指示仪表的主要技术要求

选用电测量指示仪表时，对仪表主要有以下几个方面的技术要求：

1. 有足够的准确度

当仪表在规定的工作条件下使用时，要求基本误差不超过仪表盘面所标注的准确度等级；当仪表不在规定使用条件下工作时，各影响量（如温度、湿度、外磁场等）变化所产生的附加误差，应符合国家标准中的有关规定。

2. 有合适的灵敏度

在指示类仪表中，灵敏度是指仪表可动部分偏转角的变化量$\Delta\alpha$与被测量的变化量$\Delta\chi$之比，即

$$S=\frac{\Delta\alpha}{\Delta\chi}$$

如果刻度是均匀的，则$S=\frac{\alpha}{\chi}$，即仪表的灵敏度是单位被测量所引起的指针偏转角（分格数）。

仪表的灵敏度取决于仪表的结构和线路。通常将灵敏度的倒数称为仪表常数C，即

$$C=\frac{1}{S}$$

灵敏度是电工仪表的重要技术特性之一。灵敏度越高，通入单位被测量所引起的偏转角就越大。也就是说：灵敏度越高的仪表，满偏电流越小，即量限越小；灵敏度越低，则仪表的准确度就越低。因此，仪表应有适当的灵敏度。

3. 仪表的功耗要小

当电测量指示仪表接入被测电路时，总要消耗一定的能量，这不但会引起仪表内部发热，而且影响被测电路的原有工作状态，从而产生测量误差，因而仪表的功率损耗要小。

4. 有良好的读数装置

仪表标度尺的刻度应力求均匀。刻度不均匀的仪表，其灵敏度不是常数。刻度线较密的部分，灵敏度较低，读数误差较大；而刻度线较疏的部分，灵敏度较高，读数误差较小。对刻度线不均匀的仪表，应在标度尺上表明其工作部分，一般规定工作部分的长度不应小于标度尺全长的85%。

5. 升降变差要小，即重复性要好

由于游丝（或张丝）受力变形后不能立即恢复原始状态，更主要的是由于仪表轴尖与轴承间的摩擦力所产生的摩擦力矩会阻碍活动部分的运动，因此即使在外界条件不变的情况下，用仪表测量同一量值，指针由零上升的指示值与由上限下降的指示值也会不同，这两个指示值之间的差值就称为仪表的升降变差。一般要求升降变差不应超过仪表基本误差的绝对值。

6. 其他

要求仪表受外界的影响（温度、电磁场）要小，过载能力要强，阻尼要好，具有一定的绝缘性能、使用方便、结构牢固等。有关规定可以从产品标准文件或有关规程中查得。

第四节　电工测量的基本知识

电工测量就是指将被测的电学量或磁学量直接或间接地与作为测量单位的同类物理量进行比较，以确定被测电学量或磁学量的过程。进行电工测量时，必须考虑测量对象、测量设备及测量方法三个方面的问题。

一、电工测量对象

电工测量的对象主要是：反映电和磁特征的物理量，如电流、电压、电功率、电能及磁感应强度等；反映电路特征的物理量，如电阻、电容、电感等；反映电和磁变化规律的量，如频率、相位、功率因数等。

二、测量设备

测量设备分为两类：一类是度量器，它们是测量单位的实物样品，测量时以度量器为标准，将被测量与度量器比较从而获得测量结果。根据准确度等级的不同，度量器分为标准器和有限准确度的标准度量器。标准器是测量单位的范型度量器，它保存在国际上特许的实验室或国家法定机构的实验室。有限准确度的度量器，其准确度比标准器低，是常用的范型量具及范型测量仪表，如标准电池、标准电阻、标准电感和标准电容等。另一类是测量仪表、仪器，准确度比有限准确度的度量器低，被广泛用于实验室和工程测试中。

三、测量方法

（一）按获得测量结果的过程分

1. 直接测量法

直接用仪表、仪器进行测量，结果可以直接由实验数据得到，如用电压表测量电压。

2. 间接测量法

利用被测量与某种中间量之间的函数关系，先测出中间量，然后通过计算公式，算出被测量的值，这种方法称为间接测量。例如用伏安法测电阻，先测出电阻的电压 U 和电流 I，然后用 $R=U/I$ 算出电阻的值。

3. 组合测量

先直接测量与被测量有一定函数关系的某些量，然后在一系列直接测量的基础上，通过求解方程组来获得测量结果的方法称为组合测量。例如要测量电阻温度系数 α、β 及 R_{20}，它们之间的关系为

$$R_t = R_{20}[1+\alpha(t-20)+\beta(t-20)^2]$$

测量时，先分别在 t_1、t_2、t_3三个温度下，测出相应的电阻值 R_{t1}、R_{t2}、R_{t3}，然后按上述公式列出三个方程，联立求解即可求出电阻的 α、β 及 R_{20}。

（二）按所用仪表仪器分

1. 直读测量法

直接从仪器仪表读出测量结果，是工程中应用最广泛的测量方法，它的准确度取决于所使用的仪器仪表的准确度，因而准确度并不很高。

2. 比较测量法

在测量过程中，将被测量与标准量进行比较，从而获得测量结果。这种方法用于高准确度的测量。根据被测量与标准量比较方式的不同，比较测量法可分为以下几种：

（1）零值法。它是将被测量与标准量进行比较，使两者之间差值为零，从而求得被测量的一种方法。例如用电桥测量电阻就属于这种方法。这种方法测量的准确度主要取决于标准量的准确度与指零仪的灵敏度。

（2）差值法。差值法是通过测量标准量与被测量的差值，从而求得被测量的一种方法。这种方法可以达到较高的测量准确度。

（3）替代法。替代法是把被测量与标准量分别连接入同一测量仪器，且通过调节标准量，使仪器的工作状态在替代前后保持一致，然后根据标准量确定被测量的值。这种测量方法由于替代前后测量仪器的状态不改变，所以仪器本身的内部特性和外界条件对前后两次测量的影响几乎是相同的，测量结果与仪器本身的准确度无关，只取决于替代的标准量，因而这是一种较准确的测量方法。如用电桥测量某电阻 R_x，调节电桥使之平衡，取下 R_x，再接入可调标准电阻箱，不调节电桥，只改变电阻箱的阻值，使电桥平衡，此时电阻箱的阻值即是被测电阻 R_x的阻值，这种方法测得的 R_x与电桥准确度无关。

第五节　测量误差及消除方法

在测量过程中，由于受到测量方法、测量设备、测量条件及观测经验等多方面因素的影响，测量结果不可能是被测量的真实数值，而只是它的近似值，即任何测量结果与被测量的真实值之间总是存在着差异，这种差异称为测量误差。

根据产生测量误差的原因，可以将其分为系统误差、随机误差和粗差三大类。

一、系统误差

在相同的条件下，多次测量同一量时，误差的大小及符号均保持不变或按一定规律变化，这种误差称为系统误差。系统误差主要是由于测量设备不准确或有缺陷、测量方法不完善、周围环境条件不稳定或实验人员各人习惯（如偏视）等因素造成。

在测量中要做到没有系统误差是不容易的，也是不现实的。因而根据测量中的实际情况进行具体分析发现系统误差，采取技术措施防止或消除系统误差是十分必要的。消除系统误差的常用方法有：

1. 消除误差根源

如选用适当、精良的仪表；选择正确的测量方法；改善测量环境，尽量使仪表在规定的使用条件下工作；提高实验人员的技术水平等。

2. 利用校正值得到被测量的实际值

在精密测量中常常使用校正值，所谓校正值就是被测量的真值 A_0（即标准仪表读数）与仪表读数 A_x之差，用 δ_r表示，即

$$\delta_r = A_0 - A_x \tag{1-13}$$

由式（1-13）可知，校正值在数值上等于绝对误差，但符号相反，即

$$\Delta = A_x - A_0 = -\delta_r$$

如果在测量之前能预先求出测量仪表的校正值，或给出仪表校正后的校正曲线或校正表格，那么就可以从仪表读数与校正值求得被测量的真值，即

$$A_0 = A_x + \delta_r \tag{1-14}$$

3. 采取特殊测量方法

（1）替代法。用替代法测量时，测量结果与仪器本身的准确度无关，即消除了仪器所产生的系统误差。

（2）正负误差补偿法。适当安排实验，使某项系统误差在测量结果中一次为正，另一次为负，取其平均值，便可消除系统误差。例如为了消除外磁场对电流表读数的影响，可在一次测量之后，将电流表转动 180°再测一次，在两次测量中，必然出现一次读数偏大，而另一次读数偏小，取两次读数的平均值作为测量结果，便可消除外磁场带来的系统误差。

二、随机误差

在相同条件下，多次测量同一量值时，误差的大小和符号均发生变化，没有什么规律可循，这种误差称为随机误差，也叫偶然误差。随机误差是由一些偶发性原因引起的，如电源电压或频率的偶然波动、电磁场与温度的瞬间变化、测量人员的心理或生理的某些变化等都可能引起这种误差。

单次测量的随机误差是没有规律可言的，但多次测量出现的随机误差却有以下特征：

（1）在一定测量条件下，随机误差的绝对值不超过一定界限，即具有所谓有界性。

（2）绝对值小的误差出现的机会多于大的误差，即所谓具有单峰性。

（3）当测量次数足够多时，正误差和负误差出现的机会基本相等，即具有所谓对称性。

如果用 δ 表示误差，用 f 表示误差出现的次数，则 δ 与 f 的关系曲线如图 1-5 所示，它是一种正态分布曲线。

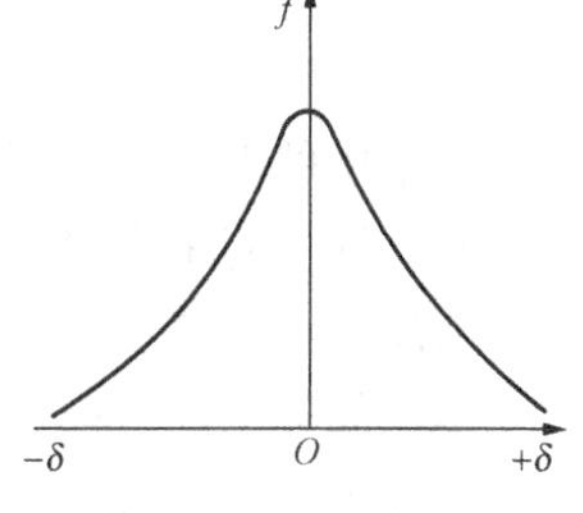

图 1-5　随机误差的正态分布曲线

由于随机误差具有以上特点，所以随机误差不能用实验的方法加以消除，而只能用概率统计的方法处理。在工程上常常对被测量进行多次重复测量，求出算术平均值，并将它作为被测量的真值，从而消除单次测量可能存在的随机误差，即

$$A_0 = \overline{A} = \frac{\sum_{i=1}^{n} A_i}{n} \tag{1-15}$$

式中　A_i ——每次测量值；

A_0——真值；

$\overline{A}$ ——算术平均值；

n——测量次数。

用这种方法消除随机误差，测量次数必须足够多，如果次数不足，则 $\overline{A}$ 与 A_0 仍然可能有偏离，偏离程度可以用标准差 σ_x 表示，即

$$A_0 = \overline{A} \pm \sigma_x \tag{1-16}$$

根据概率论原理，标准差可以从均方根误差 σ 或剩余误差求出，表达式为

$$\sigma_x = \frac{\sigma}{\sqrt{n}} = \sqrt{\frac{V_1^2 + V_2^2 + \cdots + V_n^2}{n(n-1)}} \tag{1-17}$$

式中 σ——均方根误差。

设每次测量的随机误差 $\delta_i = A_i - A_0$，则

$$\sigma = \sqrt{\frac{\delta_1^2 + \delta_2^2 + \cdots + \delta_n^2}{n}} \tag{1-18}$$

剩余误差等于每次测量值与算术平均值之差，即

$$V_i = A_i - \overline{A}$$

式中 V_i——剩余误差。

从式（1-17）中可以证明

$$\delta = \sqrt{\frac{V_1^2 + V_2^2 + \cdots + V_n^2}{n-1}} \tag{1-19}$$

应该指出，用算术平均值表示测量结果，首先要消除系统误差，因为当有系统误差存在时，测量次数尽管足够多，算术平均值也不可能接近被测量真值。另外，由式（1-17）可知，测量结果的标准差与测量次数有关，随着测量次数的增加，σ_x 减小，但因与 $\sqrt{n}$ 成反比，故随 n 的增加，σ_x 值减小得越慢，所以在实际测量中，测量次数取十余次即可。

例如，对某一电压进行了15次测量，求得其算术平均值为20.18V，并算出均方根误差为0.34V，标准差为 $\sigma_x = \frac{0.34}{\sqrt{15}} = 0.09(\text{V})$，可写出测量结果为

$$A = \overline{A} \pm \sigma_x = 20.18 \pm 0.09(\text{V})$$

现在常用的电子计算器上，都设有计算算术平均值和均方根误差的按键，利用它来处理随机误差，计算起来十分方便。

应当注意，系统误差和偶然误差是两类性质完全不同的误差。系统误差反映在一定条件下误差出现的必然性；而偶然误差反映在一定条件下误差出现的可能性。在误差理论中，经常用准确度来表示系统误差的大小，系统误差越小，测量结果的准确度就越高；而用精密度反映随机误差的大小，随机误差越小，精密度就越高；精确度则反映系统误差和偶然误差的综合结果，如精确度越高，则指系统误差和偶然误差均很小。

三、疏忽误差（粗差）

疏忽误差是一种严重偏离测量结果的误差，这种误差是由于实验者粗心、不正确操作和试验条件的突变等原因引起的。例如读数错误、记录错误所引起的误差都属于疏忽误差。由于包含疏忽误差的试验数据是不可信的，所以应该舍弃不用。凡是剩余误差大于均方根误差3倍以上的数据，即 $|A_x - \overline{A}| > |3\sigma|$ 的数据都认为是包含疏忽误差的数据，应予以剔除。但应注意，剔除了含疏忽误差的数据后，应重新计算平均值，重新计算每个数据的均方根误差，并重新判断剩下的数据中有无疏忽误差，直至全部数据的 $|A_x - \overline{A}|$ 不超过 3σ 为止。

第六节　试验数据的处理及误差估算

一、数据处理

在测量过程中，读数、记录和运算等对数据的处理都涉及正确选用有效数字的问题。如果这个问题处理得好，就可以节省计算工作量，而如果处理不好，则会造成计算量增大或计算不准确，因此应当注意这一问题。

1. 有效数字

一个数据从左边第一个非零数字起至右边近似数字的一位为止，其间的所有数码均为有效数字。有效数字的最末一位是近似数字，它可以是测量中估计读出的，也可以是按规定修约后的近似数字，而有效数字的其他数字都是准确数字。

所有的测量数据都必须用有效数字表示。此时应注意：

(1) 读数记录时，每一个数据只能有一位数字（最末一位）是估计读数，而其他数字都必须是准确读出的。

(2) 有效数字的位数与小数点无关，“0”在数字之间或末尾时均为有效数字。例如0.025、0.25均为两位有效数字，又如203、110均为三位有效数字。在测量中，如果仪表指针刚好停留在分度线上，读数记录时应在小数点后的末尾加一位零。例如指针停在1.4 A的分度线上，则应记为1.40A，因为数据中4是准确数字，而不是估计的近似数字。

(3) 遇有大数值或小数值时，数据通常用数字乘以10的幂的形式来表示，10的幂前面的数字为有效数字。例如3.20×10^{4}、6.3×10^{-3}等，前一个数据有三位有效数字，后一个数据有两位有效数字。在采用10的幂的形式表示数据时，应考虑与误差相适应。

【例1-5】 一电阻$R=10\ 000\Omega$，已知相对误差$\gamma=\pm0.5\%$，其有效数字应如何表示？

解 由γ可知该电阻的绝对误差为

$$\Delta R = 10\ 000\times(\pm 0.5\%) = \pm 50(\Omega)$$

按有效数字的含义，若直接表示为$R=10\ 000\Omega$，则表示有$\pm0.5\Omega$的误差，若表示为$R=10\text{k}\Omega$，则表示有$\pm0.5\text{k}\Omega$的误差，但这两种表示方法都不对。R值的有效数字末尾一位应是百位，即为三位有效数字，正确表示方法为$10.0\times10^{3}\Omega$或$10.0\text{k}\Omega$，此时近似数字为$0.05\text{k}\Omega$（即50Ω），才与其误差相符。

2. 数据的舍入规则

有效数字的位数确定后，其余数字按四舍五入的原则进行。但一般习惯用的四舍五入方法，由于5总是入，这也不尽合理。故在数据处理时的舍入原则是：若要保留n位有效数字，则第n位有效数字后面的第一位数字，大于5时入；小于5时舍；等于5时，若n位为奇数时则入，为偶数时则舍。简单地说：“5以上入，5以下舍；5前奇入；5前偶舍”。例如，若5.1835、10.365均取四位有效数字，则分别为5.184、10.36。这样处理，舍与入的机会相等，提高了数据的准确性。

3. 有效数字的运算规则

数据的运算应按有效数字的运算规则进行。

(1) 加减运算时，应将数据中小数点后位数多的进行舍入处理，使之比小数点后位数最少的只多一位小数；计算结果保留的小数点后的位数与原始数据中小数点后位数最少的那个数相同。例如6.48、10.2、2.535三个数字相加，运算时应为6.48+10.2+2.54=19.22，结果取19.2。

(2) 乘除运算时，要把有效数字位数多的做舍入处理，使之比有效数字位数最少的那个数只多一位；计算结果的有效数字位数与原数据中有效数字位数最少的相同。例如，3.2、12.6、2.365三个数字相乘，运算时为3.2×12.6×2.36=95.1552，结果应取95。有时根据需要也可多取一位，即结果为95.2，但位数再多不仅毫无意义，而且可能对实验的精确度作出错误结论。

(3) 乘方及开方运算时，计算结果应比原始数据多保留一位有效数字。例 $(1.25)^2=1.562$，$\sqrt[3]{1.69}=0.5633$。

(4) 对数运算时，计算结果应与原始数据保留相同的有效数字。例如 $\lg 4.32=0.635$，$\ln 125=4.82$。

二、工程上最大测量误差的估算

由于偶然误差比较小，因而只有在精密测量或精密实验中，才需要按偶然误差理论对试验数据进行处理，而在一般工程测量时往往忽略不计。在工程上主要考虑的是系统误差，系统误差可按下面方法进行计算：

1. 直接测量方式的最大误差

用指示仪表进行直接测量时，可以根据仪表的准确度等级，估计可能产生的最大误差。前面已经介绍过，测量仪表的准确度 K 是用最大引用误差来表示，即

$$\pm K\% = \frac{\Delta_m}{A_m} \times 100\%$$

式中 Δ_m——最大绝对误差；

A_m——仪表最大量限。

因而用直读仪表测量时，可能出现的最大绝对误差可按下式计算为

$$\Delta_m = \pm \frac{K\% \cdot A_m}{100\%} = \pm K\% \cdot A_m$$

如果已知仪表的准确度为 K 级，最大量限为 A_m，测量时读数为 A_x，则被测量 A_x 的可能最大相对误差为

$$\gamma_m = \pm \frac{K\% \cdot A_m}{A_x} \times 100\%$$

【例1-6】 用最大量限为30V、准确度为1级的电压表，测得某电压为10V，求可能出现的最大相对误差。

解

$$\gamma_m = \pm \frac{0.01 \times 30}{10} \times 100\% = \pm 3\%$$

即可能出现的最大相对误差为3%。

2. 间接测量方式的最大误差

实际工作中经常采用间接测量法，这时欲得的结果是通过两个或两个以上的直接测量值，按某一函数关系计算而获得的。由于直接测量有误差，所以通过计算而得到的间接测量的结果必然会有误差。在已知的直接测量误差（或称分项误差）的基础上，求出间接测量误差（或称综合误差）的方法称误差的综合。下面分别介绍几种常见函数综合误差的求解

方法。

（1）被测量 y 为 n 个量的和，设

$$y = x_1 + x_2 + x_3$$

式中　x_1、x_2、x_3 ——与被测量有关的几个已知量。

如果用 Δy 表示被测量的绝对误差，Δx_1、Δx_2、Δx_3 表示测量 x_1、x_2、x_3 时的绝对误差，则有

$$y + \Delta y = (x_1 + \Delta x_1) + (x_2 + \Delta x_2) + (x_3 + \Delta x_3)$$

即

$$\Delta y = \Delta x_1 + \Delta x_2 + \Delta x_3 \tag{1-20}$$

根据相对误差的定义，将式（1-20）两边同时除以 y，得

$$\gamma = \frac{\Delta y}{y} = \frac{\Delta x_1}{y} + \frac{\Delta x_2}{y} + \frac{\Delta x_3}{y} = \frac{x_1}{y}\frac{\Delta x_1}{x_1} + \frac{x_2}{y}\frac{\Delta x_2}{x_2} + \frac{x_3}{y}\frac{\Delta x_3}{x_3} = \frac{x_1}{y}\gamma_{x1} + \frac{x_2}{y}\gamma_{x2} + \frac{x_3}{y}\gamma_{x3} \tag{1-21}$$

$$\gamma_{x1} = \frac{\Delta x_1}{x_1}$$

$$\gamma_{x2} = \frac{\Delta x_2}{x_2}$$

$$\gamma_{x3} = \frac{\Delta x_3}{x_3}$$

式中　γ_{x1}、γ_{x2}、γ_{x3} —— x_1、x_2、x_3 各量的相对误差。

式（1-21）中 γ_{x1}、γ_{x2}、γ_{x3} 均可能有正有负，显然，被测量的最大相对误差 γ_m 出现在各个量的相对误差为同一种符号的情况，即

$$\gamma_m = \left|\frac{x_1}{y}\gamma_{x1}\right| + \left|\frac{x_2}{y}\gamma_{x2}\right| + \left|\frac{x_3}{y}\gamma_{x3}\right| \tag{1-22}$$

【例 1-7】 用电流表测量图 1-6 中各支路电流，其中第一条支路为 $I_1 = 10\text{A}$，$\gamma_1 = \pm 2\%$；第二条支路为 $I_2 = 15\text{A}$，$\gamma_2 = \pm 3\%$。求电路总电流和可能出现的最大相对误差。

解　电路的总电流 I 为

$$I = I_1 + I_2 = 10 + 15 = 25(\text{A})$$

最大相对误差发生在各支路误差取同一符号时，即

$$\gamma_m = \frac{I_1}{I}\gamma_1 + \frac{I_2}{I}\gamma_2 = \frac{10}{25} \times 2\% + \frac{15}{25} \times 3\% = 2.6\%$$

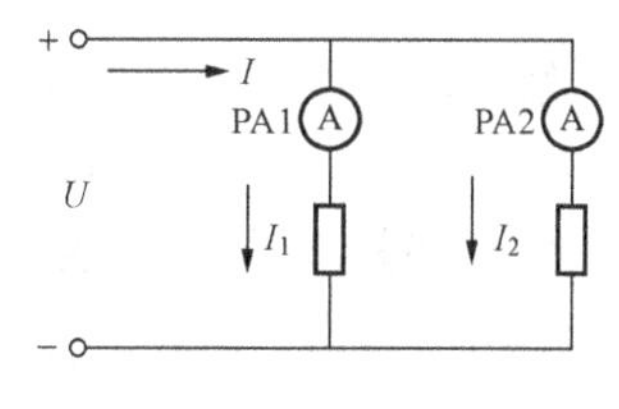

图 1-6　［例 1-7］图

（2）被测量 y 为两个量之差，即

$$y = x_1 - x_2$$

用上述同样方法，可以导出被测量绝对误差为

$$\Delta y = \Delta x_1 - \Delta x_2 \tag{1-23}$$

相对误差为

$$\gamma = \frac{x_1}{y}\gamma_{x1} - \frac{x_2}{y}\gamma_{x2} \tag{1-24}$$

式（1-24）中，γ_{x1}、γ_{x2} 可能有正有负，显然，被测量的最大相对误差 γ_m 出现在各个量的相对误差为符号相反的情况。即

$$\gamma_{\mathrm{m}}=\left|\frac{x_1}{y}\gamma_{\mathrm{x1}}\right|+\left|\frac{x_2}{y}\gamma_{\mathrm{x2}}\right|=\left|\frac{x_1}{x_1-x_2}\times\gamma_{\mathrm{x1}}\right|+\left|\frac{x_2}{x_1-x_2}\times\gamma_{\mathrm{x2}}\right| \tag{1-25}$$

可见被测量为两量之差时，可能的最大相对误差不仅与各个测量值的相对误差有关，而且与两个已知量之差有关。若两量之差越大，则被测量可能的最大相对误差越小，反之两量之差越小，则相对误差就越大。

(3) 被测量 y 为 n 个量的积或商，设

$$y=x_1^n x_2^m x_3^p$$

式中 x_1、x_2、x_3——直接测得的已知量；

n、m、p——x_1、x_2、x_3 的指数，可能为整数、分数、正数或负数（若为正数则求积，负数则求商）。

对上式等号两边取自然对数，得

$$\ln y=n\ln x_1+m\ln x_2+p\ln x_3$$

对上式等号两边两边做微分，得

$$\frac{\mathrm{d}y}{y}=n\frac{\mathrm{d}x_1}{x_1}+m\frac{\mathrm{d}x_2}{x_2}+p\frac{\mathrm{d}x_3}{x_3}$$

$$\gamma=n\gamma_{\mathrm{x1}}+m\gamma_{\mathrm{x2}}+p\gamma_{\mathrm{x3}} \tag{1-26}$$

式中 $\frac{\mathrm{d}y}{y}$、$\frac{\mathrm{d}x_1}{x_1}$、$\frac{\mathrm{d}x_2}{x_2}$、$\frac{\mathrm{d}x_3}{x_3}$——被测量 y 与 x_1、x_2、x_3 的相对误差。

在最不利的情况下，上式右边各项均取正数，因而最大相对误差为

$$\gamma_{\mathrm{m}}=|n\gamma_{\mathrm{x1}}|+|m\gamma_{\mathrm{x2}}|+|p\gamma_{\mathrm{x3}}| \tag{1-27}$$

综上所述，综合误差与各分项误差的大小和符号均有关，若分项误差的大小和符号已知时，则可按相应公式求出综合误差；若只知道分项误差的范围而不知它们确切的大小和符号时，则按最大可能误差来考虑。

【例 1-8】 已知单臂电桥各臂电阻的误差分别为：$\gamma_{R2}=0.04\%$；$\gamma_{R3}=0.05\%$；$\gamma_{R4}=-0.03\%$，未知电阻的计算公式为 $R_{\mathrm{x}}=\frac{R_2}{R_3}R_4$，试计算被测电阻 R_{x}的相对误差。

解 由式（1-26），R_{x}的相对误差为

$$\gamma_{R\mathrm{x}}=\gamma_{R2}-\gamma_{R3}+\gamma_{R4}=0.04\%-0.05\%+(-0.03\%)=-0.04\%$$

【例 1-9】 已知电流表和电压表的准确度都是 0.5 级，高温时电阻值 R_{H}和低温时电阻值 R_{L}的比值为 1.4。温升的计算公式为 $\Delta t=\alpha\frac{R_{\mathrm{H}}-R_{\mathrm{L}}}{R_{\mathrm{L}}}$，试估计用伏安法测温升时可能的最大相对误差。

解 因 $R=UI^{-1}$，由式（1-27）可知，用伏安法测电阻的最大相对误差为

$$\gamma_R=1\times0.5\%+1\times0.5\%=1.0\%$$

测高温电阻 R_{H}和低温电阻 R_{L}之差时，可能的最大相对误差可根据式（1-25）求得，因 $R_{\mathrm{H}}/R_{\mathrm{L}}=1.4$，因而

$$\gamma_{(R_{\mathrm{H}}-R_{\mathrm{L}})}=\frac{R_{\mathrm{H}}}{R_{\mathrm{H}}-R_{\mathrm{L}}}\gamma_R+\frac{R_{\mathrm{L}}}{R_{\mathrm{H}}-R_{\mathrm{L}}}\gamma_R=\frac{1.4}{0.4}\times1.0\%+\frac{1}{0.4}\times1.0\%=6.0\%$$

因为

$$\Delta t=\alpha(R_{\mathrm{H}}-R_{\mathrm{L}})R_{\mathrm{L}}^{-1}$$

由式（1-27）可求得温升的最大相对误差为

$$\gamma_t = 1\times6.0\% + 1\times1.0\% = 7.0\%$$

可见，虽然使用0.5级的电压表和电流表，但测量结果的相对误差仍然较大，最大相对误差为仪表误差的10倍以上。若用0.2级的电压表和电流表，测定温升的最大相对误差仍有2.8%。

若改用0.1级的电桥测量电阻，在R_H/R_L同样为1.4的情况下，相对误差为

$$\gamma_{(R_H-R_L)} = \left(\frac{1}{0.4}\times0.1\%\right) + \left(\frac{1.4}{0.4}\times0.1\%\right) = 0.6\%$$

$$\gamma_t = 1\times0.6\% + 1\times0.1\% = 0.7\%$$

可见比较法的测量误差要比伏安法小得多。

思考题和练习题

1-1　电测量指示仪表由哪几部分组成？各有什么作用？

1-2　电测量指示仪表的测量机构在工作时有哪些力矩？特性如何？

1-3　一只磁电系电压表，量程为10V，原来准确度为0.5级，经检定后，数据见表1-2，判断该表现在的准确度。

表 1-2　思考题 1-3 数据

被检表读数（V）	0	1	2	3	4	5	6	7	8	9	10
标准表读数（V）	0	0.96	1.97	2.95	3.94	4.93	6.02	7.09	8.05	9.01	10.02

1-4　有两只直流电压表，甲表为2.5级，75V；乙表为1.0级，250V。现在要测量50V的电压，试问两只表可能出现的最大相对误差分别为多大？应选用哪只表？

1-5　用量程为300V的电压表测量250V的电压。要求测量结果的相对误差不大于±1.5%。试问应选用哪一种准确度等级的电压表？若改用量程为500V的电压表，则又该如何选择准确度等级？

1-6　对电测量指示仪表有哪些技术要求？

1-7　试说明下图中各仪表标志符号的含义。

（1）13T1—A。

（2）C46—V　1.0　⋂　☆(2)　⊥

1-8　电工测量有哪些方法？各有什么特点？

1-9　测量误差分哪几种？各有什么特点？如何消除这些误差？

1-10　用某电流表测量电流时，读得电流为9.60A，查该仪表的校正值为0.04A，问所测电流实际值是多少？

1-11　重复测量某电流值，结果为9.8、9.6、9.9、10.0、10.2、10.1A，计算该电流的算术平均值、标准差及均方根误差。

1-12 四个电阻串联，阻值分别为 28.4、2.25、3.355、56.605Ω，计算其等效电阻值(用有效数字表示)。

1-13 一直流电路中，测得某电阻两端的电压为 35.4V，通过的电流为 2.467A，试计算该电阻吸收的功率（用有效数字表示)。

1-14 两个电阻的额定值及相对误差分别为 $R_1=25\Omega$，$\gamma_1=\pm5.0\%$；$R_2=75\Omega$，$\gamma_2=\pm5.0\%$。试计算两电阻串联时可能出现的最大相对误差。

1-15 在检验功率表时，标准功率由下式决定

$$P=\frac{U_1}{R_n}K_fU_n$$

式中 U_1、U_n——检测表的读数，误差为±0.015%；

R_n——标准电阻，误差为±0.01%；

K_f——分压箱的分压系数，设误差为±0.02%。

求 P 可能出现的最大相对误差。

第二章　常用电测量指示仪表

在电工测试领域中，电测量指示类仪表的应用极为广泛。本章主要介绍磁电系仪表，电磁系仪表，电动系仪表、功率表、频率表及相位表，万用表，绝缘电阻表与接地电阻表，电桥等常用电测量指示仪表的原理及使用。

第一节　磁电系仪表

磁电系仪表在电测量指示仪表中占有极其重要的地位，广泛应用于直流电流与直流电压的测量。若加上整流器，则可用于交流电流和交流电压的测量；如果配以变换器，还可用于测量功率、频率、相位及温度、压力等；采用特殊结构时，又可以构成检流计。因此，磁电系仪表的用途非常广泛。

一、磁电系测量机构

1. 磁电系测量机构的结构

磁电系测量机构的结构如图 2-1 所示。固定部分由永久磁铁 1、极掌 2 和固定在支架上的圆柱形铁芯 3 构成。圆柱形铁芯位于两极掌之间，并与两极掌间形成均匀的辐射状磁场。

活动部分由绕在铝框架上的活动线圈 4、固定线圈的转轴 5、平衡锤 6、指针 7 及游丝 8 组成。整个活动部分支撑在轴承上，线圈位于环形气隙之中。当活动部分发生转动时，游丝变形产生与转动方向相反的反作用力矩。另外，游丝还具有把电流导入活动线圈的作用。

磁电系测量机构没有专门的阻尼器，阻尼力矩由绕制线圈的铝框架产生，铝框阻尼作用原理如图 2-2 所示。当闭合的铝框架在磁场中运动时，它因切割磁力线而产生感应电流 i_e，这个电流与永久磁铁的磁场相互作用产生电磁阻尼力矩 M_e，显然阻尼力矩的方向与铝框架运动方向相反，因此能使指针较快地停在平衡位置。当活

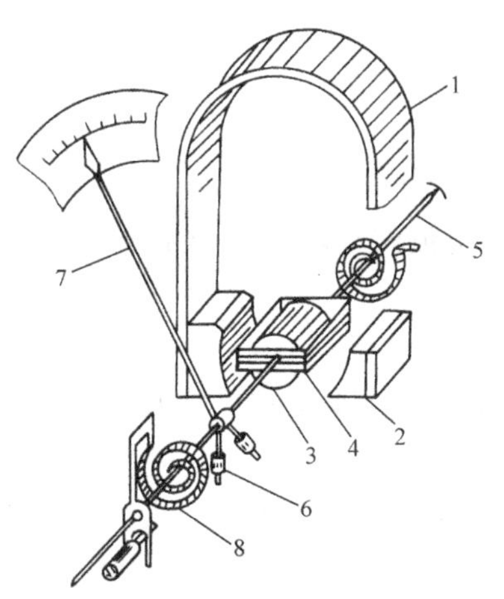

图 2-1　磁电系测量机构

1—永久磁铁；2—极掌；3—圆柱形铁芯；4—活动线圈；5—转轴；6—平衡锤；7—指针；8—游丝

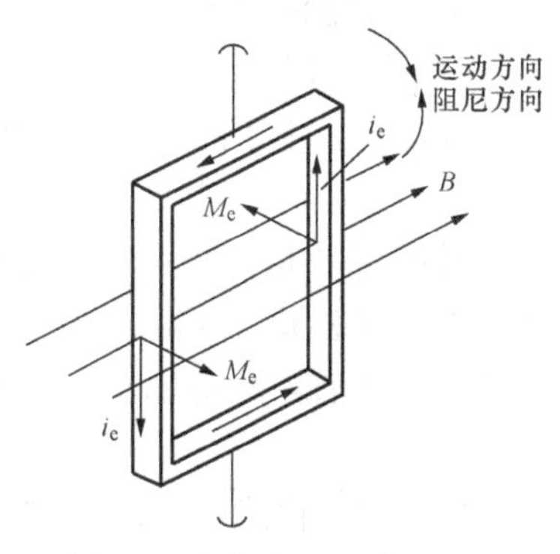

图 2-2　铝框的阻尼作用原理

动线圈静止下来后，铝框架不再切割磁力线，感应电流为零，阻尼力矩也为零，因此阻尼力矩对测量结果没有影响。对于灵敏度高的仪表，为减轻活动部分的重量，通常活动线圈中无铝框架，这时可在活动线圈上绕几匝短路线圈作为阻尼器。

2. 磁电系仪表测量机构的工作原理

对于磁电系测量机构，极掌与铁芯之间气隙中的磁场呈均匀辐射状分布，产生转动力矩的原理如图 2-3 所示。设气隙中磁场的磁感应强度为 B，线圈与磁场方向垂直的边长为 l、宽度为 b、面积为 A、匝数为 N，当通过活动线圈的电流为 i 时，线圈与磁场方向垂直的每边导线受到的电磁力 $F = NBil$。作用在线圈上的瞬时转动力矩为

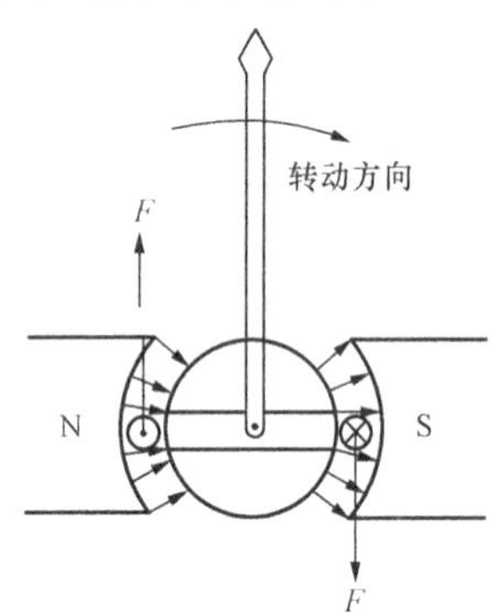

图 2-3 产生转动力矩的原理

$$m = 2F \times \frac{b}{2} = NBlbi = NBAi$$

若 i 为周期性交变电流，由于活动部分有惯性，来不及随瞬时转动力矩而改变，因此偏转位置取决于平均转动力矩。平均转动力矩为

$$M = \frac{1}{T}\int_0^T m\mathrm{d}t = NBAI_{\mathrm{av}} \tag{2-1}$$

$$I_{\mathrm{av}} = \frac{1}{T}\int_0^T i\mathrm{d}t$$

式中 I_{av}——电流一个周期内的平均值，即周期性交变电流的直流分量。

在转动力矩的作用下，活动部分发生偏转，同时引起游丝扭转而产生反作用力矩 M_α，此力矩与活动线圈的偏转角成正比，即

$$M_\alpha = D\alpha$$

式中 D——游丝的反作用系数，它的大小取决于游丝材料的性质和尺寸。

当转动力矩与反作用力矩相等时，指针将停在某一平衡位置，此时指针的偏转角为

$$\alpha = \frac{NBA}{D}I_{\mathrm{av}} = SI_{\mathrm{av}} \tag{2-2}$$

$$S = \frac{NBA}{D}$$

式中 S——磁电系测量机构的灵敏度，对于确定的仪表，它是一个常数。

由式（2-2）可知，活动部分的偏转角 α 与通入线圈电流的平均值 I_{av} 成正比，因此偏转角 α 可反映出被测电流的大小。

3. 磁电系测量机构的技术特性

（1）准确度高。由于磁电系测量机构采用永久磁铁，磁场很强，受摩擦及外磁场的影响较小，所以准确度很高，可以达 0.1～0.05 级。

（2）灵敏度高。由于仪表内部磁场很强，只需要很小的电流就可产生足够大的转动力矩，所以磁电系仪表灵敏度很高。

（3）仪表内部消耗的功率小。由于通过测量机构的电流很小，所以仪表内部消耗的功率小。

（4）刻度均匀。由式（2-2）可知，偏转角 α 与通入线圈电流的平均值成正比，所以标度尺的刻度均匀，便于准确读数。

(5) 用于直流测量。由式 (2-2) 可知，磁电系仪表反映的是被测量一个周期内的平均值，因此若通入的是恒定电流，则 α 与恒定电流成正比；若通入的是正弦交流，因其一个周期内的平均值为零，因而指针不偏转。故磁电系仪表只能用于测量直流电学量，而不能直接测量正弦交流电学量。如果要用于测量正弦交流电学量，则需配上整流器。另外从结构来看，因为磁场的极性是恒定的，所以指针的偏转方向取决于线圈电流的方向。若线圈电流的方向与规定方向相反，则指针反向偏转，脱离标度尺，所以测量直流电量时，必须注意极性，应使电流从仪表“+”端通入。

(6) 过载能力小。由于被测电流通过游丝导入线圈，过大的电流容易引起游丝发热使弹性发生变化从而产生不允许的误差，甚至可能因为过热而烧毁游丝。另外，活动线圈的导线很细，也不允许通过大的电流。

二、磁电系电流表

由磁电系测量机构的工作原理可知，其偏转角与通入机构的电流成比例，所以它本身就是一个电流表。但由于磁电系测量机构的被测电流是通过游丝引入，且活动线圈本身的导线又很细，所以磁电系测量机构仅能通过很小的电流，作为电流表，只能直接测量几十微安到几十毫安的电流，如果要测量大电流，就必须扩大量程。

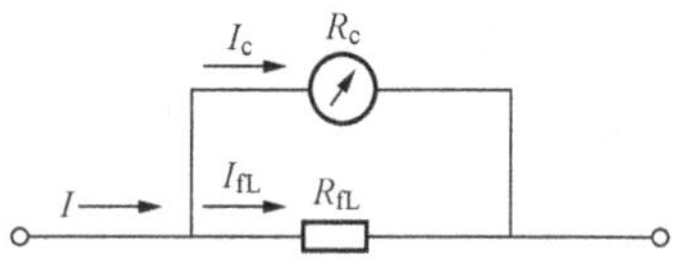

I_c　R_c　I_{fL}　R_{fL}　I

图 2-4　电流表扩大量程原理

I_c—测量机构的满量程电流；R_c—测量机构的内阻；I—扩大量程后能测量的最大电流

1. 单量程电流表

磁电系电流表采用分流的方法来扩大量程，具体是在测量机构上并联一个电阻为 R_{fL} 的分流器，使大部分电流从并联电阻中流过，而测量机构（也称表头）仅流过其允许通过的电流，如图 2-4 所示。

由图 2-4 可知

$$R_c I_c = R_{fL}(I - I_c)$$

故

$$I_c = \frac{R_{fL}}{R_{fL} + R_c} I \tag{2-3}$$

由式 (2-3) 可以看出，由于 R_{fL} 和 R_c 为常数，所以 I_c 与 I 成正比，根据这一正比关系对电流表标度尺划定刻度，就可以直接读出被测电流 I 的大小。

如果用 n 表示量程扩大倍数，即

$$n = \frac{I}{I_c}$$

则由式 (2-3) 可得分流器电阻值为

$$R_{fL} = \frac{I_c R_c}{I - I_c} = \frac{R_c}{\frac{I}{I_c} - 1} = \frac{R_c}{n - 1} \tag{2-4}$$

在实际测量中，当被测电流不大时，可将分流器做成内附式的，直接装在仪表内部；而当被测电流很大时，由于分流器发热严重，为防止因过热而改变分流器的阻值，应使分流器有足够大的散热面积，因而大电流分流器的体积很大，所以通常将它做成单独装置，称为外附分流器，如图 2-5 所示。它有两对接线端钮，外侧的一对 (1、1) 称电流端钮，与被测电路串联；内侧的一对 (2、2) 称电位端钮，与磁电系测量机构并联。这种接线方式可以使分流电阻不包含电流端钮的接触电阻，以减小测量误差。

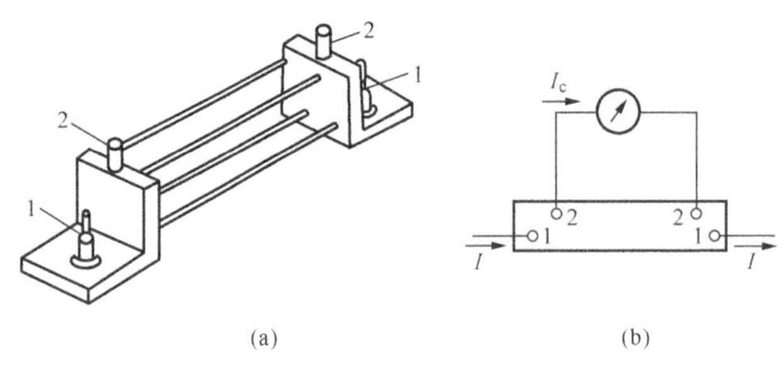

图 2-5 外附分流器及其接线
(a) 外附分流器；(b) 分流器接线

外附分流器上一般不标明电阻值，而是表明额定电流与额定电压值。外附分流器的额定电流是指电流表量限扩大后的最大电流值，额定电压是指分流器工作在额定电流时两个电位端钮间的电压。外附分流器的额定电压有30、45、75、100、150、300mV等几种，若测量机构与分流器相连，当测量机构的电流量限与内阻 R_c 的乘积与分流器的额定电压相等时，则其量限就等于分流器的额定电流。

【例 2-1】 一磁电系测量机构的满偏电流为 500μA，内阻为 200Ω，若要将它制成量程为 1A 的电流表，应并联多大的分流电阻？若需利用该测量机构测量 100A 的电流，应选用何种规格的外附分流器？

解 量程扩大倍数为

$$n=\frac{I}{I_c}=\frac{1}{500\times10^{-6}}=2000(\text{倍})$$

故分流电阻为

$$R_{fL}=\frac{R_c}{n-1}=\frac{200}{2000-1}\approx0.1(\Omega)$$

若用此表测量 100A 的电流，选用分流器时，应考虑测量机构满偏时的电压，即

$$U_c=I_cR_c=500\times10^{-6}\times200=0.1(\text{V})=100(\text{mV})$$

所以应选用 100A，100mV 的分流器。

2. 多量程电流表

安装式电流表只有一种量程，而便携式电流表通常为多量程仪表。采用不同分流器，就可构成多量程电流表。多量程电流表的分流器有两种接法：

(1) 开路连接方式，如图 2-6 (a) 所示。它的优点是各量限具有独立的分流电阻，互不干扰，调整方便。但由于开关的接触电阻包含在分流电阻内，会使仪表误差增大，甚至还会因接触不良造成大电流通过表头而使表头损坏，故这种连接方式极少采用。

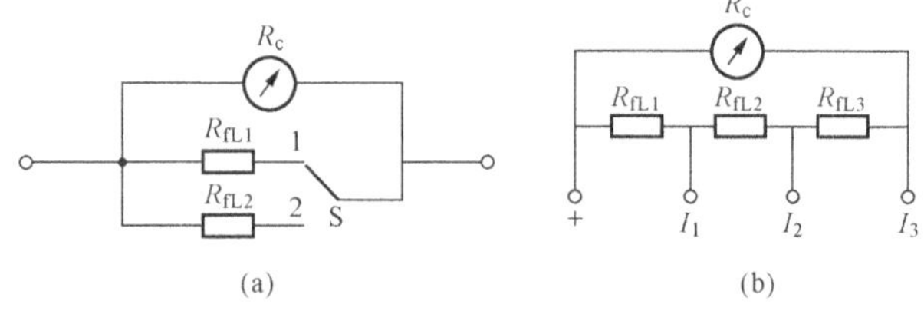

图 2-6 多量程电流表电路
(a) 分流器开路连接；(b) 分流器闭路连接

(2) 闭路连接方式，如图 2-6 (b) 所示。这种结构的优点在于换接开关改变量程时，不会因为接触不良或换接过程中发生断路而造成大电流通过表头，使表头烧坏。但在这种电路中，任何一个分流电阻阻值的变化都会影响其他量限，所以调整和修理比较麻烦。

三、磁电系电压表

磁电系测量机构不仅可以构成电流表，还可以构成电压表。如果将磁电系测量机构与被测电压并联，则测量机构的偏转角 α 与被测电压的关系为

$$\alpha = SI = S\frac{U}{R_c}$$

因为对于确定的测量机构，它的内阻 R_c是固定的，所以磁电系测量机构可以直接用来测量电压，但由于测量机构允许通过的电流很小，所以直接作为电压表来使用只能测量很小的电压，一般只有几十毫伏，不能满足实际需要。为了测量较高的电压，需要扩大电压表的量程。

1. 单量程电压表

磁电系电压表根据串联电路分压原理来扩大量程，方法是将测量机构与附加电阻串联，如图 2-7 所示。

设磁电系测量机构的内阻为 R_c，满偏电流为 I_c，电压为 U_c，被测电压为 U，附加电阻为 R_{fj}，由图 2-7 可知

$$I_c = \frac{U_c}{R_c} = \frac{U}{R_c + R_{fj}} \tag{2-5}$$

由式（2-5）可知，I_c与被测电压 U 成正比，所以指针的偏转可以反映被测电压的大小。若标度尺按电压画定刻度，便可直接读取被测电压值。

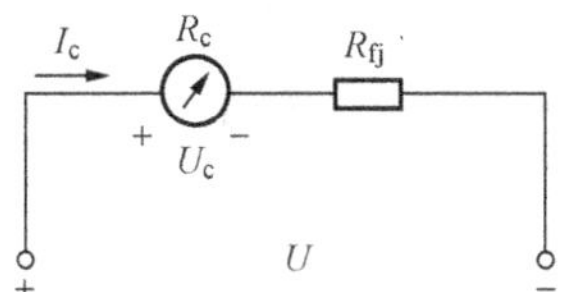

图 2-7　用附加电阻扩大电压表量程

如果用 m 表示电压量程扩大倍数，即

$$m = \frac{U}{U_c}$$

则由式（2-5）可知，附加电阻 R_{fj}为

$$R_{fj} = \left(\frac{U}{U_c} - 1\right)R_c = (m-1)R_c \tag{2-6}$$

适当选择附加电阻 R_{fj}的大小，即可将测量机构的电压量限扩大到所需的范围。因为磁电系仪表的灵敏度比较高，所以附加电阻值都较大。与电流表一样，附加电阻也分为内附式和外附式两种，通常量程低于 600V 时可采用内附式，量程高于 600V 时应采用外附式。

【例 2-2】 若将［例 2-1］中的测量机构改装成 60V 量程的电压表，应接多大的附加电阻？

解　测量机构的电压为

$$U_c = I_c R_c = 500 \times 10^{-6} \times 200 = 0.1(\text{V})$$

电压量程的扩大倍数为

$$m = \frac{U}{U_c} = \frac{60}{0.1} = 600(\text{倍})$$

故附加电阻为

$$R_{fj} = (m-1)R_c = (600-1) \times 200 = 119\,800(\Omega)$$

2. 多量程电压表

磁电系电压表也可制成多量程的，方法是串几个不同的附加电阻，内部接线如图 2-8 所示。

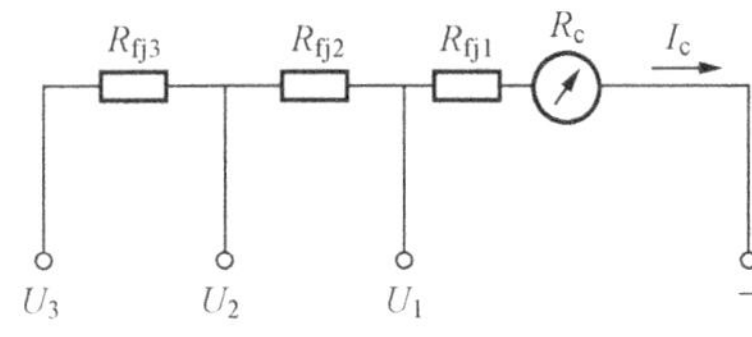

图 2-8 多量程电压表测量线路

用电压表测量电压时，其内阻会对被测电路产生影响，电压表的内阻越大，对被测电路影响越小。电压表的内阻（又称输入电阻）R_V 等于测量机构内阻与附加电阻之和。对于多量程电压表来说，不同量程时附加电阻数值不同，因而仪表的内阻也不同，量程越高，内阻越大。但不论哪一挡量程，测量机构的满偏电流 I_c都是一个常数，因而由 I_c可以方便地求出某一挡量程时电压表的内阻。

第 K 挡量程（电压量程为U_K）电压表内阻为

$$R_{VK}=\frac{U_K}{I_c}=U_K\left(\frac{1}{I_c}\right) \tag{2-7}$$

由式（2-7）可知，$\frac{1}{I_c}=\frac{R_{VK}}{U_K}$，它是一常数，称为电压表的每伏欧数（Ω/V），或叫电压灵敏度，这个常数一般标注在电压表的铭牌上，是电压表的重要参数。由式（2-7）可知，电压表在某一挡量程时的内阻，等于电压表的每伏欧数乘以该挡电压量程。

第二节 电磁系仪表

电磁系仪表是一种交直流两用的电测量仪表，它结构简单、过载能力强、坚固耐用、价格低廉，在交流电流和电压的测量中得到了广泛应用。一般配电盘上所装的交流电压表和电流表大都是电磁系的。

一、电磁系测量机构

（一）电磁系测量机构的结构

电磁系测量机构的固定部分主要由线圈组成，而活动部分主要由可动铁片组成。根据固定线圈与可动铁片之间作用关系的不同，电磁系测量机构可分为吸引型、排斥型及排斥—吸引型三种。

1. 吸引型结构

吸引型电磁系测量机构的结构如图 2-9 所示。它的固定部分由线圈 1 组成。活动部分由偏心地装在转轴上的可动铁片 2、指针 3、阻尼片 4 及游丝 5 等组成。固定线圈和可动铁片组成了一个电磁系统。固定线圈的形状是扁平的，中间有一条窄缝，可动铁片可以转入此窄缝内。当线圈中有电流通过时，线圈的附近就产生磁场，使动铁片被磁化，如图 2-10（a）所示，线圈与动铁片之间产生吸引力，从而产生转动力矩，引起指针偏转。当转动力矩与游丝产生的反作用力矩相等时，指针便稳定在某一平衡位置，从而指示出被测量的大小。由此可见，吸引型电磁系测量机构是利用通有电流的线圈和铁片之间的吸引力来产生转动力矩的。当线圈中的电流方向改变时，线圈所产生的磁场的极性和被磁化的铁片的极性同

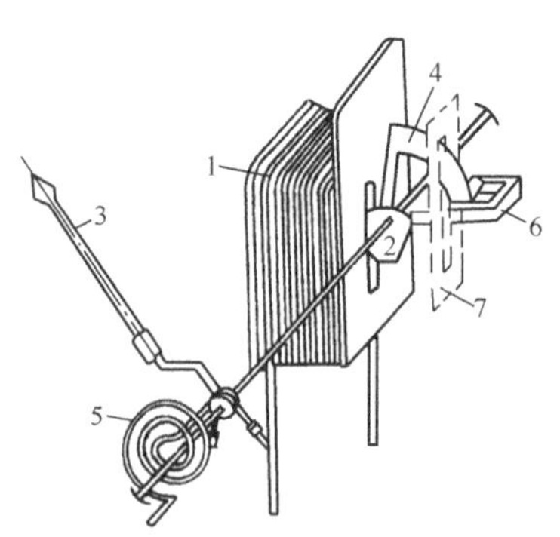

图 2-9 吸引型测量机构的结构
1—固定线圈；2—动铁片；3—指针；4—阻尼片；5—游丝；6—永久磁铁；7—磁屏

时随着改变，如图 2-10（b）所示。因此它们之间的作用力方向仍保持不变，也就是说，指针的偏转方向不会随电流的方向而改变。可见这种电磁系仪表可以用于交流电学量的测量。

吸引型测量机构由于结构上的原因，不能达到较高的准确度，一般多用于安装式仪表或 0.5 级以下便携式仪表的制造。

2. 排斥型测量机构

排斥型测量机构的结构如图 2-11 所示。它的固定部分由圆形线圈 1 和固定在线圈内壁的可动铁片 2 组成。活动部分由固定在转轴上的可动铁片 4、游丝 5、指针 6 及阻尼片 7 等组成。当线圈中通有电流时，电流所产生的磁场使定铁片和动铁片同时被磁化，并且两个铁片同一侧的磁化极性相同，如图 2-12（a）所示，从而产生排斥力，使指针偏转。当转动力矩与游丝产生的反作用力矩平衡时，指针便稳定在某一位置，从而指示出被测量的大小。当线圈中的电流方向发生改变时，它所建立的磁场方向随之改变，两个被磁化铁片的极性也同时随着改变，如图 2-12（b）所示，但两个铁片仍然相互排斥，因此转动力矩的方向依然保持不变，即指针的偏转方向不会改变，所以这种排斥型测量机构也可用于交流电学量的测量。

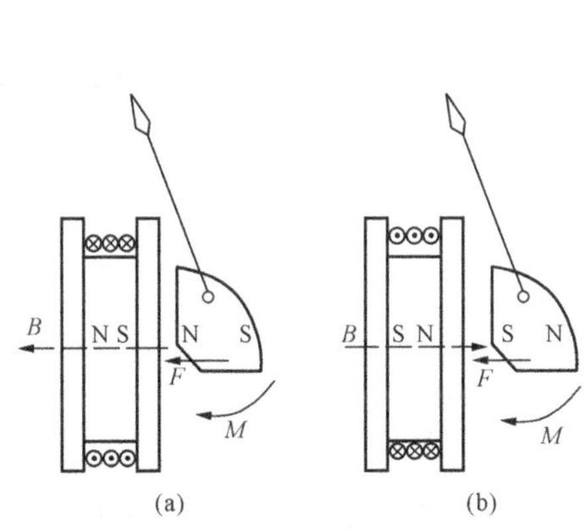

图 2-10　吸引型测量机构工作原理

（a）线圈中通有电流时铁片磁化情况；

（b）线圈中电流方向改变后铁片磁化情况

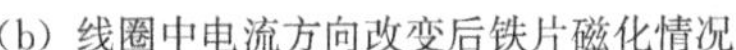

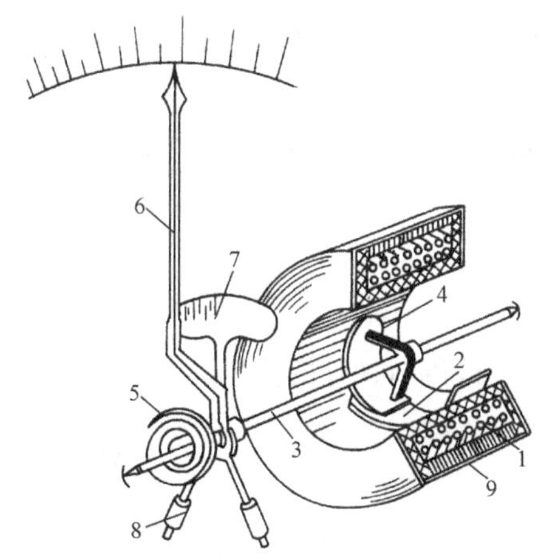

图 2-11　排斥型测量机构的结构

1—固定线圈；2—定铁片；3—转轴；4—动铁片；5—游丝；6—指针；7—阻尼片；8—平衡锤；9—磁屏蔽

由于排斥型结构中线圈的电感相对变化小，故频率误差容易补偿，因此它可用于制成 0.2 级或 0.1 级的高准确度仪表。目前，国内外高准确度的电磁系仪表一般都采用这种排斥型结构。另外，排斥型结构的标度尺较为均匀。

3. 排斥—吸引型结构

排斥—吸引型测量机构的结构如图 2-13 所示。它的固定线圈也是圆形的，它与排斥型结构的主要区别是固定于线圈内壁上的定铁片及与转轴相连的动铁片均有两个。两组铁片分别位于轴心相对两侧。当线圈中有电流通过时，两组铁片同时被磁化。铁片 A 与 B、A′ 与 B′ 之间因极性相同而相互排斥；而铁片 A 与 B′、A′ 与 B 之间因极性相异而相互吸引。随着可动部分的转动，排斥力逐渐减弱而吸引力逐渐增强。在这种结构中，转动力矩是由排斥力和吸引力共同作用而产生的，转动力矩较大，因而可制成广角度指示仪表，但由于铁芯结构复杂，磁滞误差较大，所以准确度不高，一般多用于安装式仪表中。

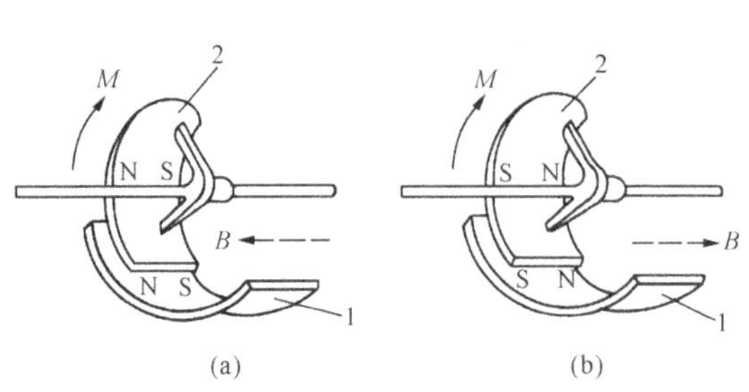

图 2-12 排斥型测量机构工作原理
(a) 通以正向电流；(b) 通以反向电流
1—定铁片；2—动铁片

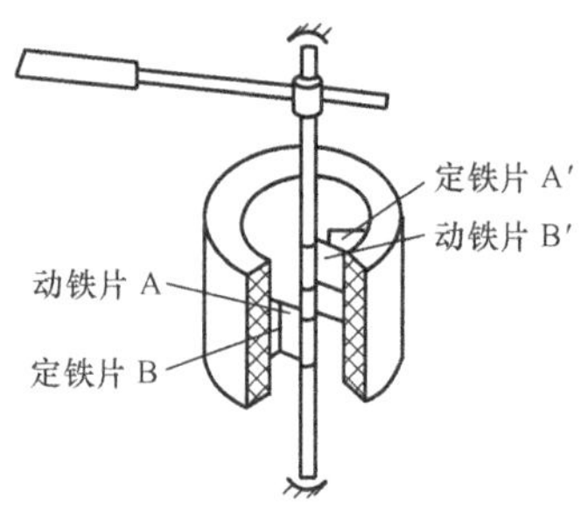

图 2-13 排斥—吸引型测量机构的结构

（二）工作原理

由上述三种结构可以看出，不论哪种结构形式的电磁系测量机构，都是由线圈中的电流产生磁场，使处于该磁场中的铁片被磁化，从而产生转动力矩的，因而它们的工作原理是相同的。

设线圈的自感系数为 L，当线圈中通入直流电流 I 时，由电工理论可知，线圈中的磁场能量为

$$W=\frac{1}{2}LI^2$$

因此，线圈对铁片的作用力所产生的转动力矩为

$$M=\frac{\mathrm{d}W}{\mathrm{d}\alpha}=\frac{1}{2}I^2\frac{\mathrm{d}L}{\mathrm{d}\alpha} \tag{2-8}$$

式（2-8）表明，在直流作用下，电磁系测量机构所受到的转动力矩与电流 I 的平方成比例。

同理，当线圈中通入交流电流 i 时，可动部分受到的瞬时力矩为

$$m=\frac{\mathrm{d}W}{\mathrm{d}\alpha}=\frac{1}{2}i^2\frac{\mathrm{d}L}{\mathrm{d}\alpha}$$

由于活动部分有惯性，活动部分的偏转来不及随瞬时力矩而变化，所以其转动力矩取决于瞬时力矩在一个周期内的平均值。平均转动力矩为

$$M=\frac{1}{T}\int_0^T m\mathrm{d}t=\frac{1}{2}\frac{\mathrm{d}L}{\mathrm{d}\alpha}\frac{1}{T}\int_0^T i^2\mathrm{d}t=\frac{1}{2}I^2\frac{\mathrm{d}L}{\mathrm{d}\alpha} \tag{2-9}$$

式中 $\frac{1}{T}\int_0^T i^2\mathrm{d}t$——电流有效值 I 的平方。

可以看出，式（2-8）与式（2-9）的形式完全一样，只是表达式中 I 的意义不同，前者 I 为直流，后者 I 为交流量的有效值。

游丝产生的反作用力矩 $M_\alpha=D\alpha$，当 M 与 M_α 相等时，指针停留在平衡位置，偏转角为

$$\alpha=\frac{1}{2D}\frac{\mathrm{d}L}{\mathrm{d}\alpha}I^2=KI^2 \tag{2-10}$$

由式（2-10）可知：用电磁系仪表测量直流时，偏转角决定于电流值的平方；测量交流时，偏转角决定于电流有效值的平方。

（三）电磁系测量机构的主要技术特性

（1）电磁系仪表的结构简单，过载能力强。由于被测电流是通过固定线圈，故线圈可采用粗导线绕制，这样就允许通过较大的被测电流，如几百安等，所以电磁系仪表过载能力强。

（2）刻度不均匀。因为电磁系测量机构的偏转角 α 与电流的平方成比例，所以电磁系仪表的刻度不均匀，前密后疏。

（3）准确度低。由于电磁系测量机构中有铁磁物质（铁片），而铁磁物质中存在着磁滞现象，所以这种仪表的准确度低。

（4）可以交、直流两用。测量交流时，电磁系仪表反映的是被测量的有效值。测量直流时，因为铁片磁化产生的磁滞误差可能较大且不稳定，如当被测量增减或通过仪表的电流方向不同时误差都不相同，所以电磁系仪表更适用于测量交流。只有采用优质导磁材料（如坡莫合金）制成的交、直流两用电磁系仪表，才可用于恒定直流的测量。用电磁系仪表测量直流时，因为测量机构的转动力矩的方向不会随电流方向而变化，所以不存在极性问题。

（5）灵敏度低，易受外界磁场影响。由于电磁系测量机构的工作磁场由固定线圈中的电流来产生，因而它的磁场较弱，所以它的灵敏度低，易受外界磁场的影响。为了防止外磁场的干扰，一般采用磁屏蔽或无定位结构两种措施。磁屏蔽是把测量机构装在导磁性良好的磁屏罩内，使外磁场的磁力线沿着磁屏罩通过，而不进入测量机构。有时为了进一步削弱外磁场的影响，还采用双层屏蔽，如图 2-14 所示。无定位结构就是将测量机构中的固定线圈分为两部分且反向串联，当线圈通有电流时，两线圈产生的磁场相反，但转动力矩却是相加的，如图 2-15 所示。外磁场对测量机构的影响，使一个线圈的磁场被削弱，而另一个线圈的磁场却被加强。由于两部分结构对称，所以不论仪表放置位置如何，外磁场的影响总要被削弱，故这种结构称为无定位结构。但是，即使采用了上述防御外磁场的措施，电磁系仪表所受外磁场的影响比磁电系仪表还是要大得多。

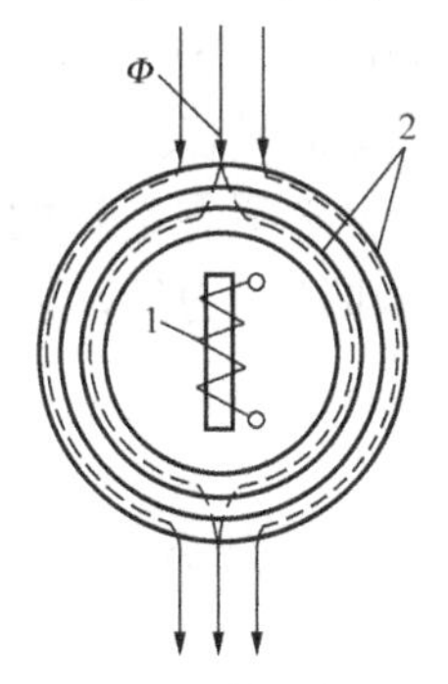

图 2-14　磁屏蔽

1—测量机构；2—磁屏罩

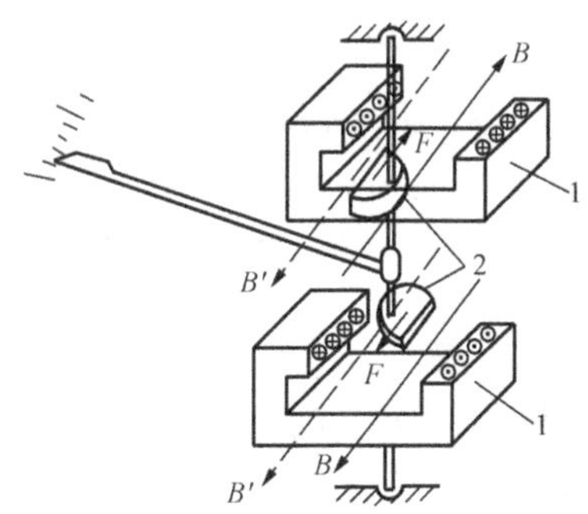

图 2-15　无定位结构

1—线圈；2—铁片

（6）工作频率范围窄。当频率增高时，对于电流表来说，主要因铁片等金属部件中感应产生的涡流会对磁场有去磁作用，使转动力矩减小而产生误差；对电压表来说，由于固定线圈的匝数较多，相应感抗较大，线圈感抗随频率的变化会使在一定电压下通过线圈的电流变小而产生误差。因此电磁系仪表不适宜用于频率高的电路中，一般用于 1000Hz 以下。

（7）功耗大。一般电磁系电流表消耗的功率达 2～8W，电压表功耗达 2～5W。

二、电磁系电流表

电磁系测量机构可以直接作为电流表使用，只要将固定线圈与被测电路串联就可以测量该电路中的电流。通过改变固定线圈的导线直径和线圈匝数，就能得到不同量程的电流表。

1. 单量程电流表

从理论上讲，电磁系测量机构可以制成任何量程的电流表，但实际上要制成低量程和高量程的电流表是比较困难的。因为电磁系测量机构的磁路大部分以空气为介质，必须有足够的安匝数才能产生足够强的磁场，从而产生足够大的转动力矩。基于这个原因，对于低量程的电流表，由于通过固定线圈的电流小，所以需要较多的线圈匝数，但是线圈匝数增多，又会增大线圈的电感和分布电容，引起较大的频率误差；同时线圈匝数的增加也会使仪表内阻增大，如此，电磁系低量程电流表只能做成毫安级。对于高量程的电流表，由于通过的电流较大，因而仪表与导线连接端钮处会因接触不良而严重发热；同时大电流导线周围的强大磁场将引起仪表的误差；另外，高量程电流表线圈导线的截面积较大，在高频率下会产生趋肤效应，使交流电阻增大，引起仪表功率消耗增加。由于上述原因，高量程电流表一般只做到 200A。

安装式电磁系电流表多为单量程的，测量较大电流时通常不采用分流器来扩大量程，而是通过电流互感器测量。测量用电流互感器二次侧额定电流均为 5A，所以，凡是与电流互感器配套使用的电流表，量程都是 5A。测量不同电流时，可采用不同电流比的电流互感器。电流表盘面的分度按互感器一次电流值标志。

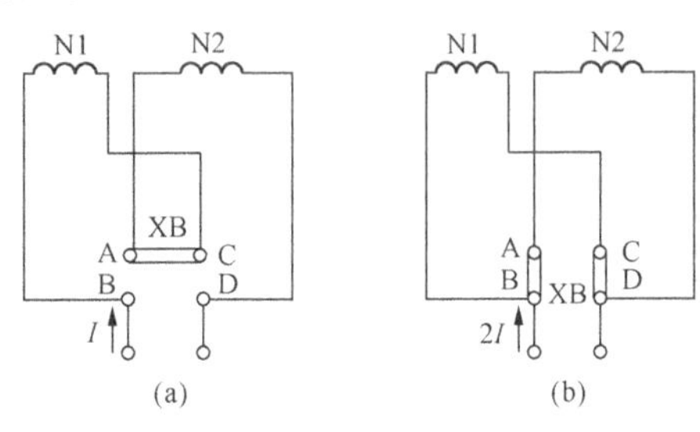

图 2-16 双量程电磁系电流表改变量程示意图
(a) 线圈串联；(b) 线圈并联
N1、N2—线圈；A、B、C、D—端钮；XB—金属片

2. 多量程电流表

便携式电磁系电流表一般为多量程表。多量程电流表的测量线路也比较简单，通常是把固定线圈分段绕制，然后通过接线片或转换开关改变绕组的连接方式来改变表的量程，如图 2-16 所示。显然，图 2-16（b）并联连接时电流量程比图 2-16（a）串联连接时电流量程扩大了一倍。

由于电磁系电流表必须有足够的安匝数，才能产生足够强的磁场和转动力矩，所以电磁系电流表的内阻较大。

三、电磁系电压表

电磁系测量机构只要与被测电路并联，就可以作为电压表测量电压。

1. 单量程电压表

安装式电压表通常只有一个量程，其扩大量程的方法与磁电系电压表一样，也是采用串联附加电阻的办法。从理论上讲，可以用这种方法测量很高的电压，但由于电压太高时，既要保证使用安全，又要使体积不致太大，因而制造起来比较困难，故一般不制作量程很高的电磁系电压表。国产电磁系电压表最高量程一般为 600V。测量更高电压时，应通过电压互感器进行。测量用电压互感器二次侧额定电压均为 100V，所以与互感器配套使用的电压表量程都是 100V。被测线路的电压等级不同时，应采用不同变比的电压互感器。

由于电磁系电压表一方面要保证足够的转动力矩，另一方面又希望尽量减少线圈的匝数，以防止频率误差和温度误差，所以要求通过仪表的电流较大，也就是说，电压表的内阻要小，通常只有每伏几十欧，而磁电系电压表内阻则可达每伏几千欧至几百千欧。可见电磁系电压表内阻小，仪表功率损耗较大，灵敏度低，一般不宜制成低量程的电压表。

2. 多量程电压表

便携式电磁系电压表一般为多量程的，测量线路是将固定线圈分段串、并联后，再与多个附加电阻串联组成，如图 2-17 所示。一般多量程电磁系电压表只有 2～4 个量程，因为电磁系测量机构要同时满足低量程和高量程的要求是很困难的。

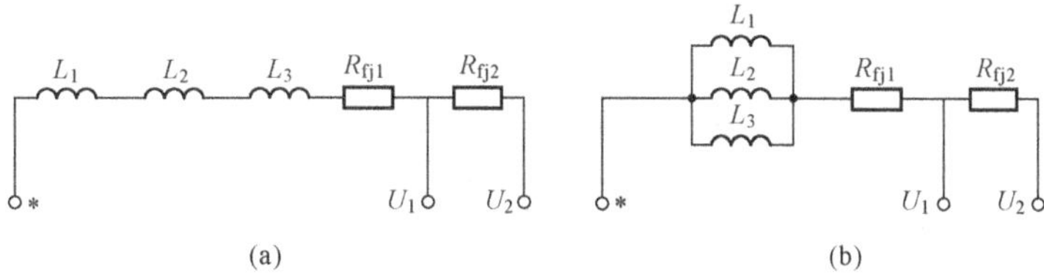

图 2-17　双量程电磁系电压表原理

(a) 分段串联；(b) 分段并联

四、磁电系检流计

磁电系检流计是一种灵敏度很高的仪表，可以测量微小电流、电压和短暂的脉冲电量。通常用来检测电路中有无电流通过，如在电桥中用作指零仪等，所以它的标度尺一般不注明电流或电压的数值。

1. 结构

磁电系检流计是一个具有特殊结构的磁电系测量机构，一般有指针式和光点式两种结构，下面主要介绍光点式检流计的结构。相对于普通磁电系仪表来说，光点式检流计在结构上主要有以下特点：

(1) 可动部分不采用轴尖与轴承支撑的结构，而是用张丝或悬丝将动圈悬挂起来，这样就消除了轴尖与轴承之间的摩擦对测量的影响，提高了灵敏度。

(2) 活动线圈多为无框架式的，以便争取更多的工作气隙并减小活动线圈的重量。

(3) 利用光点反射的方法来指示活动部分的偏转角。

图 2-18 为磁电系检流计的结构图，动圈 1 由悬丝 2 悬挂起来，悬丝除了产生反作用力矩外，还将电流引入动圈。金属丝 3 仅起引导电流的作用，不产生反作用力矩。动圈上端有反射小镜 4，利用它对光线的反射来指示活动部分的偏转。图 2-19 为光标读数装置，它是在

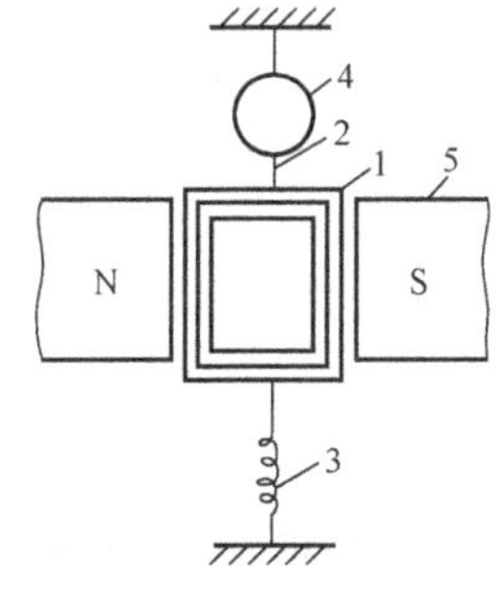

图 2-18　磁电系检流计的结构示意图

1—动圈；2—悬丝；3—金属丝；4—反射小镜；5—极掌

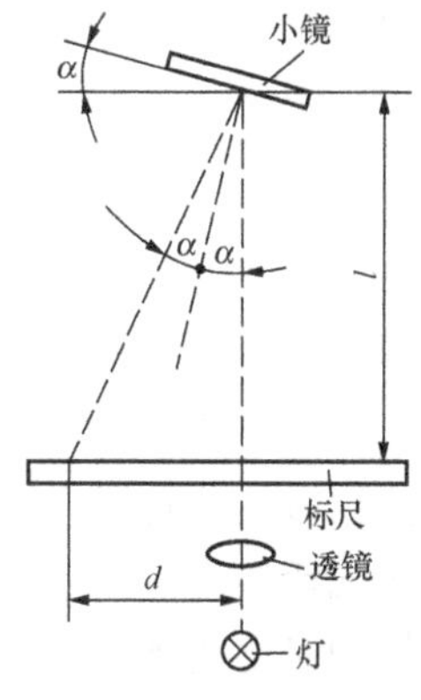

图 2-19　光标读数装置

距反射小镜一定距离处安装一个标度尺，狭窄的光束由灯投向小镜，经小镜反射到标度尺上，形成一条细小的光带，从而指示出活动部分偏转角的大小。

当动圈偏转角为 α 时，反射光束与光源入射光束之间的夹角为 2α，设光点在标度尺上偏转为 d 时，有

$$\tan 2\alpha = \frac{d}{l} \tag{2-11}$$

式中　l——标尺与小镜间的距离。

当 α 很小时，可近似认为 $2\alpha \approx \frac{d}{l}$。

检流计的灵敏度可表示为

$$S_1 = \frac{d}{I} = \frac{2l\alpha}{I} \tag{2-12}$$

由式（2-12）可知，在电流和偏转角一定的情况下，检流计的灵敏度正比于标尺与小镜间的距离 l。因此，在实际应用中，常采取将标尺远离检流计或使光线多次反射的方法来增大 l，从而提高检流计的灵敏度。

光点式检流计有两种形式：一种是便携式检流计，光路系统和标度尺安装在仪表的内部，称为内附光标指示检流计，如图 2-20 所示，这种检流计虽然灵敏度稍低，但使用方便。另一种是分装式光标指示检流计，光路系统和标度尺是单独的部件，使用时安装在仪表的外部，如图 2-21 所示，这种检流计的灵敏度很高，光路系统极易受外界振动的影响，使用时需将它固定安装在稳定位置或坚实的墙壁上，所以通常又称它为墙式检流计，这种检流计通常用于精密测量。

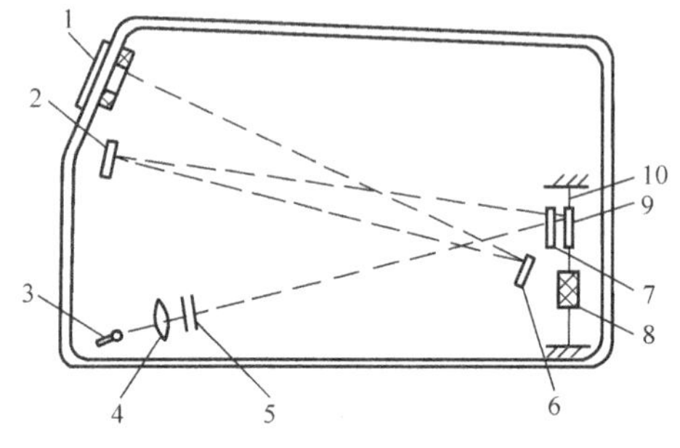

图 2-20　便携式检流计

1—标度盘；2、6—反射镜；3—灯；4、7—透镜；5—光栏；8—动圈；9—平面镜；10—张丝

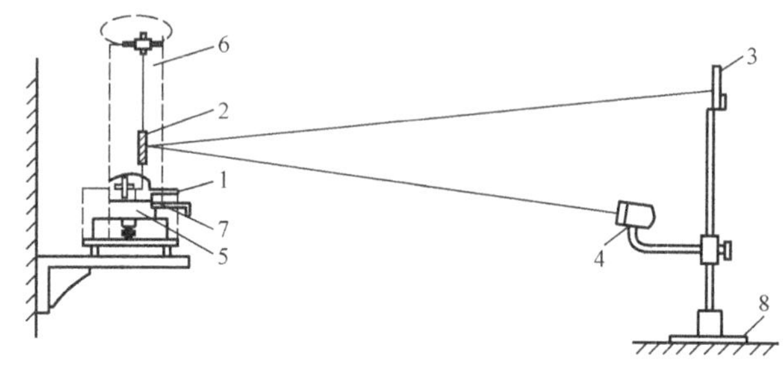

图 2-21　安装式检流计结构

1—动圈；2—动镜；3—标度尺；4—光栏；5—磁铁；6—悬丝；7—可调磁分路；8—外装标度尺底座

指针式检流计由于指针不可能太长而限制了灵敏度的提高，通常用于便携式电桥或电位差计中。

2. 检流计的正确使用

（1）使用时必须轻拿轻放，以防悬丝振断。搬动时应将活动部分用止动器锁住或用导线将两个接线端钮短接。

（2）使用时要按规定工作位置放置，带有水准指示装置的，用前应调好水平。

（3）在选用检流计作为指零仪器时，要保证检流计在稍微欠阻尼情况下运动，因而实际

连接在检流计两端时要按外临界电阻值选好外接电阻，并根据测量任务，合理选择灵敏度，测量时逐步提高。当被测电流范围未知时，不要贸然提高灵敏度，而应串入保护电阻或并联分流电阻进行测试，当确信不会损坏检流计时，再逐步提高其灵敏度。

(4) 不允许用万用表或电桥去测量检流计内阻，否则会因通入的电流过大而烧坏检流计。

第三节　电动系仪表

电动系仪表也是一种用途广泛的仪表。利用电动系测量机构，除了可以做成交直流两用、准确度较高的电流表、电压表以外，还可以做成测量功率用的功率表、测量相位和频率用的电动系相位表及频率表等。

一、电动系测量机构

1. 电动系测量机构的结构

电动系测量机构由两组线圈组成，即建立磁场的固定线圈（简称定圈）和在磁场中偏转的可动线圈（简称动圈）。根据有无铁芯，电动系测量机构可分为以下两种：

(1) 无铁芯的电动系测量机构。无铁芯的电动系测量机构通常简称为电动系机构，如图 2-22 所示。定圈 1 分为两个部分，平行排列，这样可以获得比较均匀的磁场；动圈 2 与转轴连接，一起放置在定圈的两部分之间。游丝用来产生反作用力矩，同时作为动圈电流的引入引出元件，空气阻尼器用来产生阻尼力矩。

(2) 铁磁电动系测量机构。铁磁电动系测量机构如图 2-23 所示，为了产生较强的磁场，增加转动力矩，将定圈绕在相互绝缘的硅钢片叠成的铁芯上，动圈内装有圆形铁芯，使气隙的磁场呈均匀辐射状。阻尼器采用电磁感应式或空气式。

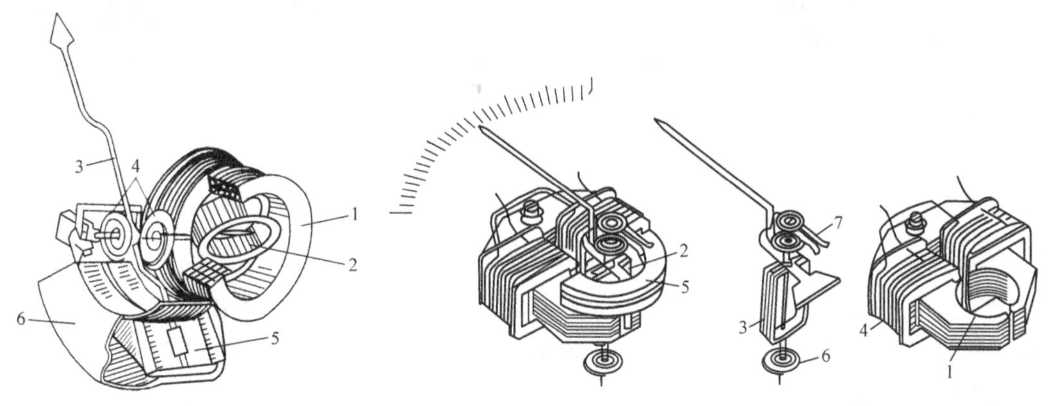

图 2-22　电动系测量机构的结构示意图
1—定圈；2—动圈；3—指针；4—游丝；5—空气阻尼器叶片；6—空气阻尼器外盒

图 2-23　铁磁电动系测量机构
1—铁轭；2—圆形铁芯；3—动圈
4—定圈；5—阻尼器；6—游丝；7—零位调节器

由于铁磁电动系测量机构中有铁芯，磁场较强，因此灵敏度高，但因铁磁物质具有磁滞和涡流损耗，所以准确度比无铁芯的低得多。

2. 工作原理

电动系测量机构（无铁芯）的工作原理如图 2-24 所示。工作时，定圈与动圈中都必须通入电流。定圈中的电流 i_1 用来建立磁场，当动圈中通入电流 i_2 时，由 i_1 建立的磁场将对电流 i_2 产生电磁力 F，因而使动圈受到力矩的作用而发生偏转。设动圈的匝数为 N，面积为 A，定圈产生的磁场的磁感应强度为 B_1。根据磁场对载流导体的作用，可知动圈的瞬时转动力矩为

$$m = NB_1Ai_2\sin\beta \tag{2-13}$$

式中 B_1——电流 i_1 产生的磁感应强度；

β——动圈面与磁场的夹角。

由于线圈中没有铁磁性物质，在固定线圈匝数一定的情况下，B_1 应和产生它的电流 i_1 成正比，即

$$B_1 = k_1i_1 \tag{2-14}$$

因此

$$m = NB_1Ai_2\sin\beta = k_1NAi_1i_2\sin\beta = k_2i_1i_2\sin\beta \tag{2-15}$$

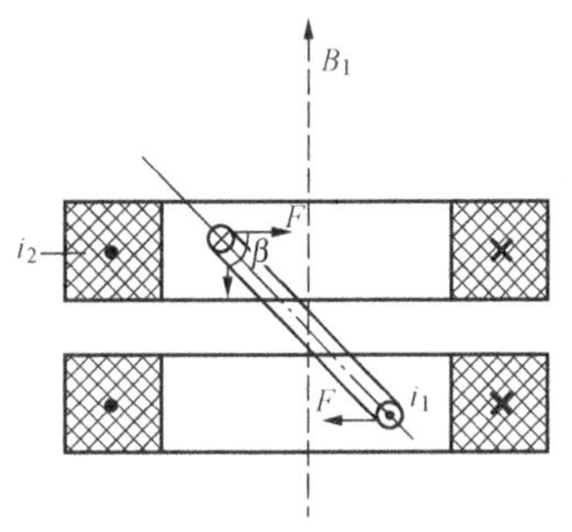

图 2-24 电动系测量机构的工作原理

可见，电动系测量机构的转动力矩不仅与电流 i_1 及 i_2 的乘积有关，还与动圈的位置有关。由图 2-24 可知，如果同时改变电流 i_1 和 i_2 的方向，力 F 的方向不变，转动力矩的方向也不会改变，因此电动系测量机构可以交直流两用。下面分别予以讨论。

（1）两线圈中通入直流电学量。设定圈中的电流 $i_1 = I_1$，动圈中的电流 $i_2 = I_2$，则转动力矩 M 为

$$M = k_2I_1I_2\sin\beta$$

反作用力矩由游丝产生，设游丝的反作用系数为 D，当活动部分的偏转角为 α 时，产生的反作用力矩为 $M_\alpha = D\alpha$。根据力矩平衡条件，有

$$M_\alpha = M$$

即

$$D\alpha = k_2I_1I_2\sin\beta$$

则

$$\alpha = \frac{k_2}{D}I_1I_2\sin\beta = kI_1I_2\sin\beta \tag{2-16}$$

式（2-16）说明，当两线圈通入直流电流时，α 角可以反映 I_1I_2 乘积的大小。如果把定圈和动圈串联起来使其流过同一电流 I，则偏转角 α 就和此电流的平方成比例，于是，就可测量这个电流的大小。

（2）两线圈通入交流电学量。设定圈中通过的电流 $i_1 = I_{1m}\sin\omega t$，动圈中通过的电流 $i_2 = I_{2m}\sin(\omega t - \varphi)$，则测量机构的瞬时转动力矩为

$$\begin{aligned} m &= k_2i_1i_2\sin\beta = k_2I_{1m}\sin\omega tI_{2m}\sin(\omega t - \varphi)\sin\beta \\ &= \frac{1}{2}k_2I_{1m}I_{2m}[\cos\varphi - \cos(2\omega t - \varphi)]\sin\beta \\ &= k_2I_1I_2\sin\beta\cos\varphi - k_2I_1I_2\sin\beta\cos(2\omega t - \varphi) \end{aligned}$$

由于活动部分具有惯性，偏转角 α 将决定于平均转动力矩的大小。上式第二项在一个周

期内的平均值为零，因此，平均力矩 M_{av} 为

$$M_{av}=k_2I_1I_2\cos\varphi\sin\beta$$

式中　I_1、I_2——通过定圈和动圈电流的有效值；

φ——两个电流的相位差。

根据平衡条件

$$M_\alpha=M_{av}$$

有

$$D\alpha=k_2I_1I_2\cos\varphi\sin\beta$$

故得

$$\alpha=\frac{k_2}{D}I_1I_2\cos\varphi\sin\beta=kI_1I_2\cos\varphi\sin\beta \tag{2-17}$$

式（2-17）说明，当电动系测量机构用于交流电路时，活动部分的偏转角除与交流电流的有效值 I_1 与 I_2 的乘积有关外，还与两个电流相位差的余弦 $\cos\varphi$ 的大小有关。这一点和用于直流电路时是有区别的，应特别注意。

铁磁电动系测量机构的工作原理与电动系测量机构完全相同，两者都是利用动圈与定圈之间的电动力来产生转动力矩的。但由于铁磁电动系测量机构的磁通呈辐射方向，动圈的有效边始终垂直切割磁力线，上述转动力矩公式中的 $\sin\beta=1$，因此当固定线圈与活动线圈中分别通过有效值为 I_1 与 I_2、相位差为 φ 的交流电流时，偏转角为

$$\alpha=kI_1I_2\cos\varphi$$

3. 电动系测量机构的技术特性

（1）准确度高。由于电动系仪表（无铁芯）中没有铁磁物质，基本上不存在涡流和磁滞的影响，所以准确度高，准确度可以达到 0.1～0.5 级。

（2）可以交直流两用。在交流测量中，其频率范围比较宽，额定工作频率为 15～2500Hz，通过采取措施频率范围能扩大到 5000～10 000Hz。同时，它还可以用来测量非正弦电量。测量正弦交流或非正弦交流电压、电流时，读数为有效值；测量直流电压、电流时，读数为恒定直流数值。铁磁电动系仪表因铁芯有残磁，误差较大，故一般不用于直流电学量的测量。

（3）能够构成多种仪表，测量多种参数。如可构成电动系电压表、电流表、功率表、频率表和相位表等。

（4）易受外磁场影响。这是由于电动系仪表内固定线圈所产生的磁场较弱的缘故。在一些准确度较高的仪表中，要采用磁屏蔽的装置，甚至改用无定位结构，以消除外磁场对测量的影响。

（5）过载能力小。因活动线圈中的电流需由游丝导入，所以过载能力较差。

（6）电动系电流表、电压表的标度尺刻度不均匀，标尺的起始部分分度很密，读数困难，但功率表的标度尺刻度近似均匀。

二、电动系电流表

将电动系测量机构中的定圈和动圈作适当连接并配以一定的元件，就可构成电动系电流表。为了区别电动系仪表中的定圈和动圈，在线路图中常用圆圈加一粗实线表示定圈，用圆圈加一细实线表示动圈。

将电动系测量机构的定圈和动圈直接串联起来接入被测电路，如图 2-25 所示，就构成了一个最简单的电动系电流表。由于流过定圈和动圈的电流相等，根据式（2-16）可知，电

动系电流表指针的偏转角与被测电流的平方成比例，即

$$\alpha \propto I^2$$

所以电动系电流表标度尺的刻度具有平方规律，起始部分刻度较密，而靠近上量限部分较疏。由于动圈电流由游丝导入，所以这种两个线圈直接串联的电流表只能用于测量0.5A以下的电流。如果测量较大电流，通常是将定圈和动圈并联，或用分流电阻对动圈电流作分流来实现。

电动系电流表通常做成双量程的便携式仪表，量程的变换可以通过改变线圈的连接方式及动圈的分流电阻来实现。图2-26为D26—A型双量程电流表的原理电路。当量程为I时，用连接片将端钮1和2短接，此时动圈Q和电阻R_3串联，并被电阻（R_1加R_2）所分流，定圈的两个分段Q′和Q″互相串联后再和动圈电路串联。当量程为$2I$时，用连接片将端钮2和3及1和4分别短路（如图中虚线所示），此时动圈Q和电阻（R_1加R_3）串联后被电阻R_2所分流，然后再与定圈Q′和Q″的并联电路相串联。

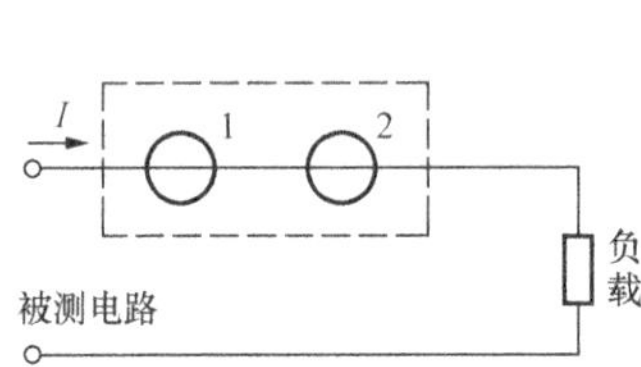

图2-25 电动系电流表原理电路图
1—定圈；2—动圈

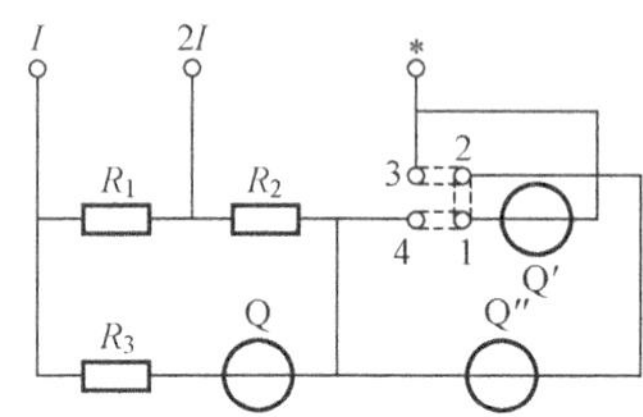

图2-26 D26—A型电流表原理电路

由于测量机构的磁路是空气，磁阻很大，所需的励磁安匝数较大，所以电动系电流表线圈的匝数不能太少。和电磁系电流表一样，电动系电流表的内阻较大，功率消耗也较大。

三、电动系电压表

将电动系测量机构的定圈和动圈串联后，再和附加电阻R串联，就构成了电动系电压表，如图2-27所示。由于线圈中的电流和加在仪表两端的被测电压成正比，因此，仪表指针的偏转角和被测电压的平方有关，其标尺也具有平方律的特性。

电动系电压表一般做成多量程的便携式仪表，通过改变附加电阻值的大小便可以改变量程。图2-28为三量程电压表的电路。由于线圈电感的存在，当被测电压的频率变化时，将引起内阻抗的变化而造成误差。实际中常通过并联电容的方法来补偿这种误差，图中与附加电阻R_1并联的电容C就是用来补偿这种频率误差的，故称C为频率补偿电容。当电压表接入频率补偿电容后，可以用于较宽频率范围的测量。

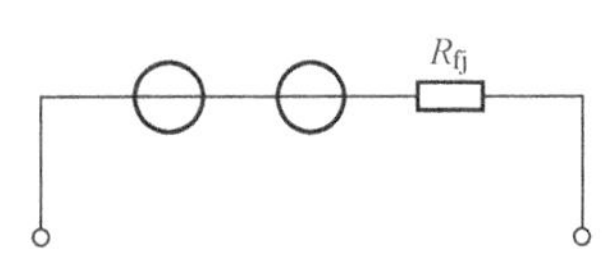

图2-27 电动系电压表原理电路图

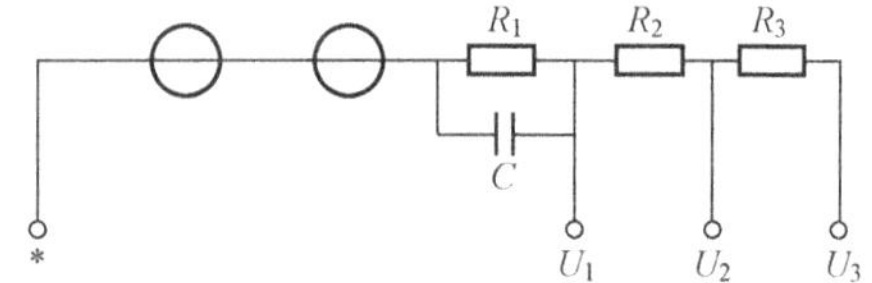

图2-28 三量限电压表的测量电路

为了保证线圈能够产生足够大的转动力矩，通过测量机构的电流就不能太小，即串联的附加电阻就不能太大，所以电动系电压表的内阻较小，测量时仪表消耗的功率比较大。

第四节　功率表、频率表、相位表

功率表、频率表及相位表也是常用的电工指示仪表。

一、功率表

在直流电路中，功率的表达式为 $P=UI$；在交流电路中，功率的表达式为 $P=UI\cos\varphi$。很显然，要用一只仪表测量电路的功率，就必须反映电压与电流的乘积，而电动系测量机构能满足这个要求。另外，由于电动系测量机构的性能比较好，所以功率表大多数都采用电动系测量机构。

（一）单相电动系功率表

1. 工作原理

电动系测量机构用于测量功率时，其定圈与负载串联；动圈与附加电阻串联后，再与负载并联。根据规定，在测量线路中，用一个圆加一条水平粗实线来表示电流线圈，用一条竖直细实线来表示电压线圈，如图 2-29 所示。显然，通过定圈的电流就是负载的电流 I，所以通常称定圈为电流线圈或串联线圈；动圈支路两端的电压就是负载两端的电压，所以通常称动圈为电压线圈或并联线圈。

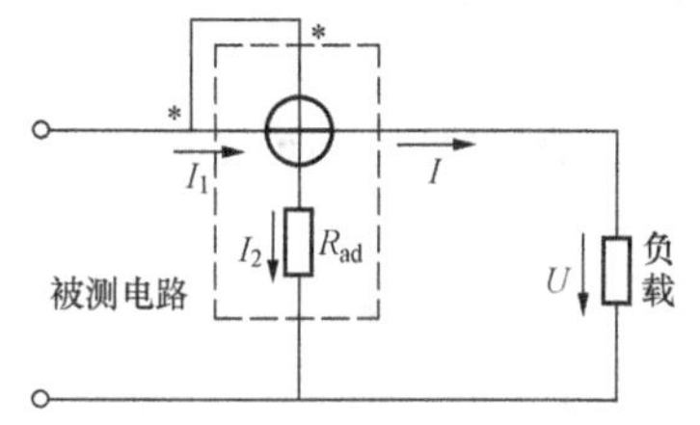

图 2-29　电动系功率表的原理电路

电动系功率表测量直流和交流两种功率时的工作原理如下：

（1）进行直流电路的功率测量时，通过定圈的电流 I_1 与负载的电流相等，即

$$I_1=I$$

而通过动圈的电流 I_2 可由欧姆定律确定，即

$$I_2=\frac{U}{R_2}$$

由于电流线圈两端的电压远小于负载两端的电压 U，所以电流线圈两端的电压可以忽略不计，电压支路两端的电压与负载电压 U 相等。R_2 是电压线圈支路的总电阻，它是动圈电阻和附加电阻 R_{ad} 的总和。

由式（2-16）可以得出

$$\alpha=k\frac{U}{R_2}I\sin\beta=k_PP\sin\beta \tag{2-18}$$

实际中，常常通过合理设计，使 $k_P\sin\beta$ 项保持近似不变，这样，可动部分的偏转角 α 就与被测负载功率 P 成正比。

（2）进行交流电路的功率测量时，通过定圈的电流 $\dot{I}_1$ 等于负载电流 $\dot{I}$，即

$$\dot{I}_1=\dot{I}$$

而通过动圈的电流 $\dot{I}_2$ 与负载电压 $\dot{U}$ 成正比，即

$$\dot{I}_2=\frac{\dot{U}}{Z_2}$$

式中　Z_2——电压支路的总阻抗。

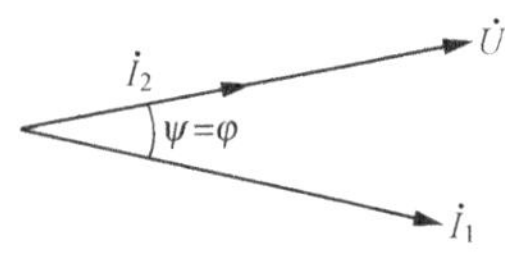

图 2-30 $\dot{U}$、$\dot{I}_1$ 相量图

由于电压支路中附加电阻比较大，如果工作频率不太高，则动圈的感抗相比可以忽略不计。因此可以近似认为动圈电流 $\dot{I}_2$ 与负载电压 $\dot{U}$ 同相，即 $\dot{I}_2$ 与 $\dot{U}$ 之间的相位差等于零，而 $\dot{I}_1$ 与 $\dot{I}_2$ 之间的相位差 ψ 跟 $\dot{I}_1$ 与 $\dot{U}$ 之间的相位差 φ 相等，如图 2-30 所示。

由式（2-18）可得

$$\alpha = k\frac{U}{|Z_2|}I\cos\varphi\sin\beta = k_P P\sin\beta \tag{2-19}$$

如果使 $k_P\sin\beta$ 项保持近似不变，则用电动系功率表测量交流电路的功率时，可动部分的偏转角 α 也与负载的有功功率 P 成正比。虽然这一结论是在正弦交流电路的情况下得出的，但它也适用于非正弦交流电路。

综上所述，电动系功率表不仅可以测量直流电路的功率，也可以测量交流电路的功率，采取措施后，标度尺刻度近似均匀。

2. 多量程功率表

一般便携式电动系功率表都是多量程的功率表，通常有两个电流量程，有两个或三个电压量程。通常用以下方法来改变电动系功率表的量程。

（1）电流量程的转换一般是通过改变电流线圈完全相同的两个绕组的连接方式来实现，如图 2-31 所示，如果两个绕组串联时的电流量程为 I_m，则两个绕组并联时的电流量程为 $2I_m$。

（2）电压量程的改变方法与电压表相同，即在电压支路中串联不同的附加电阻，如图 2-32 所示。这种功率表的电压电路有四个端钮，其中标有“*”号的为公共端钮。但需注意，功率表的不同量程是通过选择不同的电流量程和电压量程来实现的。例如，D9—W14 型功率表的额定值为 5/10A 和 150/300V，那么功率量程可以有 4 种：

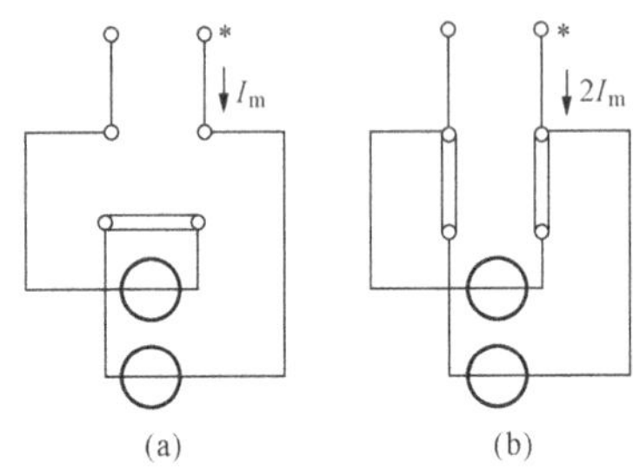

图 2-31 用连接片改变功率表的电流量程

（a）电流线圈的两部分串联；（b）电流线圈的两部分并联

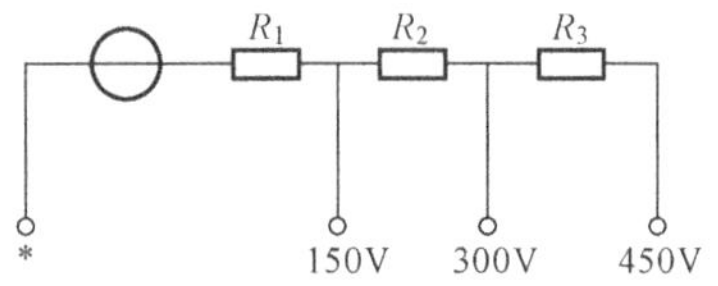

图 2-32 多量程功率表的电压电路

（1）5A、150V 量程：功率量程为 750W。

（2）5A、300V 量程：功率量程为 1500W。

（3）10A、150V 量程：功率量程为 1500W。

（4）10A、300V 量程：功率量程为 3000W。

虽然 5A、300V 和 10A、150V 的功率量程相同，但使用时的意义却不一样，这一点必须特别注意。

【例 2-3】 有一感性负载，有功功率约为 900W，功率因数为 0.85，工作在 220V 电路中，如用 D9—W14 型功率表去测量它的实际功率，应怎样选择功率表的量程？

解　因负载工作于220V电路中，故功率表的电压额定值应选为300V，负载电流 I 可以由下式计算出

$$I=\frac{P}{U\cos\varphi}=\frac{900}{220\times0.85}\approx4.54(\mathrm{A})$$

故电流额定值应选为5A。

【例2-4】　在［例2-3］中，如果负载工作于110V电路中，假定其他条件不变，又应如何选择功率表的量程？

解　因负载在110V电路中工作，故功率表的电压额定值应选为150V，负载电流为

$$I=\frac{P}{U\cos\varphi}=\frac{900}{110\times0.85}\approx9.1(\mathrm{A})$$

故功率表的电流额定值应选为10A。

通过上述两道例题可以看出，由于工作状态不同，尽管负载相同，功率表量程的选择也是不同的。如果在［例2-3］中将功率表的量程误选为10A/150V量程，虽然负载功率并未超出功率量程，但因负载电压已超出电压额定值150V，则电压支路可能会因电流过大而烧毁可动线圈或游丝。同样，如果在［例2-4］中误选5A/300V量程，则定圈会因通过的电流超过额定值而烧毁。因此，功率表量程的选择除保证功率量程满足要求外，还需保证被测电路的电流、电压不超过额定值。

3. 功率表的选择及使用

（1）功率表量程的正确选择。选用功率表量程时，除应考虑功率量程外，还应考虑电流和电压量程（见［例2-3］和［例2-4］）。如此，在实际测量功率时，除使用功率表外，同时还要接入电压表和电流表，用来监测电路中的电压和电流值，以免超过功率表的电压和电流额定值而损坏仪表。

（2）功率表的接线。功率表的电流、电压线圈各有一端标有“ * ”号，标有“ * ”号的电流端和电压端称为“发电机端”，这是为了防止接线错误而标出的特殊标记（有的功率表标的是“±”或“↑”等符号）。功率表的接线必须遵守“发电机端”的接线守则，即接线时，功率表的电流线圈与负载串联，标有“ * ”号的电流端必须接至电源端，而另一端则接至负载端；功率表的电压支路与负载并联，标有“ * ”号的电压端钮可以接电流端钮的任一端，而另一电压端则跨接至负载的另一端。按照上述接线要求，功率表的正确接线有两种方式，如图2-33所示。当负载电阻远远大于电流线圈电阻时，用电压线圈前接法较准确；当负载电阻远远小于电压支路电阻时，用电压线圈后接法较准确。

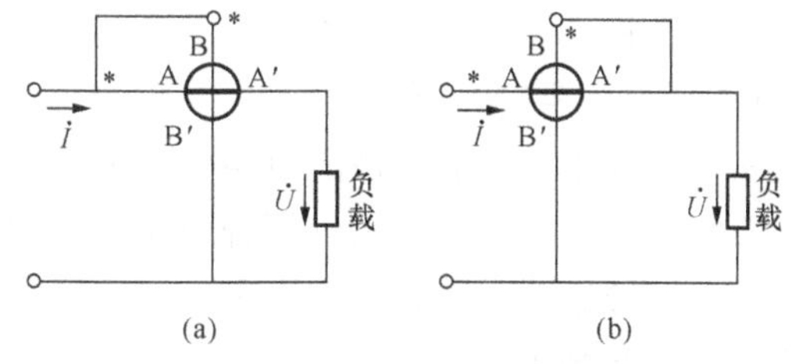

图2-33　功率表的正确接法
（a）电压线圈前接；（b）电压线圈后接

应当注意，在功率表接线正确的情况下，指针也可能反转，这是由于被测电路中含有电源向外输出功率的缘故。发生这种现象时应换接电流线圈的两个端钮，但绝不能换接电压线圈的两个端钮。这是因为电压支路中的附加电阻是接在非“ * ”端的，如果换接电压端钮，则电压支路中的附加电阻就接在负载的高电位端。而可动线圈则接在低电位端。由于附加电

阻很大，电压U几乎全部降在R_{fj}上，此时电压线圈与电流线圈之间的电压可能很高，会产生静电场，引起附加电动力矩，造成附加误差，同时有可能使绝缘击穿。

(3) 功率表的读数。功率表一般都是多量程的，而且共用一条或几条标度尺，所以功率表的标度尺都只标分格数，而不标明瓦数。功率表标度尺上每一分格所代表的瓦数称为分格常数。一般情况下，功率表的技术说明书上都给出了功率表在不同电流、电压量程下的分格常数，以供查用。测量时，读取指针偏转格数后再乘以相应的分格常数，就得出被测功率的数值，即

$$P = Cn \tag{2-20}$$

式中 P——被测功率，W；

C——测量时所使用量程下的分格常数，W/格；

n——指针偏转的格数。

如果功率表的分格常数没有给出，则可按下式来计算

$$C = \frac{U_N I_N}{N} \tag{2-21}$$

式中 U_N——所使用的电压额定值；

I_N——所使用的电流额定值；

N——标度尺满刻度的格数。

【例 2-5】 用一只满刻度为 150 格的功率表去测量某一负载所消耗的功率，所选用的电流量程为 10A，电压量程为 150V，读数为 60 格，问该负载所消耗的功率是多少？

解 功率表的分格常数为

$$C = \frac{U_N I_N}{N} = \frac{150 \times 10}{150} = 10(\text{W/格})$$

故被测负载所消耗的功率为

$$P = Cn = 60 \times 10 = 600(\text{W})$$

根据上述读数及计算的要求，用功率表进行测量时，一定要记录下所选用的电流量程、电压量程、标度尺的满刻度格数及指针的偏转格数，以便算出分格常数及功率。

(二) 低功率因数功率表

实际工作中，常遇到被测电路功率因数很低的情况，例如测量铁磁材料的损耗、变压器的空载损耗等，这时如果仍然用普通功率表测量功率，则会存在以下问题：

(1) 读数偏差大。普通功率表的标度尺是按照额定功率因数$\cos\varphi_N = 1$来刻度的，仪表的满刻度值相当于被测功率$P = U_N I_N$的情况。由于功率表的转动力矩和偏转角均与被测功率（$P = UI\cos\varphi$）成正比，因此，如$\cos\varphi$很小，则仪表的转矩和指针偏转角也很小，这样就会造成很大的读数误差。

(2) 测量误差大。当$\cos\varphi$很小时，因转动力矩很小，所以仪表本身的功率损耗、摩擦等因素对测量结果就有较大的影响，会造成较大的测量误差。此外，又因电动系功率表的角误差随$\cos\varphi$的减小而增大，所以，当被测电路的功率因数很低时，角误差可能会很大。

可见，如用普通功率表来测量低功率因数电路的功率，不但会造成读数困难，而且更为重要的是不能保证测量的准确性。因此，测量低功率因数电路的功率时，必须采用专门的低功率因数功率表。

低功率因数功率表是专门用来测量低功率因数电路功率的一种仪表，工作原理和普通功率

表基本相同。但是，为了解决小功率下的读数问题，标尺应按较低的额定功率因数（通常 $\cos\varphi_N$ 取 0.1 或 0.2）来刻度，这就要求仪表应有较高的灵敏度，因此低功率因数功率表的游丝的弹性系数很小。同时，为了在较小的转矩下保证仪表的准确度，在仪表的结构上还要采取一些补偿措施，例如：采用补偿线圈，以弥补功率表的损耗造成的误差；采用补偿电容以补偿电压线圈的电感造成的角误差；采用张丝弹片支撑方式，以消除摩擦力矩造成的误差等。

低功率因数功率表的接线与普通功率表相同，即应遵守发电机端守则。选择时同样必须从电压、电流及功率三个方面考虑。例如某被测电路的电压是 220V，电流是 5A，功率因数是 0.35，若选用 300V、5A、$\cos\varphi_N=0.2$ 的低功率因数功率表，虽然所选仪表的电压、电流量程满足要求，但仪表满偏功率为 $300\times5\times0.2=300$（W），而被测功率为 $220\times5\times0.35=385$（W），显然超过了仪表满偏功率，会导致不能读数，甚至打弯指针，因此应改换电压、电流量程，如选择 600V、5A 或 300V、10A 的低功率因数功率表。

低功率因数功率表的读数与普通功率表也相同。但应注意，低功率因数功率表是在较低的额定功率因数 $\cos\varphi_N$ 下刻度的，因此其分格常数为

$$C=\frac{U_N I_N \cos\varphi_N}{\alpha_N}\quad（W/格）\tag{2-22}$$

所以在测量时应根据所选用的额定电压 U_N、额定电流 I_N 以及仪表上标明的额定功率因数和标尺的满刻度格数 α_N 计算出每格瓦数 C，然后再根据指针偏转的格数，按式（2-20）计算出被测功率。

（三）三相有功功率表

三相有功功率表专门用于测量三相电路的有功功率。三相有功功率表的工作原理与单相功率表相同，在结构上分为两元件三相功率表和三元件三相功率表。

1. 两元件三相有功功率表

两元件三相功率表有两个独立单元，每一个单元就是一个单相功率表，这两个单元的可动部分固定在同一转轴上，两元件产生的转动力矩共同作用在同一转轴上，总力矩即为两元件产生转矩的代数和，仪表的指示值就是三相电路的有功功率。

两元件三相功率表根据两表法原理构成，适于测量三相三线制交流电路的功率。内部线路如图 2-34所示。它的面板上有 7 个接线端钮，如图 2-35 所示。接线时应遵循下列原则：

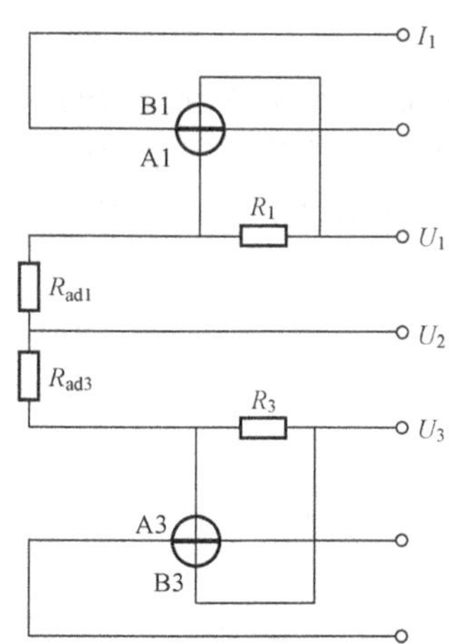

图 2-34　两元件三相功率表的内部接线图

A1、A3—电流线圈；B1、B3—电压线圈；R_1、R_3—电压线圈分流电阻；R_{ad1}、R_{ad3}—附加电阻

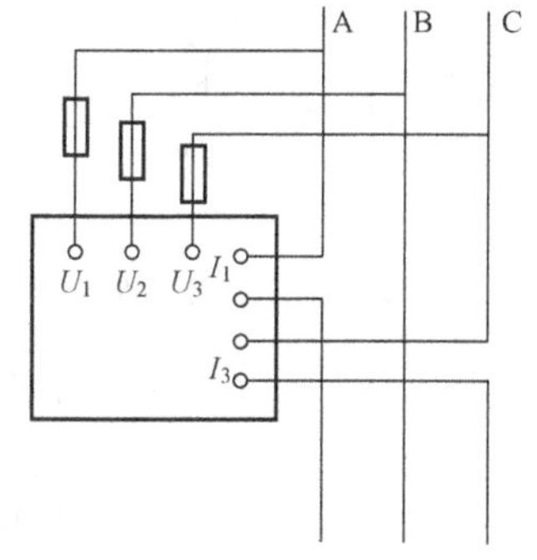

图 2-35　两元件三相功率表的接线方法

(1) 两个电流线圈 A1、A3 可以任意串联接入被测三相电路的两相，使通过线圈的电流为线电流，同时应注意将“发电机端”接到电源。

(2) 两个电压线圈 B1 和 B3 通过 U_1 的端钮和 U_3 的端钮分别接至电流线圈 A1 和 A3 所在的线上，而 U_2 的端钮接至没有接电流线圈的另一线上。

可以证明，两元件力矩的代数和（两个功率表的读数和）即为三相总功率。现证明如下：

三相电路总瞬时功率为

$$p=p_A+p_B+p_C=u_Ai_A+u_Bi_B+u_Ci_C$$

对于三相三线制电路有

$$i_A+i_B+i_C=0$$

所以

$$\begin{aligned}p&=u_Ai_A+u_Bi_B+u_Ci_C=(u_A-u_B)i_A+(u_C-u_B)i_C\\&=u_{AB}i_A+(u_{CB})i_C\end{aligned}$$

于是，三相电路平均功率为

$$\begin{aligned}P&=\frac{1}{T}\int_0^T P\mathrm{d}t=\frac{1}{T}\int_0^T(u_{AB}i_A+u_{CB}i_C)\mathrm{d}t\\&=\frac{1}{T}\int_0^T u_{AB}i_A\mathrm{d}t+\frac{1}{T}\int_0^T u_{CB}i_C\mathrm{d}t\\&=U_{AB}I_A\cos\varphi_1+U_{CB}I_C\cos\varphi_2\end{aligned}$$

式中 φ_1——电压相量 $\dot{U}_{AB}$ 与电流相量 $\dot{I}_A$ 之间相位差；

φ_2——电压相量 $\dot{U}_{CB}$ 与电流相量 $\dot{I}_C$ 之间相位差。

据功率表原理，可得一个功率表读数为 $U_{AB}I_A\cos\varphi_1$，另一个功率表读数为 $U_{CB}I_C\cos\varphi_2$，因而两个表读数之和正好是三相电路的总功率。

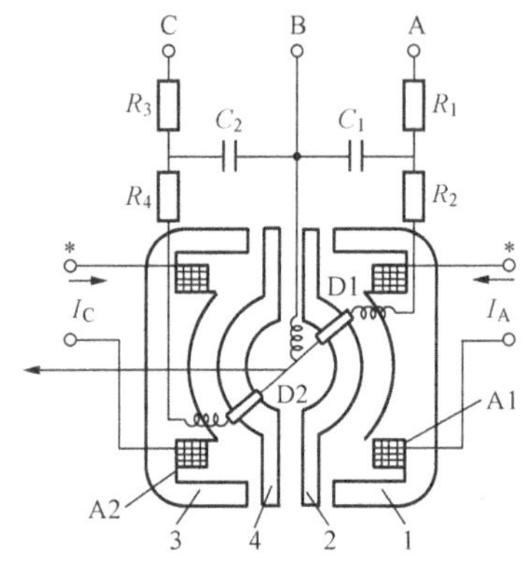

图 2-36 铁磁三相功率表的结构原理
A1、A2—定圈；D1、D2—动圈；
1、2—第一套元件铁芯；
3、4—第二套元件铁芯

电动系三相功率表通常做成便携式，而安装式三相有功功率表通常采用铁磁电动系测量机构，并做成两元件，如图 2-36 所示。

这种测量机构与普通的电动系测量机构的最大区别就是在磁路中增加了铁芯，这就使得固定线圈产生的磁场大大增强，从而削弱了外磁场的影响。因此，这种仪表一般不装设防御外磁场的装置，并可以采用磁感应阻尼器，使得功率表的结构更加简单。但是，由于此种仪表受铁芯的磁滞和涡流的影响，致使仪表的准确度不高。

2. 三元件三相有功功率表

三元件三相功率表有三个独立单元，每一个单元就相当于一个单相功率表，三个单元的可动部分都装置在同一转轴上。因此它的读数就取决于这三个单元的共同作用。三元件三相功率表是根据三表法原理构成的，适用于测量三相四线制交流电路的功率。

三元件三相功率表的面板上有 10 个接线端钮，其中电流端钮 6 个、电压端钮 4 个。接线时应注意将接中性线的端钮接至中性线上；3 个电流线圈分别串联接入 3 根相线中；而 3 个电压线圈分别接至各自电流线圈所在的相线上，如图 2-37 所示。

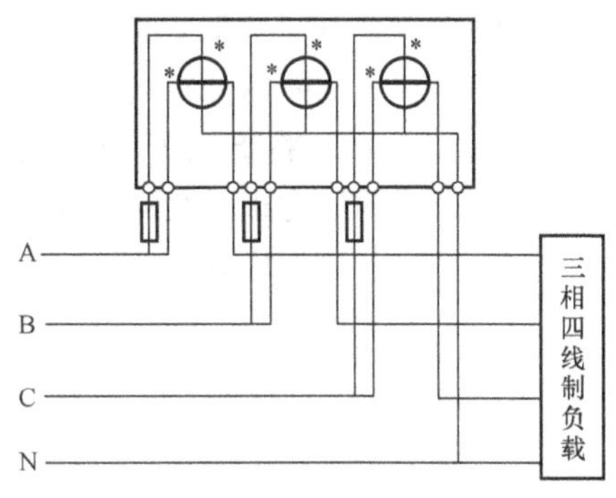

图 2-37　三元件三相有功功率表的接线方法

3. 铁磁电动系三相无功功率表

安装式三相无功功率表都采用铁磁电动系的结构，并按两表法或两表人工中性点的原理构成，即两只单相功率表依据两表跨相法或两表人工中性点法的接法原理组合在一起共用一个转轴，仪表的总转矩为两元件所产生转矩的代数和。

按两表跨相法原理构成的铁磁电动系三相无功功率表的接线如图 2-38 所示，电容 C 是角误差补偿电容，这种无功功率表只适用于负载对称的三相三线制电路。

按两表人工中性点法原理构成的铁磁电动系三相无功功率表的接线如图 2-39 所示，B 相附加电阻 R_B 的阻值与 A 相、C 相电压回路的总电阻相等。这种无功功率表适用于负载对称或不对称的三相三线制电路。

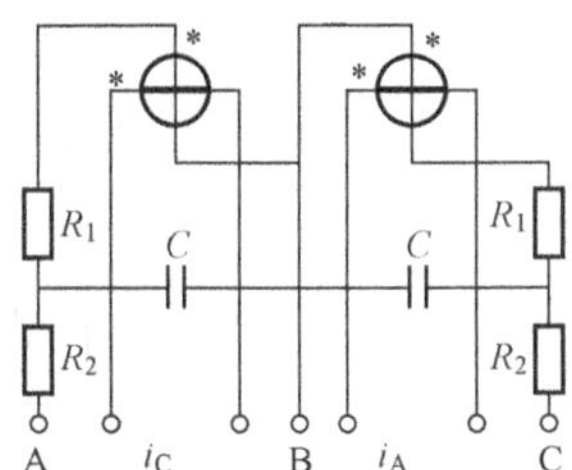

图 2-38　两表跨相法铁磁三相无功功率表接线

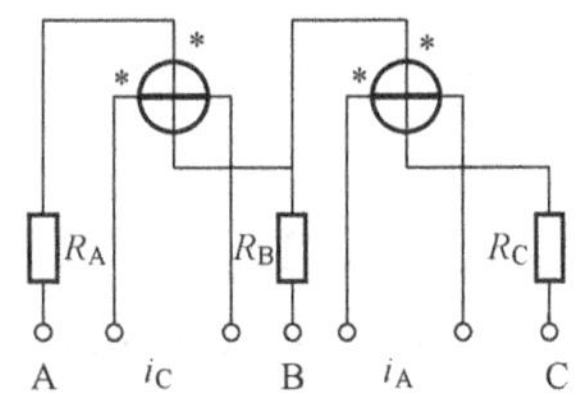

图 2-39　人工中性点法三相无功功率表接线

据功率表原理图 2-38 中，一个功率表读数为 $U_{AB}I_C\cos(90°-\varphi)=U_{AB}I_C\sin\varphi=\sqrt{3}U_C I_C\sin\varphi$，另一个功率表读数为 $U_{CB}I_A\cos(90°-\varphi)=U_{CB}I_A\sin\varphi=\sqrt{3}U_A I_A\sin\varphi$，因而两个表读数之和与三相电路的无功功率成正比。

二、频率表

频率表是用来测量电源或电路频率的仪表，它的种类很多，有电动系、铁磁电动系、电磁系及数字式等。下面主要介绍最普遍的、适合于工业低频范围应用的电动系频率表，它是利用电动系比率表原理制造的。

（一）电动系比率表的一般原理

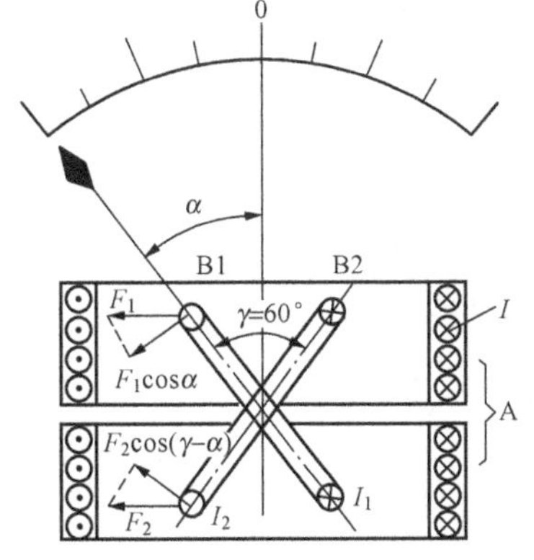

图 2-40　电动系比率表的结构图

电动系比率表的结构如图 2-40 所示。它有一个定圈 A 及两个活动线圈 B1、B2。定圈分两段绕制，以便产生均匀的工作磁场。两个动圈 B1、B2 交叉装设，夹角为 γ，一起固定连接在轴上，其中一个产生转动力矩，一个产生反作用力矩，从而取消了游丝。

当定圈中通有电流 I 时，会产生磁场，而动圈 B1、B2 就处在定圈电流产生的磁场之中，因此，当两个动圈内分别通有电流 I_1 、I_2 时，它们将分别受到电磁力 F_1 和 F_2 的作用，方向如图 2-40 所示。将 F_1 、F_2 进行分解，分量 $F_1\cos\alpha$ 、$F_2\cos(\gamma-\alpha)$ 分别产生力矩，如果两个线圈所通过的均为正弦交流电流，那么由电动系测量机构的转矩公式可知，两动圈在一个周期内的平均转动力矩分别为

$$M_1 = K_1 II_1\cos\psi_1\cos\alpha$$

$$M_2 = K_2 II_2\cos\psi_2\cos(\gamma-\alpha)$$

式中　α——指针的偏转角（$\alpha=0°$ 时，指针在标度尺中间位置）；

ψ_1——定圈电流 $\dot{I}$ 与动圈电流 $\dot{I}_1$ 的相位差；

ψ_2——定圈电流 $\dot{I}$ 与动圈电流 $\dot{I}_2$ 的相位差；

K_1 、K_2——取决于结构的系数，若两个动圈结构完全相同，则 $K_1=K_2$ 。

当两力矩平衡时，动圈停止偏转。此时 $M_1=M_2$ ，可得

$$\frac{\cos(\gamma-\alpha)}{\cos\alpha}=\frac{I_1\cos\psi_1}{I_2\cos\psi_2} \tag{2-23}$$

可见，偏转角 α 只与 $I_1\cos\psi_1$ 同 $I_2\cos\psi_2$ 的比值有关，所以这种仪表称为比率表或流比计。

电动系比率表有两个特点：

(1) 由于电动系比率表中没有游丝，所以在电路接通以前，指针并不一定指零，可能停留在任意位置。

(2) 当电源电压、温度、外磁场等因素变化时，将引起 $\dot{I}_1$ 和 $\dot{I}_2$ 发生相同的变化，但其比值保持不变，因此，比率表的读数不受这些外界因素的影响。

将电动系比率表配以一定的测量线路，就可以制成电动系频率表。

(二) 电动系频率表

电动系频率表的测量电路如图 2-41 所示。图中有两条并联支路：一条由动圈 B1 与电容 C_0 串联组成；另一条由动圈 B2 与分流电阻 R_0 并联后再与定圈 A、电感 L、电容 C 以及电阻 R 串联组成。

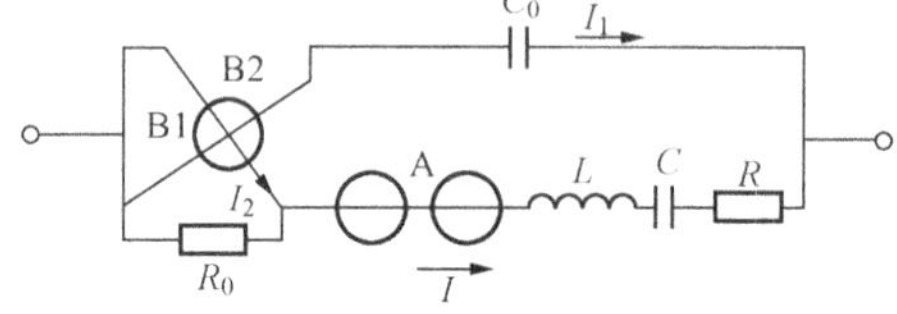

图 2-41　电动系频率表的测量电路

当频率表接入电压为 U 的被测电路后，如果能忽略动圈 B1 的阻抗，则电流

$$I_1=\frac{U}{\dfrac{1}{\omega C_0}}=U\omega C_0$$

$$I=\frac{U}{Z}$$

$$I_2=I\frac{R_0}{R_0+R_2}=\frac{U}{Z}\frac{R_0}{R_0+R_2}$$

式中　Z——L、C、R 串联的总阻抗；

R_2——动圈 B2 的内阻（因分流电阻也很小，故不能忽略）。

ψ_1 和 ψ_2 可以根据相量图得出，如图 2-42 (a) 所示。由于动圈 B1 支路中容抗很大，可

以看成纯电容电路，因此电流 $\dot{I}_1$ 超前电压 $\dot{U}$ 90°，另一支路中的电流 $\dot{I}$ 则滞后于电压 $\dot{U}$，角度由电路参数 R、L、C 决定。另外，由于 R_2 和 R_0 都是电阻，因而 $\dot{I}_2$ 和 $\dot{I}$ 同相。于是得

$$\psi_1 = 90^\circ + \varphi$$
$$\psi_2 = 0^\circ$$

将上面 I_1、I_2、ψ_1、ψ_2 代入式（2-23）中，得

$$\frac{\cos(\gamma-\alpha)}{\cos\alpha} = \frac{U\omega C_0}{\dfrac{UR_0}{Z(R_0+R_2)}} \times \frac{\cos(90^\circ+\varphi)}{\cos 0^\circ} = -\frac{Z(R_0+R_2)\omega C_0}{R_0}\sin\varphi$$

由图 2-42（b）可得

$$\sin\varphi = \frac{\omega L - \dfrac{1}{\omega C}}{Z}$$

所以有

$$\frac{\cos(\gamma-\alpha)}{\cos\alpha} = -\frac{R_0+R_2}{R_0}\omega C_0\left(\omega L - \frac{1}{\omega C}\right)$$

对于频率表，通常使两个动圈互相垂直，即 $\gamma = 90^\circ$，所以上式左边

$$\frac{\cos(\gamma-\alpha)}{\cos\alpha} = \frac{\cos(90^\circ-\alpha)}{\cos\alpha} = \frac{\sin\alpha}{\cos\alpha} = \tan\alpha$$

故

$$\tan\alpha = -\frac{R_0+R_2}{R_0}2\pi f C_0\left(2\pi f L - \frac{1}{2\pi f C}\right)$$

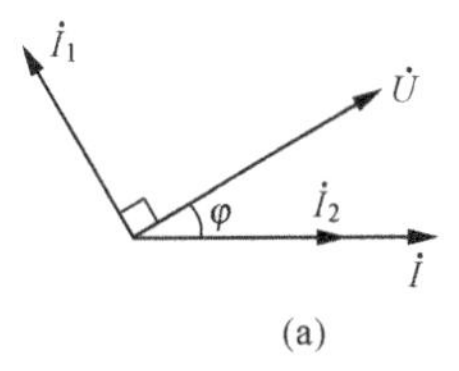

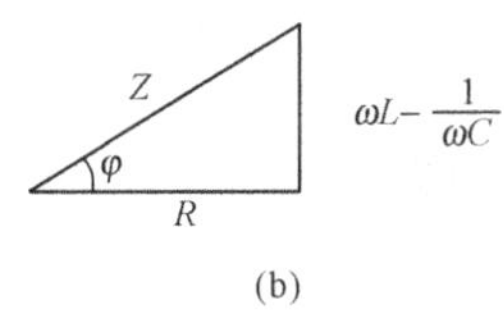

图 2-42　频率表的相量图和阻抗三角形

（a）相量图；（b）阻抗三角形

因此，当动圈 B2 支路中的电路参数 R_0、R_2、L、C 及动圈 B1 支路中的 C_0 为常数时，仪表指针的偏转角 α 只与频率 f 有关。这里，指针的偏转可能出现以下三种情况：

（1）当被测频率 $f = f_0$ $\left(f_0 = \dfrac{1}{2\pi\sqrt{LC}}\text{，即 B2 支路的谐振频率}\right)$、$2\pi f L - \dfrac{1}{2\pi f C} = 0$ 时，$\alpha = 0^\circ$，指针停留在标尺中心位置。

（2）当被测频率 $f > f_0$、$2\pi f L - \dfrac{1}{2\pi f C} > 0$ 时，α 角为负，即指针从中心位置向右偏转（按图 2-40 轴线左偏为正角，右偏为负角）。

（3）当被测频率 $f < f_0$、$2\pi f L - \dfrac{1}{2\pi f C} < 0$ 时，α 角为正，即指针从中心位置向左偏转。

由上述讨论就得出了电动系频率表的标尺特性，即标度尺的中心位置恰好是频率表串联谐振频率 f_0。选择不同的谐振频率，就可构成不同测量范围的频率表。如 D3－Hz 型频率表的测量范围为 45～55、900～1100、1350～1650Hz 等多种，准确度可达到 0.2 级。

在电力工业中，往往采用铁磁电动系比率表构成的频率表，它的工作原理与普通电动系频率表完全相同，通常制成安装式，量限为 45～55Hz，准确度可达到 0.5 级左右。

频率表的外部接线方法与电压表相同，是并联接入被测电路的。

三、电动系相位表和功率因数表

电动系相位表和功率因数表的工作原理、测量电路完全相同，所不同的只是相位表的标度尺是按相位差 φ 刻度，而功率因数表按 $\cos\varphi$ 刻度，它们也是利用电动系比率表原理制造的。

1. 单相电动系相位表

单相电动系相位表的测量电路如图 2-43 所示，虚线框内是它的内部线路。测量时，定圈 A—A 串联接入被测电路中，而动圈 B1 与 R_1 、L_1，B2 与 R_2 分别串联后再组成电压支路并联接在被测电路两端。

假设被测负载是感性，则负载电流 $\dot{I}$ 滞后于电压 $\dot{U}$ 一个角度 φ；由于动圈 B1 支路中串有电感 L_1，因此动圈 B1 中流过的电流 $\dot{I}_1$ 滞后于电压 $\dot{U}$ 一个角度 β；而动圈 B2 中串联的是一个纯电阻，因此 $\dot{I}_2$ 与电压 $\dot{U}$ 同相（动圈电感忽略不计），相量图如图 2-44 所示。

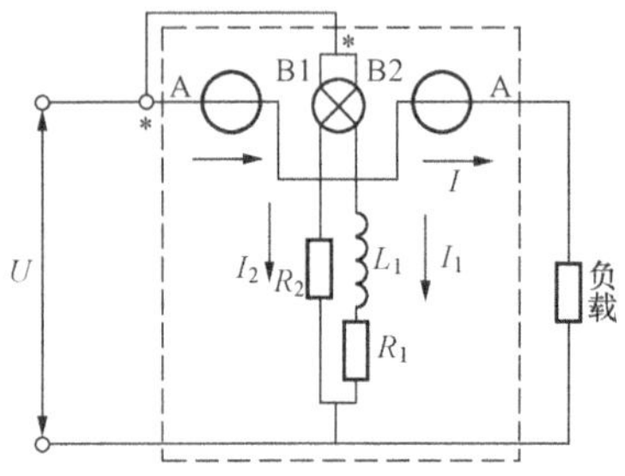

图 2-43　单相相位表的测量电路

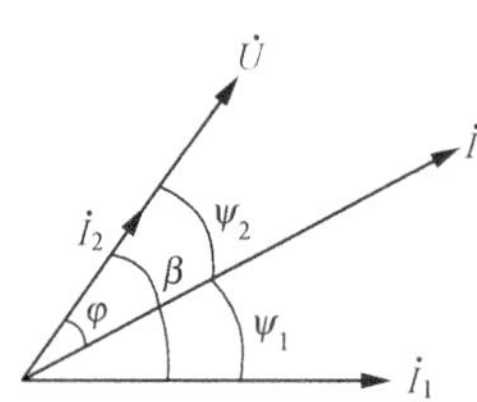

图 2-44　单相相位表相量图

由图 2-44 可知，$\dot{I}_1$ 、$\dot{I}_2$ 与 $\dot{I}$ 的相位差分别为

$$\psi_1 = \beta - \varphi$$

$$\psi_2 = \varphi$$

将上述两个关系式代入式（2-23）中得

$$\frac{\cos(\gamma - \alpha)}{\cos\alpha} = \frac{I_1\cos(\beta - \varphi)}{I_2\cos\varphi} \tag{2-24}$$

为了构成相位表，整个动圈回路在设计时，参数选择应满足两点：

（1）使两个动圈 B1 与 B2 支路的阻抗值相等，以使通过两个动圈的电流相等，即 $I_1 = I_2$ 。

（2）选择动圈 B1 支路的参数时，使 $\dot{I}_1$ 与 $\dot{U}$ 的相位差 β 和两动圈 B1 与 B2 之间的夹角 γ 相等，即 $\gamma = \beta = \arctan\frac{\omega L_1}{R_1}$ ，这样，式（2-24）可变为

$$\alpha = \varphi$$

即指针的偏转角 α 就等于被测电路的电压和电流之间的相位差 φ 。此时，若仪表按相位角 φ 刻度，就可做成分度均匀的相位表。当 φ 的符号改变时，仪表指针的偏转方向也将改变。通常 $\varphi = 0°$ 置于标尺中心，当负载为感性时，指针向左偏转；当负载为容性时，指针向右偏转。

使用单相相位表时应注意：

（1）选择相位表时要注意它的电流、电压量限。由于定圈与负载串联，所以其额定电流应大于负载电流。而动圈的两个支路与负载并联，所以其额定电压应高于负载电压。

（2）单相相位表的接线与功率表相同，接入电路时，必须遵守发电机端原则。接线方式也有电压线圈前接和后接两种。

（3）单相相位表必须在规定的频率范围内使用，否则会因为 B1 支路的阻抗发生变化而使 $I_1 \neq I_2$、$\beta \neq \gamma$，导致仪表读数产生误差。

为了在测量功率因数时便于读数，相位表也可直接按 $\cos\varphi$ 刻度，但此时标尺是不均匀的。

2. 三相相位表

三相相位表的基本结构与单相相位表相同，所不同的是动圈 B1 支路串联的不是电感，而是纯电阻 R_1，原理如图 2-45 所示。可以证明，在参数选择合适的情况下，指针偏转角 α 与负载的相位角 φ 存在着一定的关系。

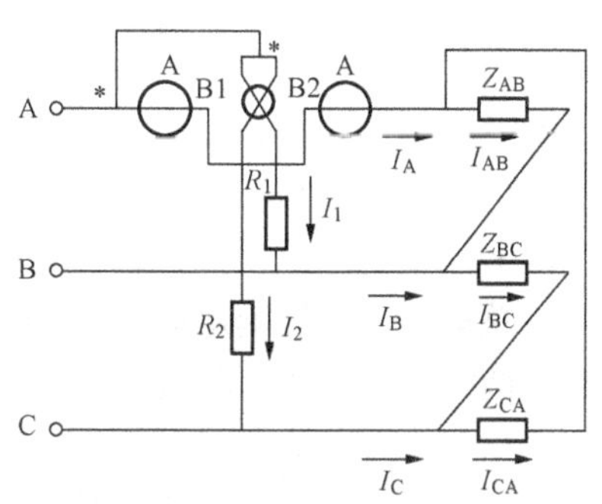

图 2-45　三相相位表的原理图

应当注意，这种相位表只适用于测量三相三线制对称负载的功率因数或相位角，三相相位表使用方法与单相相位表基本相同，只是在接线时要特别注意相序关系，不能接错。

第五节　电　阻　表

常用电阻表主要有普通电阻表、接地电阻表和绝缘电阻表。

一、普通电阻表

普通电阻表主要用于测量一般电阻元件的电阻。由前面磁电系测量机构的工作原理可知，磁电系测量机构活动部分的偏转角与通过的电流成正比，而根据欧姆定律 $I=\dfrac{U}{R}$，若 U 一定，则 I 与 R 有关，可见，配上适当的测量线路，就可用磁电系测量机构构成测量电阻的仪表，即普通电阻表。

1. 普通电阻表的工作原理

普通电阻表的基本原理如图 2-46 所示。图中电源为干电池，端电压为 U，R_c 为表头内阻，R 为附加电阻，R_0 为零位调节电阻，R'_0 为固定分流电阻，R_x 为被测电阻。

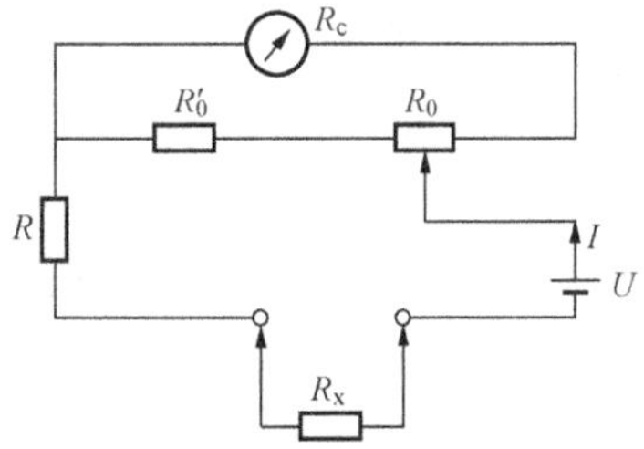

图 2-46　普通电阻表原理电路

如果用 R'_c 表示 R_c 与 R_0、R'_0 串并联后的等效电阻，则电路中的总电流为

$$I=\frac{U}{R+R_x+R'_c} \tag{2-25}$$

由式（2-25）可以看出，只要 U、R 及 R'_c 不变，则

R_x与 I 就有一一对应关系，即表头指针偏转角的大小与被测电阻的大小一一对应。这样，只要表头的标度尺按电阻值刻度，就可以直接测量电阻了。

当被测电阻 $R_x=0$，即普通电阻表两端短接时，表头通过的电流最大，表头指针为满刻度偏转（标尺刻度定为 0Ω），此时电路的总电流为

$$I_0=\frac{U}{R+R'_c}$$

当 $R_x=\infty$，即电路处于开路状态时，表头指针不动，该点定为普通电阻表的无穷大刻度。

当 $R_x=R+R'_c$ 时，通过电路的总电流为

$$I=\frac{U}{R+R'_c+R_x}=\frac{U}{2(R+R'_c)}=\frac{1}{2}I_0$$

此时指针的偏转正好是满刻度的一半，即指在标度尺的中心位置，因而 $R_x=R+R'_c$ 称为中值电阻，它也是普通电阻表的总内阻。

由上述讨论可以得知，普通电阻表的标度尺方向与电流或电压表的标度尺方向相反。同时由于总电流 I 与被测电阻 R_x不成正比关系，所以普通电阻表标度尺的分度是不均匀的，尤其在两端更为突出，使读数相当困难。因此测量时，为了便于读数，应合理选择量程，最好使被测电阻在中值电阻附近，一般在（0.1～10）倍中值电阻范围为宜。普通电阻表的标度尺如图 2-47 所示。

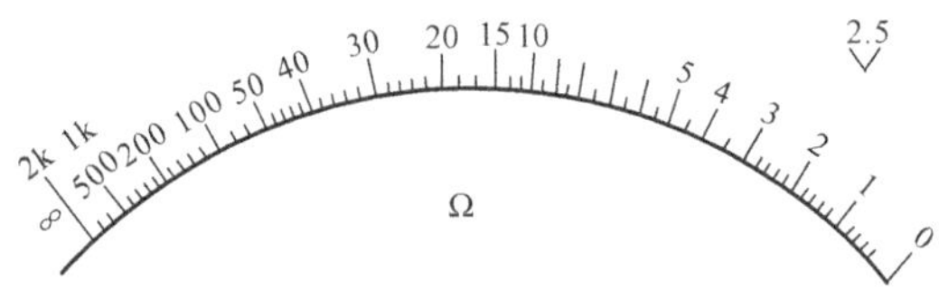

图 2-47　普通电阻表的标度尺

2. 普通电阻表的倍率

由普通电阻表的原理可以得知，它的标度尺刻度是以中值电阻为基准，在标度尺右半段所指示的阻值范围是 $0\sim R_M$，而左半段所指示的阻值范围是 $R_M\sim\infty$。如果中值电阻 $R_M=24\Omega$，则测量 2.4～240Ω 范围内的电阻时容易读数，而要测量更大或更小的电阻时均不易读数。因此，要测量不同大小的电阻值，应当做成具有不同中值电阻的多挡式普通电阻表。为了共用一条标度尺，使读数方便，多挡式普通电阻表各挡的中值电阻应是十进制的。例如若 $R\times1$ 挡的中值电阻为 24Ω，那么其他各挡的中值电阻值就取 240Ω，2400Ω，…，从而构成 $R\times1$、$R\times10$、$R\times1000$ 等多倍率挡的普通电阻表。

3. 零欧姆调整器

由于干电池的端电压不可能总是保持不变，使用时间长了后，它的端电压就会下降，这时，即使 $R_x=0$，表头的指针也不可能达到满刻度偏转；另外，即使电池电压不变，由于不同量程所接的附加电阻不一样，同时在 $R_x=0$ 情况下，流过表头的电流也不同。为此，设置零位调节电阻 R_0，在使用普通电阻表之前或换挡后都需在 $R_x=0$（即将普通电阻表两端钮短接）的情况下调节 R_0，使指针指在欧姆零位，以保证电阻值测量的准确性。

二、绝缘电阻表

绝缘电阻表俗称摇表，它是专门用于测量电气设备、供电线路等绝缘电阻的一种便携式仪表。

1. 绝缘电阻表的结构

常用的绝缘电阻表主要是由一只磁电系比率表和一台手摇发电机组成。图 2-48 所示为

比率型磁电系测量机构的结构示意图。固定部分由永久磁铁、极掌、铁芯等部件组成。由于极掌与铁芯的形状比较特殊，因而铁芯与磁极间气隙中的磁场不均匀。活动部分有两个动圈，它们彼此间相交成一固定角度，并连同指针装在同一转轴上，当线圈中通有电流时，其中一个产生转动力矩，另一个产生反作用力矩，当转矩平衡时，指针停留在稳定的位置上。磁电系比率表没有产生反作用力矩的游丝，转轴上虽然装有导电丝，但不产生反作用力矩，只用来引导电流。

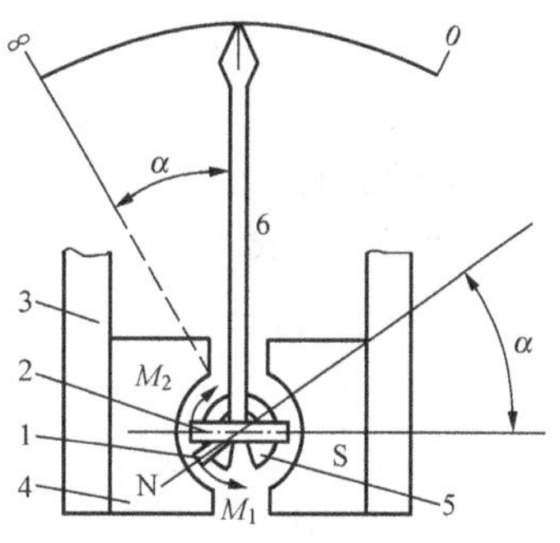

图 2-48 比率型磁电系测量机构结构示意图

1、2—动圈；3—永久磁铁；4—极掌；5—开有缺口的圆柱形铁芯；6—指针

绝缘电阻表的手摇发电机一般为直流发电机或交流发电机与整流电路配合的装置，容量很小，但电压却很高，绝缘电阻表以发电机的额定电压来分类，电压有 500、1000、2000、2500、5000V 等几种。一般发电机都设有离心调速装置，以保证转子能恒速转动。

2. 绝缘电阻表的工作原理

绝缘电阻表的工作原理如图 2-49 所示。虚线框内表示绝缘电阻表的内部电路，测量时，被测绝缘电阻接在绝缘电阻表的“线（L）”与“地（E）”端子之间。这种仪表的电路由两个回路组成：一个是电流回路，另一个是电压回路。电流回路从电源正端经被测绝缘电阻 R_x、内附电阻 R_A、动圈 1 回到电源负端，电压回路从电源正端经内附电阻 R_V、动圈 2 回到电源负端。若手摇发电机输出一定的直流电压 U，则在线圈 1 和线圈 2 中产生的电流分别为

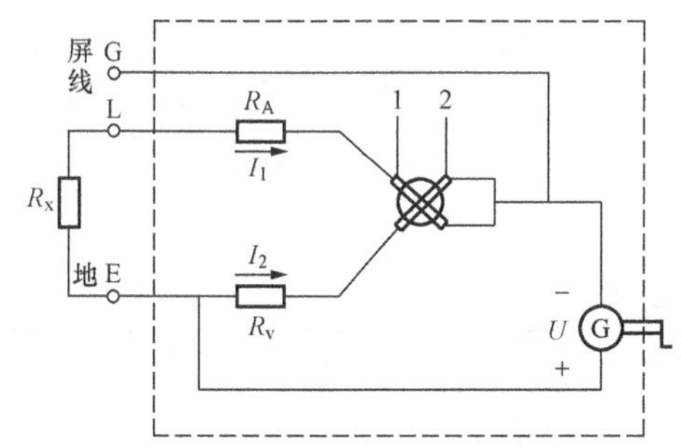

图 2-49 绝缘电阻表的测量原理接线

$$I_1 = \frac{U}{R_1 + R_A + R_x}$$

$$I_2 = \frac{U}{R_2 + R_V}$$

式中 R_1、R_2——动圈 1 和 2 的内阻。

由于气隙中的磁场不均匀，所以线圈 1 所受到的力矩不仅与电流 I_1 有关，还与线圈所在的位置即偏转角 α 有关，数学表达式为

$$M_1 = I_1 f_1(\alpha)$$

同理

$$M_2 = I_2 f_2(\alpha)$$

式中 $f_1(\alpha)$、$f_2(\alpha)$——M_1、M_2 与 α 的关系函数，它们主要取决于磁场的分布。

转动力矩 M_1 和反作用力矩 M_2 方向相反，当 $M_1 = M_2$ 时，指针停在平衡位置，此时

$$I_1 f_1(\alpha) = I_2 f_2(\alpha)$$

即

$$\frac{I_1}{I_2} = \frac{f_2(\alpha)}{f_1(\alpha)} = f_3(\alpha)$$

因而可得

$$\alpha = f\left(\frac{I_1}{I_2}\right) = f\left(\frac{R_2 + R_V}{R_1 + R_A + R_V}\right) = f(R_x) \tag{2-26}$$

式（2-26）表明，当活动部分处于平衡位置时，偏转角 α 是两线圈电流 I_1、I_2 比值的函数，所以这种形式的仪表又叫比率表。由于式（2-26）中 R_1、R_2、R_V 及 R_A 都是常数，所以活动部分的偏转角 α 只与被测电阻 R_x 有关，它能直接反映被测电阻 R_x 的大小。

当被测电阻 $R_x=0$，即“线”与“地”两端子短接时，电流回路的电流 I_1 最大，可动部分偏转角也最大，使指针位于标尺最右端。

当被测电阻 $R_x=\infty$，即“线”与“地”两端子开路时，电流回路的电流 $I_1=0$，活动部分在 I_2 作用下，指针偏转到最左端。可见绝缘电阻表的标度尺为反向刻度。

测量过程中因受到手摇速度的影响，绝缘电阻表内手摇发电机的输出电压会有波动，因而两个线圈中的电流也会发生变化，但两个电流的比值却保持不变，所以指针的偏转角也保持不变。另外，由于绝缘电阻表没有产生反作用力矩的游丝，所以使用前指针可能停留在标度尺的任意位置上。

3. 绝缘电阻表的选择

选用绝缘电阻表时，其额定电压要与被测电气设备的工作电压相对应，见表 2-1。对于电压较高的电气设备，必须使用额定电压较高的绝缘电阻表去测量，否则测量结果不能正确反映被测电气设备在工作电压下的绝缘电阻；而对于低压电力设备，则不能用额定电压较高的绝缘电阻表去测量，否则容易在测量时损坏被测设备的绝缘。

另外，绝缘电阻表的测量范围也要与被测绝缘电阻的阻值相吻合。各种型号的绝缘电阻表在不同的测量电压下有不同的测量范围，如 ZC11E 型绝缘电阻表为多量程的绝缘电阻表：额定电压为 1000V 时，测量范围为 0～1000MΩ；额定电压为 500V 时，测量范围为 0～500MΩ；额定电压为 250V 时，测量范围为 0～250MΩ。在选用绝缘电阻表时测量范围不应超出绝缘电阻值过大，否则读数将会产生较大误差。

表 2-1 绝缘电阻表电压等级选择

测试对象	被测设备的额定电压（V）	所选绝缘电阻表的额定电压（V）
线圈的绝缘电阻	500 以下	500
	500 以上	1000
电力变压器、电机绕组的绝缘电阻	500 以上	1000～2500
发电机绕组的绝缘电阻	500 以下	1000
电气设备绝缘电阻	500 以下	500～1000
	500 以上	2500
绝缘子	—	2500～5000
母线、隔离开关	—	2500～5000

4. 绝缘电阻表的使用

使用绝缘电阻表时，应注意以下事项：

（1）测量前必须将电气设备的电源切断，并对具有大电容的设备，如输电线路、高压电容器等进行放电。用绝缘电阻表测量过的电气设备，也可能带有残余电压，测量后也应及时放电。

（2）测量前应对绝缘电阻表进行检查：当绝缘电阻表接线端开路时，摇动摇柄至额定转速（120r/min），指针应指在“∞”；接线端短路时，缓慢摇动摇柄，指针应指在“0”。

(3) 测量时应正确接线。绝缘电阻表一般有三个接线柱，分别标有“线（L）”、“地（E）”和“屏（G）”。在进行一般测量时，只要将被测绝缘电阻接在 L 和 E 之间即可。例如测量电机绕组的绝缘电阻时，将绕组的接线端接在 L 上，机壳接到 E 上。对表面不干净或潮湿的被测对象进行测量时，因为绝缘体表面有泄漏电流 I_s，它将与通过绝缘体的电流 I_v 一起通过线圈 1，所以此时测出的电阻包括表面电阻和内部绝缘电阻两部分。为了准确测出材料内部的绝缘电阻，就必须使用 G 接线柱。

图 2-50 所示为测量电缆线芯与外皮之间绝缘电阻时的接线图。测量时在电缆的绝缘表面加一个保护环，并接至 G 端钮，这样，表面电流 I_s 便不经过动圈 1，而是沿电缆表皮经 E 端流回发电机负极，而测试电流 I_x 由发电机正极经动圈后从 L 端流出，再沿线芯、绝缘层流回到发电机负端，从而消除了表面电流的影响。

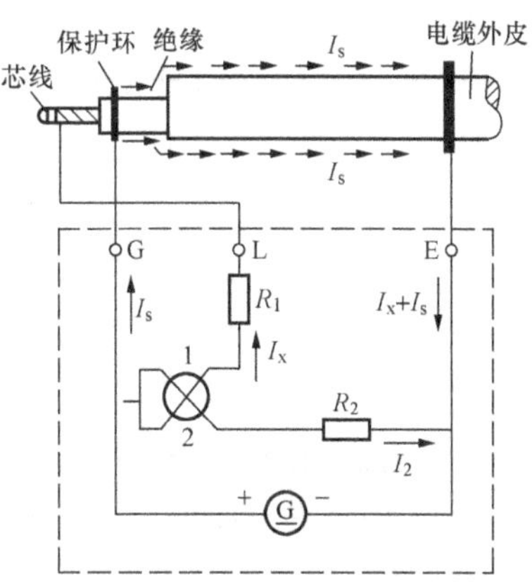

图 2-50　测量电缆绝缘电阻的接线

(4) 测量时手摇发电机应保持匀速，不可忽快忽慢而使指针不停地摇摆，速度应尽量在规定的范围之内，一般为 120r/min。读数时，一般以 1min 以后的读数为准。若遇电容较大的被测对象时，可等指针稳定不变时再读数。

(5) 测量完毕后，当绝缘电阻表没有停止转动或被测物没有放电前，不可用手触及被测物测量部分及进行拆线工作。特别是测试大电容电气设备后，必须先将被测物对地短路放电，然后再停止手柄的摇动，以防止因电容器放电而使绝缘电阻表损坏。

三、接地电阻表

（一）接地与接地电阻

为了保证电气设备和人身安全及电力系统的正常运行，有时要将电气设备的某部分与大地相连，称为接地。例如：发电机、变压器的中性点接地，仪用互感器的二次侧接地、避雷器的接地，防止设备绝缘损坏而使金属外壳带电的电气设备外壳接地，以及防雷接地等。接地的方法是将金属导体埋入地中（称接地体），再用导线（称接地线）与电气设备牢固相接。

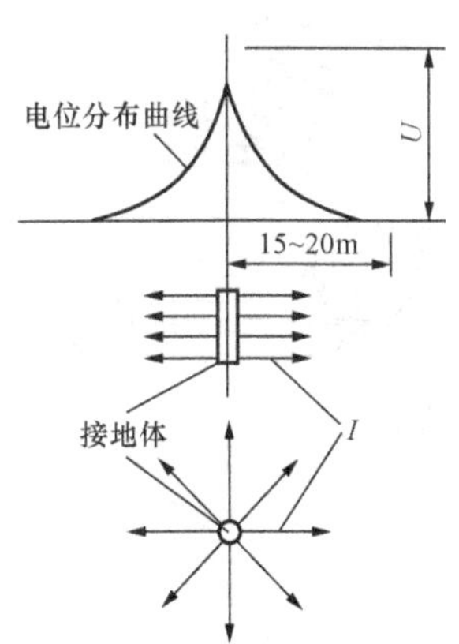

图 2-51　接地电流和电位分布

通常将加到接地体上的电压 U 与通过接地体而流入地下的电流 I 之比称为接地电阻。接地电阻包括接地线、接地体、接地体与土壤间的接触电阻以及土壤电阻，这些电阻中前三者都很小，所以接地电阻主要是大地的电阻，它与土壤的导电率及接地体的形状、数量等有关。当接地体上有电压时，就有电流流入地中。接地电流从接地体向四周散射，如图 2-51 所示，因此，离开接地体越远，电流通过的截面积就越大，电流密度就越小。到达一定距离时，可以认为电流密度已为零。因电流与电流通道的截面积成反比，故土壤电阻随着远离接地体而迅速减小，一般离单个接地体 20m 处的电位实际已接近于零，因此，只要测量从接地体起到 20m 远范围内的土壤电阻即可。

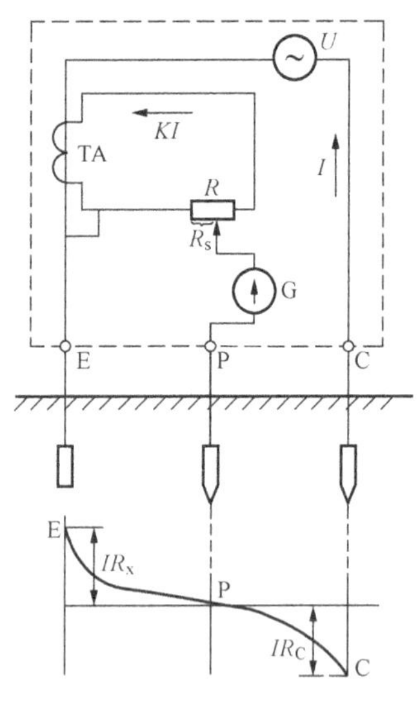

图 2-52　接地电阻测量仪的原理电路及电位分布图

（二）接地电阻测量仪

常用的接地电阻测量仪主要由接地电阻表构成。

1. 工作原理

专用接地电阻测量仪的工作原理如图 2-52 所示。图中 E 为接地电极，P 和 C 分别为电位辅助电极和电流辅助电极，它们分别设在距离接地体不小于 20m 和 40m 处。被测接地电阻位于 E 和 P 之间，不包括辅助电极 C 和接地电阻 R_C。

交流电源的输出电流 I 经电流互感器 TA 的一次绕组、接地电极 E、辅助电极 C 构成一个闭合回路。接地电流在地中流散的结果，形成如图 2-52 所示的电位分布。明显可以看出，E 极和 C 极附近的电位急剧下降，因为辅助电极的电位为零，故 E 和 P 之间的电位为 IR_x。

电流互感器二次侧的电流为 KI（其中 K 为电流互感器的变比），二次侧经电位器构成回路。电位器的滑动触点经检流计 G 与电位辅助电极 P 相连，调节电位器使检流计指零，则

$$IR_x = KIR_s$$

所以

$$R_x = KR_s$$

可见被测电阻值可通过 K 和电位器的电阻 R_s 来确定，而与辅助电极 C 的接地电阻 R_C 无关。

2. ZC—8 型接地电阻测量仪

ZC—8 型接地电阻测量仪以内附交流发电机作为电源，其外形和原理电路如图 2-53 所示。它的外形和绝缘电阻表相似，所以又称为接地绝缘电阻表。

这种测量仪的端钮有 3 个和 4 个两种。有 4 个端钮时，通常可将 P2 和 C2 短接后再接至被测的接地体。3 个端钮式测量仪的 P2 和 C2 已在内部短接，故只引出一个端钮 E，测量时直接将 E 接至被测接地体即可。端钮 P1 和 C1 分别接上电位辅助探针和电流辅助探针，探针应按规定的距离插入地中，以构成电位和电流辅助电极。为了扩大仪表的量程，电路中接有 3 组不同的分流电阻 $R_1 \sim R_3$ 及 $R_5 \sim R_8$，用以实现对电流互感器二次电流以及检流计支路的分流。分流电阻

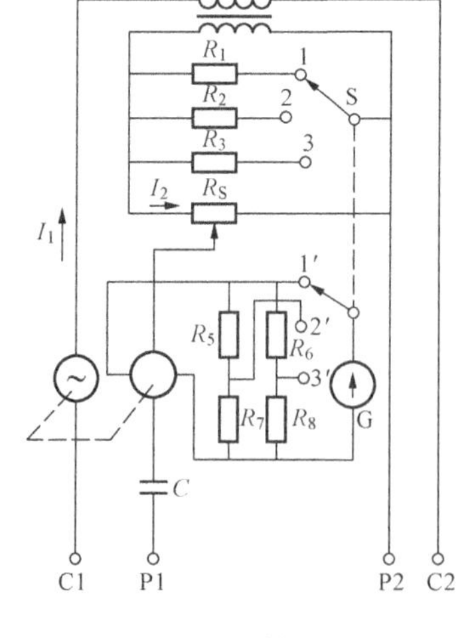

(a)

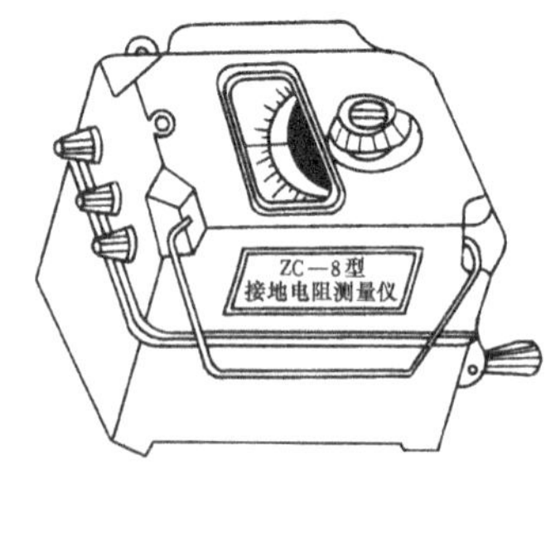

(b)

图 2-53　ZC-8 型接地电阻测量仪

（a）原理电路图；（b）外形（三端钮式）

的切换利用联动的转换开关S同时进行。对应于转换开关的3个挡位，可以得到0～1Ω、0～10Ω和0～100Ω三个量程。当转换开关置于“1”挡时，$I_2=I_1$，$K=1$；置于“2”挡时，$I_2=I_1/10$，$K=1/10$；置于“3”挡时，$I_2=I_1/100$，$K=1/100$。电位器的旋钮在仪表面板上并带有读数盘。调节电位器使检流计指零，则被测接地电阻由式

$$R_x=KR_s\text{（读数）}$$

即可求得。

由于采用磁电系检流计作为指零仪，仪表备有机械整流器或相敏整流器，以便将交流发电机的交流电流转换为检流计所需的直流，并可消除地中直流杂散电流的影响。此外，为了防止地中直流杂散电流的影响，在电位探针P1的回路中还串联了一个电容C，以隔断直流。

3. 接地电阻测量仪的使用

（1）测量前，先将仪表放平，然后调零，使指针指在红线上。

（2）3个端钮式测量仪的接线如图2-54（a）所示，即将被测接地体E′和端钮E连接，电位探针P′和电流探针C′分别与端钮P、C连接后，沿直线相距20m插入地中。4个端钮测量仪的接线如图2-54（b）所示。

（3）将倍率开关放在最大倍数线上，缓缓摇动发电机的手柄，同时转动测量标度盘，以调节R_s，直至指针停在中心红线处。当检流计接近平衡时，即加大发电机的转速至额定转速（120r/min），调节测量刻度盘使指针稳定地指在红线位置，即可读数。

（4）如测量刻度盘的读数小于1，应将倍率开关放在较小的一挡，然后重新测量。

（5）被测接地电阻小于1Ω时，为了消除接线电阻和接触电阻的影响，宜采用4个端钮测量仪。测量时将端钮C2和P2的短接片打开，分别用导线接到接地体上，并使端钮P2接在靠近接地体一侧，如图2-54（c）所示。

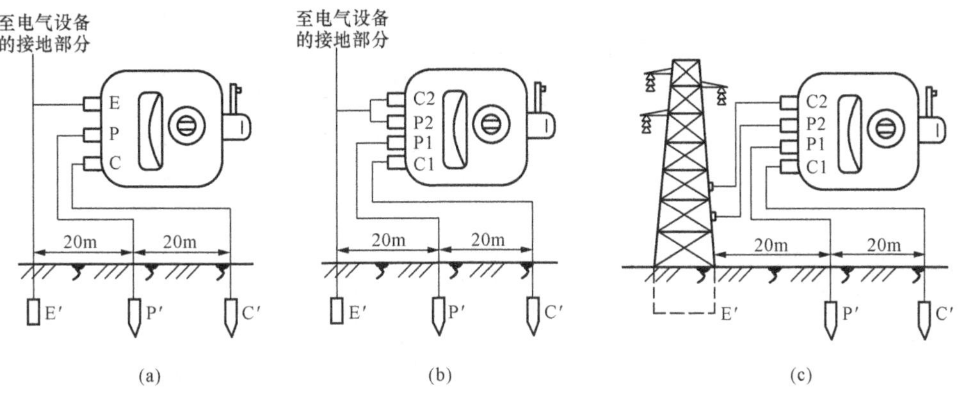

图2-54　接地电阻测量仪

（a）3个端钮式测量仪的接线；（b）4个端钮式测量仪的接线；（c）测量小接地电阻时测量仪的接线

第六节　万　用　表

万用表是一种广泛使用的多用途测量仪表，它可以测量直流电流、直流电压、交流电流、交流电压、电阻等，有些还可以测量电容、电感、音频功率增益或衰减的分贝及晶体管放大倍数等。

一、万用表的结构

不同型号的万用表，表面结构不完全一样，但基本结构是相同的，都是由表头、测量线路和转换开关三大部分组成。

1. 表头

通常采用磁电系测量机构作为万用表的表头，其满偏电流一般为几微安到几百微安。表头的满偏电流越小，灵敏度就越高，表头的特性也就越好。例如 MF9 型万用表表头满偏电流为 41μA。

2. 测量线路

测量线路是万用表的主要环节，由多量程的电流、电压测量电路及多量程的电阻测量电路等组成。

3. 转换开关

转换开关一般都采用机械接触式转换开关，由许多固定触点和可动触点组成。通过旋动转换开关，表头与不同的测量电路接通，从而达到针对不同测量对象以及选择不同量程的目的。

二、工作原理

万用表的基本工作原理是利用一只表头，并通过转换开关改变测量电路的接法，从而分别组成多量程的直流电压表、直流电流表、交流电压表、电阻表等，以满足多种测量的需要。下面以 MF9 型万用表为例进行介绍，原理电路如图 2-55 所示。

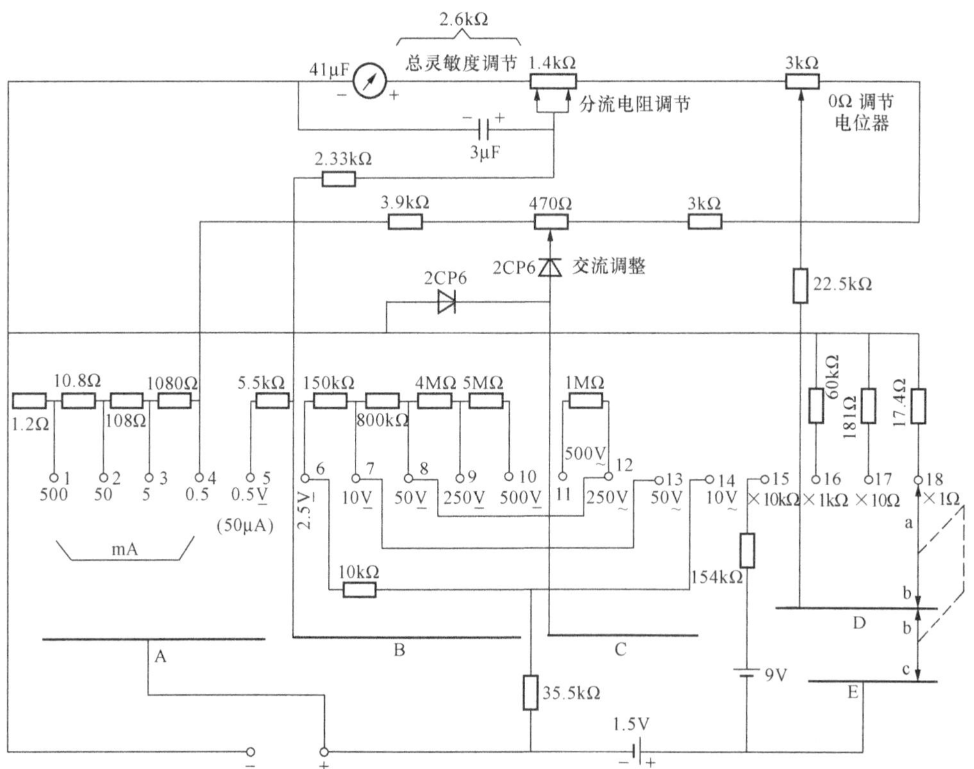

图 2-55 MF9 型万用表原理电路

1. 直流电流挡的测量电路

MF9 型万用表的直流电流挡的测量电路如图 2-56 所示，从图上可以看出，它实质上就是一个采用闭路连接方式的多量程直流电流表。它利用转换开关的活动触点 a 和 b，分别将固定触点 1～5 接到金属片 A 上，就得到 5 个不同的电流量程。在电流量程为 0.05mA 的支路中还串联了 5.5kΩ 和 2.33kΩ 两个电阻，使该量程同时兼作直流电压的最小量程 0.5V。

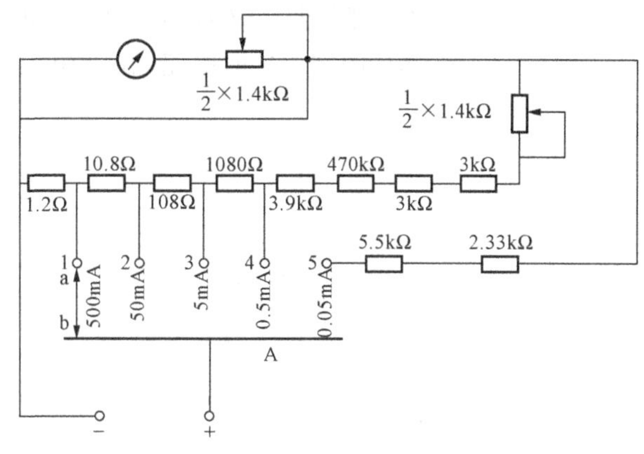

图 2-56 MF9 型万用表直流电流挡的测量电路

2. 直流电压挡的测量电路

MF9 型万用表的直流电压挡的测量电路如图 2-57 所示。它实质上就是一个多量程的直流电压表。图中虚线框内是图 2-56 测量直流电流最小量程 0.05mA 挡的电路，在此基础上采用串联附加电阻的方式，构成了直流电压挡的测量电路。利用转换开关的活动触点 a 和 b 分别将固定触点 5～10 接到金属片 A 或 B 上，就得到 0.5～500V 共 6 个不同的直流电压量程。最低量程 0.5V 就是直流电流的最小量程 0.05mA。从图 2-54 还可以看到，在直流电压挡下，表头仍保持与电流挡所用的各分流电阻并联，然后再与附加电阻串联，这样就相当于一个灵敏度较低而内阻较小的表头与附加电阻串联。该电路的优点，是可以使直流电压挡与交流电压挡共用一些附加电阻元件；缺点是降低了直流电压挡的内阻。

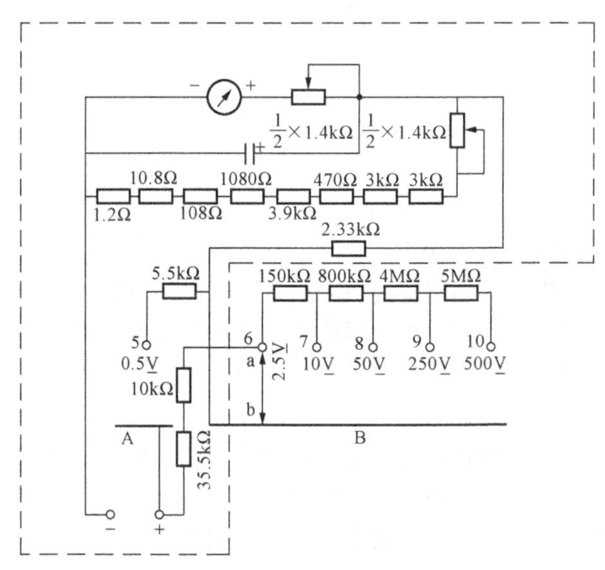

图 2-57 MF9 型万用表直流电压挡的测量电路

3. 交流电压挡测量电路

MF9 型万用表的交流电压挡测量电路如图 2-58 所示，它实质上就是一个半波整流式的多量程电压表。利用转换开关的活动触点 a 和 b 分别将固定触点 11～14 接到金属片 C 上，就得到 10～500V 4 个不同的交流电压量程。交流电压最低挡（一般为 10V）和其他电压挡不能共用一条标度尺，因为整流元件是非线性元件，电压越低，非线性影响越严重，所以交流电压最低挡应单独采用一条标度尺。

4. 电阻挡测量电路

电阻挡测量电路如图 2-59 所示，它实质上是一个多量程的电阻表。利用转换开关的活动触点 a、b 和 c 分别将固定触点 16～18 接到金属片 D 和 E 上，就可以得到 $R\times1$. $R\times10$、

$R\times1k$ 3 个不同倍率的电阻挡。当转换开关的活动触点 a 和 b 将固定触点 15 接到金属片 D 上时，得到了 $R\times10k\Omega$ 的挡，这时电路的电源电压为(1.5+9)V。

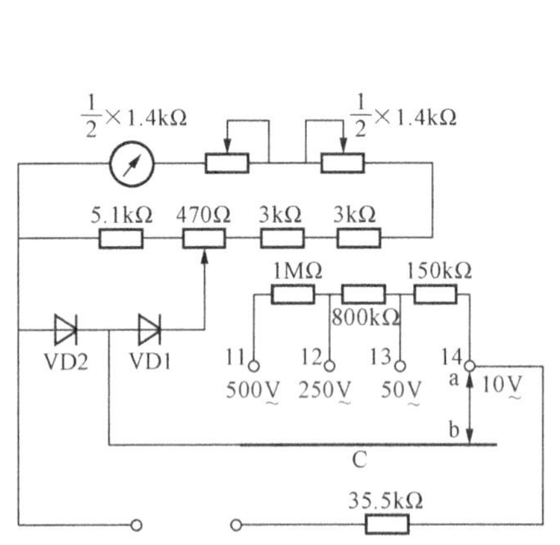

图 2-58　MF9 型万用表交流电压挡的测量电路

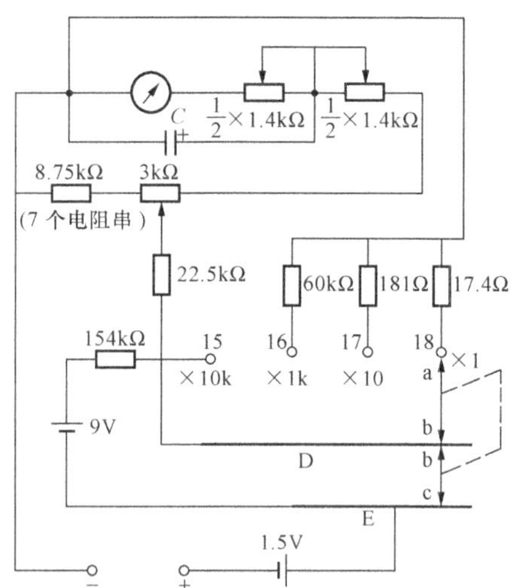

图 2-59　MF9 型万用表直流电阻挡的测量电路

三、万用表的正确使用

使用万用表时，应注意以下事项：

(1) 接线要正确。万用表面板上的插孔或接线柱都有极性标志，测量直流时，要注意正、负极性不能接反。用万用表判断二极管极性时，应注意万用表“+”端钮是与内附电池的负极相接，因而“+”端为低电位端；同时注意勿用 $R\times1$ 或 $R\times10k$ 挡，以免过电流或过电压。测量电流时，万用表应与被测电路串联；测量电压时，应与被测电路并联。

(2) 测量挡位要正确。测量挡位包括测量对象的选择及量程的选择两个方面。先按被测量的种类拨相应的挡位，再粗略估计被测量的大小，拨到相应量程挡位。若心中无数，应拨到最大量程挡测试，不合适再换挡。

(3) 使用前要调零。测电流、电压之前，应检查万用表指针是否在机械零位，否则微调机械零位调节螺钉，使指针与零分度线相重合。测电阻之前，要进行电零位调节，即短接测试棒，旋转调零电位器，使指针与欧姆零分度线相重合。若无法达到欧姆零位，表明电池电压已很低，应更换新电池。

(4) 严禁在被测电阻带电的情况下测量电阻。否则，不仅会影响测量结果，还可能损坏仪表。

(5) 不允许带电切换量程。在带电特别是高电压或大电流的情况下切换量程，容易产生电弧，损坏仪表。

(6) 万用表作电阻表使用。不同量程的中值电阻和电路中总电流的大小均不相同，用 $R\times1$ 挡时通过的电流最大，可达几十毫安，使用时应注意。

测量完毕，应将转换开关放在最高交流电压挡。切忌将转换开关放在电流或电阻挡上，以防下次测量电压时忘记选择量程而将万用表烧毁或造成被测电路短路引发事故。

第七节　电　　桥

电桥是一种用来测量电阻、电感及电容等电参数的仪器，可分为直流电桥与交流电桥两大类，它的主要特点是具有较高的灵敏度与准确度，在电工测量中应用极为广泛。

一、直流电桥

直流电桥主要用来测量电阻，根据结构的不同，可分为单臂电桥和双臂电桥两种，单臂电桥适用于测量 $1\sim10^6\Omega$ 的中值电阻，而双臂电桥则适用于测量 1Ω 以下的小电阻。

（一）直流单臂电桥

1. 直流单臂电桥的结构及原理

直流单臂电桥又称惠斯登电桥，原理电路如图 2-60 所示。图中被测电阻 R_x 和 R_2、R_3、R_4 3 个已知电阻连接成四边形。4 个电阻的连接点 a、b、c、d 分别称为电桥的顶点，由这 4 个电阻组成的支路 ac、cb、ad、db 分别称为桥臂。在电桥的两个顶点 a、b 之间接一个直流电源，一般称为电桥输入端。而在电桥的另两个顶点 c、d 之间接一个指零仪（检流计），一般称为电桥输出端。

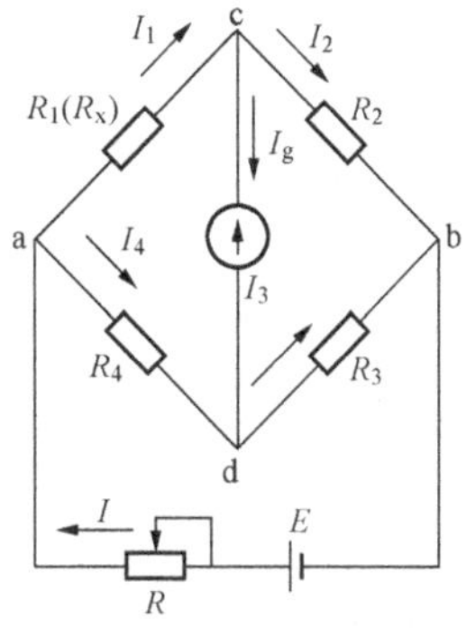

图 2-60　直流单臂电桥原理图

当电桥电源接通之后，调节桥臂电阻 R_2、R_3 和 R_4，使 c、d 两顶点的电位相等，即指零仪两端没有电位差，电流 $I_g=0$，这种状态称为电桥平衡。当电桥平衡时，有

$$I_1R_x = I_4R_4 \tag{2-27}$$

$$I_2R_2 = I_3R_3 \tag{2-28}$$

由于 $I_g=0$，故有 $I_1=I_2$，$I_3=I_4$，代入式（2-27）和式（2-28），并将两式相除，可得

$$\frac{R_x}{R_2}=\frac{R_4}{R_3}$$

所以

$$R_x=\frac{R_2}{R_3}R_4 \tag{2-29}$$

式（2-29）表明，当电桥平衡时，可以由 R_2、R_3 和 R_4 的电阻值求得被测电阻 R_x。为读数方便，制造时，使 R_2/R_3 的值为可调十进制倍数的比率，如 0.1、1.0、10、100 等，因此 R_2/R_3 称为电桥的比率臂，而电阻 R_4 称为比较臂。

2. QJ23 型单臂电桥

电桥的种类很多，这里仅以常见的便携式 QJ23 型电桥为例，介绍单臂电桥的实际结构和操作方法。

图 2-61 是国产 QJ23 型直流电桥的原理电路和面板图。比率臂 R_2/R_3 由 8 个电阻组成，共有 7 个挡位，分别为 10^{-3}、10^{-2}、10^{-1}、1. 10、10^2 和 10^3，示于面板左上方的读数盘上，由转换开关换接。比较臂 R_4 由 4 个可调电阻箱串联组成，这 4 个电阻箱分别由 9 个 1Ω、9 个 10Ω、9 个 100Ω、9 个 1000Ω 的电阻组成，它们示于面板右上方的读数盘上。R_4 的值由面板上这 4 个读数盘所示的电阻值相加而得。调节面板上的读数盘，可得到 $0\sim9999\Omega$ 范围内变动的电阻值。

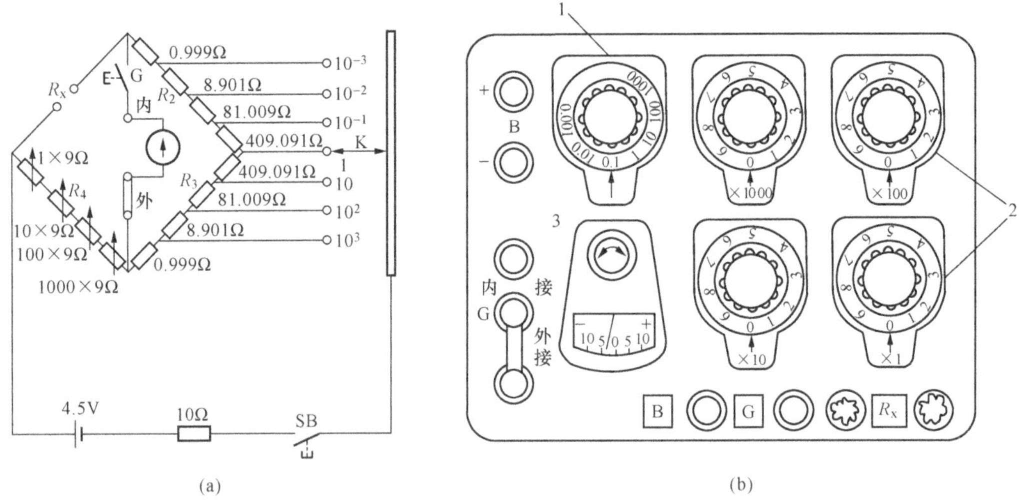

图 2-61 QJ23 型单臂电桥

(a) 原理电路图；(b) 面板图

1—倍率旋钮；2—比较臂读数；3—检流计

电桥可用内附检流计，也可用外接检流计，在面板左下方有 3 个内、外接线柱，是用来内接或外接检流计的。使用内接检流计时，用金属片将下面两个接线柱短接；需要外接检流计时，用金属片将上面两个接线柱短接（即将内附检流计短接），并将外接检流计接在下面两个接线柱上。内附检流计上装有锁扣，可将可动部分锁住，以免搬动时损坏悬丝。电桥可用内附电源，也可用外接电源，电桥的内附电源为 3 节 1.5V 干电池，通过面板左上方标有“+”、“−”的端钮可接入外电源。

面板中下方有 2 个按钮开关，其中 G 为检流计支路的开关，B 为电源支路的开关。面板右下方还有一对接线柱，标有 R_x，用来连接被测电阻。

3. 单臂电桥使用步骤

(1) 使用前先打开检流计锁扣，再调节调零器使指针位于零点。

(2) 将被测电阻 R_x 接到标有 R_x 的两个接线柱之间，根据被测电阻 R_x 的近似值（可先用万用表测得），选择合适的倍率，以便让比较臂的 4 个电阻都用上，使测量结果为 4 位有效数字，提高读数精度。例如 R_x 约等于 8Ω，则可选择倍率为 0.001，若电桥平衡时比较臂读数为 8211Ω，则被测电阻 R_x 为

$$R_x = 倍率 \times 比较臂的读数 = 0.001 \times 8211 = 8.211\ (\Omega)$$

如果选择倍率为 1，则比较臂的前 3 个电阻都无法用上，只能测得 $R_x = 1 \times 8 = 8\ (\Omega)$，读数误差大，失去用电桥进行精确测量的意义。

(3) 测量时，应先按电源 B 按钮，再按检流计 G 按钮。若检流计指针向“+”偏转，表示应加大比较臂电阻；若指针向“−”偏转，则应减小比较臂电阻。反复调节比较臂电阻，使指针趋于零位，电桥即达到平衡。调节开始时，电桥离平衡状态较远，流过检流计的电流可能很大，使指针剧烈偏转，故先不要将检流计按钮按死，只能调节一次比较臂电阻，然后按一下 G，当调到电桥基本平衡时，才可锁住 G 按钮。

(4) 测量结束，应先松开 G 按钮，再松开 B 按钮，特别是被测元件中含有电感时，更

应遵守这一顺序。否则，会因电感断开时所产生的感应电动势作用到检流计回路而使检流计损坏。

(5) 电桥不用时，应将检流计锁扣锁住，以免搬运时振坏悬丝。

(二) 直流双臂电桥

在电气工程中，常常需要测量小电阻，如金属的电导率、电流表的分流电阻、电机及变压器的绕组电阻等。由于这些小电阻本身的阻值很小，测量时接线电阻及接触电阻（一般为 $10^{-5}\sim10^{-4}\Omega$）对测量的影响不能忽略，因此，测量小电阻时，必须设法消除或减小接线电阻和接触电阻对测量结果的影响。直流双臂电桥就是从这一点出发设计制造的，它是一种测量小电阻的常用仪器。

1. 直流双臂电桥的工作原理

直流双臂电桥又叫凯尔文电桥，工作原理电路如图 2-62 所示，其中 R_x 为被测电阻，R_n 为比较用的标准电阻。R_x 和 R_n 各有两对端钮，C1 和 C2、Cn1 和 Cn2 是它们的电流端钮，P1 和 P2、Pn1 和 Pn2 是它们的电位端钮。接线时必须使被测电阻 R_x 只包含在电位端钮 P1 和 P2 之间，而电流端钮则在电位端钮的外侧。标准电阻的电流端钮 Cn2 与被测电阻的电流端钮 C2 之间用电阻为 r 的粗导线连接起来。R_1、R'_1、R_2 和 R'_2 是桥臂电阻，阻值均在 10Ω 以上。

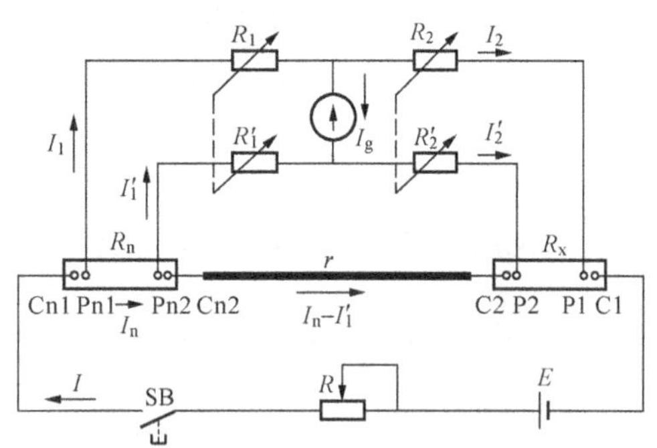

图 2-62 直流双臂电桥原理电路图

测量时接上 R_x，调节各桥臂电阻使电桥平衡，此时 $I_1=I'_1$，$I_2=I'_2$，根据基尔霍夫定律可写出以下方程

$$\begin{cases}I_1R_1=I_nR_n+I'_1R'_1\\ I_1R_2=I_nR_x+I'_1R'_2\\ (I_n-I'_1)r=I'_1(R'_1+R'_2)\end{cases}$$

解上述方程组得

$$R_x=\frac{R_2}{R_1}R_n+\frac{rR_2}{r+R'_1+R'_2}\left(\frac{R'_1}{R_1}-\frac{R'_2}{R_2}\right) \tag{2-30}$$

为了读数方便，制造该电桥时，将 R_1 和 R'_1 以及 R_2 和 R'_2 做成同轴调节电阻，以便改变 R_1 或 R_2 的同时，R'_1 和 R'_2 也会随之变化，并能始终保持

$$\frac{R'_1}{R_1}=\frac{R'_2}{R_2}$$

因此式（2-30）右边第二项等于零，故

$$R_x=\frac{R_2}{R_1}R_n \tag{2-31}$$

可见，被测电阻 R_x 仅决定于桥臂电阻 R_2 和 R_1 的比值及标准电阻 R_n，而与粗导线电阻 r 无关。比值 R_2/R_1 称为直流双臂电桥的倍率。所以电桥平衡时，有

被测电阻值=倍率读数×标准电阻读数

在实际测量中，由于不可能绝对保证 $\frac{R'_1}{R_1}=\frac{R'_2}{R_2}$，也就是说式（2-30）等号右边第二项

不为零，这样 r 对测量结果就有影响。因此，为了保证测量的准确性，连接 R_x 和 R_n 电流接头的导线应尽量选用导电性能良好且短而粗的导线，以使其电阻 r 尽可能小。这样，即使 $\frac{R'_1}{R}$ 与 $\frac{R'_2}{R_2}$ 不相等，但由于 r 很小，式（2-30）等号右边第二项仍会趋近于零。

从直流双臂电桥的工作原理可以看出，直流双臂电桥能减小或消除接线电阻与接触电阻影响的原因如下：

（1）被测电阻 R_x 和标准电阻 R_n 之间的接线电阻及电流端钮 C2 和 Cn2 的接触电阻与粗导线串联，故它们可视为 r 的一部分。但由于 r 对式（2-31）没有影响，所以消除了这部分电阻对测量结果的影响。

（2）R_x 和 R_n 另两端的接线电阻以及电流端钮 Cn1 和 C1 的接触电阻都串联在电源支路中，它们只影响电源支路电流的大小，对电桥的平衡没有影响，因而对测量结果不产生影响。

（3）电位端钮 Pn1、Pn2 和 P1、P2 的接线电阻与接触电阻串联在 4 个桥臂中，但因为 4 个桥臂的阻值均在 10Ω 以上，数值远比接线电阻和接触电阻大得多，所以 4 个电位端钮的接线电阻和接触电阻对测量结果的影响可以忽略不计。

综上所述，只要能保证 $\frac{R'_1}{R_1}=\frac{R'_2}{R_2}$，$R_1$、$R'_1$、$R_2$ 和 R'_2 均大于 10Ω，r 又很小，且被测电阻 R_x 能按电流端钮和电位端钮正确连接，直流双臂电桥就可较好地消除或减小接线电阻与接触电阻的影响。因此，用直流双臂电桥测量小电阻时，能得到较准确的测量结果。

2. QJ103 型直流双臂电桥

图 2-63 为 QJ103 型直流双臂电桥的原理电路和面板示意图，图 2-62 中所示的桥臂电阻 R_1、R'_1、R_2 和 R'_2 做成了固定比值形式，且 $R_1=R'_1$，$R_2=R'_2$。$\frac{R_2}{R_1}$ 的值分别为 100、10、1、0.1、0.01 五挡，由面板下方的倍率旋钮换接。标准电阻为一滑线电阻，可在 0.01～0.11Ω 之间变动，由面板右方的刻度盘调节并指示读数。图 2-63（b）中接线柱 C1、C2 及 P1、P2 分别是连接被测电阻的电流端钮和电位端

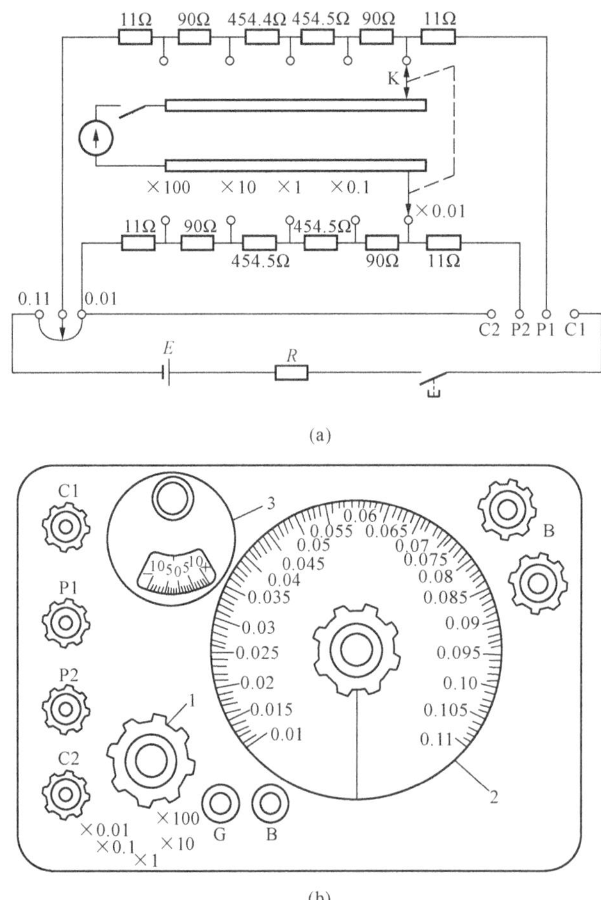

图 2-63　QJ103 型直流双臂电桥的原理电路和面板示意图
（a）原理电路图；（b）面板图
1—倍率旋钮；2—标准电阻读数盘；3—检流计

钮，中下方的B为电源按钮，G为检流计按钮。面板右上角的两个接线柱是为外接电源用的。电桥平衡时，读出倍率旋钮的指示值（即R_2/R_1值）及标准电阻R_n的值，根据式(2-31)就可以计算出被测电阻R_x的值。

3. 使用注意事项

直流双臂电桥的使用方法和注意事项与单臂电桥基本相同，但还要注意以下几点：

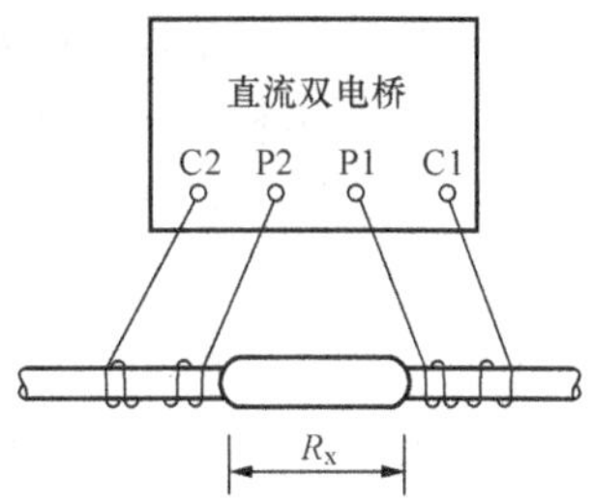

图2-64 双臂电桥测量导线电阻的实际接线图

（1）被测电阻的电流端钮和电位端钮应和双臂电桥的对应端钮正确连接。当被测电阻没有专门的电位端钮和电流端钮时，要设法引出4根线与双臂电桥连接，并用内侧的一对导线接到电桥的电位端钮上，如图2-64所示。连接导线应尽量短而粗，并且接头要牢靠。

（2）选用标准电阻时，应尽量使其与被测电阻在同一数量级，且最好满足如下关系

$$0.1R_x < R_n < R_x$$

（3）双臂电桥的工作电流较大，测量过程要迅速，以避免电池的无为消耗。

二、交流电桥

交流电桥主要用于测量交流等效电阻、电容及其介质损耗、自感及线圈品质因数等电参数，可分为阻抗比率臂电桥和变压器比率臂电桥两大类。一般习惯上把阻抗比率臂电桥称为交流阻抗电桥或交流电桥，把变压器比率臂电桥称为变压器电桥。下面主要介绍交流阻抗电桥。

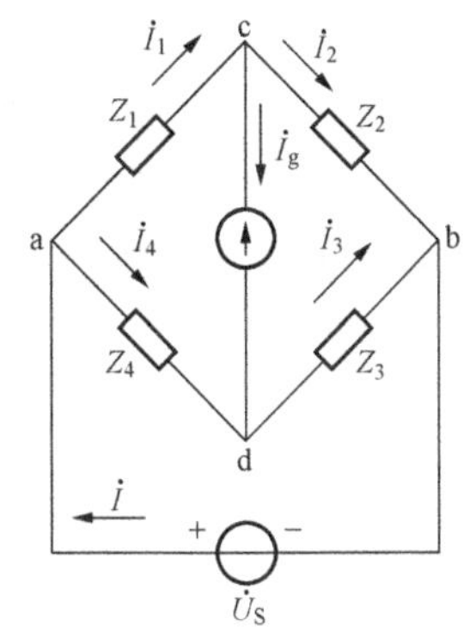

图2-65 交流阻抗电桥的原理电路

（一）交流阻抗电桥的工作原理

交流阻抗电桥的原理电路如图2-65所示。与直流电桥一样，桥体也有四个桥臂，分别由交流阻抗元件构成，在电桥的一个对角线ab上接交流电源，另一个对角线cd上接交流指零仪。

调节各桥臂参数，当指零仪读数为零，即$\dot{I}_g=0$时，电桥达到平衡，此时与直流电桥类似，有

$$\frac{Z_1}{Z_2}=\frac{Z_4}{Z_3}$$

即

$$Z_1Z_3=Z_2Z_4 \tag{2-32}$$

式（2-32）就是交流阻抗电桥的平衡条件，由式（2-32）可知，若第一桥臂由被测阻抗Z_x构成，则电桥平衡时，被测阻抗可由其他3个桥臂阻抗求得。

在正弦交流情况下，复阻抗为

$$Z=|Z|e^{j\varphi}$$

于是交流电桥的平衡条件可写为

$$|Z_1|\ |Z_3|e^{j(\varphi_1+\varphi_3)}=|Z_2|\ |Z_4|e^{j(\varphi_2+\varphi_4)}$$

根据复数相等的条件，有

$$\begin{cases}|Z_1|\ |Z_3|=|Z_2|\ |Z_4|\\ \varphi_1+\varphi_3=\varphi_2+\varphi_4\end{cases} \tag{2-33}$$

可见交流电桥的平衡条件包括两部分：①相对桥臂阻抗模的乘积必须相等；②相对桥臂阻抗幅角之和必须相等。因此，为使电桥达到平衡，交流电桥的4个桥臂阻抗的性质和大小要按一定条件配置。例如当两相邻阻抗 Z_2、Z_3 均为纯电阻，即 $\varphi_2=\varphi_3=0$ 时，若被测阻抗为感性，则按平衡条件中的幅角关系可以知道，余下的一个桥臂也要配置感性阻抗，才可使 $\varphi_4=\varphi_1$，否则电桥不可能平衡。

（二）几种常用交流电桥

1. 电容电桥

电容电桥主要用来测量电容器的电容量及其损耗因数。

电容器的损耗因数是指电容器两极板之间电介质损耗角的正切。具有损耗的实际电容器可以用两种形式的等效电路表示：一种是理想电容与电阻串联的等效电路，如图2-66(a)所示；另一种是理想电容与电阻并联的等效电路，如图 2-67 (a)所示。在等效电路中，理想电容表示实际电容器的等效电容，而串联（或并联）等效电阻表示实际电容器的发热损耗。在这两种等效电路中，$C\neq C'$，$R\neq R'$，但介质损耗角 δ 是相同的，通常用 δ 角的正切 $\tan\delta$ 来表示介质损耗特性，称为介质损耗因数，用 D 表示。由相量图2-66(b)与 2-67 (b)可得知：在串联等效电路中

$$D=\tan\delta=\frac{U_R}{U_C}=\omega CR \tag{2-34}$$

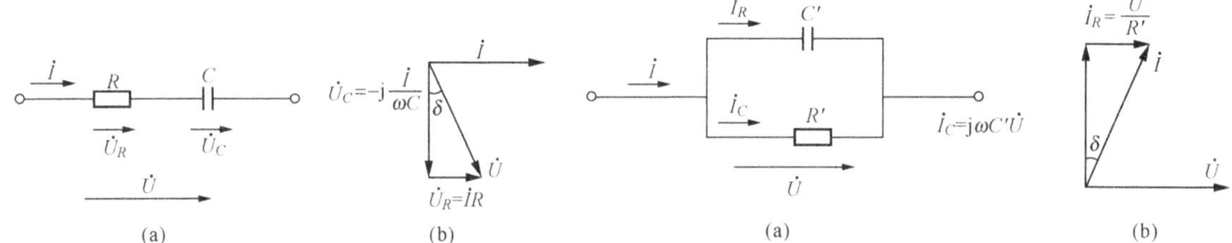

图 2-66 电容器的串联等效电路及相量图
（a）等效电路；（b）相量图

图 2-67 电容器的并联等效电路及相量图
（a）等效电路；（b）相量图

在并联等效电路中

$$D=\tan\delta=\frac{I_R}{I_C}=\frac{1}{\omega C'R'} \tag{2-35}$$

常用的电容电桥有串联电容电桥、并联电容电桥及西林电桥等，它们的桥路结构、平衡方程式及使用条件见表 2-2。

2. 电感电桥

电感电桥主要用来测量线圈的电感及其品质因数。电感电桥有多种线路，大都采用标准电容作为与被测电感相比较的标准元件。

实际电感线圈可用电阻 R 与理想电感 L 的串联等效电路来代替。电感线圈的品质因数 Q 是指线圈电阻 R 与感抗 ωL 的比值，即

$$Q=\frac{\omega L}{R} \tag{2-36}$$

它是反映线圈损耗的参数。

常用的电感电桥有欧文电桥、麦克斯韦—维恩电桥及海氏电桥等，它们的桥路结构、平衡方程式及特点见表 2-2。

表 2-2　　几种常用电桥及其特点

类型	原理电路	平衡方程	特　点
串联电容电桥	R_x　R_2　C_x　C_4　R_4　R_3	$\left(R_x+\frac{1}{j\omega C_x}\right)R_3=\left(R_4+\frac{1}{j\omega C_4}\right)R_2$ $R_x=\frac{R_2}{R_3}R_4$ $C_x=\frac{R_3}{R_2}C_4$ $\tan\delta=\omega C_xR_x=\omega C_4R_4$	又称维恩电桥，适用于测量损耗小的电容器，因为若介质损耗大，即 R_x 大，则相应 R_4 也大，电桥灵敏度就会降低
并联电容电桥	R_x　R_2　C_x　C_4　R_4　R_3	$R_2\left(\frac{1}{\frac{1}{R_4}+j\omega C_4}\right)=R_3\left(\frac{1}{\frac{1}{R_x}+j\omega C_x}\right)$ $C_x=C_4\frac{R_3}{R_2}$ $R_x=R_4\frac{R_2}{R_3}$ $\tan\delta=\frac{1}{\omega C_xR_x}=\frac{1}{\omega C_4R_4}$	适于测量损耗大的电容器
西林电桥	R_x　R_2　C_x　R_3　C_4　C_3	$\left(R_x+\frac{1}{j\omega C_x}\right)\left(\frac{1}{\frac{1}{R_3}+j\omega C_3}\right)=R_2\frac{1}{j\omega C_4}$ $C_x=C_4\frac{R_3}{R_2}$ $R_x=R_2\frac{C_3}{C_4}$ $\tan\delta=\omega R_xC_x=\omega R_3C_3$	又称高压电桥，适用于高压条件下测量电容器的 $\tan\delta$
欧文电桥	L_x　R_2　R_x　C_4　R_4　C_3	$(R_x+j\omega L_x)\frac{1}{j\omega C_3}=\left(R_4+\frac{1}{j\omega C_4}\right)R_2$ $L_x=R_2R_4C_3$ $R_x=R_2\frac{C_3}{C_4}$ $Q=\frac{\omega L_x}{R}=\omega R_4C_4$	适用于测量小值电感

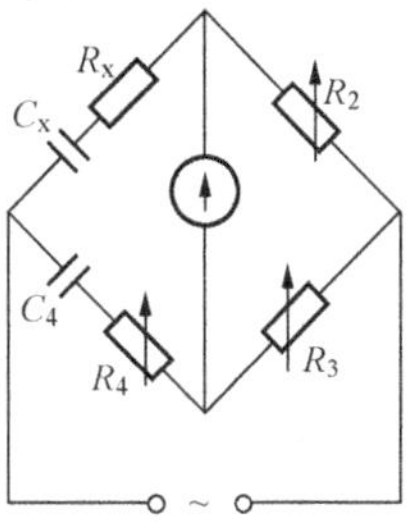

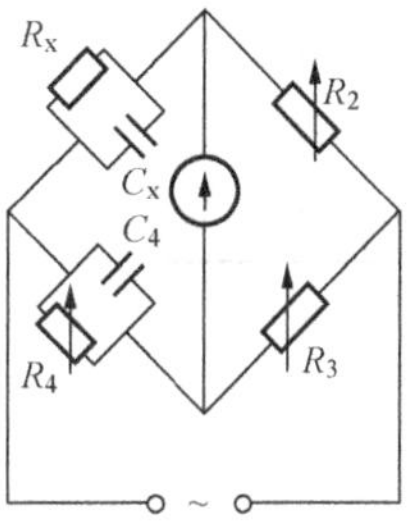

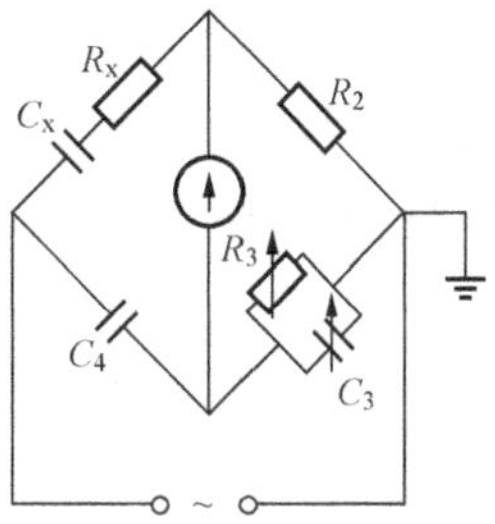

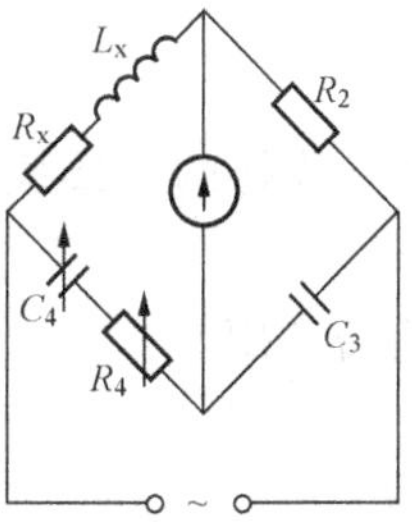

续表

类型	原理电路	平衡方程	特　点
麦克斯威-维恩电桥	L_x　R_2　R_x　R_3　R_4　C_3　~	$(R_x+j\omega L_x)\left(\dfrac{1}{\frac{1}{R_3}+j\omega C_3}\right)=R_2R_4$ $L_x=R_2R_4C_3$ $R_x=\dfrac{R_2}{R_3}R_4$ $Q=\dfrac{\omega L_x}{R_x}=\omega R_3C_3$	适于测量 Q 值较小的电感
海氏电桥	L_x　R_2　R_x　R_4　R_3　C_3　~	$(R_x+j\omega L_x)\left(R_3+\dfrac{1}{j\omega C_3}\right)=R_2R_4$ $L_x=\dfrac{R_2R_4C_3}{1+(\omega C_3R_3)^2}$ $R_x=\dfrac{R_2R_4R_3(\omega C_3)^2}{1+(\omega R_3C_3)^2}$ $Q=\dfrac{\omega L_x}{R_x}=\dfrac{1}{\omega C_3R_3}$	适于测量 Q 值较大的电感，平衡条件与电源频率有关

思考题和练习题

2-1　磁电系测量机构为什么不能直接用来测量正弦交流？

2-2　外附分流器为什么有两对端子？如何连接？

2-3　一只磁电系表头，满偏电流为 1mA，表头内阻为 45Ω。试设计一只量程为 150、30、15mA 三挡闭路连接的电流表。若用此表头做成 15、30、150V 的电压表，应串联多大的附加电阻？

2-4　有一磁电系电压表，满偏电流为 400μA，若制成 10V/100V/500V 三量程的电压表，求各量程的内阻及电压灵敏度。

2-5　电磁系测量机构有何优点与缺点？电磁系仪表能否交、直流两用？

2-6　电磁系电流表如何扩大量程？为什么不采用分流器扩大量程？

2-7　为什么电磁系电压表内阻不会太大？

2-8　为什么检流计能检测微小电流？其结构上有什么特点？

2-9　检流计在用完或搬动时，为什么必须将止动器锁上或用导线将两个接线端钮连接起来？

2-10　电动系测量机构有何优点与缺点？电动系仪表能否交直流两用？

2-11　电动系电流表和电压表是怎样构成的？如何扩大量程？

2-12　电动系功率表是怎样构成的？在使用时应注意哪些问题？

2-13　使用频率表与相位表时，如何接线？

2-14　相位表和功率因数表是否有区别？

2-15　什么是普通电阻表的中值电阻？它有什么特殊意义？某普通电阻表中值电阻有10Ω、100Ω、1kΩ、10kΩ 4 挡，今要测量 750Ω 左右的电阻，应选用哪一挡来测量？

2-16　为什么用普通电阻表测量电阻时，换挡后需重新校准零位？

2-17　使用绝缘电阻表测量电气设备的绝缘电阻时，应注意什么？

2-18　使用万用表时应注意什么？

2-19　如何正确使用直流单臂电桥？用 QJ23 型电桥测量阻值约为 2、20、200、2000Ω的电阻时，应选用多大的倍率？

2-20　为什么直流双臂电桥可以消除接线电阻及接触电阻的影响？

2-21　为什么交流电桥的桥臂阻抗必须按一定的原则匹配，才能使电桥平衡？如果 3 个桥臂都是电阻，则第 4 个桥臂应是怎样的阻抗，交流电桥才能平衡？

第三章　电能表与互感器

电能是一种广泛使用的能源。不论是发电厂、供电部门还是工农业用户以及家庭用户，都需要进行电能的计量，所以电能表的应用是极为广泛的。另外，在电气测量中经常需要测量高电压、大电流。由于仪表量限不能无限制的扩展，使得我们不能直接用仪表进行上述测量。另一方面，出于对操作人员的人身安全及仪表安全的考虑，也需要将大电流、高电压转换成小电流、低电压。互感器就是能够将大电流、高电压转换成小电流、低电压的常用设备。本章主要介绍电能表和仪用互感器。

第一节　单相感应系电能表

电能是有功功率随时间的积累，即 $W=\int_0^T p\mathrm{d}t$，T 是积累的时间段。电能的基本单位是 W・s（瓦・秒），但常用 kWh（千瓦・时），俗称"度"，测量电能的电能表又俗称电度表。

由电能的计算公式可以看出，测量电能的仪表，不仅要反映功率的大小，还要按用电时间积累计算用电量的总数，所以电能表实质上是由功率表及积算机构组合而成的。电能表的种类很多，根据工作原理的不同，可分为机械式、机电一体式、电子式等。机械式电能表有感应系、电动系和磁电系三种，磁电系电能表主要用作直流安培小时表；电动系电能表结构复杂，成本很高，主要用于测量直流电能；感应系电能表结构简单，转动力矩大，性能稳定，价格便宜，使用方便，在交流电能的测量中得到了广泛应用。本节主要介绍单相感应系电能表的结构和原理。

一、结构及工作原理

（一）结构

感应系电能表的产品型号很多，但基本结构大同小异，工作原理相同。图 3-1 是单相感应系电能表的结构示意图，它是由驱动元件、转动元件、制动元件及积算机构 4 部分构成。

（1）驱动元件。驱动元件是用来产生转动力矩的元件，由电压电磁铁 1 和电流电磁铁 2 组成。电压电磁铁由铁芯及绕在铁芯上的电压线圈构成，电压线圈的导线较细而匝数较多，与负载并联，故又叫并联电磁铁。电流电磁铁 2 由铁芯及电流线圈组成，电流线圈的导线较粗，匝数较少，与负载串联，故又叫串联电磁铁。电压电磁铁和电流电磁铁的铁芯都是由硅钢片叠制而成，但两个铁芯的形状不同。

（2）转动元件。由铝制的转动圆盘 3 和固定转动圆盘的转轴构成。电能表工作时，电压电磁铁和电流电磁铁产生的交变磁场使铝盘感应出涡流，涡流与该交变磁场相互作用产生力矩，驱使铝盘发生转动。

（3）制动元件。由永久磁铁 4 构成，用来在铝盘转动时产生制动力矩，使铝盘转速和被测功率成正比，以便用铝盘的转数来反映被测电能的大小。

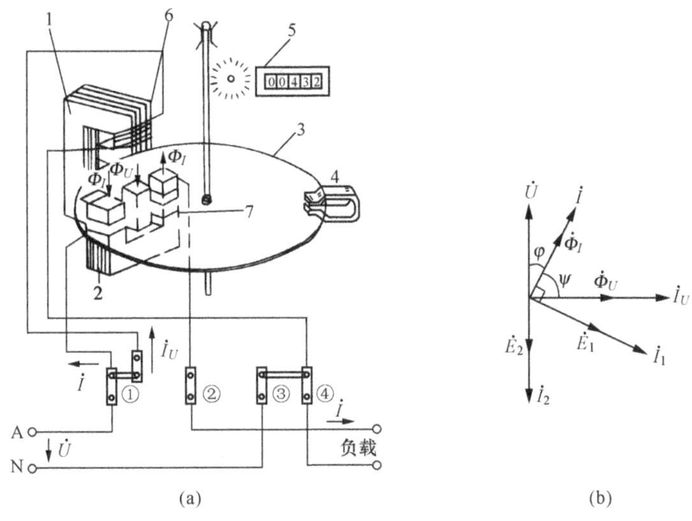

图 3-1 单相感应系电能表

(a) 结构及接线图；(b) 相量图

1—电压电磁铁；2—电流电磁铁；3—铝转盘；4—制动永久磁铁；

5—计度器；6—电压线圈；7—电流线圈；①～④接线端子

(4) 积算机构。由蜗杆、蜗轮及计度器 5 构成。用来计算铝盘的转数，以达到计算电能的目的。当转盘转动时，蜗杆带动蜗轮及计度器中的一套齿轮转动，从而将铝盘的转数折换成被测电能的数值，由字轮显示出来。

(二) 工作原理

1. 铝盘的转动力矩

感应式电能表的转动力矩由驱动元件所产生。为简化问题的分析，认为电压电磁铁和电流电磁铁的铁芯不饱和、无损耗，即认为电能表工作在理想状况下。

设负载为感性，当电能表接入交流电路时，负载电流 $\dot{I}$ 通过电流线圈，它在串联电磁铁内产生磁通 $\dot{\Phi}_I$，$\dot{\Phi}_I$ 与电流 $\dot{I}$ 成正比。该磁通穿过铝盘，由于是交变磁通，因而 $\dot{\Phi}_I$ 将在铝盘内产生感应电动势 $\dot{E}_1$，$\dot{E}_1$ 滞后于 $\dot{\Phi}_I$ 90°，在 $\dot{E}_1$ 的作用下铝盘产生涡流 $\dot{I}_1$，涡流的路径可视为是纯电阻性的，故 $\dot{I}_1$ 与 $\dot{E}_I$ 同相位。$\dot{I}$、$\dot{\Phi}_I$、$\dot{E}_1$、$\dot{I}_1$ 的相位关系如图 3-1 (b)所示。

同时，电压 $\dot{U}$ 加于电压线圈两端，在电压线圈中产生电流 $\dot{I}_U$，$\dot{I}_U$ 产生磁通 $\dot{\Phi}_U$，因为线圈匝数很多且有铁芯，因而电压线圈感抗大，可看作是纯电感电路，故 $\dot{I}_U$ 滞后 $\dot{U}$ 90°，而且由于铁芯有较大的空气隙，铁芯中磁场不易达到饱和，可认为磁通 $\dot{\Phi}_U$ 与 $\dot{I}_U$ 成正比，也就是说 $\dot{\Phi}_U$ 与 $\dot{U}$ 成正比。磁通 $\dot{\Phi}_U$ 为交变磁通，穿过铝转盘，在铝盘中产生涡流 $\dot{I}_2$。$\dot{U}$、$\dot{I}_U$、$\dot{\Phi}_U$、$\dot{I}_2$ 的相位关系如图 3-1(b)所示。

涡流与磁通之间将产生电磁力。由于 $\dot{\Phi}_I$ 与 $\dot{I}_1$、$\dot{\Phi}_U$ 与 $\dot{I}_2$ 之间相位差均为 90°，故它们之间产生的平均电磁力为零。只有磁通 $\dot{\Phi}_I$ 与涡流 $\dot{I}_2$、$\dot{\Phi}_U$ 与 $\dot{I}_1$ 之间产生的电磁力对铝盘产生转动力矩，因转动力矩与乘积 Φi 成正比，且 i_1、Φ_U、i_2、Φ_I 均为正弦函数，所以可导出合成

平均转动力矩为

$$M=K_1\Phi_I\Phi_U\sin\psi \tag{3-1}$$

式中 ψ——Φ_I 与 Φ_U 间的相位差。

由相量图可知

$$\psi=90^\circ-\varphi$$

式中 φ——负载功率因数角。

由于 $\Phi_U\propto U$，$\Phi_I\propto I$，可得

$$M=K_2UI\sin\psi=K_2UI\cos\varphi=K_2P \tag{3-2}$$

即电能表铝盘所受到的平均转动力矩与负载的功率成正比。

2. 铝盘的转数与被测电能的关系

在转动力矩的作用下，铝盘开始转动，若无外力作用，铝盘将不断加速转动。但由于铝盘旁边还有制动磁铁，当铝盘转动时，铝盘切割永久磁铁的磁通，因而在铝盘内感应产生涡流，该涡流与永久磁铁的磁场相互作用，产生一个与转动力矩方向相反的反作用力矩，称为制动力矩 M_f。铝盘转得越快，切割的磁力线越多，感应产生的涡流就越大，制动力矩也越大，因而 M_f 与铝盘的转动速度成正比，即

$$M_f=K_3n$$

式中 n——铝盘的转速。

当 $M=M_f$ 时，铝盘保持某一稳定的转速，此时

$$P=\frac{K_3}{K_2}n=Kn$$

因而在一段时间内，如从 t_1 到 t_2，负载消耗的电能为

$$W=\int_{t_1}^{t_2}P\mathrm{d}t=K\int_{t_1}^{t_2}n\mathrm{d}t=KN \tag{3-3}$$

$$N=\int_{t_1}^{t_2}n\mathrm{d}t$$

式中 N——从 t_1 到 t_2 时间内铝盘累积的总转数。

由式（3-3）可以看出，被测电能与铝盘转过的总转数成正比。因此，计数机构记下该段时间内铝盘的积累转数，就可以确定电路所传送的电能。

式（3-3）中的比例系数 K 的倒数称为电能表常数 C，其值为

$$C=\frac{1}{K}=\frac{N}{W} \tag{3-4}$$

式中 C——1kWh 的电能所对应的铝盘转过的转数，该常数常标注在电能表的铭牌上。

例如 DD28 型单相电能表铭牌上标出 1950r/kWh，即表示该表通过 1kWh 时，铝盘转过 1950r。

二、单相电能表的接线方式

单相电能表的接线方式与电动系功率表相同，即电能表的电流线圈与负载串联，电压线圈与负载并联，且两线圈的电源端钮（＊端）应接电源的同一极性端。为了接线方便，电能表有专门的接线盒，盒内有 4 个接线端钮，即相线的一进一出和中性线的一进一出，只要按电能表给出的接线图接线即可正确接入电路。由于电能表端子盒内电压、电流端子排列方法的不同，通常有两种接线方式：最常见的是单进单出式接线，如图 3-1 (a)所示；另一种是双进双出式接线，如图 3-2 所示。在实际安装电能表时，必须根据说明书或电能表上标志的接线图，认清接线方式后再接线。并且，接线时应注意，必须将电流线圈串入相线，且电流、电压线圈的公共端与电源端的相线相连。

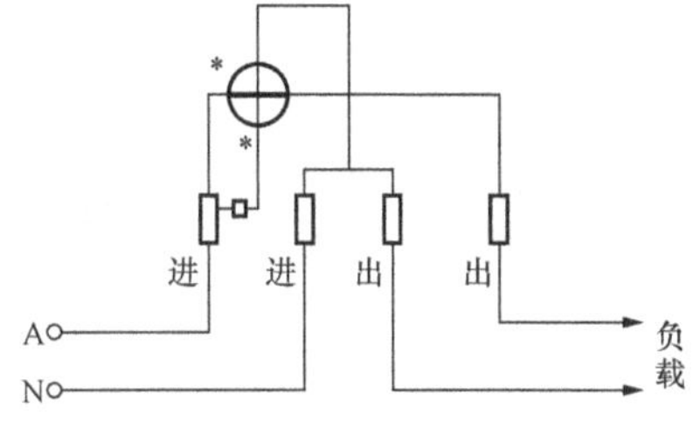

图 3-2　单相交流电能表双进双出式接线

第二节　三相有功电能表

在电力系统中，一般都用三相有功电能表测量三相电能。三相感应式电能表是由单相电能表发展形成的，它是根据两表法或三表法测功率的原理，将两个（称两元件式）或三个（称三元件式）电能表的测量机构组合在一起，使几个铝盘固定在同一转轴上，旋转时带动一个计度器，因而可以从计度器上直接读出三相电路总的有功电能，所以三相电能表具有单相电能表的一切基本性能。下面介绍几种常用的三相有功电能表。

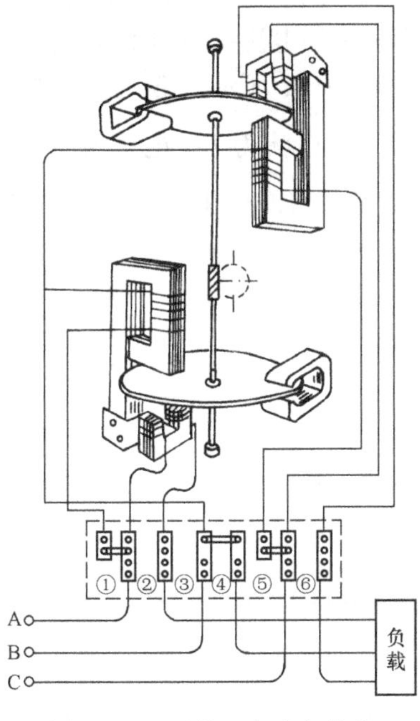

一、三相三线有功电能表

三相三线有功电能表是二元件式的，在结构上可分为双盘式和一盘式两种。双盘式即有两组驱动元件和两个铝转盘，如 DS15 型，原理结构如图 3-3 所示，它实质上就是两只单相电能表的组合；一盘式即两组驱动元件共用一个转盘，如 DS2 型，其结构紧凑，体积小，但由于两组元件间磁通和涡流会产生相互干扰，所以误差要比双盘式大。

三相三线有功电能表常用于三相三线制电路中有功电能的测量，其接线方式与两功率表法测功率相同，如图 3-3 所示。

图 3-3　两元件双盘式电能表原理结构图
①～⑥接线端子

二、三相四线有功电能表

三相四线有功电能表是按三表法测量功率的原理构成的，所以仪表中有三组元件。三相电线有功电能表在结构上可分为两种：①三元件两盘式，即有三组驱动元件和两个转盘，其中有两组驱动元件共同作用在一个转盘上，另一组驱动元件单独作用在另一个转盘上，如 DT18 型，目前采用最多的就是这种结构；②三元件单盘式，即三组驱动元件合用一个铝盘，如 DT2 型，由于铝盘少，因而可动部分质量轻，磨损小，体积也小，但由于驱动元件在铝盘上产生的涡流会和另一组元件的磁通发生作用而产生附加力矩，因此，误差比双盘式大。

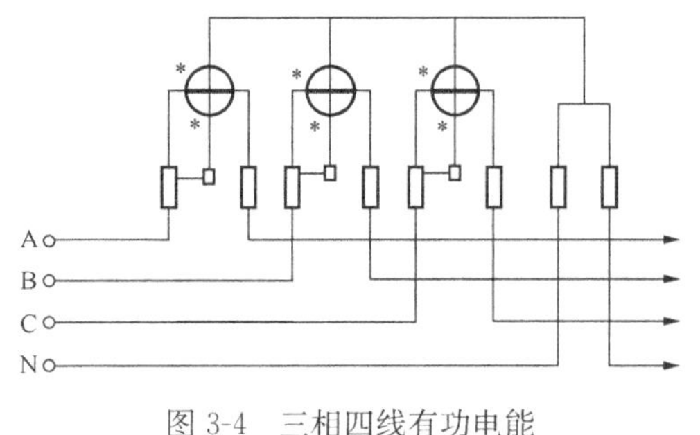

图 3-4 三相四线有功电能表接线原理图

三相四线有功电能表常用于三相四线制电路中有功电能的测量，其接线方式与三表法测功率相同。为了避免错误，各组元件的电流线圈与电压线圈的电源端都已在电能表的端钮盒上排列和连接好。三相四线有功电能表的接线原理图如图 3-4 所示。

第三节 三相无功电能表

从原理上说，三相电路的无功电能也可以按照测量三相无功功率的方法，利用单相电能表按跨相 90°的接线方式进行测量。但在工程上，考虑到经济和使用方便，一般都采用可以直接读数的三相无功电能表。目前我国常用的无功电能表有两种：一种是带有附加电流线圈的；另一种是带 60°相位差的。两种都是三相两元件式，都采用跨相的接线方式，都能用于电源电压对称、负载对称或不对称的三相电路。

一、具有附加电流线圈的三相无功电能表

这种三相无功电能表的内部基本结构与两元件有功电能表相似。所不同的是，每个电流元件的铁芯上除了基本线圈外还有附加电流线圈，基本线圈和附加电流线圈的匝数相同，绕向也相同。具有附加电流线圈的三相无功电能表接线方式如图 3-5(a)所示：第一组元件基本线圈接入的电流为 $\dot{I}_A$，电压为 $\dot{U}_{BC}$；另一组元件基本线圈接入的电流为 $\dot{I}_C$，电压为 $\dot{U}_{AB}$，电流 $\dot{I}_B$ 则从附加线圈的非“*”端流入。由接线方式、相量图及式（3-2）可知，两元件所产生的转动力矩分别为

$$\begin{aligned}M_1 &= K_2U_{BC}I_A\cos(90°-\varphi_A)+K_2U_{BC}I_B\cos(150°-\varphi_B)\\&=K_2U_{BC}[I_A\cos(90°-\varphi_A)-I_B\cos(30°+\varphi_B)]\\&=K_2U_{BC}(I_A\sin\varphi_A-\frac{\sqrt{3}}{2}I_B\cos\varphi_B+\frac{1}{2}I_B\sin\varphi_B)\end{aligned}$$

$$\begin{aligned}M_2 &= K_2U_{AB}I_C\cos(90°-\varphi_C)+K_2U_{AB}I_B\cos(30°-\varphi_B)\\&=K_2U_{AB}[I_C\cos(90°-\varphi_C)+I_B\cos(30°-\varphi_B)]\\&=K_2U_{AB}(I_C\sin\varphi_C+\frac{\sqrt{3}}{2}I_B\cos\varphi_B+\frac{1}{2}I_B\sin\varphi_B)\end{aligned}$$

如果三相电源电压对称，即

$$U_{AB}=U_{BC}=\sqrt{3}U_A=\sqrt{3}U_B=\sqrt{3}U_C$$

则

$$M_1+M_2=\sqrt{3}K_2(U_AI_A\sin\varphi_A+U_BI_B\sin\varphi_B+U_CI_C\sin\varphi_C)=\sqrt{3}K_2Q \tag{3-5}$$

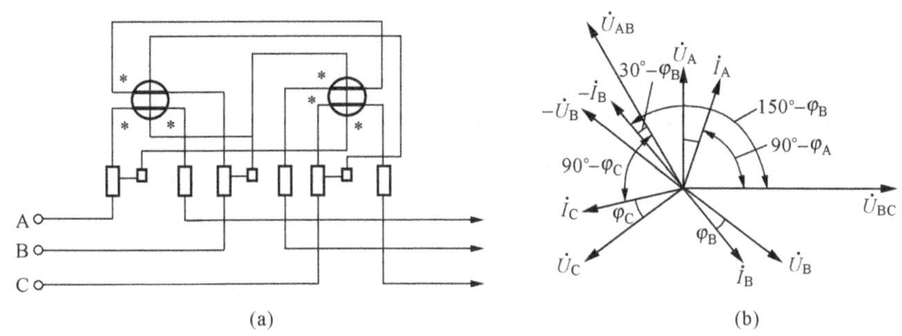

图 3-5　具有附加电流线圈的三相无功电能表结构图

（a）接线原理图；（b）相量图

由式（3-5）可知，总转矩与三相无功功率成正比。在设计与制造三相无功电能表时，积算机构已考虑$\sqrt{3}$的系数关系，故可从无功电能表的计度器直接读出无功电能。

这种具有附加电流线圈的三相无功电能表可用于电源电压对称、任意负载下三相三线或三相四线制电路。采用这种结构的电能表有 DX1 型、DX2 型、DX15 型等。

二、具有 60°相位差的三相无功电能表

这种无功电能表的结构也与两元件三相有功电能表相似，不同的是，在两组电压回路中分别串入调节电阻R，使电压线圈中流过的电流不再是滞后于端电压 90°，而是滞后 60°，从而电压线圈所产生的磁通比其相应的端电压滞后 60°。因此，将这种表称为 60°型无功电能表。

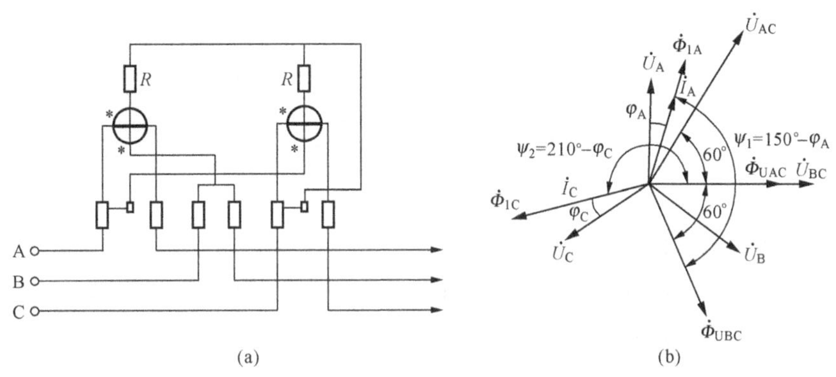

图 3-6　带 60°相位差的三相无功电能表

（a）接线图；（b）相量图

具有 60°相位差的三相无功电能表的接线方式如图 3-6(a) 所示，第一组元件接于电压$\dot{U}_{BC}$和电流$\dot{I}_A$上，第二组元件则接于电压$\dot{U}_{AC}$和电流$\dot{I}_C$上。由接线方式及式（3-2）可知，第一组元件的平均转动力矩为

$$M_1 = K_2 U_{BC} I_A \sin\psi_1$$

式中　ψ_1——电压磁通$\dot{\Phi}_{U_{BC}}$与电流磁通$\dot{\Phi}_{I_A}$的相位差。

由相量图可知$\psi_1 = 60° + 90° - \varphi_A$，因此该元件的平均转动力矩为

$$M_1 = K_2 U_{BC} I_A \sin(60° + 90° - \varphi_A) = K_2 U_{BC} I_A \sin(30° + \varphi_A)$$

同理可知

$$M_2 = K_2U_{AC}I_C\sin\psi_2 = K_2U_{AC}I_C\sin(60^\circ + 150^\circ - \varphi_C) = -K_2U_{AC}I_C\sin(30^\circ - \varphi_C)$$

式中 ψ_2——电压磁通 $\dot{\Phi}_{U_{AC}}$ 与电流磁通 $\dot{\Phi}_{I_C}$ 的相位差。

在三相负载对称情况下，有 $U_{AC}=U_{BC}=\sqrt{3}U$，$I_A=I_B=I_C=I$，$\varphi_A=\varphi_C=\varphi$，故电能表的总转矩为

$$\begin{aligned} M = M_1 + M_2 &= \sqrt{3}K_2UI[\sin(30^\circ+\varphi) - \sin(30^\circ-\varphi)] \\ &= 3K_2UI\sin\varphi = K_2Q \end{aligned} \tag{3-6}$$

即总转矩与三相无功功率成正比，因而通过积算机构，便可测出三相无功电能。

上述结论是在三相负载对称情况下得到的，可以证明，具有 60°相位差的无功电能表也可以用于负载不对称的三相三线制电路中。因此，这种无功电能表适用于电源电压对称，任意负载下的三相三线制电路。目前生产的 DX2 和 DX8 型三相无功电能表就是采用这种结构制成的。

第四节 电能表的使用

一、感应系电能表的标志

感应系电能表的铭牌上通常标注了名称、型号、准确度等级、标定电流和额定最大电流、额定电压、频率及电能表常数。

1. 型号

感应系电能表型号含义如下：

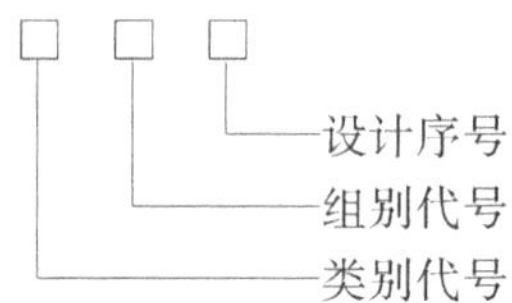

第 1 位为类别代号，D 表示电能表。

第 2 位为组别代号，D 为单相、S 为三相三线、T 为三相四线、X 为无功、B 为标准等。

第 3 位为设计序号，用数字表示。

2. 标定电流和额定最大电流

作为计算负载的基数电流值叫标定电流，用 I_b 表示。能长期工作，而且误差与温升能完全满足技术要求的最大电流值叫额定最大电流，用 I_m 表示。

3. 额定电压

三相电能表额定电压的标注有三种方法：

(1) 标注“3×380V”，表示三相，额定线电压为 380V；

(2) 标注“3×380/220V”，表示三相，额定线电压为 380V，额定相电压为 220V；

(3) 标注“$3\times\frac{6000}{100}$V”，表示经电压互感器接入式的电能表，用电压互感器的额定变比形式来标注，电能表的额定电压为 100V。

例如某电能表铭牌上标注为：DD28、2.0、2 (4) A，3000r/kWh，则表示该表是单相

电能表、28 型、准确度 2.0 级，标定电流为 2 A，额定最大电流为 4A，电能表常数 C 为 3000r/kWh。

二、电能表的主要技术特性

1. 准确度等级

根据国家标准规定，普通电能表可分为 3.0、2.0、1.0、0.5、0.2 级，标准电能表有 0.5、0.2、0.1、0.05、0.02、0.01 级。

2. 灵敏度

电能表的灵敏度是指在额定电压、额定频率及 $\cos\varphi=1$ 条件下，负载电流从零增加至铝盘开始转动时的最小电流与标定电流的百分比，该标定电流百分数不应大于表 3-1 中规定的数值。

表 3-1　　电能表的灵敏度

准确度等级	0.5	1.0	2.0	3.0
标定电流的百分数（%）	0.3	0.5	0.5	1.0

3. 潜动

潜动是指当负载电流为零时，电能表转盘仍稍有转动的现象。按照规定，当电能表的电流线圈中无电流，而加于电压线圈上的电压为额定电压的 80%～110%时，电能表的转动不应超过一整转。

4. 功率消耗

当电能表电流线圈中无电流时，在额定电压和额定频率下，单相电能表电压线圈与三相电能表的单个电压线圈中所消耗的功率不应超过有关规定值。

三、电能表的选择

选择电能表时，应从以下几个方面考虑：

（1）型式选择。根据测量任务的不同，选择单相电能表或三相电能表，有功电能表或无功电能表，普通电能表或特种电能表（如标准电能表、最大需量表等）。

（2）准确度选择。根据对测量准确性的要求选择相应准确度等级的电能表。例如对 300MW 及以上的发电机组，应选用 0.5 级的有功电能表和 0.2 级的无功电能表。

（3）量限选择：

1）电压量限选择。对于直接接入的电能表，其额定电压应与线路电压相同；经互感器接入的电能表，其额定电压为 100V。

2）电流量限选择。根据负载常用电流，选择标定电流与其接近的电能表。负载的最大电流不应超过电能表额定最大电流，负载最小电流不应低于电能表标定电流的 10%。

（4）质量选择。电能表质量的主要指标是过载能力（额定最大电流）和一次使用寿命（指为保证电能表准确度必须进行校验的间隔时间）。电能表一般均能超载运行，单相电能表可达 200%～400%，国外有的可达 667%；电能表一次使用寿命在 6～7 年以上，个别国家生产的电能表的寿命可达 15～30 年。

四、电能表的读数

（1）对于直接接入线路的电能表，可从电能表直接读得被测电能值；当电能表和互感器配套使用时，也可以直接读数。

(2) 有的电能表利用互感器来扩大量程，在电能表上标有“10×kWh”或“100×kWh”，表示应将读数乘10或100，才是被测电能的实际值。

(3) 如果实际使用的互感器变比与电能表上标注的互感器变比不一致，则必须将电能表的读数进行换算，才能求得被测电能值。例如电能表上标明互感器的变比是10 000/100V、100/5A，而实际使用的互感器变比是10 000/100V、50/5A时，则应将电能表的读数除以2，才是真正被测的电能值。

第五节 仪用互感器

仪用互感器实际上是一种变压器，它在电工测量中的主要作用有：

(1) 可以实现一表多用。采用一个多量限的仪用互感器或用几个单量限的互感器，可以大大扩展仪表的使用范围。特别是当所用测量仪表是准确度较高的标准表时，可以充分发挥该仪表的作用。

(2) 降低表耗功率。在大电流和高电压的情况下，采用分流器和附加电阻扩大量程，会使分流器或附加电阻的体积及功率都很大。而如果采用互感器来扩大量程，则仪表消耗功率会小得多。例如用满偏电流为20mA的表头配上附加电阻测量110kV的电压时，表头及附加电阻消耗的功率为110×0.02=2.2（kW），而采用110kV/100V互感器后，其表耗功率仅为100×0.02=2（W）。

(3) 保障安全。采用互感器后，指示仪表可以放置在远离测量回路的地方，使仪表与工作人员均能与高电压隔离，从而保障工作人员与仪表的安全。

(4) 仪表制造标准化。由于互感器二次绕组的额定电压与电流统一规定为100V或5A，这就有利于仪表生产的标准化。采用互感器后，在工程测量中，仪表的量限可设计为100V和5A，而不需要按被测量电压的高低和电流的大小来设计。

根据用途的不同，仪用互感器可分为电压互感器和电流互感器。

一、电压互感器

(一) 结构及工作原理

电压互感器相当于一个降压变压器，结构如图3-7(a)所示，它的闭合铁芯由硅钢片叠成(也有用冷轧硅钢带或高导磁合金带卷制而成的)，以减小涡流损耗。铁芯上通常有两个绕组，其中一个绕组接到电源，称为一次绕组；另一个绕组接到测量仪表，称为二次绕组。由于电压互感器是将高电压降为低电压，所以它的一次绕组的匝数远多于二次绕组的匝数。通常电压互感器一次绕组的额定电压采用不同的电压等级，而二次绕组的额定电压都为100V，这给测量带来很大方便。电压互感器在线路中的图形符号如图3-7(b)所示，它以两个绕组的符号来表示，一次绕组的相应端钮标以大写的A、X，二次绕组的相应端钮标以小写的a、x。其中A和a、X和x分别为同名端。

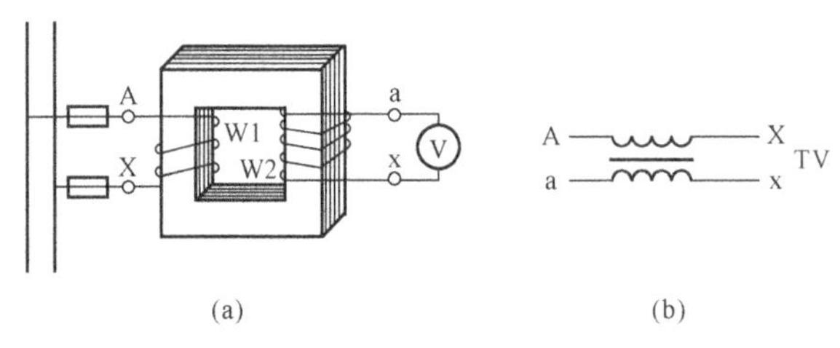

图3-7 电压互感器的结构和符号
(a)结构；(b)图形符号

测量时，电压互感器的一次绕组通过端钮 A 和 X 并接在被测电路中，二次绕组则通过 a 和 x 端钮与电压表或其他仪表的电压线路连接。

电压互感器的工作原理与变压器相似，在测量中，由于连接在二次绕组中的电压表的阻抗较高，所以电压互感器在正常工作时近似于一个开路运行的变压器。在理想情况下，可认为绕组电阻、铁芯损耗及漏磁通都为零。因此，由电工学知识可知

$$\frac{U_1}{U_2}=\frac{N_1}{N_2}$$

式中 U_1、U_2——电压互感器一、二次绕组电压；

N_1、N_2——电压互感器一、二次绕组匝数。

为方便起见，用额定变比 K_U 即一次绕组额定电压 U_{1N} 与二次绕组额定电压 U_{2N} 之比来表示电压互感器一、二次绕组的电压关系。K_U 表达式为

$$K_U=\frac{U_{1N}}{U_{2N}}=\frac{N_1}{N_2}$$

它常以分数形式标注在电压互感器的铭牌上。

若用仪表测量到电压互感器二次侧的电压 U_2，则可以根据互感器的额定变比折算出一次侧的电压 U_1，即

$$U_1=K_UU_2 \tag{3-7}$$

（二）电压互感器的误差

1. 比差

对一个理想电压互感器来说，额定变比 K_U 是一个常数。但对实际电压互感器来说，由于线圈电阻、漏磁通、铁芯损耗等因素的影响，电压互感器一次侧电压与二次侧电压的实际比值 K'_U 与额定变比 K_U 之间有差异，它不再是一个常数，而是与电压互感器的工作状况（如电压或电流的大小、二次侧负载的大小和特性以及电源的频率等）、互感器本身的结构和铁芯材料等有关。因此，根据额定变比确定的被测电压与按实际变比确定的被测电压之间有一定差异，该差异称为变比误差，简称比差，用 f_U 表示为

$$f_U=\frac{U_1-U'_1}{U'_1}\times100\%=\frac{K_UU_2-K'_UU_2}{K'_UU_2}\times100\%=\frac{K_U-K'_U}{K'_U}\times100\% \tag{3-8}$$

式中 U_1——根据额定变比确定的被测电压；

U'_1——根据实际变比确定的被测电压；

K'_U——实际变比；

K_U——额定变比。

比差 f_U 是反映电压互感器性能好坏的重要参数。比差越小，说明 K'_U 越接近 K_U，由额定变比确定的被测电压越接近实际值，即电压互感器的准确度越高。

2. 角差

在理想情况下，电压互感器一次绕组电压与二次绕组电压应相差 180°的相位角。但由于内阻抗及磁化电流的影响，实际二次电压相量逆时针旋转 180°后与一次电压相量间有一夹角 δ，此夹角 δ 称为电压互感器的相角差，简称角差。角差 δ 也不是一个常数，它与互感器本身的性能及负载有关。角差 δ 可能为正，也可能为负，若 $-\dot{U}_2$ 滞后于 $\dot{U}_1$ 时，δ 值为负，反之则为正。角差的存在，对接在二次绕组的电压表没有什么影响，但对接入的功率

表、电能表等却可能有很大影响，这是因为这些仪表的读数与电压和电流的相位差有关。如果经过电压互感器的电压和电流的相位差不能保持原有关系，则必然引起对功率和电能等的测量误差。

显然，不论是比差 f_U 还是角差 δ，都要求它们越小越好，但不可能使之为零，而只能通过合理的设计、选材和正确选择负载等措施来尽量减小它们对测量的影响。

（三）电压互感器的正确使用

1. 电压互感器的选择

（1）额定电压的选择。电压互感器一次绕组的额定电压应大于接入被测电压的 90%，小于被测电压的 110%。

（2）准确度等级的选择。目前我国生产的电压互感器准确度等级有 0.01、0.02、0.05、0.1、0.2、0.5、1.0、3.0 级等。测量时，应根据被测对象对测量准确度的要求，合理选择准确度等级。一般 0.2 级以上用于精密测量或用做标准电压互感器，0.2 级（包括 0.2 级）以下用于工程测量。

（3）额定容量选择。电压互感器二次侧负载阻抗的大小和性质，对误差值有显著影响，只有接入规定的负载，电压互感器才能保证其准确度，所以一般电压互感器的铭牌上都标有额定容量（或额定阻抗）。电压互感器额定容量 S_N 是指在额定电压与额定负载 Y_N 下运行时，二次侧的输出容量，即 $S_N = U_{2N}^2 Y_N$，选择时互感器二次侧容量 S 应满足

$$0.25S_N \leqslant S \leqslant S_N$$

2. 电压互感器的接线方式

电压互感器的接线方式主要有如图 3-8 所示的几种。

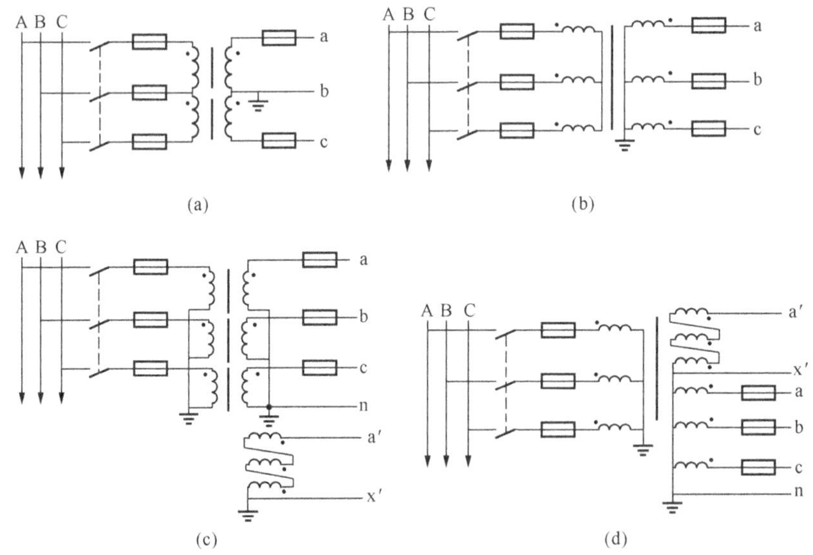

图 3-8 电压互感器的接线方式

(a) Vv 接法；(b) Yyn 接法；(c) 三相组式，YNyn 接法；(d) 三相五铁芯柱式，YNyn 接法

（1）Vv 接法。如图 3-8(a)所示，Vv 接法广泛用于中性点不接地或经消弧线圈接地的 35kV 及以下的高压三相系统，特别是 10kV 三相系统。这种接法既能节省一台电压互感器，

又能满足三相功率表和电能表所需要的线电压，所以得到广泛应用，但这种接线方式不能测量相电压。

（2）Yyn 接法。如图 3-8(b)所示，Yyn 接法用三台单相双绕组电压互感器或一台三相双绕组电压互感器接成。多用于小电流接地的高压三相系统。这种接线方式能够测量线电压和相电压，但负载不平衡时，会引起较大误差。为防止高压侧单相接地故障，高压侧中性点不允许接地，因此这种接法不能测量相对地电压。

（3）YNyn 接法。

1）当 YNyn 接法用于大电流接地系统时，多采用三台单相电压互感器构成三相电压互感器组，如图 3-8(c)所示。此种接法既可测量线电压，又可测量相电压。另外，二次侧增设的三角形接地辅助绕组，可构成零序电压过滤器供继电保护等使用。

2）当 YNyn 接法用于小电流接地系统时，多采用三相五柱结构的三相电压互感器，如图 3-8(d)所示。此种接法一、二次侧均有中线引出，故既可测量线电压，又可测量相电压。另外，二次侧开口三角的辅助绕组可供监视绝缘用。

3. 使用注意事项

为了达到安全和准确测量的目的，使用电压互感器时，必须注意以下事项：

（1）接线时应注意极性的正确性。电压互感器一次绕组和二次绕组上都有极性标志：对于单相电压互感器，一次绕组的首端为 A、末端为 X，二次绕组的首端为 a、末端为 x；对于三相电压互感器，一般一次以 A、B、C 作为各相标志，二次以 a、b、c 表明各相。一次绕组与二次绕组之间关系应为减极性。

（2）电压互感器的二次绕组不允许短路。因为当二次绕组发生短路时，会出现很大的电流，电压互感器有被烧毁的危险。因此，运行中的电压互感器的一次、二次绕组都要装熔丝，以防止意外的短路事故。

（3）电压互感器二次侧必须可靠接地。这样可以防止当绝缘损坏时，一次绕组回路的高电压窜入二次绕组回路，以保证人身和设备的安全。

二、电流互感器

（一）结构及工作原理

电流互感器的结构与一般变压器也相似，同样是由相互绝缘的一次绕组、二次绕组绕在公共的闭合铁芯上组成的，结构如图 3-9(a) 所示。由于电流互感器是要将大电流变为小电流，所以它的一次绕组匝数比二次绕组的匝数少得多。电流互感器二次绕组的额定电流通常作成 5A 或 1A，这样可以方便测量。电流互感器在线路中的图形符号如图 3-9(b)所示。由于电流互感器一次绕组匝数极少，甚至可以是几匝或一匝，所以在符号中，一次绕组仅用一根直线表示，它的端钮标有 L1、L2，而二次绕组的端钮则以符号 K1、K2 表示，其中 L1 与 K1 为同名端，L2 与 K2 为同名端。

利用电流互感器实施测量时，应使它的一次绕组串联接入被测电路，而二次绕组则与测量仪表连接，并且应按减极性连接，即一次侧电流从 L1 流向 L2 时，二次侧电流从 K1 流出，经仪表流回到 K2，如图 3-9(a) 所示。

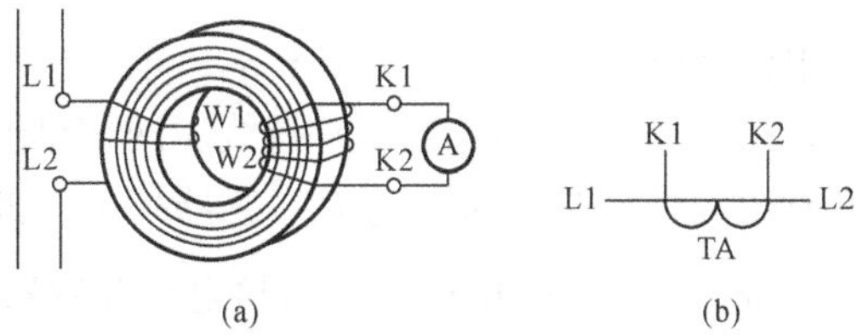

图 3-9　电流互感器的结构和符号

(a) 结构；(b) 图形符号

电流互感器的工作原理与变压器也相似，但由于接入二次绕组回路中的电流表、功率表和电能表的电流线圈的阻抗很小，所以其工作状态接近于短路状态。

为方便起见，电流互感器用额定变比 K_I，即一次侧额定电流 I_{1N} 与二次侧额定电流 I_{2N} 之比来表示一次绕组电流与二次绕组电流之间的关系，表达式为

$$K_I = \frac{I_{1N}}{I_{2N}}$$

它通常以分数的形式标注在互感器的铭牌上。

若用仪表测量到电流互感器二次侧的电流 I_2，则可以根据互感器的额定变比折算出一次侧的电流 I_1，即

$$I_1 = K_I I_2 \tag{3-9}$$

与电压互感器同理，实际运行中的电流互感器也存在比差和角差，比差 f_I 为

$$f_I = \frac{K_I - K'_I}{K'_I} \times 100\% \tag{3-10}$$

式中 K'_I——实际变比。

电流互感器角差的规定与电压互感器相同，即电流互感器二次侧电流相量逆时针旋转180°后，与一次侧电流相量间的夹角。

（二）电流互感器的正确使用

1. 电流互感器的选择

（1）额定电压的选择。电流互感器的额定电压 U_N 应略高于或等于其安装处的工作电压 U_x，即

$$U_N \geqslant U_x$$

（2）额定电流的选择。长期通过电流互感器的最大工作电流 I_m 应小于或等于互感器一次侧额定电流 I_{1N}，即 $I_m \leqslant I_{1N}$，最好使电流互感器在额定电流附近运行，这样测量才更准确。

（3）准确度等级选择。目前我国生产的电流互感器准确度等级有 0.01、0.02、0.05、0.1、0.2、0.5、1.0、3.0、5.0、10.0 级等，使用时，应根据被测对象对准确度的要求来选择。Ⅰ、Ⅱ类电能计量应选 0.2 级电流互感器。

（4）额定容量的选择。电流互感器额定容量就是二次侧额定电流 I_{2N} 通过二次侧额定负荷 Z_{2N} 时所消耗的视在功率 S_N，即 $S_N = I_{2N}^2 Z_{2N}$，接入电流互感器二次侧的负荷容量 S 应满足

$$0.25S_N \leqslant S \leqslant S_N$$

这样，其误差才不会超过给定的准确度等级。

2. 接线方式

电流互感器的接线方式如图 3-10 所示。

（1）两相星形（或 V 形）接线。两相星形接线又称为不完全星形接线，如图 3-10(a)所示，它由两台完全相同的电流互感器构成。此种接线主要适用于小电流接地的三相三线系统。图 3-10(a)中 A 相和 C 相所接电流互感器的二次绕组分别流过电流 $\dot{I}_a$ 和 $\dot{I}_c$，它们的公共接线中流过的电流为 $\dot{I}_b = -(\dot{I}_a + \dot{I}_c)$。

（2）三相星形（或 Y 形）接线。三相星形接线又称为完全星形接线，如图 3-10(b)所

示，它由完全相同的三台电流互感器构成。此种接线方式适用于高压大电流接地系统、发电机二次回路、低压三相四线制电路。图 3-10(b)中 A、B、C 三相电流互感器的二次绕组分别流过电流 $\dot{I}_a$、$\dot{I}_b$ 和 $\dot{I}_c$。当三相负载不平衡时，公共线中有电流流过；当三相负载平衡时，公共线中则没有电流流过。

(3) 分相接线。图 3-10(c)为三相三线系统的分相接线法，在三相四线制系统中也可采用类似的分相接法。采用分相接法虽然会增加二次回路的电缆芯数，但可降低错误接线的概率，提高测量的可靠性和准确度。

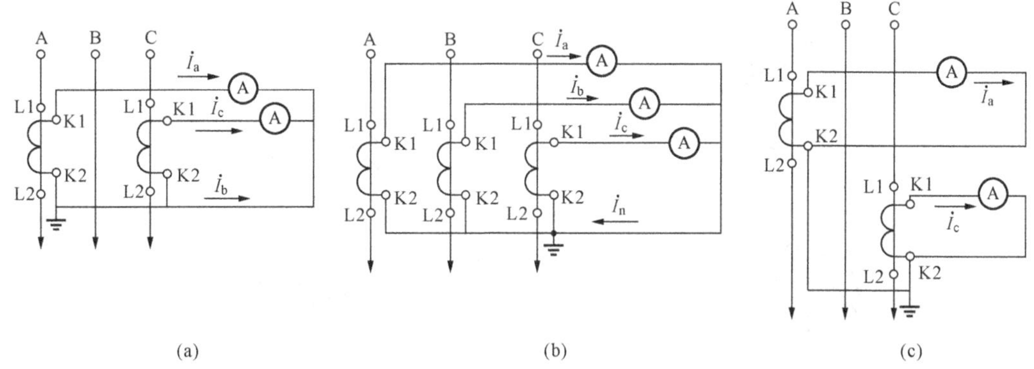

图 3-10　电流互感器的接线方式

(a) 两相星形接线；(b) 三相星形接线；(c) 分相接线

3. 电流互感器使用应注意的问题

(1) 电流互感器的二次绕组不允许开路。当二次绕组开路后，一次绕组的电流全部用来励磁，致使铁芯磁通激增，这样大的磁通将会在二次绕组两端感应出很高的电压，(有可能达到正常电压数值的几百倍)，对人身和设备造成危害。同时随着磁感应强度增加，铁芯损耗也大大增加，这会使铁芯过分发热而烧毁其上的线圈。因此，在工作中切忌将电流互感器二次侧开路，也正是由于这个原因，在电流互感器二次侧回路中不允许装熔丝。

(2) 电流互感器的二次侧必须可靠接地。

三、穿心式电流互感器和钳形电流表

1. 穿心式电流互感器

当电流互感器二次绕组匝数不变时，随着被测电流的增加，电流互感器一次绕组的匝数相应地减少，当一次绕组匝数减少到一定程度时，便可以不用一次绕组，直接将通过大电流的导线和互感器的铁芯相交链，如图 3-11 所示，这种形式的互感器称为穿心式互感器。

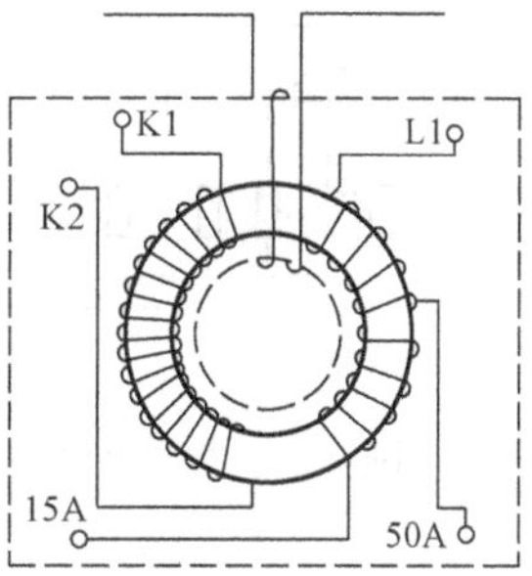

2. 钳形电流表

通常测量运行中交流电路的电流时，需要切断电路，才能将电流表和互感器接入被测电路中，而用钳形电流表则可在不断开电路的情况下进行测量。钳形电流表是根据上述单匝穿心式电流互感器的原理制成的，由电流互感器和电流表组成，结构如图 3-12 所示，其中电流互感器没有一次绕组，二次绕组与电流表串联。测量时，电流互感器的铁芯在紧捏扳手时就可以

图 3-11　穿心式电流互感器

张开，如图 3-12 中虚线所示，这样被测电流的导线不必切断就可穿过闭合铁芯，这根导线就相当于电流互感器的一次绕组，二次绕组中感应出的电流注入磁电系电流表中，于是电流表就指示出被测电流的数值，这种钳形表只能测交流，例如 T301、T302、MG24 型表。

还有一种交、直流两用的钳形表，它是根据电磁系仪表原理构成的，外形与交流钳形表相同，工作原理如图 3-13 所示。卡在钳口内的被测电流导线相当于电磁系测量机构中的线圈，在铁芯中产生磁场，位于铁芯缺口中间的动铁片受此磁场作用而偏转，从而带动指针指示出被测电流的数值。这种钳形表有 MG20、MG21 型表。

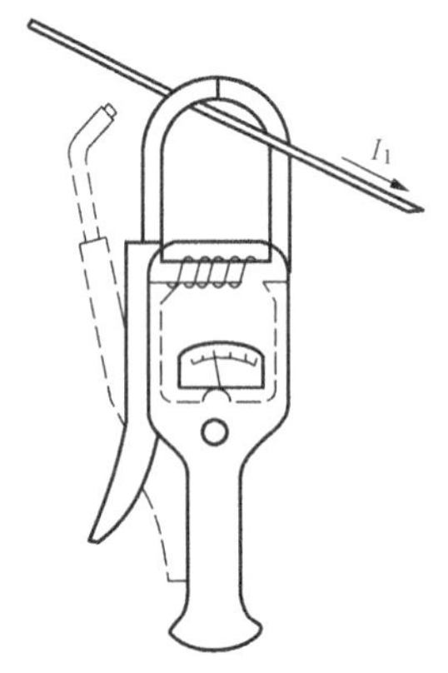

图 3-12　钳形电流表结构

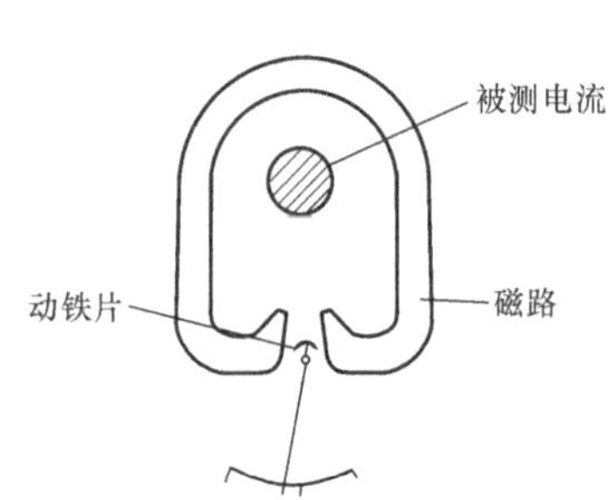

图 3-13　交、直流两用钳形表工作原理

我国还生产一种多用途钳形表，由钳形电流表和万用表组合而成。合为一体时作为钳形表使用，将钳形互感器拔出时，可单独作万用表用，如 MG28、MG33 型表。此外，还有数字式钳形表。

钳形表的准确度等级较低，为 2.5 级或 5 级。

使用钳形电流表测量时，被测载流导线应尽可能放在钳口中心位置，且应使钳口结合面接触良好，以免增大误差。

思考题和练习题

3-1　感应系电能表由哪几部分构成？每个部分的作用是什么？

3-2　如何选择电能表？

3-3　图 3-14 中电能表的接线是否正确？如果这样接线，电能表的指针将如何偏转？

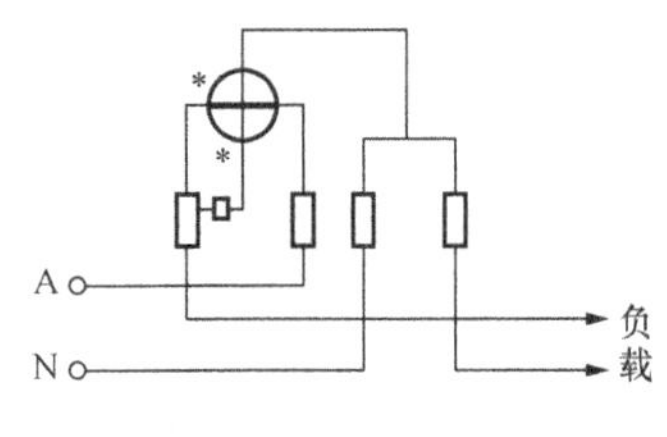

图 3-14　题 3-3 图

3-4　有一只电能表，月初读数为 120kWh，月底读数为 150kWh，电能表常数为 1250r/kWh，试求其转盘转过多少转？

3-5　有一电压互感器，变比为 6000V/100V，另有一电流互感器，变比为 100A/5A，当互感器二次侧分别接上 100V 电压表和 5A 电流表，测量某交流电路的电压与电流时，读数分别为 90V 和 2.5A，求一次侧的实际电压与电流值。

3-6　某电流互感器，其二次侧的额定阻抗为 0.4Ω。现有三只电流表可供选择，第一只为D2－5A电流表，内阻为0.5Ω；第二只为D26－5A电流表，内阻为0.3Ω；第三只为D19－5A电流表，内阻为0.08Ω，问应选用哪只电流表配套使用比较合适？

3-7　使用电压互感器与电流互感器时应注意什么？

3-8　用钳形电流表测量三相电路的电流，当钳口中分别放入一相导线、放入二相导线、放入三相导线时，钳形表分别测量的是什么电流？

3-9　如何使用钳形表测量小电流？

第四章　常用数字式仪表

第一节　概　　述

随着科学技术的发展，对电测技术提出了更高的要求，一般的电工指示仪表已不能满足某些测量的要求。数字式测量仪器仪表具有准确度高、量程广、灵敏度高、速度快以及易于实现自动化等优点，因此得到了迅速的发展和广泛的应用。

所谓数字式仪表，就是将被测的随时间连续变化的量自动地转换成离散量，并经数据处理后以数字形式进行显示的仪表。第一台数字式仪表出现在20世纪50年代，之后，随着电子技术的迅猛发展，数字式仪表与数字化测量技术获得了迅速的发展。目前国内外已生产有多种测量各种量并具有很宽技术特性范围的数字式仪表，常用的数字式电测量仪表有数字电压表、数字万用表、数字功率表等。

一、数字仪表的特点

（1）与电工模拟指示仪表相比，电工数字仪表有以下特点：

1）读数方便，没有视差。这是由于测量结果直接用数字给出，所以不会有读数误差。

2）测量速度快。如PZ-5型数字电压表，测量速度为50次/s。有的数字仪表测量速度可达每秒几万次。这对实现生产过程的自动控制，是十分必要的。一般的电工模拟指示仪表要3～4s才能测量一次；而对于电桥等仪器的测量，速度更慢。

3）输入阻抗高、功耗小。有的数字电压表的输入阻抗可达25 000MΩ，而消耗功率只有4×10^{-11}W，这是一般模拟指示仪表根本达不到的。

4）灵敏度高。例如数字电压表的分辨率可达1μV。

5）便于输送。数字仪表的测量结果可以远距离输送，数字信号在输送中不易受到干扰，准确度也不受损失。

6）测量准确度高。数字仪表内没有机械转动部分，没有摩擦误差，故可达到很高的准确度。例如数字电压表的准确度可达±0.001%。

数字仪表比模拟仪表的测量准确度高很多倍，有的甚至高好几个数量级，这是因为数字显示器件对测量准确度没有限制。一般直流数字电压表的准确度很容易达到±0.001%，甚至更高；而指针式仪表只能读出两位，估读一位，即最高准确度为0.1%。

（2）数字式仪表的缺点。由于采用了大量的电子元器件，所以机构比较复杂，成本较高，可靠性也较低。但是，随着半导体技术的发展，电子器件质量不断提高，数字式仪表必将得到日益广泛的应用。

二、数字式仪表的结构

各种类型的数字式仪表大致都由A/D转换器（模/数转换器）和电子计数器组成，结构框图如图4-1所示。

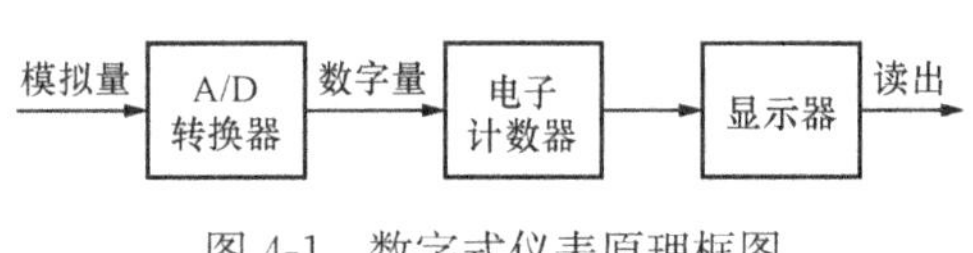

图4-1　数字式仪表原理框图

各种不同的数字式仪表，虽然它们的内部结构和工作原理各异，但从总体来说，都包含以下一些主要部件，如切换开关，基准电源，

A/D 或 D/A 转换器，电子计数器，译码、显示器以及逻辑控制电路等，它们之间的关系如图 4-2 所示。

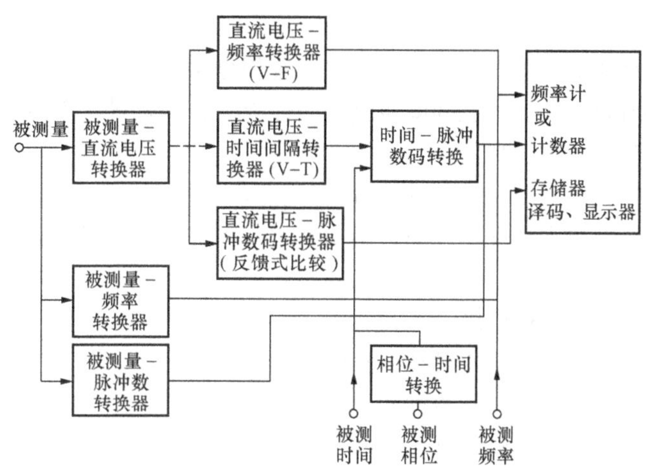

图 4-2　数字式仪表的通用结构框图

下面先讲解 A/D 转换器的工作原理，在此基础上讲述数字电压表的工作原理。直流数字电压表配以各种变换器（如交流电压/直流电压变换器、交流或直流电流/直流电压变换器等）便可形成一系列数字式仪表，如交流数字电压表、交流数字电流表等。由几种变换器、功能转换开关和直流数字电压表组合在一起，便可形成数字万用表。

第二节　模/数转换器

与时间成连续函数关系的物理量，一般称为模拟量，例如随时间变化的电学量，电流、电压等；也有非电学量，如温度、压力、位移、速度等。

数字量是离散量，在数字化测量及数据处理系统中，都需将被测的模拟量转换成数字量（即可按数字编码的离散量）。广义地说，将模拟量转换为一定码制的数字量都可称为模/数转换。在目前实际应用中，大多是先将各种模拟物理量转换成直流电压，再由直流电压转换成为数字量，因此通常所用的模/数转换多指直流或缓变电压到数字量的转换。

一、A/D 转换器的分类

测量是一种比较过程，从这个基本概念出发，无论哪种模/数转换器，也不论哪种转换方法，若按怎样比较来看，A/D 转换只有两种类型，即直接比较型和间接比较型。

1. 直接比较型

此种型式是将输入模拟信号直接与作为标准的参考电压相比较，从而得到可按数字编码的断续量或直接得到数字量。这种类型包括连续比较、逐次比较、斜波（或阶梯波）电压比较等多种。

这类转换是瞬时比较，抗干扰能力差，但速度较快。

2. 间接比较型

此种型式是输入模拟信号不直接与参考电压比较，而是将它们两者都变为间接物理量再进行比较，然后将经比较而得到的时间或频率进行数字编码。由于间接比较型是经变换后才进行比较的，因而形式更加多样。属于这种类型的原理很多，目前国内应用较多的有双斜式 V—T 转换、脉冲调宽型 V—T 转换、积分型 V—F 转换等，此外，还有三斜率式、磁环调制式、自动校准积分式等多种形式。

这类转换为平均值的响应，抗干扰能力较强，但速度较慢。

3. 复合型

此种型式将直接比较与间接比较积分型两类 A/D 转换的原理结合起来，发挥各自的优点，因而可获得高准确度与更优的性能。目前这种类型的新线路不断出现，发展很快，但线路复杂、成本较高。

各种类型的 A/D 转换器各有优点，虽然有的电路优点较多，但不能说哪一种电路具有绝对压倒的优越性，因而很难用其中一种类型取代其余各种，只能根据不同的需要选用不同的线路。

二、A/D 转换器

这里只讨论电压模拟/数字转换器，即电压 A/D 转换器。电压模拟/数字转换的方法很多，这里只介绍有代表性的几种 A/D 转换器。

（一）比较型 A/D 转换器

比较型 A/D 转换器是一种出现最早的转换器。它是将被测电压与已知的基准电压相比较，根据比较的结果求得被测电压值。

比较可以是连续进行的，如用一连续可调的基准电压与被测电压相比较，根据小于、大于还是等于被测电压，自动增大、减小、不变基准电压，从而确定出被测电压的大小。用这种方法构成的转换器叫连续比较式 A/D 转换器，优点是线路和逻辑都比较简单，缺点是转换时间随被测量的大小而变。比较也可以是不连续的，即是离散的形式，用此方法构成的转换器叫逐次逼近式 A/D 转换器。

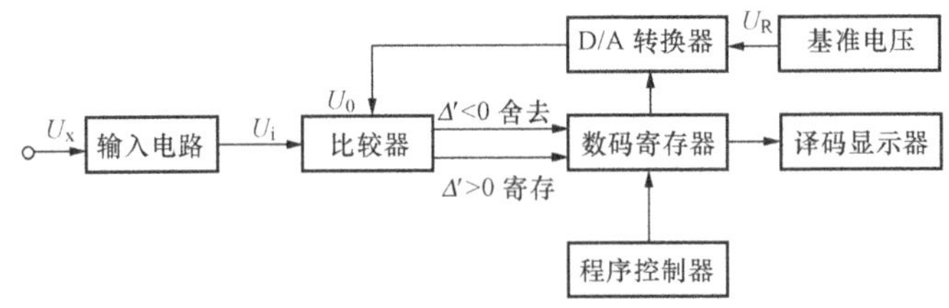

图 4-3 逐次逼近式 A/D 转换器原理图

图 4-3 是逐次逼近式 A/D 转换器的原理图。被测电压 U_x 经输入电路后为 U_i，在比较器输入端与从 D/A 转换器输出的电压 U_0 相比较。D/A 转换器的输出 U_0 由程序控制器控制，按 8421 码从高位到低位逐位变化。

当$\Delta'<0$ 时，说明 U_0 大于 U_i，这一位舍去。当 $\Delta'>0$ 时，说明 U_0 小于 U_i，这一位保留，数码寄存器对应比数为 1 状态。这样，基准电压通过 D/A 转换器输出，由高位到低位与 U_i 逐位比较，大的舍去，小的保留，逐次累积，逐步逼近，使 U_0 和 U_i 相等，这时，数码寄存器所寄存的状态就是与被测电压的模拟量相应的数字量，并经译码显示器显示出来。

例如，用三位 8421 码的 D/A 转换器与 U_i=0.531V 电压相比较，其逐次逼近的过程如图 4-4 所示。

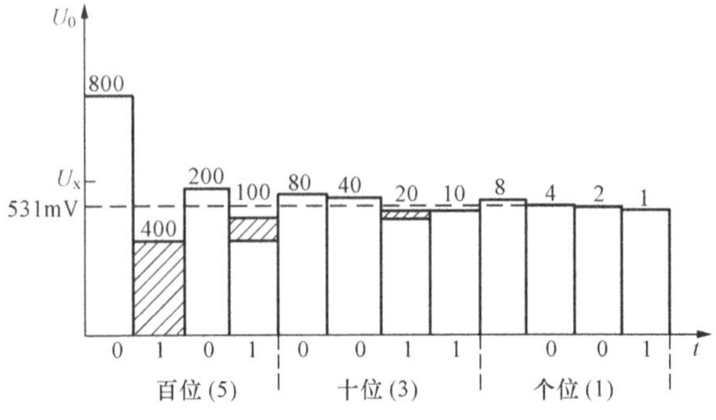

图 4-4 逐次逼近型编码过程图

设有一组标准电压，按 8421 码取值，电压（V）分别为：0.8，0.4，0.2，0.1；0.08，0.04，0.02，0.01；0.008，0.004，0.002 和 0.001，这些电压称为权电压。

（1）0.8V 的权电压经 D/A 转换器

加到比较器（图 4-3）与被测电压 0.531V 进行比较，比较结果 $\Delta'=(0.531-0.8)\text{V}<0$，此权电压应被舍去，数码寄存第一位为 0。

(2) 0.4V 的权电压输入比较器，比较结果 $\Delta'=(0.531-0.4)\text{V}>0$，此权电压保留，数码寄存器第二位为 1。

(3) 把 0.2V 权电压和保留下来的 0.4V 权电压一起输入比较器，比较结果 $\Delta'=(0.531-0.6)\text{V}<0$，因此，0.2V 权电压被舍去，数码寄存器第三位为 0。

(4) 把 0.1V 权电压和保留 0.4 权电压一起输入比较器，比较结果 $\Delta'=(0.531-0.5)>0$，于是，数码寄存器的第四位(代表 0.1 V 权电压)为 1。

如上所述，在程序控制器的控制下，由高位到低位逐次比较下去，直到 0.531V 近似等于被保留的权电压之和。本例中最后数码寄存器记下的数为 010100110001。这样，模拟量被换成数字量。从上可知，要完成一个三位数的转换，不论具体数值是多少，只要十二步就可以完成这个转换。可见逐次逼近式 A/D 转换器的转换速度是相当快的。如果程序控制电路的时钟频率为 100kHz，则每一步需 10μs，12 步只需 120μs。

这种转换器的准确度取决于所用标准权电压的准确度和稳定度，还与最小的权电压大小有关。

逐次逼近 A/D 转换器的优点是测量速度快，每秒可达数千次；缺点是抗干扰能力差。

（二）斜坡型 A/D 转换器

斜坡型 A/D 转换器也称为时间编码式转换器。它可将被测电压 U_x 与一个线性增长的斜坡电压相比较，转换成与其成正比的时间间隔，即先完成 V—T 转换，然后再用电子计数器去测量此时间间隔，确定被测电压值。

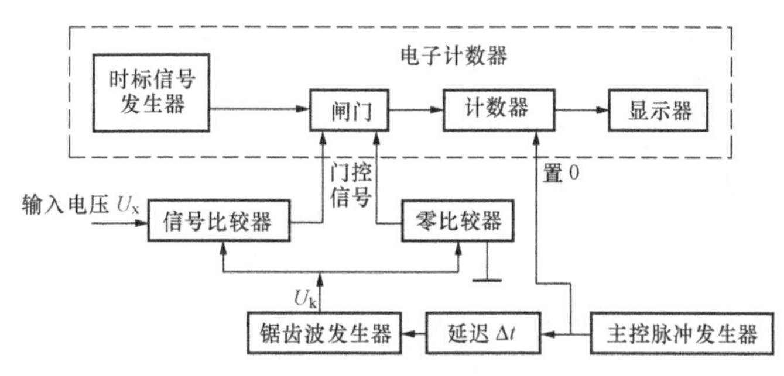

图 4-5　斜坡型 A/D 转换器原理图

这种转换器的原理如图 4-5 所示。工作开始时，主控脉冲发生器产生复零信号，一方面使计数器置零，抹去上次测量结果；另一方面延时 Δt 后触发锯齿波发生器，使它产生一个从负到正的线性变化的锯齿波电压 U_k。被测电压 U_x 与 U_k 同时加在两个比较器上进行比较。如果 U_x 是一个正电压，则锯齿波电压一定先经过零，即先使零比较器动作，打开计数闸门使计数器开始工作，当锯齿波从零伏上升到与 U_x 相等时，信号比较器动作，关闭闸门，停止计数，此时显示器即显示出被测电压的数值和极性“+”的符号。相反，如果 U_x 是一个负电压，则信号比较器先

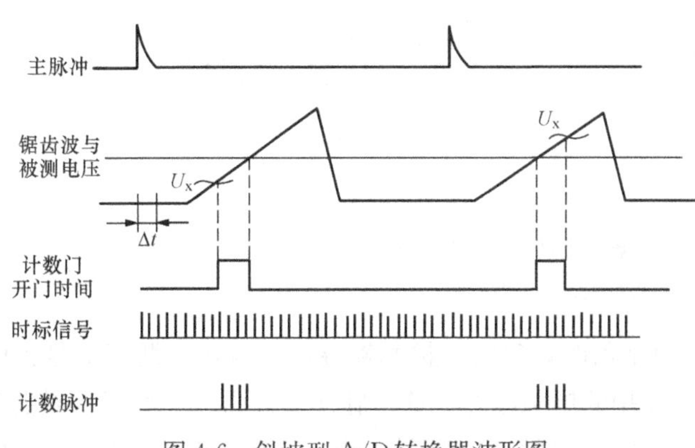

图 4-6　斜坡型 A/D 转换器波形图

动作，打开闸门，零比较器后动作，关闭闸门。此时显示器即显示出被测电压的数值和极性"—"的符号。图4-6是这两种情况的波形图。

从图4-5可以看出，斜坡型转换器可以分为以下两部分：

(1) 由比较器和锯齿波发生器构成的V—T变换器。它将被测电压变换成两个脉冲的时间间隔。

(2) 电子计数器。电子计数器对上述时间间隔进行数字编码。

这种转换器的测量准确度主要取决于锯齿波电压的线性度和比较器的稳定度，灵敏度主要取决于比较器的灵敏度。

这种转换器线路简单，容易制作。从测量原理上说，这种仪表测量的是被测量的瞬时值，所以抗干扰能力较弱；此外，测量速度和准确度都不很高。

(三) 积分型A/D转换器

在电气测量中，工频(50Hz)干扰是普遍存在的，有时这种干扰影响很大。消除和减弱工频干扰影响是测量技术中一个重要课题。积分型A/D转换器能有效地解决这一问题，因此发展很快，各类积分型A/D转换器不断出现。

1. V—F型A/D转换器

图4-7(a)是一种V—F型A/D转换器的原理图。整个转换电路分上、下两个通道，接成闭环形式。当输入电压U_x为正极性时，下通道工作；当U_x为负极性时，上通道工作。V—F型转换器的输出信号为脉冲串，脉冲的频率f与U_x成正比，用电子计数器测得f的值就可以得到U_x的值。

设U_x为正向直流电压，当U_x加到输入端时，由R、C及放大器组成的积分器对U_x积分，输出电压U_C为

$$U_C=-\frac{1}{RC}\int U_x\mathrm{d}t$$

式中　U_C——负向斜坡电压，如图4-7(b)所示。

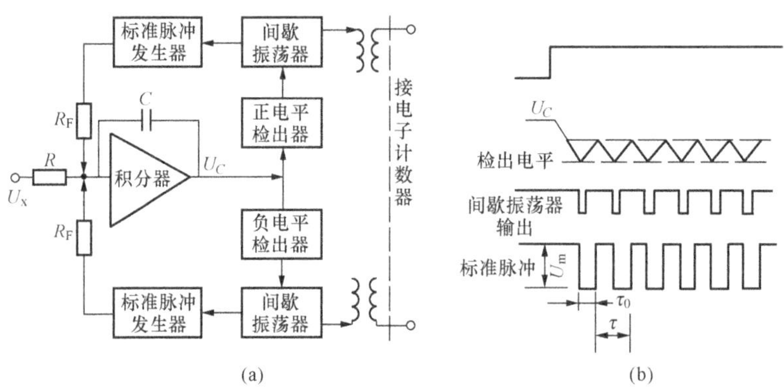

图4-7　V—F型A/D转换器的原理图
(a) 原理框图；(b) 波形图

当U_C下降到负电平检出器的检出电平值时，负电平检测器脉冲将输出一跳变信号去触发间歇振荡器，使间歇振荡器送出一个陡峭的振荡脉冲。这个脉冲一方面经脉冲变压器耦合输出到电子计数器去计数，另一方面又触发标准脉冲发生器，使它产生一个幅度为U_m、极

性与 U_x 相反、宽度为 τ_0 的标准脉冲，而且 $|U_m|>|U_x|$。其中 U_m 和 τ_0 为定值，即 $U_m\tau_0$ 也为定值。标准脉冲经电阻 R_F 反馈送入积分器，因此在 τ_0 时间内，积分器同时对 U_m 和 $-U_m$ 电压积分，由于 $|U_m|>|U_x|$，故积分器的输出电压回升，直到标准脉冲撤去。然后积分器又仅对 U_x 积分，U_C 又开始负向斜变，直到降到检出电平值，又重复上述过程，输出一串脉冲。

如果 U_x 为负极性直流电压，其过程也是如此，只是通过上通道实现反馈。

下面分析脉冲频率与 U_x 的关系。

从图 4-7(b)的波形图中可以看出，U_C 的重复变化频率和标准脉冲的重复频率相同，设周期为 τ，频率为 f，即 $\tau=\dfrac{1}{f}$。

U_C 的总电平变化量为 0，即

$$\frac{1}{R}\int_0^{\tau}U_x\mathrm{d}t=\frac{1}{R_F}\int_0^{\tau_0}U_m\mathrm{d}t$$

可得

$$U_x=\frac{R}{R_F}U_m\tau_0 f \tag{4-1}$$

在转换器中，R、R_F、U_m、τ_0 皆为定值，从式（4-1）可以看出

$$U_x\propto f$$

V—F 转换器的转换准确度和线性度除主要取决于标准脉冲面积 $U_m\tau_0$ 的恒定性外，积分器的漂移也会造成误差。这种变换器结构简单紧凑、体积小、成本低，但准确度不够高。

2. 双积分 V—T 型 A/D 转换器

双积分 V—T 型 A/D 转换器的基本工作原理是先对被测电压 U_x 在一定的时间内进行积分，然后用同一积分器对反极性的基准电压 U_R 进行反向积分，一直到积分器的输出返回到零电平为止。这段反积分的时间间隔与被测电压 U_x 有关。再用电子计数器对此时间间隔进行数字编码，便可得出被测电压 U_x 的数字值。

因为这类转换器在一个测量周期中用同一个积分器进行积分：一次是对被测电压的定时积分，另一次是对标准电压的定值积分，所以称为双积分式；又因为它是将被测电压变换为与之成正比的时间间隔，所以称为双积分 V—T 型 A/D 转换器。

这种转换器的工作原理框图如图 4-8 所示，工作过程主要分采样、测量和休止三个阶段。在每次开始测量之前，仪表处于休止阶段，此时电子开关 Q 使积分器接地，积分器输出为零。

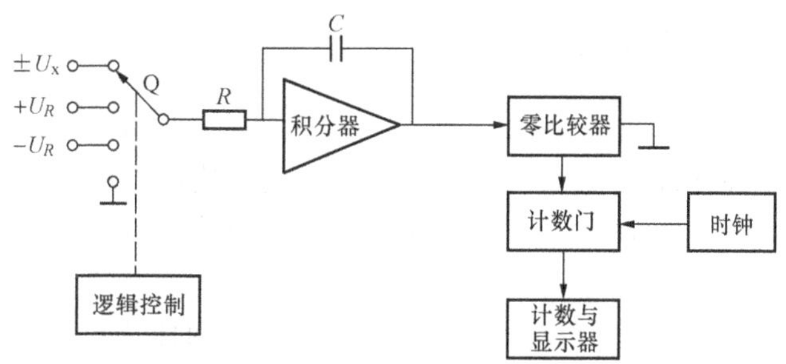

图 4-8　双积分 V—T 型 A/D 转换器原理框图

（1）采样阶段。逻辑控制电路使电子开关 Q 接通 U_x，输入信号 U_x 开始被积分，积分器输出电压随时间线性增加；同时，计数门打开，计数器从零开始对时钟脉冲计数，当计数器计到满量程时(经历的时间 T_1 是一个固定不变的常数)，计数器复零而发出一个进位脉冲，此进位脉冲产生一个控制信号，使电子开关 Q 合向与 U_x 符号相反的基准电压 U_R，开始测量的第二阶段。

（2）测量阶段。U_R 接入积分器之后，积分器对 U_R 进行反向积分。因为在 T_1 时间内积分器上的积分电容 C 上已经积存了一个正比于 U_x 的电压 U_C，所以在测量阶段开始后积分

器从 U_C 开始向零电平方向斜变，而计数器又从零开始对时钟脉冲计数。当积分器输出电压经过零电平的瞬间，零比较器动作，测量阶段结束，这段时间为 T_2，大小与 U_x 有关。

(3) 休止阶段。零比较器动作时，发出控制信号，一方面使积分器输出为零，另一方面关闭计数门并发出记忆指令，使译码显示给出计数值，即测量结果。

经过一段延时后，逻辑控制电路又使电子开关 Q 合向 U_x 自动进行下一个周期的测量，工作波形如图 4-9 所示。

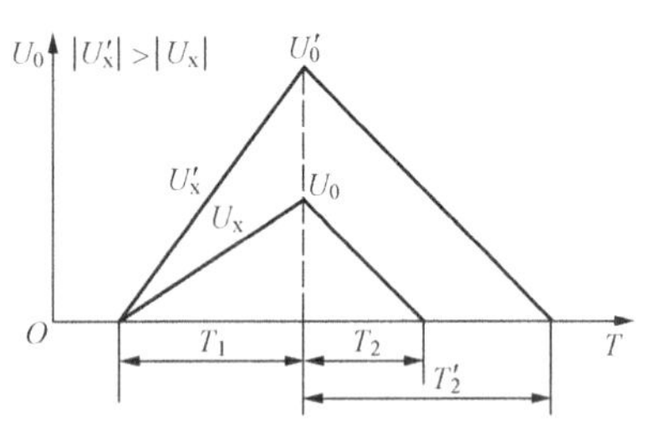

图 4-9 双积分转换器波形图

下面推导其数学关系。

在采样阶段结束时，积分器输出电压为

$$U_0=-\frac{1}{RC}\int_0^{T_1}U_x\mathrm{d}t$$

令

$$\overline{U}_x=\frac{1}{T_1}\int_0^{T_1}U_x\mathrm{d}t$$

则

$$U_0=-\frac{1}{RC}T_1\overline{U}_x \tag{4-2}$$

式中 $\overline{U}_x$——U_x 在 T_1 时间内的平均值。

在测量阶段结束时，积分器输出电压为

$$U_0-\frac{1}{RC}\int_0^{T_2}U_R\mathrm{d}t=0$$

或

$$U_0=\frac{T_2}{RC}U_R \tag{4-3}$$

由式 (4-2) 和式 (4-3)，并考虑 U_x 和 U_R 符号相反，得

$$T_2=-\frac{T_1}{U_R}\overline{U}_x \tag{4-4}$$

如果取 τ 为时钟脉冲的周期，N_1 为计数器的满量程值，N_2 为计数器在 T_2 时间内的计数值，则

$$T_1=N_1\tau$$

$$T_2=N_2\tau$$

代入式 (4-3)，得

$$N_2=-\frac{N_1}{U_R}\overline{U}_x \tag{4-5}$$

即计数器最终计数值正比于 U_x 的平均值。从图 4-9 中也可以看出，当被测电压的绝对值大时（即 $|U'_x|>|U_x|$），所转换出的时间间隔也大（即 $T'_2>T_2$）。

双积分型 A/D 转换器的特点是：

(1) 抗干扰能力强。由于 $\overline{U}_x$ 是在 T_1 时间内 U_x 的平均值，所以对于对称的常模干扰有很强的抑制能力。如果取定积分时间 T_1 为工频周期的整倍数时，则对称的工频干扰信号可以完全被消除，使常态干扰信号的幅度大于被转换电压 U_x 值，即出现“过零干扰”时，只要在 T_1 内的干扰信号平均值为零，对转换结果就没有影响。

(2) 对积分元件及时标信号的稳定性和准确度要求大为降低，因为在采样和比较测量两个阶段内使用的是同一积分器和时钟，其影响可以相互抵消，对它们只要求有一定的短期稳定性即可。

(3) 测量速度慢是最主要的缺点。为了解决抗干扰问题，这种 A/D 转换器的采样时间

为工频周期的整数倍，一般取 $T_1=(1\sim5)\times20(\text{ms})$，这必然使完成一次测量的时间拖长，最快为 20 次/s 左右。

（四）复合型 A/D 转换器

用复合型 A/D 转换器制成的数字电压表是目前最新型的、准确度及灵敏度最高的仪表。它可将反馈型及各种积分型 A/D 转换器结合起来，相辅相成，充分发挥各自的长处，较好地解决了抗干扰性能和测量速度之间的矛盾。这种转换器采用类似游标卡尺的方法，对被测电压分两次测量，先测大数，后测小数，一次显示，使仪表准确度和灵敏度大为提高。

复合型 A/D 转换器方案很多，现仅介绍比较简单的积分反馈型两次采样 A/D 转换器，原理框图如图 4-10 所示。

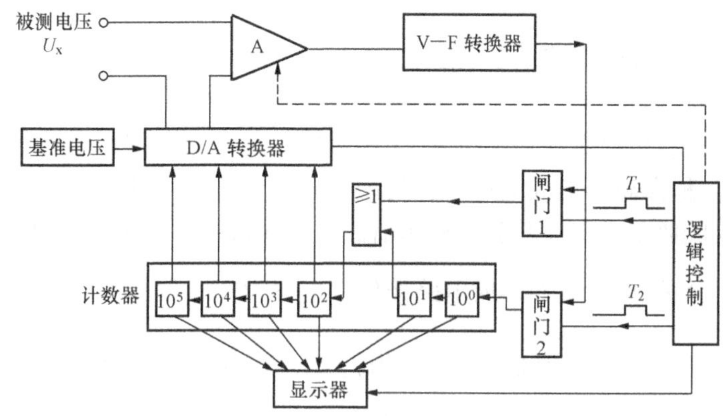

图 4-10　积分反馈型两次采样 A/D 转换器原理图

这种转换器把测量过程分为第一次采样和第二次采样两个阶段。

（1）第一次采样。逻辑控制器产生启动脉冲，使 V—F 转换器对输入电压进行首次 A/D 转换，同时产生采样时间 T_1 的门控信号，将闸门 1 打开，允许计数器的高四位计数。此时 D/A 转换器不工作，被测电压 U_x 通过 V—F 转换器变成一定频率的脉冲，经过闸门 1 和或门对可逆计数器百位以上的高位进行计数。这里使用的 V—F 转换器不要求有太高的准确度，一般可为±(0.1～0.5)%左右。测量周期 T_1 一般为 0.02s，故对工频信号可以有很好的抑制能力。

（2）第二次采样。在 T_1 之后，逻辑控制器使 D/A 转换器开始工作。此处的 D/A 转换器应取最高的准确度，它受前四位计数器控制，产生相应的权电压和 U_R，与被测电压串联接于输入放大器的输入端。逻辑电路产生宽度为 T_2 的第二次采样门控信号，使闸门 2 打开，V—F 转换器对被测电压与 D/A 转换器输出的权电压和 U_R 的差值进行转换。转换后的频率通过闸门 2 加入后面的低两位去计数。当计数超过 100 时，进位脉冲通过或门加入高位计数器。这就是说在第一次采样周期中由转换器所产生的差值数，需要由第二次采样周期来校正。

由于两个阶段中计数输入端的位数不同，在第一个采样阶段每差一个字（一个脉冲），需要在第二个采样阶段用 100 个脉冲来补足，这就要求第二个采样周期 V—F 转换器的灵敏度为第一个采样周期的 100 倍。如果两次采样时灵敏度不变，可将第二个周期时的差值电压放大 100 倍，也能获得等效的变换。一般均采用将差值电压放大或扩展闸门时间等综合的方法来达到。

两次采样计数之和就是最终的测量结果。

这种转换器的准确度主要取决于基准电压和D/A转换器的准确度，而对V—F转换器的要求不高。

这种采取高低两次计数方法的本质是测查法。此方法的测量速度远比一般的积分法高。如果读数满刻度为199 999，则用一次采样法时就要计199 999个脉冲，而用这种两次采样法时，仅需计1999＋99＝2089个脉冲，显然两次采样法的测量速度快得多。

第三节　数 字 电 压 表

一、由ICL7106构成的直流数字电压表

（一）电路结构

直流数字电压表利用双积分A/D转换原理，以十进制形式显示被测直流电压值。双积分A/D转换器是一种大规模集成电路，它的内部包含模拟和数字两大部分，作用是把输入的模拟电压信号变成数字输出，并驱动显示器。它是通过管脚引出与外电路连接而实现A/D转换功能的。双积分A/D转换器集成电路按位数可分为$3\frac{1}{2}$位和$4\frac{1}{2}$位两种：前者最大显示值是1999；而后者最大显示值是19 999，用于准确度较高的数字仪表。在常用的$3\frac{1}{2}$位直流数字电压表中，ICL7106是广泛应用的一种A/D转换器，同类产品还有TSC7106、TC7106。国产型号为CC7106和CC7106，可互相代替，它们均能构成$3\frac{1}{2}$液晶显示的数字电压表。图4-11所示为由ICL7106构成的直流数字电压表电路。

$3\frac{1}{2}$位ICL7106芯片A/D转换器的主要特点是单电源供电，电源电压范围为3～15V。它输入阻抗高，典型值为$10^7\Omega$，含自校零线路，且能自动调零，自动实现极性转换和超量

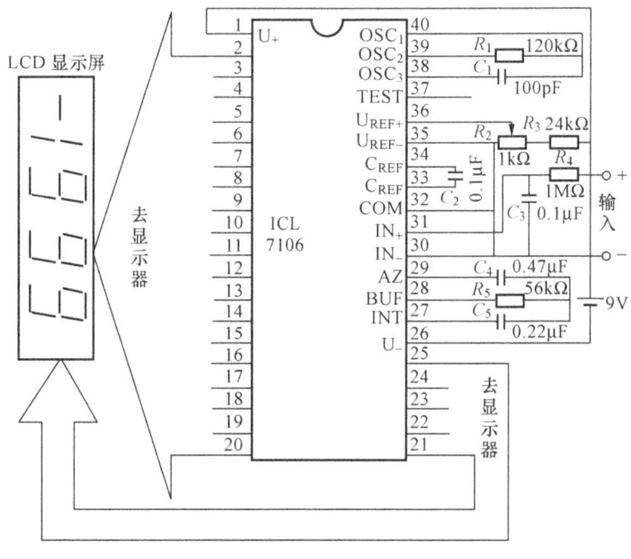

图4-11　由ICL7106构成的直流数字基本电压表电路

程显示。ICL7106 采用 40 个引脚双列直插式，各脚功能如图 4-12 所示。图中，ICL7106 与外围电路一起可构成 0～200mV 的直流数字基本电压表。

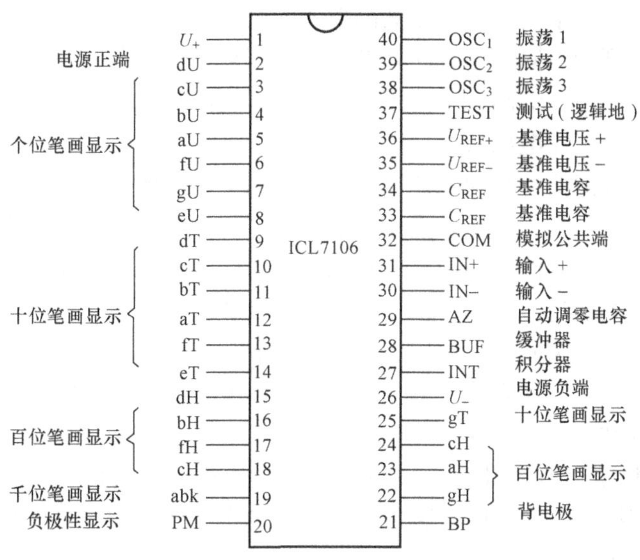

图 4-12　ICL7106 管脚功能图

OSC_1～OSC_3 为产生时钟振荡器的接脚。在该三端接阻容元件 R_1 、C_1 构成多谐振荡器，使之产生时钟信号。

TEST 为逻辑电路公共端，又称“逻辑地”。

U_{REF+} 、U_{REF-} 是基准电压的正、负入端（当 $U_{REF} = 100mV$ 时，直流数字基本表的量程为 200mV）。数字基本表的基准电压由集成电路内部高稳定电源供电，即从 $U+$ 至 COM 端输出 2.8V，由电阻 R_2 和可调电阻 R_3 分压，调节 R_2 可改变基准电压值。

C_{REF} 为基准电容端；C_2 、C_4 分别为基准电容和自动调零电容；R_5 、C_5 分别为积分电阻和积分电容；IN＋、IN－分别为模拟量输入端，外接电阻 $R_4 = 1M\Omega$;$C_3 = 0.1\mu F$ ，以增强基本表的过载能力和抗干扰性能。

如果要将图 4-11 所示直流电压表的基本量程 200mV 改装成 2V 量程，只需改变基准电路中的 R_3 、自动电容 C_4 和积分电阻 R_5 的值即可。

（二）数字电压表的显示器

1. 常用显示器

数字仪表和数字设备经常遇到一个共同的问题，就是如何把测量和处理的结果直接用十进制数的形式显示出来，使操作人员能精确而又直观地读取所需要的数据。随着数字仪表迅速的发展，数字仪表内部结构和连接线路越来越简化，准确度等级和使用性能不断提高，体积和重量也大大减小，这对数字电压表所用的显示器件无疑也必然提出相应的新要求。数字电压表的显示器，是一个将信息读数转换为可视信息的器件。显示的方式和显示器的优劣不仅与读数的清晰、美观与否有直接关系，而且关系到仪表的整机结构、电源功率、测量速度、显示时间及使用寿命等技术性能。在测量仪器仪表中，常应用荧光数码管、磷光体数码管、等离子体显示器件、液晶显示器、发光二极管及显像管等作为显示器件，而在数字电压表中尤以应用液晶显示器和发光二极管作为显示器件居多。

(1) 液晶显示器(LCD)。液晶是液态晶体的简称，实际上它既不是液体也不是固体，内部分子(或原子)在某些方向呈有规则排列，而在另一些方向呈杂乱排列。它既有液体的流动性，又具有晶体的光学向异性。按液晶形成的途径，可分为热致液晶、熔致液晶和压致液晶三种；按分子排列的不同，则有向列型液晶、胆甾型液晶及近晶型液晶三类。向列型液晶具有动态散射光电效应。液晶显示器正是利用向列型液晶的这一特性来制作的。

液晶显示的优点是工作电压低(1～10V)，耗电量小，色彩明晰，数字清楚，可直接与集成电路配合使用，并能简化装配工艺和结构，从而使产品体积大大缩小。目前实际应用的液晶显示器有两大类：一类为动态散射式，借助于加上的电压而散射光线；另一类是扭曲式(又称场效应式)，借助电场的作用使晶体长轴产生扭曲，改变偏振光的偏振角度，使入射的偏振光经过扭曲后不能通过偏振片，从而呈不透光(黑色)状态，致使发光可明可暗。

(2) 发光二极管(LED)。发光二极管是一种新型的显示器件，发展很迅速。发光二极管是一种半导体二极管，当给它加上正向电压时，由PN结注入的少数载流子与多数载流子发生再结合而产生热和光。

LED的发光材料主要有磷化镓(GAP)、磷砷化镓(GaAsP)、砷铝化镓(GaAIAs)、碳化硅(SIC)等。用这些发光材料制作的发光二极管，其发光颜色因发光材料不同而不同，可以由黄到红。如果使用半导体，也可以得到从蓝到黄的光。

LED的优点是清晰度好，亮度高，电压低(5V以下)，可与集成电路三极管逻辑“与非”门电路等直接配合，可靠性高，体积小，寿命长(大于10 000h，甚至可达10^8h)，响应速度快。LED的缺点是价格较贵，若用多只LED接成矩阵，则因焊点多而使可靠性受到影响。LED主要用于小型、平板型指示灯，虚像及小型数字、文字的显示，大多数用于七段式或5×7点阵式显示。

表4-1给出了LCD和LED两种显示器件的主要技术参数。

表4-1　　LCD、LED显示器件的技术参数

器件种类	字高(mm)	发光颜色	驱动电压(V)	电流或功率	响应速度	寿命	显示方式
发光二极管(LED)	4～7	红色，绿色，黄色	1.5～2	平均1mA/画	10ns	长	分段点阵式显示
液晶显示器(LCD)	数毫米、可大型	乳白色	5～30(AC)	<0.1mW/cm²	10～200ms(上升时间)	一般	七段、八段式相列平面显示

2. 显示方式

数字电压表所用显示器件的显示方式主要有以下两种：

(1) 分段式。一个数码由若干段分立的笔画组成，通过控制适当组合的各段发光，便能显示0～9等10个数码。它显示图样的设计方案很多，常用的有七段式(日字形)、八段式(日一字形)、九段式(田字形)等，其中七段式显示最为常用。

(2) 点阵式：由若干分离的发光点排列成5×7或4×7等点阵，用控制器控制相应光点发亮，便能达到显示0～9等10个数码或文字符号的目的。

目前，数字电压表常用七段笔画的不同组合来表示数字0～9等10个数码，每段笔画的亮或暗可由相应触发器的状态“1”或“0”来控制。常用的BCD十进制数码由四位二进制数表示，当要把该数字在数码管上显示时，就要翻译成对应的“七位二进制码”来控制相应笔画的明暗。七段数码管显示的控制关系如图4-13所示。

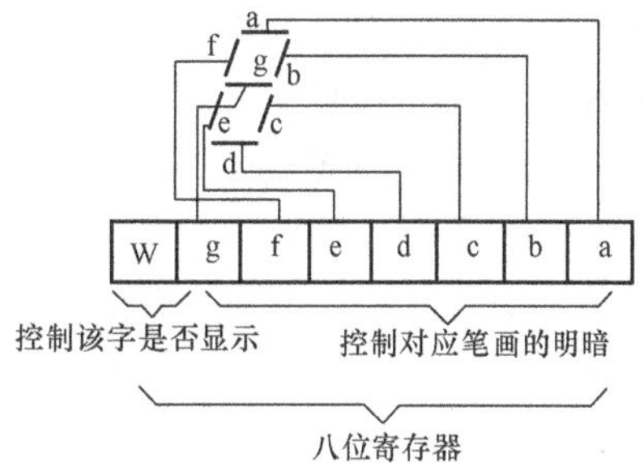

图4-13 七段数码管显示的控制关系图

3. 数字电压表的供电电源

大部分高、中档数字电压表均用交流220V（或交流110V）作供电电源。从使用角度讲，小型的手持式数字电压表一般都能用电池供电，做成无电源线的数字电压表。这不仅可在实验室、生产线上使用，还能在室外工作现场等无交流电源供电的场合使用，给使用者带来方便。

用电池供电的首要条件就是直流数字电压表整机消耗功率要小。采用大规模集成电路可以极大地减少电压表数字、模拟、显示等部分的功耗，但因电源部分的耗电在整机中占相当大的比重，所以减少直流数字电压表电源部分的功耗十分重要。

用电池供电的第二个条件是必须尽量简化电压表电源电路，减少直流数字电压表内部使用的直流电源电压的种类。例如模拟电路电压一般要用+15V，数字电路电压用5V，而用电池供电时只能提供一种直流电压（如4.5V或6、9、15V），可通过以下方法解决这个问题呢：

在用电池供电的数字电源电路中设置一个起升压和稳压作用的DC/DC变换器。此外，为了做到交、直流两用，还需要设置一个变压整流器，把220V的交流电经变压器降压、整流、滤波后，输出一个与供电电池电压相同的直流电压，此电压再经DC/DC变换器，变换成直流数字电压表所需要的各种电压，原理电路如图4-14所示。该图中，DC/DC变换器由功率振荡器、变压器及整流器组成。它工作在开关状态，工作电流可达几百毫安。功率振荡器把电池或整流器送来的直流电压转换成交流电压（如2kHz的振荡频率的交流电压），然后经变压器变压再经整流得到所需的直流电压。由于该振荡器的振荡频率比工频高许多倍，故其滤波电路一般较简单且滤波效果较好。

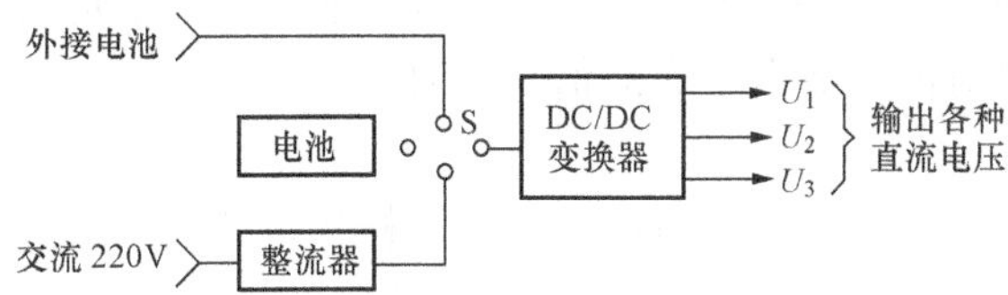

图4-14 直流数字电压表的交直流两用电源

二、交流数字电压表

A/D变换器接受的是直流电压信号，当它用于交流电压测量时，必须将交流电压转换为相应的A/D变换器可接受的直流电压，这种转换工作是由交流——直流电压转换器（简称交直流电压转换器）来完成的。一个交直流电压转换器配上一个直流数字电压表，就可构成一台交流数字电压表。因此，对于交流数字电压表而言，它最基本的环节是交直流电压转换器。

交流电压有三个特征量：平均值、有效值和峰值。与此相对应，交、直流电压转换器也有平均值、有效值、峰值转换器三种型式。平均值交、直流电压转换器按整流方式可分为半波整流和全波整流方式；峰值转换器又分为单峰值和峰—峰值；有效值转换器按原理可分为热偶式和全电子式。热偶式常分为单热偶式和双热偶式两种；全电子式交、直流电压转换器近来发展十分迅速，在型式上有许多种，主要有乘法器式、模拟运算式、对数运算式、计算机采样计算式和新型全固态真有效值式等。

（一）交流电压的特征参数

对于一个电压量来说，直流电压是恒定不变的；而交流电压却是时间的函数，它的幅值和相位随时间改变。不同的表征量虽各不相同，但彼此之间有着一定的联系。周期性交变电压的大小可以用平均值、有效值、峰值以及波形系数、波峰系数等参数来表征。

1. 平均值

一个被测交流电压是连续变化的，则平均值的定义为

$$U_{av}=\frac{1}{T}\int_0^T u(t)\mathrm{d}t$$

若将交流电压离散化，则交流电压的平均值为

$$U_{av}=\frac{1}{n}\sum_{k=1}^{n}u(k)$$

应该指出，在模拟电表中，取平均值的过程是通过惯性来完成的；而在交流数字电压表中，取平均值的过程则是靠滤波器来实现的。

设有正弦函数 $u=U_m\sin\omega t$ ，则在半个周期中的平均值为

$$U_{av}=\frac{2}{T}\int_0^{\frac{T}{2}}U_m\sin\omega t\ \mathrm{d}t=\frac{2}{\pi}U_m$$

式中 U_m ——正弦波的幅值。

可见，此时，半个周期中平均值是峰值的 $2/\pi$ 倍。

对于正、负半周对称的正弦量，一个周期中的平均值实质上等于零。然而，在平均值响应的电压表中，通常讲的平均值是指平均绝对值，或者是交流信号绝对值的平均。

2. 有效值

有效值，又称方均根值或均方根值，它等效于在电阻负载上产生同样热量的直流量。

可通过比较电阻的热效应获得周期电压 u 与其有效值 U 的关系，即

$$U=\sqrt{\frac{1}{T}\int_0^T u^2\mathrm{d}t}$$

上式表示：周期量的有效值等于瞬时值的平方在一个周期内积分的平方值再取平方根，因此，有效值又称为均方根值。

若正弦电压为

$$u(t)=U_m\sin(\omega t+\varphi)$$

则其方均根值为

$$U=\sqrt{\frac{1}{T}\int_0^T U_m^2\sin^2(\omega t-\varphi)}=\frac{U_m}{\sqrt{2}}$$

即正弦电压有效值是峰值的 $1/\sqrt{2}$ 倍。

如被测量为离散值，则交流电压的均方根值为

$$U=\sqrt{\frac{1}{n}\sum_{k=1}^{n}u_k^2}\qquad(n\rightarrow\infty)$$

3. 峰值、平均值和有效值之间的关系

峰值也就是最大值，是周期性交流量在某一周期内所能达到的最大瞬时值。如有正弦电压 $u(t)=U_m\sin(\omega t+\varphi)$，其中 U_m 就是峰值。对于一个对称的波形，正和负的幅值是相等的，在这种情况下，示波器上显示的峰—峰值（常用 U_{p-p} 表示）是峰值的 2 倍。

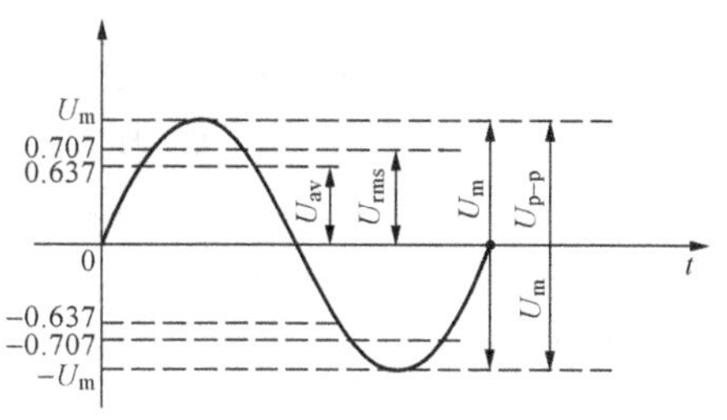

图 4-15　交流电压表征量之间的关系

由以上分析得出的峰值、峰—峰值、平均值和有效值的相互关系如图 4-15 所示。由以上数学推导的结果可知，在被测电压为纯正弦信号时，各表征量之间的变换关系见表 4-2。

表 4-2　交流电压正弦波表征量的变换关系

表征量	U_{av}	U_m	U_{p-p}	U
U_{av}	1.000	1.572	3.144	1.111
U_m	0.637	1.000	2.000	0.707
U_{p-p}	0.318	0.500	1.000	0.353
U	0.899	1.414	2.828	1.000

4. 波形系数

交流电压的有效值与平均值之比称作波形系数，即

$$K_\phi=\frac{U}{U_{av}}$$

电压波形不同，波形系数也不同，表 4-3 列出了几种常见交流电压的有关参数。

表 4-3　几种常见交流电压的有关参数

名　称	波　形　图	波形系数 K_ϕ	波峰系数 K_p	有效值 U_{rms}	平均值 U_{av}
正弦波电压	U_m　t	1.11	1.414	$\frac{U_m}{\sqrt{2}}$	$\frac{2U_m}{\pi}$
半波整流电压	U_m　t	1.57	2	$\frac{U_m}{2}$	$\frac{U_m}{\pi}$
全波整流电压	U_m　t	1.11	1.414	$\frac{U_m}{\sqrt{2}}$	$\frac{2U_m}{\pi}$
三角波电压	U_m　t	1.15	1.73	$\frac{U_m}{\sqrt{3}}$	$\frac{U_m}{2}$

续表

名　称	波　形　图	波形系数 K_ϕ	波峰系数 K_p	有效值 U_{rms}	平均值 U_{av}
方波电压		1	1	U_m	U_m
锯齿波电压		1.15	1.73	$\frac{U_m}{\sqrt{3}}$	$\frac{U_m}{\sqrt{2}}$
脉冲波电压		$\sqrt{\frac{T}{t_k}}$	$\sqrt{\frac{T}{t_k}}$	$\sqrt{\frac{t_k}{T}}\times U_m$	$\frac{t_k}{T}U_m$

（二）交直流电压转换器工作原理与转换特性

1. 平均值转换器工作原理

平均值转换器是通过半波整流或全波整流将交流信号转换成为直流信号的，但是二极管在小信号（0.7V 以下）工作时，其伏安特性是非线性的。为了能测量小信号的交流电压，提高测量交流信号的灵敏度和准确度，在数字仪表中采用了线性整流 AC/DC 转换器，即通常利用放大器的负反馈来克服检波二极管的非线性，然后把交流电压平均值线性地转换成直流电压。线性整流 AC/DC 转换器的电路结构比较简单，成本低。一般地，这类 A/D 转换器都应用在测量波形失真度很小的正弦电压电路中，否则，将会影响转换准确度，造成较大的测量误差。

（1）半波整流式转换器。图 4-16 所示为简单的、典型的几种检波电路。图中，PA 代表检波电路输出指示器。

图 4-17 是一种半波整流式转换电路，由运算放大器 A，二极管 VD1、VD2，反馈电阻 $R1$，$R2$ 接成同相放大电路。该电路的工作过程是：交流信号经运算放大器 A 放大后，进入 VD1、VD2 组成的半波整流电路；整流后的输出电压从二极管 VD1 引出，经电容滤波后送至数字电压表。该电路输出电压 U_o 与输入电压的关系为

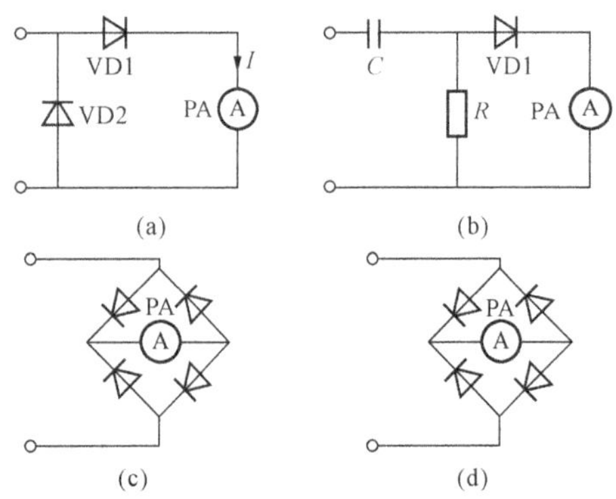

图 4-16　平均值检波器电路

（a）半波检波电路；（b）微分检波电路；（c）桥式检波电路；（d）半桥式检波电路

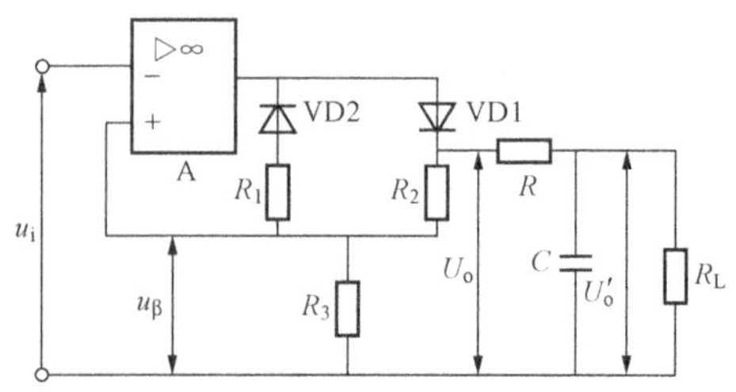

图 4-17　半波整流式变换电路

$$U_o=\left(\frac{R_1}{R_2}+1\right)u_i \tag{4-6}$$

因为该电路是半波整流，故直流平均电压 U_{av} 为

$$U_{av}=0.45u_o$$

$$U_{av}=0.45\left(\frac{R_1}{R_2}+1\right)u_i \tag{4-7}$$

由式（4-6）可知，电路将交流信号放大了 $\left(\frac{R_1}{R_2}+1\right)$ 倍，使二极管 VD1、VD2 工作在大信号的线性整流状态，解决了整流二极管小信号时的非线性问题。由式（4-7）可知，调节 R_2 可改变放大器的放大倍数。使输出电压 U_{av} 等于输入交流电压 u_i 的平均值。

（2）全波整流式转换器

图 4-18 所示为一种全波整流式转换电路，它由前置放大 A1，线性检波 A2 和有源滤波输出电路 A3 三部分组成。由图 4-18 可知输出电压 $u_o=|U_{im}\sin\omega t|$ $(0\leqslant t\leqslant T)$，即可实现全波整流，再通过有源滤波器就可得到直流输出电压。

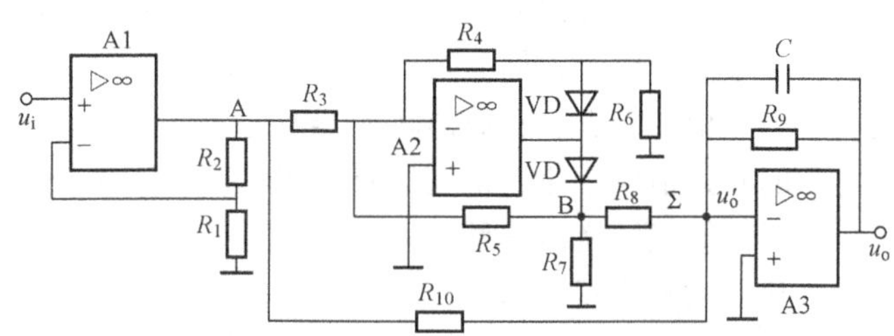

图 4-18　全波整流式转换电路

如上所述，平均值交直流转换器的直流输出电压 U_o 与被测交流电压的平均值成线性关系，但实际上显示值是按有效值校准的。也就是说，假设转换器输入电压是纯正弦波电压，经过变换后所得的直流电压再乘以其波形系数 K_ϕ，数字电压表显示的读数即为交流电压有效值。假定 K_a 为仪表的定度系数，那么仪表的示值 U_g 与被测电压平均值 U_{av} 关系为

$$K_a=\frac{U_g}{U_{av}}=\frac{\frac{\sqrt{2}}{2}U_m}{\frac{2}{\pi}U_m}=\frac{\pi}{2\sqrt{2}}=1.111 \tag{4-8}$$

式（4-8）说明，定度系数 K_a 等于正弦波电压的波形系数。

若被测电压为正弦电压，则数字电压表示值就是被测电压的有效值；若被测电压是非正弦电压，须进行“波形换算”，即由示值和被测信号的具体波形，推算出被测信号的实际数值。具体方法是：根据式（4-8）可知，若数字电压表示值 U_g 相等，则平均值 U_{av} 也应相等，因此可以得到任意波形电压的平均值

$$U_{av}=\frac{1}{1.111}U_g=0.9U_g \tag{4-9}$$

由波形系数 K_ϕ 的定义可得到任意波形电压的有效值为

$$U=0.9K_\phi U_g \tag{4-10}$$

【例 4-1】 用全波整流均值数字电压表分别测量正弦波电压、三角波电压和方波电压，若数字电压表示值均为 10V，问被测电压的有效值各为多少？

解 对于正弦波电压，由于数字电压表本来就是按有效值校准的，其示值就是正弦波电压的有效值，即 $U=U_g=10\text{V}$。

对于三角波电压，查表 4-3，波形系数等于 1.15，所以，有效值为

$$U = 0.9K_{\phi}U_{g} = 0.9 \times 1.15 \times 10 = 10.35(\text{V})$$

对于方波电压，查表 4-3，波形系数等于 1，所以有效值为

$$U = 0.9K_{\phi}U_{g} = 0.9 \times 1 \times 10 = 9(\text{V})$$

显然，如果被测电压不是正弦波形时，直接将数字电压表示值作为被测电压的有效值，必将带来较大的误差，这通常称作“波形误差”。

因此，用平均值响应的交、直流转换器组成的交流数字电压表，测量含有一定失真度的被测交流电压信号时，示值会产生较大误差。

2. 有效值转换器

被测信号的波形失真是客观存在的，由于平均值转换器对波形比较敏感，在测量时，其测量误差常会大于允许误差，导致平均值转换器的应用范围受到限制，特别是在测量波形未知或波形复杂的电压时，例如对噪声电压的测量、对失真度的测量，都不能满足测出被测电压的真正有效值的要求。有效值转换器较好地克服了平均值转换器的这一缺点，它的输出与被测电压的有效值成正比。常见的有效值转换器主要有热偶式转换器、模拟运算式转换器和计算机采样计算式转换器三种。

(1) 热偶式转换器。热偶，又称热电偶，它由两种不同的导电材料组成，是一种热电效应元件。热偶式转换器工作原理如图 4-19 所示，其中加热丝 CAD 是电热转换元件。当加热丝 CD 端接入被测交流电压 $u(t)$ 时，电流即通过加热丝产生热量；热电偶 BB′的 BA 段和 B′A段为两种不同的金属，在 A 点与加热丝相连，随着加热丝温度的变化，热电偶端点 BB′间的电位差也随之变化，于是可通过直流数字电压表 DVM 得知 $u(t)$ 的有效值。但是，如图 4-19 所示的转换方法，要消耗被测电压信号的能量，而且这种转换呈非线性，不能直接与直流数字电压表配用；再者，环境温度的变化会影响热电偶的工作点，进而造成转换误差。因此实际的热偶式转换器还必须采取一系列措施，以弥补上述之不足。图 4-20 是一种双热偶式转换器原理图。该图中 V1、V2 为一对特性相同的热电偶，被测交流电压 $u(t)$ 经 R 对 V1 提供加热电流，V2 的加热电流则由可变直流电源提供，电压值 U 可由直流数字电压表读出。V1 和 V2 的输出端按同极性相连，并串入高灵敏度的检流计 G，示值反映了 V1 和 V2 输出电位差的不一致程度。通过调节可变直流电源，使检流计 G 指示为零，即 V1 与 V2 的输出相等，此时可认为两热电偶加热电压的有效值相等。由于两热电偶特性一致，环境相同，且电阻取值相等 ($R_1=R_2$)，所以直流数字电压表的读数就是 $u(t)$ 的有效值。为了提高转换灵敏度和测量准确度，通常在检流计 G 前加上高灵敏度的比较器，检出 V1 和 V2 输出的微小差值，并以此差值自动调节可变直流电源。

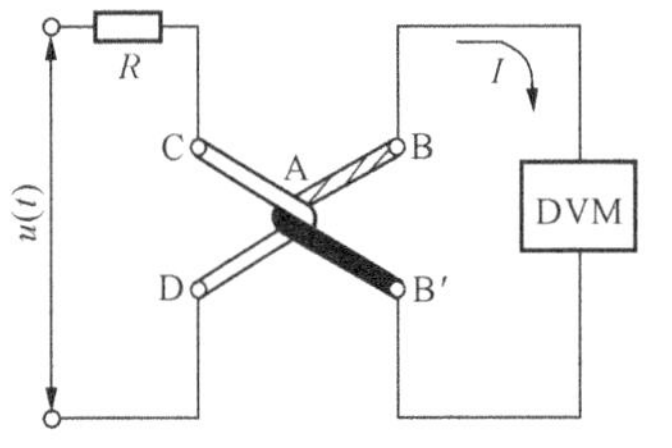

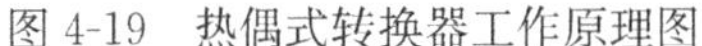
图 4-19　热偶式转换器工作原理图

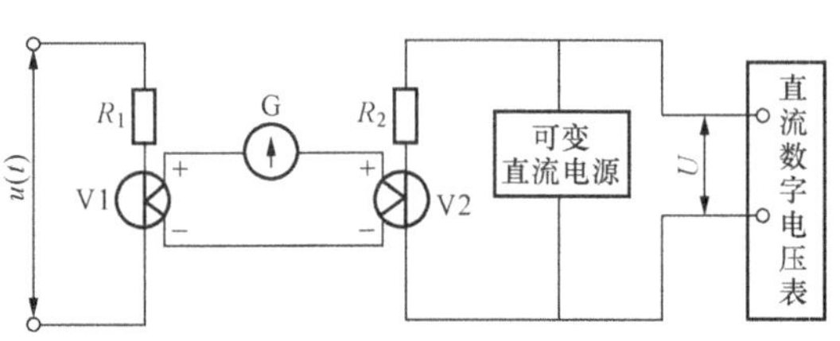

图 4-20　双热偶式转换器原理图

双热偶式转换器可以达到很高的转换准确度，但在制作上存在较大的困难，另外，热电偶元件的耐过载能力较低，易被烧毁，且造价很高，在响应时间和稳定性方面也欠理想，这些都限制了这种转换器的使用范围。近年来出现了用集成电路制成的全固态有效值转换器。它的工作原理基于热偶式转换器，但不再使用热电偶，因此，提高了响应速度，增加了过载能力，且受外界温度影响小。

(2) 模拟运算式转换器。从有效值的定义公式可知，交流电压 $u(t)$ 的有效值是取方均根值。如果直接实现有效值转换，运算电路应包括能完成 $u^2(t)$ 运算的乘法器和取得平均值 $(1/T)\int_0^T u^2(t)\mathrm{d}t$ 的积分器，以及能进行开方的运算器。图 4-21 是一种全电子的模拟运算式转换器原理框图。输出量正比于 u_x 的有效值（均方根值）。显然，这种模拟运算式转换器具有较好的线性度，且与被测电压 $u_x(t)$ 的波形无关，但受到放大器动态范围和工作带宽的限制，对某些被测信号，例如尖锋过高、高次谐波分量较多的波形，它会产生一定的误差（波形误差）。

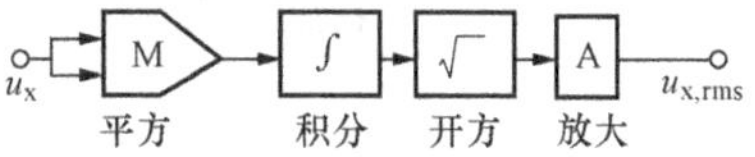

图 4-21　模拟运算式转换器原理框图

数字式电压表是一种较复杂的仪表，不同原理的数字电压表，各有其优、缺点。随着科学技术的发展和对测量准确度要求的提高，运用逐次逼近比较式、斜波式和双积分式三种测量原理的互补，产生了多种复合型的数字电压表。

第四节　电子计数器

测量频率的方法很多，在以数字形式显示被测频率的测量方法中，经常采用比较法和计数法两种方法。比较法是通过与标准频率进行比较，来确定被测频率的大小。计数法是用计数的方法累计出被测信号在单位时间 t 内重复变化的次数 N，由此测得该信号的频率 $f_x = N/t$。计数法采用由电子器件组成的电路，因此也称电子计数法，是目前实现频率测量的一种最好的方法。电子计数器就是按计数法测频原理制成的数字仪表，它的前身是数字频率计。数字频率计于 20 世纪 50 年代问世，当时的频率计功能单一，只能测量高频或是工频范围内的频率，且测量的准确度一般为±0.1Hz。随着频率计性能的不断改进，尤其是脉冲技术与计算技术的完善和提高，到了 20 世纪 70 年代，频率计的测量功能冲破了初期只能测频和测周期的范围，成为功能多、量程广，既能测频率、测周期、测时间，又能计数、计测脉冲宽度的数字式测量仪器。此外，加上不同类型的 A/D 转换器后，其还能测量其他各种电量、电参数和非电量等。因此，“数字频率计”一词显然已不能准确地概括出这种仪器的测试功能，目前普遍将这种仪器改称为电子计数器。

本节主要讨论通用计数器的工作原理及主要技术性能。

一、电子计数器的基本原理及组成

电子计数器测频的基本原理是将频率实行 A/D 变换，然后对变换后的数字量进行计数，最终把结果用数字显示出来。频率—数字变换的方法是把被变换的频率 f_x 与作为量化单位的标准频率 f_N 进行比较，得到整量化的数字 N，即 $N=\dfrac{f_x}{f_N}$。由于 $f_N=\dfrac{1}{T_N}$，故 $f_x=\dfrac{N}{T_N}$，表明频率的测量，实质上是测量在标准时间内被测频率信号通过的个数。

根据频率—数字变换原理构成的数字频率仪的频率测量原理如图 4-22 所示。数字频率仪主要包括以下四个部件：①被变换量的输入电路；②实现量化的比较电路；③量化单位（T 或 f ）的产生电路；④变换结果 N 的计数与显示电路。

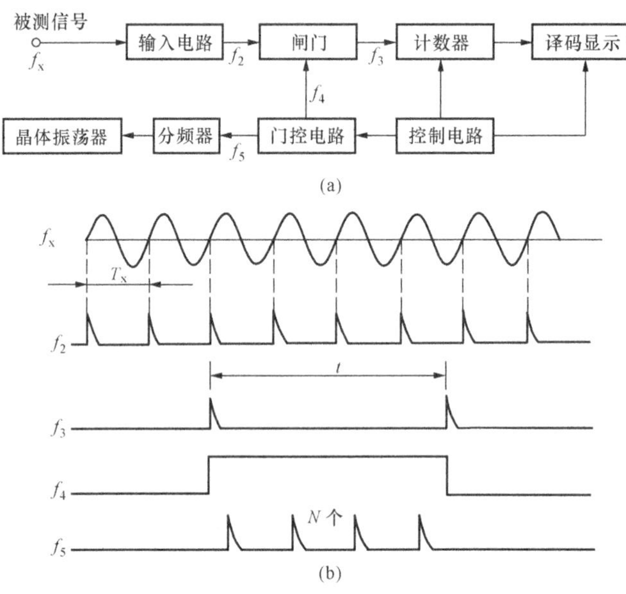

图 4-22　数字频率仪的频率测量原理图

（a）原理框图；（b）波形图

1. 输入电路

输入电路一般起三个作用：一是阻抗变换；二是电压放大；三是整形。所以，它有三个组成部分，阻抗变换的目的是提高输入端的阻抗，以减小对被测信号源的分流，常用跟随器来实现。在输入电路内，通常有 1～2 级电压放大器。这些放大器除了有一定的放大倍数外，还需有较宽的通频带，以保证电子计数器有一定的灵敏度和频率测量范围。又由于被测信号的波形可能有多种形式，为能使计数电路可靠地被触发，要求输入的触发脉冲有较陡峭的前、后沿，因此，采用了整形电路。通过对被测量的整形，使输至比较电路入口的波形规格化，成为前、后沿较陡的矩形脉冲。

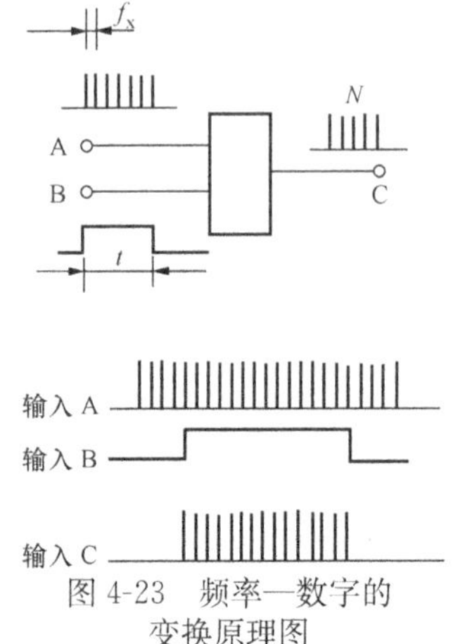

图 4-23　频率—数字的变换原理图

2. 比较电路

通常用一个与门电路就可以进行频率的量化比较，实现频率—数字的变换，原理如图 4-23 所示。若在图 4-23 的 A 端加上被变换频率 f_x 的信号，在 B 端加标准时间为 t（常称闸门时间）的信号，则 C 端输出的数字量 N 为

$$N=\frac{f_x}{f_N}\pm 1$$

上式也可改写为

$$f_x=\frac{N\pm 1}{t} \tag{4-11}$$

式中的±1，是考虑到被测信号周期 T 与标准时间 t 在相位上可能会不同步的最坏情况。由此，N 反映了被测频率 f_x，

电路实现了频率—数字变换。例如：在 $T=0.1s$ 时间内，计数器计下了 1000 个数，则

$$f_x=\frac{1000}{0.1}=10\ 000(\mathrm{Hz})=10(\mathrm{kHz})$$

当 A 端加上被变换时间 T 的信号，在 B 端加上时间量化单位 t 的信号（常称时标脉冲信号），即实现了时间—数字变换。

3. 时基产生电路

时基电路一般包括晶体振荡器、分频电路和时基选择电路。

(1) 石英晶体振荡器。晶体振荡器是时间基准发生器。为获得高准确度的时基信号，近年来，在电子计数器中常采用稳定度和准确度较高的石英晶体振荡器作为时基振荡源。

石英晶体振荡器具有以石英晶体为核心元件的振荡电路。当在晶体上作用一个机械振动，在晶体的界面上就会产生交变电压；反之，如果在晶体的界面上作用交变电压，晶体就会产生机械振动，这种现象称为压电效应。若将石英晶体以一定的方位角切断，则所得的晶片就具有某种固有的机械振荡频率，当外加交变电压的频率等于晶体的固有振荡频率时，就会产生谐振。

石英晶体常用金属壳或真空玻璃壳封装，在晶体的两个界面上引出两个电极，与外电路构成串联型或并联型振荡电路。

(2) 分频电路和时基选择电路。分频是降低频率的一种方法。频率信号通过分频后，频率就按一定的比例下降。常用的是 10 分频，即输出频率为输入频率的 1/10。由于晶体振荡器的频率很准确，所以分频后的脉冲信号也将是标准时间的脉冲信号。在晶振电路后面加若干分频器通过开关切换，就可得到一系列的时基信号。

通常对频率或时间的量化单位提出两点要求：

1) 标准性。它是量化的标准，量化单位值的准确度直接影响转换的准确度。

2) 多值性。为了便于对各种输入量进行比较，要求电子计数器中备有多种量化单位值，常用的标准单位频率（频标信号）有 1kHz、100Hz、10Hz、1Hz、0.1Hz（相应的闸门时间为 1ms、10ms、100ms、1s、10s）等。

4. 计数和显示电路

计数电路是数字仪表的一个重要部分，它的作用是对比较电路输出的脉冲个数 N 进行计数，并通过显示器将所记录的结果用数字显示出来。为了提高计数器的测量速度，并使每一次测得的数据能相对稳定地显示出来，常常在计数电路后加上寄存电路，用来暂时寄存测得的数据。

要使电子计数器按一定的工作程序进行并完成测量工作，还必须加上控制电路。控制电路的作用是产生各种控制信号，用来控制闸门时间、计数器及译码器各电路单元的正常工作，每一次测量，总按照“复零—测量—显示”程序有条不紊地进行，如此周而复始地工作。

二、用电子计数器测量频率、周期的方法

1. 用电子计数器测量频率

频率这个量是表示交流电每秒钟变化的次数，如果让交流电每变化一次产生一个脉冲，用电子计数器对 1s 内的脉冲数进行计数，则可测得该交流电的频率。根据这一原理构成的仪表称为数字频率表，石英振荡器产生标准脉冲（多为 10MHz），这个较高频率的标准脉冲经过分频器分频变为低频脉冲。

2. 用电子计数器测量周期

用电子计数器测量频率、周期及时间间隔的工作原理是相同的，所以主要部件也基本相同，因此一般都制成通用仪器，可以很方便地测量信号的频率、周期、时间间隔、脉冲宽度、频率比等，若配置必要的插件还可以用来测量信号的相位、电压等。

三、数字相位表

测量两个同频率且波形相同的电量之间的相位差，是一项重要工作。两个同频正弦信号之间的相位差的测量，主要借助于示波器法和仪表直读法。近年来，随着电子技术的发展，带微处理器的数字相位表不断更新涌现，它们的测量原理大致相同，即将待测相位差变换为与之成比例的电压或时间，再测量出变换后的电压或时间，由此换算成相位差。

数字相位仪又称电子计数式相位差计，原理框图如图 4-24 所示，工作波形图如图 4-25 所示。

数字相位仪的基本工作原理是：

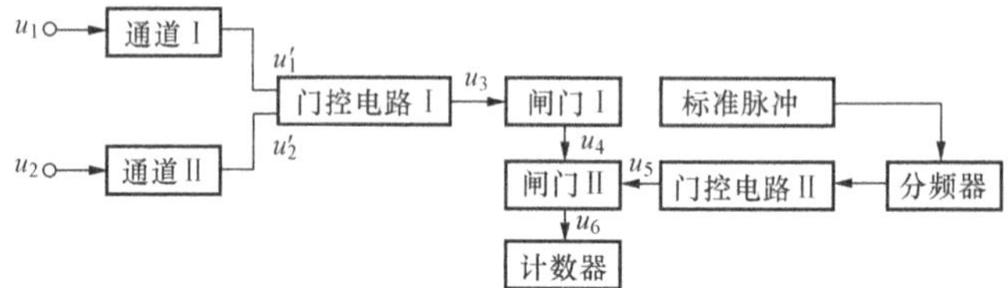

图 4-24 数字相位仪原理框图

待测信号 u_1 和 u_2 分别经通道Ⅰ、通道Ⅱ形成尖脉冲信号，去控制门控电路Ⅰ产生宽度等于两信号时间差的闸门信号，以控制时间闸门的开、闭。标准脉冲信号在时间闸门Ⅰ开启时通过闸门Ⅰ；在门控电路Ⅱ的作用下，当时间闸门Ⅱ开启时，使标准脉冲信号形成的计数值 N 加到计数器，从而显示出被测两信号之间的相位差。

在图 4-25 中，u_1 和 u_2 为两个同频不同相的正弦信号，当被测信号 u_1 由负至正通过零点时，经过通道Ⅰ放大、整形后输出正脉冲 u_1'，触发门控电路Ⅰ翻转，从而将闸门Ⅰ打开，使标准脉冲信号顺利到达闸门Ⅰ；当 u_2 由负至正通过零时，经过通道Ⅱ输出正脉冲 u_2'，使门控电路Ⅰ翻转到原来的状态，将闸门Ⅰ关闭。标准脉冲信号只有在闸门Ⅱ打开的时间内才能被计数器计数。

假设闸门Ⅱ的开启时间 T_K 是被测信号周期 T 的 m 倍，即 $T_K = mT_x$，且在被测信号的一个周期 T 内，标准脉冲通过闸门Ⅰ的个数为 N_1，那么，通过闸门Ⅱ的脉冲数 N_2 为

$$N_2 = mN_1 = m\frac{\Delta t}{T_N} \tag{4-12}$$

式中 Δt ——两路被测信号之间的时间差，即闸门Ⅰ的开放时间；

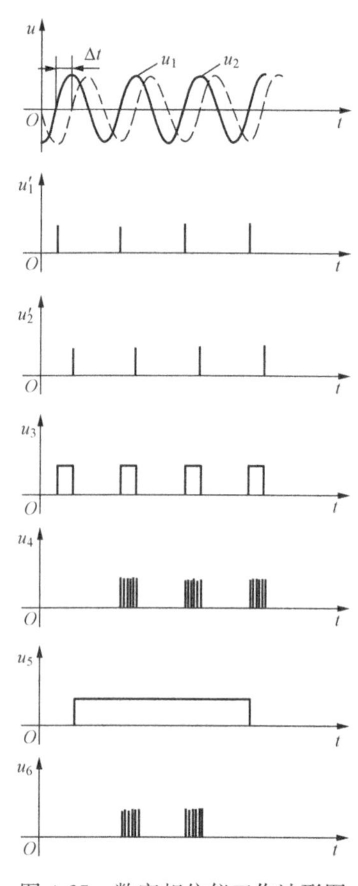

图 4-25 数字相位仪工作波形图

T_N ——标准脉冲信号的周期。

由于正弦信号每变化一周对应的电角度为 360°，因此，如果信号变化的时间为 Δt，对应的相位变化为 $\Delta\varphi$，结合式（4-12），可得

$$\Delta\varphi = \frac{360° T_N}{m T_x} N_2 \tag{4-13}$$

由此说明，计数器的计数结果 N_2 反映的就是被测信号之间的相位差。

第五节　数字万用表的测量原理

数字万用表是可直接测量电压、电流、电阻或其他参数，功能可任意组合并以十进制数字显示被测量的电测量仪表。

数字万用表具有很高的灵敏度和准确度，显示清晰直观，功能齐全，性能稳定，过载能力强，便于携带，因此，在电子测量、电工检测及检修等工作领域中，得到了迅速推广和普及。可以肯定，随着时间的推移，数字万用表取代模拟式万用表是电子科技发展的必然趋势。

（一）数字万用表的构成原理

数字万用表的基本组成框图如图 4-26 所示。它主要由两大部分组成：第一部分是输入与变换部分，主要作用是把各种被测量转换成电压量，再通过量程选择开关，经放大或衰减电路送入 A/D转换器后进行测量；第二部分是 A/D 转换电路和显示部分，其构成和作用基本上是在直流数字电压表的基础上，配以各种功能转换电路（如直流电压、电流，交流电压、电流，电阻转换器）组成的多功能测量仪表。

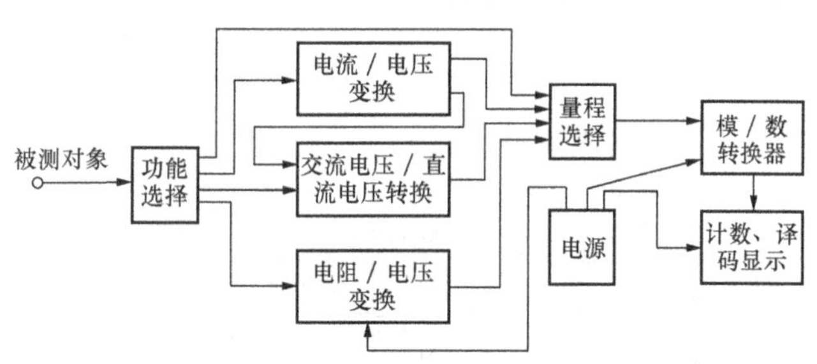

图 4-26　数字万用表组成框图

常见的功能转换电路还有把二极管正向压降转换为直流电压的变换器，把电容量转换为直流电压的变换器，把晶体管电流放大倍数转换为直流电压的变换器，把频率转换为直流电压的变换器，把温度转换为直流电压的变换器等。除此之外，数字万用表还常附加有自动关机电路、报警电路、蜂鸣器电路、保护电路、量程自动切换电路等。DT830 型数字万用表就是在前面讲的由单片 ICL7106 构成的直流数字电压表的基础上增加外围功能转换电路构成的，下面以 DT830 型数字万用表的几例转换电路进行说明。

1. 数字万用表的直流电压挡

数字万用表的直流电压挡就是一个多量限的直流数字电压表，如图 4-27 所示。该表共设置五个电压量程：200mV 和 2、20、200、2000V，由量程选择开关 S1 控制，其分压比依次为 1/1、1/1.0、1/100、1/1000、1/10 000。只要选取合适的挡，就可把 0～2000V 范围内的任何直流电压衰减为 0～200mV 的电压，再利用基本表（量程为 200mV）进行测量。该基本表就是前面讲过的单片 7106 构成的直流数字电压表。

基本表的输入阻抗一般高达 100MΩ，故流入基本表输入端的电流极其微小，完全可以

忽略。满量程时分压电路的总电阻 R_{in} 为

$$R_{in}=\frac{U_x}{I_{in}} \tag{4-14}$$

变换量程时，各挡的分压电阻 R_i 可由下式计算确定

$$R_i=R_{in}\left(1-\frac{U_{in}}{U_n}\right) \tag{4-15}$$

式中 R_i——所选量程的分压电阻；

R_{in}——分压电路的总电阻；

U_{in}——数字电压表显示满度的输入电压值；

U_n——所选量程值。

2. 数字万用表的直流电流挡

DT830 型万用表的直流挡分五个量程，电路原理图如图 4-28 所示。电阻 $R_6\sim R_{10}$ 是分流电阻，当被测电流流经分流电阻时产生压降，以此作为基本表的输入直流电压。在各挡满量程时，基本输入端得到 200mV 的输入电压。

各挡的分流电阻计算式为

$$R_i=\frac{U_{in}}{I_n} \tag{4-16}$$

式中 I_n——各电流量程值。

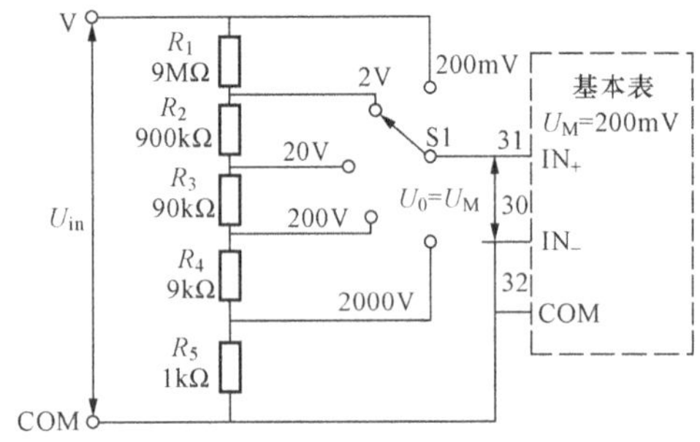

图 4-27 DT830 数字万用表直流电压挡的电路

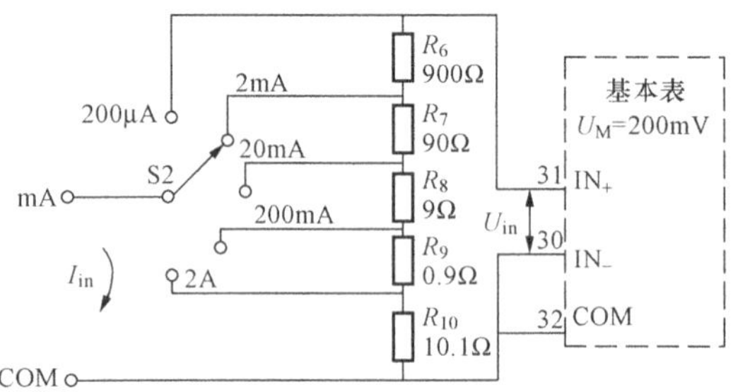

图 4-28 DT830 数字万用表直流电流挡的电路

【例 4-2】 已知条件如图 4-28 所示，$U_{in}=200\text{mV}$，计算各挡电流分流电阻

解 由式（4-16）可计算出各挡的分流电阻值：

对于 2A 挡有

$$R_{10}=\frac{U_{in}}{I_{10}}=\frac{0.2}{2}=0.1(\Omega)$$

对应 200mA 挡有

$$R_9=\frac{U_{in}}{I_9}-R_{10}=\frac{0.2}{0.2}-0.1=0.9(\Omega)$$

对应 20mA 挡有

$$R_8=\frac{U_{in}}{I_8}-(R_{10}+R_9)=\frac{0.2}{0.02}-1=9(\Omega)$$

对应 2mA 挡有

$$R_7=\frac{U_{in}}{I_7}-(R_{10}+R_9+R_8)=\frac{0.2}{0.002}-10=90(\Omega)$$

对应 200μA 挡有

$$R_6=\frac{U_{in}}{I_6}-(R_{10}+R_9+R_8+R_7)=\frac{0.2}{0.0002}-100=900(\Omega)$$

3. 数字万用表的电阻挡

DT830 型数字万用表的基本表（直流电压表）采用 7106A/D 转换芯片，该芯片第 1 脚有 2.8V 的基准电压输出，可作为基准电压源供电阻测量使用。电阻测量原理是利用被测电阻和基准电阻串联后接在基准电压源上，被测电阻上的压降作为基本表的电压输入端，通过选择开关改变基准电阻的大小，就可实现多量程电阻测量，原理接线如图 4-29 所示。图中 R_x 是被测电阻，$R_1\sim R_6$ 是基准电阻。

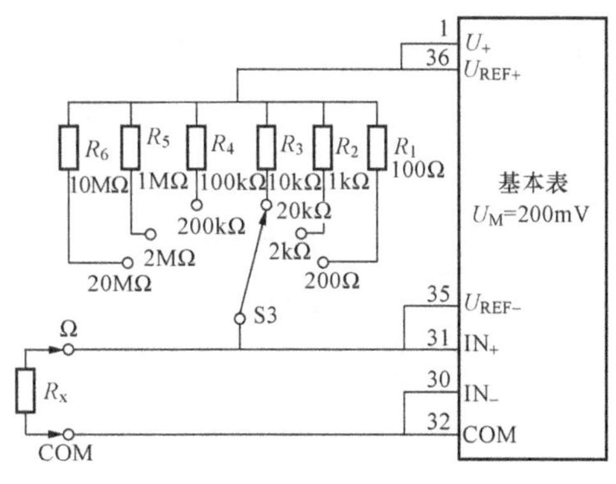

图 4-29 DT830 型数字万用表的电阻挡电路

（二）数字万用表的特点

1. 显示位数

数字万用表的显示位数通常为 $3\frac{1}{2}$位～$8\frac{1}{2}$位，一般有 $3\frac{1}{2}$位、$3\frac{3}{4}$位、$4\frac{1}{2}$位、$4\frac{3}{4}$位、$5\frac{1}{2}$位、$6\frac{1}{2}$位、$7\frac{1}{2}$位、$8\frac{1}{2}$位共 9 种。$3\frac{1}{2}$位读作“三又二分之一位”，其余类推。判定数字仪表的显示位数有两条原则：第一，能显示从 0～9 中所有数字的位是整数位；第二分数位的数值是以最大显示值中最高位数字为分子，用满量程时（此时仪表已溢出）最高位数字作分母。例如，DT830 型万用表显示位数是 $3\frac{1}{2}$ 位，最大显示值是 1999；满度值是 2000，此时万用表已超量限，低三位数字全部熄灭，最高位即千位处显示溢出标志“－1”，也就是说其最高位只能显示 0、1，显示 0 时以灭的状态表示。

2. 显示方式

数字万用表一般采用液晶显示器，以数字的形式将测量结果显示出来。目前，新型数字万用表在数字显示的基础上普遍增加了标志符显示功能，标志符包括被测量的单位符号、测量项目符号（AC、DC）、特殊符号和图形等。

3. 分类

目前，国内外生产的数字万用表多达数百种，按量程转换方式分类，可分为手动量程式数字万用表、自动量程式数字万用表和自动/手动量程数字万用表。按用途和功能分类，可分为低挡普及型（如 DT830 型数字万用表）数字万用表、中挡数字万用表、智能数字万用表、多重显示数字万用表和专用数字仪表等。按形状大小分，可分为袖珍式和台式两种。

4. 分辨率

分辨率是指仪表所能显示的最小数字（零除外）与最大数字之比，通常用百分数表示。例如，DT380 型数字万用表可显示的最小数字（不包括零）为 1，最大数字为 1999，故分辨率为 1/1999≈0.05%。

（三）DT830 型数字万用表的技术指标

DT830 数字万用表是 20 世纪 80 年代较为流行的一种普及型袖珍式液晶显示 $3\frac{1}{2}$ 位数字仪表。它的价格很低，可以与模拟式（即指针式）万用表相竞争。其主要技术指标见表 4-4，除表中所列测试功能外，DT830 型数字万用表还有测量二极管正向压降、三极管电流放大倍数和利用蜂鸣器检查线路通断的功能。

表 4-4 DT830 型数字万用表技术特性

<table>
<tr><td colspan="6">直　流　电　压　(DC，V)</td></tr>
<tr><td>量　程</td><td colspan="2">分辨力</td><td>误差[(23±5)℃]</td><td>最大允许输入
(DA 或 AC 峰值)</td><td>输入电阻</td></tr>
<tr><td>200mV</td><td colspan="2">0.1mV</td><td rowspan="2">±(0.5%U_m+2 个字)</td><td rowspan="4">1000V</td><td rowspan="5">10MΩ</td></tr>
<tr><td>2V</td><td colspan="2">1mV</td></tr>
<tr><td>20V</td><td colspan="2">10mV</td><td rowspan="3">±(0.8%U_m+2 个字)</td></tr>
<tr><td>200V</td><td colspan="2">100mV</td></tr>
<tr><td>1000V</td><td colspan="2">1V</td><td>1100V</td></tr>
<tr><td>200mV</td><td colspan="2">0.1mV</td><td rowspan="5">±(1.0%U_m+5 个字)</td><td rowspan="5">750V</td><td rowspan="5">10MΩ//100pF</td></tr>
<tr><td>2V</td><td colspan="2">1mV</td></tr>
<tr><td>20V</td><td colspan="2">10mV</td></tr>
<tr><td>200V</td><td colspan="2">100mV</td></tr>
<tr><td>750V</td><td colspan="2">1V</td></tr>
<tr><td colspan="6">直　流　电　流　(DC,A)</td></tr>
<tr><td>量　程</td><td colspan="2">分辨力</td><td>误差[(23±5)℃]</td><td>最大电压负荷
(有效值)</td><td>过载保护快速
熔断器</td></tr>
<tr><td>200μA</td><td colspan="2">0.1μA</td><td rowspan="4">± (1.0%I_m+2 个字)</td><td rowspan="4">250mV</td><td rowspan="5">0.5A (250V)</td></tr>
<tr><td>2mA</td><td colspan="2">1μA</td></tr>
<tr><td>20mA</td><td colspan="2">10μA</td></tr>
<tr><td>200mA</td><td colspan="2">100μA</td></tr>
<tr><td>10A</td><td colspan="2">10mA</td><td>± (1.2%I_m+5 个字)</td><td>700mV</td></tr>
<tr><td colspan="6">交　流　电　流　(AC，A) (45～500Hz)</td></tr>
<tr><td>量　程</td><td colspan="2">分辨力</td><td>误差[(23±5)℃]</td><td>最大电压负荷
(有效值)</td><td>过载保护快速
熔断器</td></tr>
<tr><td>200μA</td><td colspan="2">0.1μA</td><td rowspan="4">±(1.2%I_m+5 个字)</td><td rowspan="4">250mV</td><td rowspan="5">0.5A(250V)</td></tr>
<tr><td>2mA</td><td colspan="2">1μA</td></tr>
<tr><td>20mA</td><td colspan="2">10μA</td></tr>
<tr><td>200mA</td><td colspan="2">100μA</td></tr>
<tr><td>10A</td><td colspan="2">10mA</td><td>±(2%I_m+5 个字)</td><td>700mV</td></tr>
<tr><td colspan="6">电　　阻</td></tr>
<tr><td>量　程</td><td>分辨力</td><td>最大测试电流</td><td>误差[(23±5)℃]</td><td>最大开路电压</td><td>最大允许输入
(DC 或 AC 有效值)</td></tr>
<tr><td>200Ω</td><td>0.1Ω</td><td>1mA</td><td>±(1.0%R_m+3 个字)</td><td>1.5V</td><td rowspan="6">250V</td></tr>
<tr><td>2kΩ</td><td>1Ω</td><td>0.4mA</td><td rowspan="3">±(1.0%R_m+2 个字)</td><td rowspan="5">750mV</td></tr>
<tr><td>20kΩ</td><td>10Ω</td><td>75μA</td></tr>
<tr><td>200kΩ</td><td>100Ω</td><td>7.5μA</td></tr>
<tr><td>2000kΩ</td><td>1kΩ</td><td>0.75μA</td><td>±(1.5%R_m+2 个字)</td></tr>
<tr><td>20MΩ</td><td>10kΩ</td><td>75μA</td><td>±(2.0%R_m+3 个字)</td></tr>
</table>

第六节 数字功率表

一、数字式单相有功功率表

根据电路原理，在正弦交流电路中，瞬时功率为

$$p(t)=u(t)i(t)=2UI\sin\omega t\sin(\omega t-\varphi)=UI\cos\varphi-UI\cos(2\omega t-\varphi) \quad (4\text{-}17)$$

式中 U、I——电压、电流的有效值；

φ——电压超前电流的角度。

有功功率为瞬时功率在一个周期内 T 的平均值，所以有功功率为

$$\begin{aligned}P&=\frac{1}{T}\int_0^T p(t)\mathrm{d}t=\frac{1}{T}\int_0^T u(t)i(t)\mathrm{d}t\\&=\frac{1}{T}\int_0^T[UI\cos\varphi-UI\cos(2\omega t-\varphi)]\mathrm{d}t=UI\cos\varphi\end{aligned} \quad (4\text{-}18)$$

由式（4-18）可知，测量有功功率可以由一个乘法器求得瞬时功率 $p(t)$，再经一个低通滤波器，滤掉 $p(t)$ 中的两倍工频成分 $UI\cos(2\omega t-\varphi)$ 来完成。

在有功功率的数字测量中，常用将脉宽调制和幅值调制结合在一起的时分割乘法器来完成求瞬时功率 $p(t)=u(t)i(t)$ 的乘法运算。在实际应用中，常经过 i/u 转换器，将电流信号 $i(t)$ 转换成线性比例关系的电压 u_y，而电压 $u(t)$ 也要经输入电路变成与之正比的电压信号 u_x，即

$$u_x=K_xU\sin\omega t$$

$$u_y=K_yI\sin(\omega t-\varphi)$$

式中 K_x、K_y——实际与仪表可接受信号间的比例常数，从而可用 u_x、u_y 的乘积代替 $u(t)$、$i(t)$ 的乘积。

常见的时分割乘法器有采用基准三角波的乘法器、采用基准方波的乘法器、采用自激多谐振荡器的乘法器和采用磁饱和振荡器的乘法器。

下面以采用基准三角波的时分割乘法器为例，介绍构成数字式单相有功功率表的原理。数字式单相有功功率表原理框图如图 4-30（a）所示，图中运算放大器 A1、A2、A3 和 A4 完成时分割乘法运算，图 4-30（b）是时分割乘法器各点电压波形图。时分割乘法器对输入相乘的两个电压量以一定的时间间隔进行分割。间隔很小以至于在此期间可以看作是直流，乘法器就在这所分割的每一间隔时间内作相乘得出运算结果。乘法器瞬间相乘的过程是对一路电压进行倒相，倒相后就有了一正向电压和一反向电压，形成双极性的方波源。如果使正负极性部分的宽度差与另一输入量成正比，则此正、负方波的平均值就与两输入乘积成正比，所以也称时分割乘法器为脉冲宽度幅度调制乘法器。其中，u_y 通过运算放大器 A2 实现调宽，u_x 通过运算放大器 A1、A3 实现调幅，已调波的直流分量经低通滤波器取出后经 A/D 转换变成数字量后便可在显示器上显示出被测有功功率。

下面具体分析一下时分割乘法器的工作原理。

1. u_y 的调制

设三角波 u_s 的周期为 T，最大值为 u_{smax}。

当 $u_y>u_s$ 时，运算放大器 A2 输出正极性，即 $u_2>0$，设持续时间为 T_1。当 $u_y<u_s$

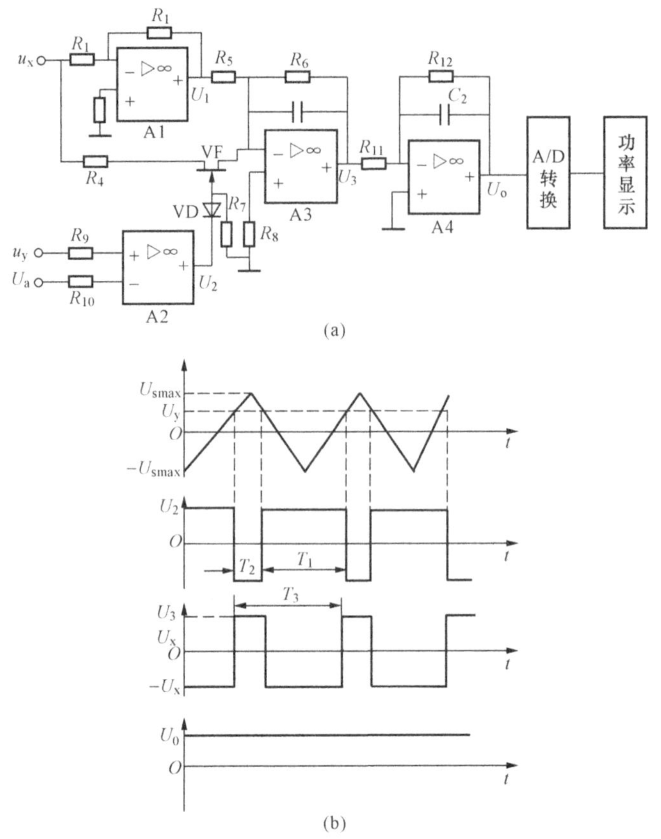

图 4-30 数字式单相有功功率表

(a) 原理框图;(b) 电压波形图

时，比较器 A2 输出负极性 $u_2<0$，设持续时间为 T_2。由图 4-30（b）可知

$$\frac{T_2}{T}=\frac{u_{smax}-u_y}{2u_{smax}} \tag{4-19}$$

推式（4-19）可得

$$u_y=\frac{T_1-T_2}{T}u_{smax} \tag{4-20}$$

由式（4-20）可知 u_y 与 u_2 正、负脉冲宽度之差成正比，即 u_y 被调制成了脉冲宽度，其数值由正、负脉冲宽度来反映，这便是调宽原理。

2. u_x 的调制

当 $u_2<0$ 时，二极管 VD 导通，场效应管 VF 截止，反向比例放大器 A1 输出为

$$u_1=\frac{-R_2}{R_1}u_x$$

加法运算放大器 A3 输出为

$$u_3=-\frac{R_6}{R_5}u_1=\frac{R_6R_2}{R_5R_1}u_x \tag{4-21}$$

当 $u_2>0$ 时，二极管 VD 截止，场效应管 VF 导通，u_x 经由两条通路被 A3 放大，即

$$u_3=-\frac{R_6}{R_4}u_x+\frac{R_6R_2}{R_5R_1}u_x \tag{4-22}$$

取 $R_1=R_2, R_6=R_5=1/2R_4$，则由式（4-21）和式（4-22）可得

$$\begin{cases} u_3=u_x & 当\ u_2<0\ 时 \\ u_3=-u_x & 当\ u_2>0\ 时 \end{cases} \tag{4-23}$$

u_3 的波形如图 4-30（b）所示，由图可以看出，在已调脉宽波 u_2 的控制下，u_x 实现了对 u_3 波形的幅度调制。

3. 低通滤波

运算放大器 A4 与 R_{11}、R_{12} 及 C_2 组成反向低通滤波器，在三角波 u_s 一个周期 T 内的平均电压 U_0 为

$$U_0=-\frac{R_{12}}{R_{11}}\left(\frac{u_xT_2}{T}+\frac{-u_xT_1}{T}\right)=\frac{R_{12}}{R_{11}}\frac{T_1-T_2}{T}u_x$$

将式（4-20）代入上式，便得到

$$U_0=-\frac{R_{12}}{R_{11}u_{smax}}u_xu_y=K_1u_xu_y \tag{4-24}$$

其中 $K_1=R_{12}/(R_{11}u_{smax})$ 是比例常数。

综上所述，时分割乘法器在三角波 u_s 提供的周期 T 内，对构成被测功率的一个信号 u_y 进行脉冲调宽式转换，并再以此脉冲宽度控制另一被测信号 u_x 的积分时间，从而实现两信号相乘。通常三角波的频率要远远大于被测周期信号的频率，即 $T\gg T_1$。

在 T 很小的情况下，这时 U_0 实际上反映了 u_x 和 u_y 瞬时值的乘积，或者说反映了三角波周期 T 内 u_x 与 u_y 瞬间平均值的乘积。

将式（4-17）和式（4-18）代入式（4-24）便得到

$$\begin{aligned} U_0&=K_1K_xK_yUI\sin\omega t\sin(\omega t-\varphi) \\ &=K[UI\cos\varphi-UI\cos(2\omega t-\varphi)] \\ &=KUI\cos\varphi-KUI\cos(2\omega t-\varphi) \end{aligned} \tag{4-25}$$

式中　K——总变换系数；

U、I——输入正弦交流信号电压和电流的有效值。

式（4-25）中的后一项会被滤波器滤除掉而到不了 A/D 转换器。因此，时分割乘法器输出电压 U_0 在数值上是与被测有功功率成正比的直流电压。

二、数字式单相无功功率表

在交流电路中，无功功率 Q 的定义为

$$Q=UI\sin\varphi$$

式中　U、I——电压、电流的有效值；

φ——电压超前电流的角度，$\varphi>0$ 时电压超前电流，$\varphi<0$ 时电流超前电压。

若将输入电压顺时针相移 90°而幅值不变，则移相后的电压和电流进行有功功率测量可有

$$P=UI\cos(\varphi-90°)=UI\sin\varphi=Q \tag{4-26}$$

由式（4-26）可知，对输入电压作－90°相移后再进行有功功率测量，测量结果为原来电压、电流的无功功率。参考前面刚讲的有功功率表的测量方法，不难得到数字式单相无功

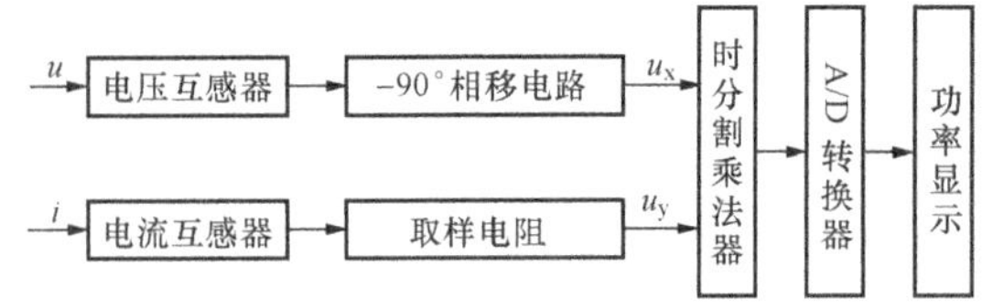

图 4-31 数字式单相无功功率表的结构框图

功率的测量方法。数字式单相无功功率表的结构框图如图 4-31 所示。

在实际应用中，当采用运算放大器实现 90°相移时，工频频率波动将引起相移移位不准。为此，常将电压相移－45°、电流相移 45°来等效代替－90°电压相移。这样，当工频在 50Hz 附近变化时，所引起的合成相移变化量约为零值，也就是说，数字式无功功率表的相移电路在工频附近没有误差。

三、数字式三相有功功率表

数字式三相有功功率表的结构与电动系三相有功功率功率表相同，因此，在结构上仍可分为两元件三相功率表和三元件三相功率表。

两元件三相功率表，常规结构是将两有功功率表合成在一起，做成一块数字式三相有功功率表，内部结构原理图如图 4-32 所示。电压互感器二次侧电压 u_{ab} 、u_{cb} 再经过精密隔离电压互感器送至时分割乘法器单元；电流互感器二次侧串联精密电流互感器 TA，而后再串小标准电阻在 TA 的二次侧，用来获取代表电流 i_A、i_C 的电压信号送给时分割乘法器。交流功率经过时分割乘法器转换为直流电压，求和后，直流电压 U 又转化为频率量。该频率被计数器计数显示为被测有功功率。

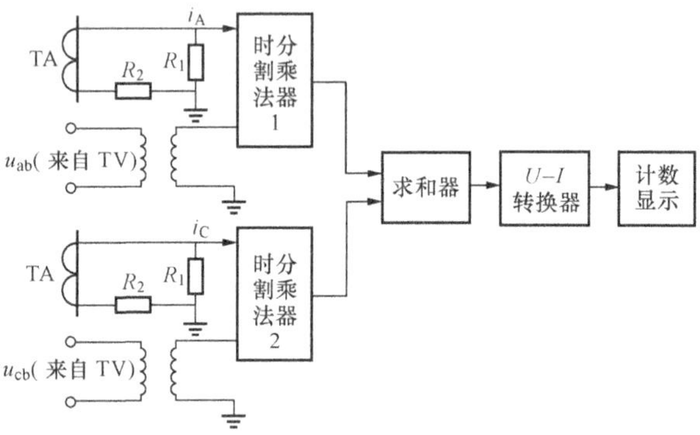

图 4-32 数字式三相有功功率表结构框图

四、数字式三相无功功率表

三相无功功率的测量可采用电动系有功功率表测无功功率的方法，即跨相 90°的接线方法。对三相三线制，无功功率表的内部接线与图 4-32 相似，只不过是在时分割乘法器前增加移相电路而已。

第七节 数 字 式 电 能 表

电压信号形式的三相系统的功率经电压/频率转换后变为频率 f（频率正比于电压 U 的脉冲系列），即该频率与有功功率 P 成正比，即 $P=Kf$（这里 K 为常数），因此，系统总的有功能量可表示为

$$W=\int_0^t P\mathrm{d}t=\int_0^t Kf\mathrm{d}t \tag{4-27}$$

只要将功率脉冲序列在一段时间内累积求和，便测出了该时间段内消耗的电能。因为电能的基本单位是千瓦·时（kWh），所以在用式（4-27）累计之前，对脉冲序列应进行 36×10^5的分频。对于无功电能的数字测量原理也是如此。

对于数字式电能表，一般采用分频后的功率脉冲序列去驱动一步进电动机，带动计度器累计电量。计度器与感应式电能表的计度器原理结构完全一样。感应式电能表的计度器由铝

盘转动带动计度器累计电量。

一、数字式单相有功电能表

数字式单相有功电能表与感应式单相有功电能表（俗称单相电度表）的外形尺寸、外观形状和接线盒接线基本一样，原理框图如图4-33所示。取自分压器和分流器上的信号取样，送到乘法器电路，乘积信号再送到电压/频率转换器，经分频电路输出脉冲去驱动步进电动机，带动机电计度器累计电量，或采用电子计度器累加电能。

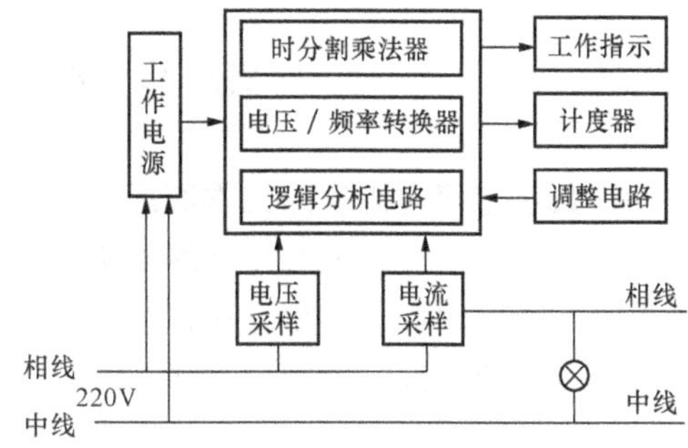

图4-33　数字式单相有功电能表原理框图

数字式单相有功电能表的性能指标一般优于传统的感应式单相有功电能表，因此，数字式电能表取代感应式电能表将成为今后的发展趋势。数字式和感应式单相有功电能表综合指标比较见表4-5。

表4-5　数字式和感应式单相有功电能表综合指标比较

序号	比较内容	感应式电能表	数字式电能表
1	准确度	2级	1级
2	功耗（W）	3	0.7
3	过载能力	2～4倍	6倍
4	高次谐波影响	较大	较小
5	工作位置	垂直悬挂±3mm	无特殊要求
6	可靠性（年）	10	20
7	防窃电性能	差	好
8	反接指示	无	有
9	止逆功能	无	有

表4-5中的止逆功能和反接指示是指若交换进线和出线，电能表不能倒转和指示告警的功能，此功能可防止人为窃电。

二、数字式三相电能表

数字式三相电能表的准确度等级一般为0.5、1.0、2.0级，额定电压为57、100、220V，额定电流为5A或6A。数字式三相电能表一般分为三相三线有功电能表、三相三线无功电能表、三相四线有功电能表、三相四线无功电能表、三相三线有功无功一体电能表、三相四线有功无功一体电能表。数字式三相电能表的原理示意框图如图4-34所示。

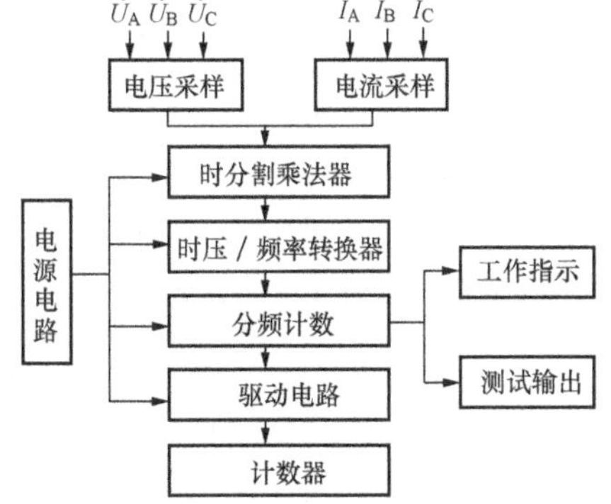

图4-34　数字式三相电能表原理示意框图

第八节 数字式绝缘电阻表

一、数字绝缘电阻表的工作原理

图 4-35 为 PC27 系列数字绝缘电阻表的工作原理图。整个原理图由三大部分组成：高压发生器、测量桥路和自动量程切换显示电路。高压发生器由基准电压、电压调整、比较器、逆变升压及整流滤波五个部分组成。高压发生器的工作过程为：基准电压经电压调整器调定后输出一控制电压 U_A；R_3、R_4 构成高压反馈电路，反馈电压 U_B 与 U_A 一起输入至比较器。当高压发生器产生的电压 U_h 小于仪表额定输出电压 U_N 时，$U_B<U_A$，比较器输出为正，控制逆变升压电路使 U_h 升高至 U_N；当 $U_h>U_N$ 时，$U_B>U_A$，比较器输出为负，控制逆变升压电路使 U_h 下降至 U_N，达到了输出电压稳定的效果。通过电压调整器的选择开关可改变控制电压值 U_A 的大小（U_A 的选择与仪表的额定工作电压有关），U_A 常分 U_{A1}、U_{A2} 为两挡，从而能使数字绝缘电阻表一表多电压量程，可适应各种测量场合。

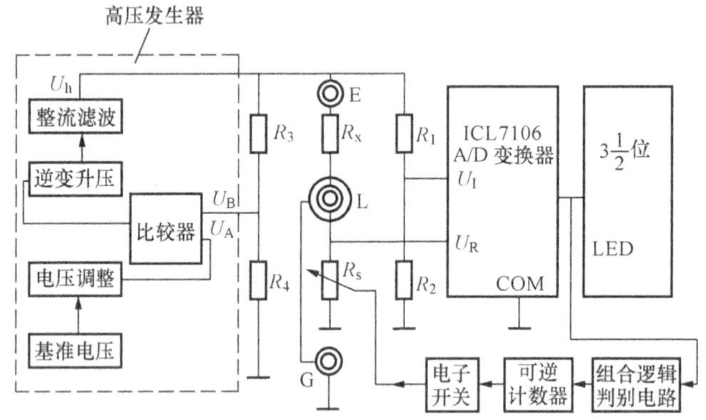

图 4-35 数字绝缘电阻表的工作原理图

测量桥路由被测电阻 R_x、量程电阻 R_s 构成，测量支路由 R_1、R_2 构成的高压采样支路组成，其输出电压 U_R 和 U_1，分别送入 $3\frac{1}{2}$位 ICL7106、A/D 转换器。ICL7106 采用双积分 A/D 转换原理，输出与输入之间存在以下关系

$$示值=1000\frac{U_1}{U_R} \tag{4-28}$$

$$U_1=\frac{U_hR_2}{R_1+R_2} \tag{4-29}$$

$$U_R=\frac{U_hR_s}{R_x+R_s}$$

由于 $R_x \gg R_s$，可得

$$U_R=U_h\frac{R_s}{R_x} \tag{4-30}$$

将式（4-29）、式（4-30）代入式（4-28），可得

$$示值=1000\frac{R_xR_2}{R_s(R_1+R_2)} \tag{4-31}$$

令 $K=\dfrac{1000R_2}{R_s(R_1+R_2)}$，则

$$示值=KR_x$$

上述桥式测量电路又称电压比例式测量电路，其特点是仪表的读数正比于被测电阻 R_x，且示值与仪表额定输出电压的数值无关，因此，提高了测量的准确性与示值的稳定性。

自动量程切换显示电路是通过 A/D 转换器的输出，经组合逻辑判别电路判断仪表的过量程、欠量程或是正常量程工作状态，然后输出电平信号去控制可逆计数器的增减，计数器的输出信号控制模拟电子开关改变量程电阻 R_s 的数值，从而实现量程自动切换。以 PC27—1 型为例，当 R_x 在 0.1Ω～1999MΩ 范围内变化时，仪表的显示值始终能保持在三位以上的读数，所以说，自动量程的切换不仅方便了使用，而且提高了测量能力与准确度。

二、数字绝缘电阻表的主要特点

(1) 采用数字显示，使读数清晰直观，消除了指针式仪表在视觉上的误差；同时应用了自动量程切换技术，使仪表的测量范围宽（如 PC27—2H 型测量范围可达 0.01Ω～19 990MΩ），分辨率高，使用方便。

(2) 采用电子升压、稳压技术产生直流高压，使输出电压稳定，纹波系数小，克服了由于手摇发电机转速不匀或不平衡振动引起的指针晃动。

(3) 无机械传动机构，所以不存在机械磨损，使用寿命长，且体积小、质量轻、携带方便。

(4) 示值误差小于 1%，测量准确度比传统指针式绝缘电阻表要高，且全量程测量误差均以相对误差表示。

由于数字绝缘电阻表的技术性能大大优于传统指针式绝缘电阻表，近年来，在电力系统有关设备和材料的绝缘性能测试中，得到了日益广泛的应用。

思考题和练习题

4-1 简述数字式仪表的主要技术特点。

4-2 数字仪表与模拟式仪表相比有哪些优点？

4-3 试说明逐次逼近型 A/D 转换器的工作原理。

4-4 如果斜坡型 A/D 转换器中锯齿波直线性较差，会有什么结果？

4-5 为什么说双斜积分式 A/D 转换器的抗干扰能力强？以它为核心组成的数字电压表为克服 50Hz 工频干扰，应在积分时间上采取哪些措施？

4-6 简述电子计数器的测频原理。应如何保证频率的数字测量的准确度？

4-7 为什么要通过测量周期来确定低频信号的频率？

4-8 用电子计数器测量频率时的门控信号和用于计数的脉冲信号分别来自何处？测量周期时，这些信号又分别来自何处？

4-9 用七位计数器测频，当门控信号置于 1s 时，显示的测量结果是 2086.323kHz，当门控信号置于 100ms 时，显示的测量结果是 2086.32kHz，那当门控信号置于 10s 时，显示值是多少？显示信号是否正确？

4-10 简述数字相位仪的工作原理。

4-11　直流数字电压表的主要技术指标包括哪些？分别是如何定义的？

4-12　请用框图简述数字万用表的基本构成。

4-13　DT940C 型 $3\frac{1}{2}$ 位数字万用表 2V 量程的准确度为

$$准确度=\pm(0.5\%读数值+1个字)$$

试问用该表 2V 量程测量 1.975V 和 0.215V 电压的误差分别为多少？

4-14　画出逐次逼近式 DVM 的工作原理框图，并简述其工作过程。

4-15　数字式单相有功功率表和无功功率表的内部组成有何不同？

第五章 电工测试技术

电工测试是以电工技术为基本手段的一种测试技术，它是测量学和电工学相互结合的产物。根据电工技术原理，利用专用的电工仪表对各种电学量、电信号和电路元器件的特性和参数进行测量，具有方便、快捷、准确的特点，往往是其他测量方法所无法取代的。电工测试不仅用于电学各专业，也广泛用于物理学、化学、光学、机械学、材料学、生物学、医学等科学领域及生产、国防、交通、通信乃至日常生活的各个方面。电工测试技术是从事电气工作的技术人员必须掌握的一门学科。本章阐述本课程各类实验的目的与要求，主要讲述测试项目设计的有关知识，即方案拟定、测试方法的确定及仪表仪器的选择等方面的原则，以及测试操作应注意的问题、故障判断的基本方法和安全用电知识等。

第一节 仪表仪器的选择

正确、合理地选择仪表仪器是顺利完成测试任务，并使测试结果能满足要求的基本保证，选择仪表仪器的原则如下：

1. 根据电源选择

根据测试使用的电源是直流还是交流选择相应的仪表仪器，若是交流还应考虑是低频、音频还是高频，所选择的仪表仪器的频率使用范围应满足要求。如测量直流电压时，可选用磁电系、电动系电压表；测量工频电压时，可选用电动系和电磁系交流电压表；而测量音频电压时应选用电子电压表。

2. 根据被测量选择

根据被测量选用相应的仪表，如测量电流时应选电流表，测量电压时应选用电压表。

3. 根据估计量程选择

测试前应根据有关理论及测试电路，对待测电量进行估算，从而选择量程相近或稍大的仪表。如果无法估算出待测电量的大小，为了不致损坏仪表，应先选用量程较大的仪表进行预测，再根据预测值选择合适的量程。为了提高测量的准确度，仪表量程不能过大，被测量值应处于仪表量程的2/3以上。

4. 根据准确度要求选择

根据对测试结果的准确度要求，选择适当准确度等级的仪表。仪表的准确度既不能选得太低，也不能选得太高。因为选用高准确度的仪表，不仅价格高，而且使用时有许多严格的操作规范和复杂的维护保养条件，这便会增加不必要的负担。另外，测量的准确度不单纯由仪表的准确度等级决定，而是由仪表的准确度及量程两个方面决定。

与仪表配合使用的附加装置，如分流器、附加电阻、电流互感器、电压互感器等，其准确度应比仪表本身的准确度高2～3级，才能保证测量结果的准确性。仪表与附加装置配套使用时，它们的准确度关系见表 5-1。

表 5-1　仪表与附加装置配套使用时的准确度

仪表等级	分流器或附加电阻	电流或电压互感器
0.1	不低于 0.05	—
0.1	不低于 0.1	—
0.5	不低于 0.2	0.2（加入更正值）
1.0	不低于 0.5	0.2（加入更正值）
1.5	不低于 0.5	0.2（加入更正值）
2.5	不低于 0.5	1.0
5.0	不低于 1.0	1.0

5. 根据仪表的内阻选择

仪表本身具有内阻，内阻的大小反映了仪表本身的功率消耗。测量时，仪表接入电路后相当于接入一个负载，将影响电路的工作状态，即会改变电路中电流、电压的数值，且增加功耗，因此会给测量结果带来误差，这种现象称为仪表的负载效应。为保证测量结果的可靠性，减小误差，选择仪表时应根据被测对象阻抗的大小来选择仪表的内阻。对于电压表或功率表，电压线圈的内阻应尽量大些，一般电压表的内阻 R_{PV} 应尽量比被测电路电阻 R_x 大 100 倍，即 $R_{PV} \geqslant 100R_x$。对于电流表、功率表，电流线圈的内阻 R_A 应尽量小些，一般要求 $R_A \leqslant \frac{1}{100}R_x$。

【例 5-1】 欲测量图 5-1 中 50kΩ 电阻两端的电压，现有两只电压表可供选择：表 1 每伏欧数为 1kΩ/V，表 2 为 20kΩ/V，两只表的量程均为 50V，试分别计算两只表读数及相对误差。

解 50kΩ 电阻两端电压的实际值为

$$U = \frac{100}{50+50} \times 50 = 50 \text{ (V)}$$

表 1 的内阻为

$$R_{V1} = 50 \times 1 = 50 \text{ (k}\Omega\text{)}$$

因此表 1 的读数为

$$U_1 = \frac{\frac{50 \times 50}{50+50}}{\frac{50 \times 50}{50+50} + 50} \times 100 \approx 33.3 \text{ (V)}$$

相对误差为

$$\gamma_1 = \frac{33.3 - 50}{50} \times 100\% = -33.4\%$$

同理，表 2 的内阻为

$$R_{V2}=50\times20=1000\ (\text{k}\Omega)$$

表 2 的读数为

$$U_2=\frac{\dfrac{1000\times50}{1000+50}}{\dfrac{1000\times50}{1000+50}+50}\times100\approx48.7\ (\text{V})$$

相对误差为

$$\gamma_2=\frac{48.7-50}{50}\times100\%=-2.6\%$$

可见，电压表的内阻对测量结果会产生影响，内阻越小，测量误差越大；内阻越大，则测量误差越小。

图 5-1　电压表内阻对测量结果的影响　　图 5-2　电流表内阻对测量结果的影响

【例 5-2】　现用内阻为 0.4Ω 和 3400Ω 的两只电流表分别测量图 5-2 中的电流，求两只表的读数及测量的相对误差。

解　电路中电流 I 的实际值为

$$I=\frac{10}{100}=100\ (\text{mA})$$

内阻为 0.4Ω 的电流表的读数为

$$I_1=\frac{10}{100+0.4}=99.6\ (\text{mA})$$

相对误差为

$$\gamma_1=\frac{99.6-100}{100}\times100\%=-0.4\%$$

内阻为 3400Ω 的电流表的读数为

$$I_2=\frac{10}{100+3400}=2.86\ (\text{mA})$$

相对误差为

$$\gamma_2=\frac{2.86-100}{100}\times100\%=-97.1\%$$

可见，电流表内阻对测量结果有影响，内阻越小，测量误差越小；内阻越大，测量误差也越大。

6. 根据仪表的工作条件选

选择仪表还应考虑环境条件及工作条件。在实验室使用的仪表，一般选择便携式仪表；

固定安装在盘面上的仪表，选择安装式仪表；若对温度、湿度、机械振动、外界电磁场、防爆等性能有特定要求时，要选择适应在此类环境中使用的仪表。

总之，选择仪表时必须全面考虑各方面因素，同时应抓住主要因素。例如对高频，测量时频率误差是主要的，因此要选用电子系仪表。对于高精密的测量，准确度是主要的，因此要选准确度比较高的仪表。如果要测量电压，被测的两点间电阻又比较大，则应选用内阻比较大的电压表。

表 5-2 是各种电测量指示仪表的技术特性综合比较，选择时可作以参考。

表 5-2　　各种电工指示仪表的性能比较

性能＼型式		磁电系	整流系	电磁系	电动系	铁磁电动系	静电系	感应系
测量基本量（不加说明时为电流或电压）		直流或交流的恒定分量	交流平均值(在正弦交流下刻度一般按有效值刻度)	交流有效值或直流	交流有效值或直流，交、直流功率及相位、频率等	交流有效值或直流，交、直流功率及相位、频率等	直流或交流电压	交流电能及功率
使用频率范围		一般用于直流	45～1000Hz（有的可达5000Hz)	一般用于50Hz	一般用于50Hz	一般用于50Hz	可用于高频	一般用于50Hz
准确度（等级）		一般为0.5～2.5级，高可达0.1～0.05级	0.5～2.5级	0.5～2.5级	一般为0.5～2.5级，高可达0.1～0.05级	1.5～2.5级	1.0～2.5级	1.0～3.0级
量限大致范围	电流	几微安到几十微安	几十微安到几十安	几毫安到100A左右	几十毫安到几十安	—	—	几十毫安到几十安
	电压	几千毫伏到1kV	1V到数千伏	10V到1kV左右	10V到几百伏	—	几十伏到500kV	几十伏到几百伏
功率损耗		小	小	大	大	大	极小	大
波形影响		—	测量交流非正弦有效值的误差很大	可测非正弦交流有效值	可测非正弦交流有效值	可测非正弦交流有效值	可测非正弦交流有效值	可测非正弦交流有效值
防御外磁场能力		强	强	弱	弱	强	—	强
标尺分度特性		均匀	接近均匀	不均匀	不均匀（功率均匀）	不均匀	不均匀	—
过载能力		小	小	大	小	小	大	大
转矩（指通过表头电流相同时）		大	大	小	小	较大	小	最大
价格（对同一准确度等级的仪表的大致比较）		贵	贵	便宜	最贵	较便宜	贵	便宜
主要应用范围		作直流电表	作万用电表	作板式及一般实验室电表	作板式交、直流标准表及一般实验室电表	板式电表	作高压电压表	作电能表

第二节　实验项目的设计

在实际工作中，常常需要了解某种设备的性能是否符合工程要求；在新产品研制或因生产需要制作某种设备的过程中，需要通过测试以改进设备性能，在制作完成时还需对产品（成品）性能作出技术鉴定等。这些测试，通常没有现成的办法可以套用，这就需要根据要求进行实验项目设计，给出测试方案，某些具有新内容和高技术指标的测试项目的完成，需要有创新的测试方法和先进的技术。本课程实验中的综合性实验项目就是为此而设置的。

一、实验项目设计的程序

一般情况下，在开始设计之前，需对一些有关的使用要求作具体了解和分析，如被测参数的极限变化范围和常用范围，测量所要求的准确度度，被测参数的变化情况及动态准确度要求等。进行实验项目设计，提出测试方案主要从以下几方面考虑：

(1) 明确该实验项目在工程技术方面的要求及任务。

(2) 根据任务、要求收集该项目有关的技术资料，查询有关的资料，参阅涉及该项目要求、任务的有关理论及测试方法。对实验项目进行原理分析，从而确定测试项目，测量表征该项目性能的电量、参数以及特殊的测试要求等。

(3) 根据测试项目的要求，确定测试方法，拟定原理电路，进而确定接线图，选择使用的仪表仪器及所需元件的参数等。测试方法及实电路一般应拟定几个方案进行比较，以便从中作出选择。

(4) 为了保证实验项目的科学性、可行性，需对设计方案进行充分论证。

二、制定测试方法的基本原则

在给定任务要求的条件下，制定测试方法的基本原则是：

(1) 测试方法必须满足测试项目的要求，并能满足对测量结果的准确度要求。

(2) 所使用的仪表、仪器对被测线路影响最小，即仪表、仪器从被测对象处吸收的功率最小。

(3) 测量要迅速、方便。

(4) 测试前的准备工作尽量简单容易。

(5) 为了得到结果所必须进行的计算工作量最少，计算方法最简单。

(6) 所用的仪表、仪器、元件、材料以及要求的实电源和场所，最好是现有条件能解决的，如需添加则所需费用是最少的。

三、确定方案的基本原则

实验项目的设计，一般应用几个方案，从中选取最佳方案。最佳方案并无确切的定义，从不同的角度，可作出不同的解释，而且还与个人的经验有关。通常方案选定的基本原则如下：

(1) 同样的设备条件下，所得结果的准确度最高。

(2) 在同样的准确度的要求下，所用的仪表、仪器最少。

(3) 同样的仪表、仪器及同样的准确度下，方法最简单，数据最可靠。

(4) 从准备工作、测试过程到结果的处理，即实全过程的工作量最小。

【例 5-3】　设电压、电流和电阻的相对误差分别为 $r_U=\pm2.0\%$，$r_I=\pm2.5\%$，$r_R=$

±1.0%，可用三种方案测量功率 P：①$P=UI$；②$P=U^2/R$；③$P=I^2R$。问哪一种测量方案为最佳方案。

解 三种方法，所用设备基本相同，即比较哪种方案测量误差最小。根据相对误差的概念得

(1) $P=UI$，相对误差为

$$r_P = r_U + r_I = \pm(2.0\% + 2.5\%) = \pm 4.5\%$$

(2) $P=U^2/R$，相对误差为

$$r_P = 2r_U + r_R = \pm(2\times 2.0\% + 1.0\%) = \pm 5.0\%$$

(3) $P=I^2R$，相对误差为

$$r_P = 2r_I + r_R = \pm(2\times 2.5\% + 1.0\%) = \pm 6.0\%$$

经过比较，方案①的测量误差最小，故方案①为最佳方案。

在选择测量方案时，最好选择直接测量法，而少用间接测量方法，在不得已时，选择测量数目少的测量函数。同时，还应考虑客观条件的限制，力争根据现有条件制定测量方案，并且要兼顾经济、简便易行等因素。

第三节 故 障 检 测

电路丧失其设计性能的现象称为故障。

在测试过程中，有时会发生故障，使测试工作无法进行下去；有时测得的数据与预期值或理论分析所得数值出入太大，明显不合理。遇到诸如此类的情况，就需要对测试线路（设备）进行故障检测，发现并排除故障再进行测试。此外，实际工作中还经常遇到设备出现故障，无法正常运行，需要对设备进行检修，这也要求进行故障检测，查出故障，修好设备，恢复工作。

一、故障的分类及表现形式

1. 按故障的性质分类

(1) 永久性故障和瞬间故障。永久性故障是指电路本身存在问题，如元器件损坏、接线错误以及电源电压不符合要求等原因造成的故障。这类故障必须及时排除，否则无法进行实验。瞬间故障是指在某种情况下可能发生的故障，一般故障的时间较短，随后又可能消失。这类故障大多数由于外界因素影响，如雷击、振动等，也有的是因为元器件参数不稳定、触点接触不良等原因造成的。瞬间故障也应及时排除，否则将会造成永久性故障。

(2) 独立故障和从属故障。独立故障是指故障部分与电路其他部分无关，若将故障部分检修好或更换，则故障就会消失。而从属故障是指由其他故障引发的，必须排除了其他故障后才能消除的故障，如因电源电压过高而损坏了元器件，若仅更换损坏的元器件仍不能排除故障，必须调整电源电压后再更换元器件才能真正排除故障。

(3) 意外故障。一般这类故障是由于人为或自然现象以及偶然因素等造成的，如违反操作规程、外加电压突然增高等意想不到的原因造成的故障。

2. 按故障发生的部位分类

(1) 电源故障。电源电压输出不稳定或无电压输出，或输出频率不稳定、波形不符合规定等均属电源故障。

（2）线路故障。通常是指开路故障、短路故障、接触不良等。开路故障，其现象是全部或部分线路无电压、无电流；短路故障，其现象是电流急剧增大、熔丝熔断、导线或元器件发热冒烟等；接触不良，其现象是测量数据不稳定。

（3）元器件、设备故障。是指元器件、设备的功能不符合其额定参数或不能按其规定正常运行。

3．按电路的运行情况分类

（1）故障运行。一般指发生故障后电路仍运行，这时电路已丧失其设计功能，必须立即切断电源，查寻并排除故障。

（2）不正常运行。是指因接触不良或参数发生变化等原因造成的不正常运行状态，这时电路仍然能基本维持其设计功能，但不能得到准确的测试数据，从而给测量造成很大的误差，甚至造成错误的判断。

二、故障的诊断

（一）故障诊断的准备工作

故障诊断的理论依据是电路基本理论的有关定律和分析方法。为了能判断出故障的原因和部位，必须熟悉被检测电路（设备）的工作原理及电路（图），如果电路复杂，应熟悉电路的方框图，清楚各部分电路的作用、工作过程、正常工作时的状态以及各部分电路间的联系。这样才能根据故障现象，分析故障发生的原因，初步判断出可能发生故障的部位，以便进一步有目的地进行查找。

在进行故障检测之前，应收集或查阅被诊断设备的电路图、接线图或印刷电路板路线图，以及有关的技术资料，特别是正常工作时测试的数据资料。在实际检测前，必须将实物与电路图对照，熟悉设备各元器件、部件的具体位置，接线及要进行测试的测点位置。如果各测试点正常工作时的电压值、电流值或电压、电流的波形等资料齐全，通过检测进行对比就很容易诊断出故障原因及故障点，否则只能据故障测试的数据来分析、诊断。

（二）查寻故障的一般程序

（1）外观检查。查看电源是否接上，熔丝是否完好，连接导线是否脱落，使用的仪表仪器是否符合要求。然后打开外壳，仔细观察元器件外表是否正常，有无烧焦痕迹。有无脱焊、引线断线，零件接线有无相碰的，以及插接件是否插紧等。

（2）断电检查。断开电源，用万用表欧姆挡逐段检查，测试电路是否导通，有无接触不良、短路、开路现象。断电检查的优点是不会扩大故障。

（3）通电检查。接入电源或信号源，逐级进行检测，以便查寻出故障点。

（三）查寻和诊断故障的方法

故障检测的基本方法是根据故障现象，按理论及经验初步判断出可能发生故障的原因及故障部位，然后再通过各种查寻方法，逐步缩小怀疑范围，最后找出故障，加予排除。

常用的故障查寻方法有以下几种：

1．电阻表检查故障

电阻表（或万用表欧姆挡）可以用来测量电阻，因此，可用电阻表检查电路是否畅通，元器件、设备的电阻值是否正常。若电路中的导线或连接处有断开的地方，则测量值为无穷大；若短接，则测量值为零。但要注意用电阻表测量时，必须断开所有的电源，测量某个元件或设备的电阻值时，要将该元件或设备与电路断开，这样可避免其他元器件提供与被测元器件并行的通路。

查寻的方法，一般从电源的一端逐步查向另一端，先查寻主电路，再查寻分支电路；先查线路是否接通，再查元器件的电阻参数是否正常。

2. 电压—电流表检查故障

电压—电流表检查故障是一种通电检查故障的方法。由于绝大多数电路故障都会引起电流电压的变化，如短路故障，电流急剧上升且短路处电压为零。所以通过逐级检查各支路或元器件的电压、电流可查寻出故障。

查寻方法是根据电路的基本定律（如基尔霍夫定律等）、基本公式（如分压、分流公式或元件电流与电压的基本关系等）以及技术资料给出的或以前实记录的各测点的电流、电压值，或初步估计某些支路的电压和电流的正常值，再用电压表、电流表测量相应支路或元件的电压或电流，比较各值则可判断故障的类别及故障点。

如图 5-3 所示电路，根据基本定律，计算得各支路电压、电流值分别为：$U_1=8/3\text{V}$，$U_2=8\text{V}$，$I_1=2/3\text{A}$，$I_2=2\text{A}$，$I_3=8/3\text{A}$。

若电路有故障，测量值与计算值有偏差，须查找故障点。

如测得电压源支路电流为 2A，电流源支路电流为 2A，支路 bd 电流为 0A，则说明两电源支路正常，而支路 bd 有开路故障。为了进一步确定故障点，再用电压表检查，如测得 $U_1=0\text{V}$，$U_2=16\text{V}$，则说明 2Ω 电阻的端电压等于 bd 支路的开路电压，所以 2Ω 电阻有开路故障。

利用电压—电流表法确定故障类型和故障点，有时可采用部分隔离法。如图 5-4 所示电路，如果 $U_5=0$，则故障可能是阻抗 Z_5 短路造成，也可能是阻抗 Z_2 开路造成，而 Z_3 和 Z_6 同时发生短路故障的可能性不大，为了判断故障点，可将 Z_5 与电路隔离，即将 Z_5 支路与电路断开，再测断开处电压。若电压仍为零则是 Z_2 开路故障；若电压不为零，则是 Z_5 元器件短路故障。这种将个别元器件或部分电路从整体电路中分离开的办法比较容易判断故障类别及故障点。

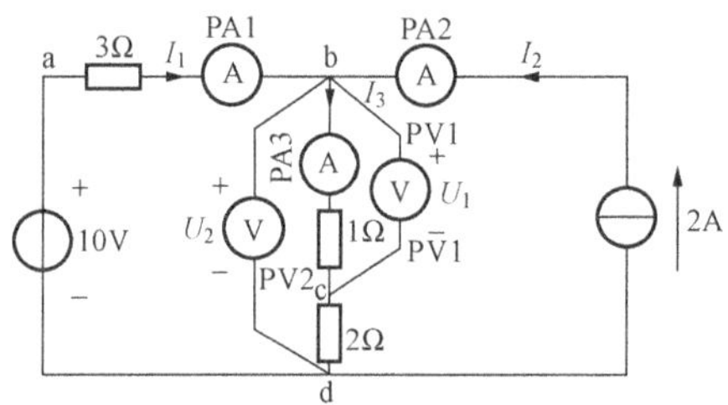

图 5-3 电压—电流表检测故障

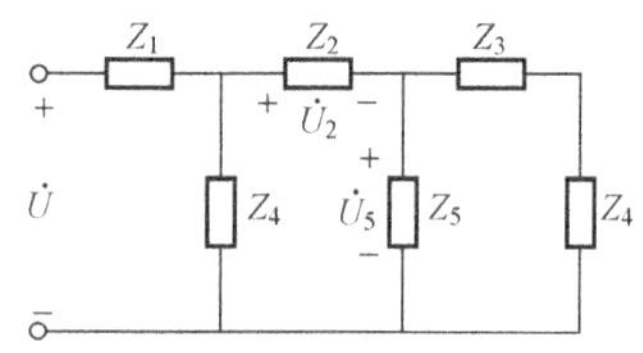

图 5-4 采用部分隔离法查故障

此外还可以用另一个相同参数的元器件代替可疑元器件，若电压（或电流）恢复正常，则说明原元件有故障，这种方法又称代替法。显然对于复杂电路，在无法预估正常状态值的情况下，隔离法和代替法较为方便。

电压—电流表法由于电流表测量电流时，需要将电路断开量，而据元器件参数及其端电压估算相应支路的电流值。

3. 故障元器件或设备的判断

电阻表法和电压—电流表法对于查寻短路、开路故障及故障点都较为方便，但当设备、元器件丧失部分功能时却不易查寻。为此，通常采用逐级检查电路功能，缩小故障范围的办法。这种方法也是在通电情况下进行，首先要了解各元器件在电路中的作用，以及各段或各级的正常输出电压值，再用电压表或示波器逐级观测，看其输出是否符合正常情况，从而判断出故障点及故障类型。

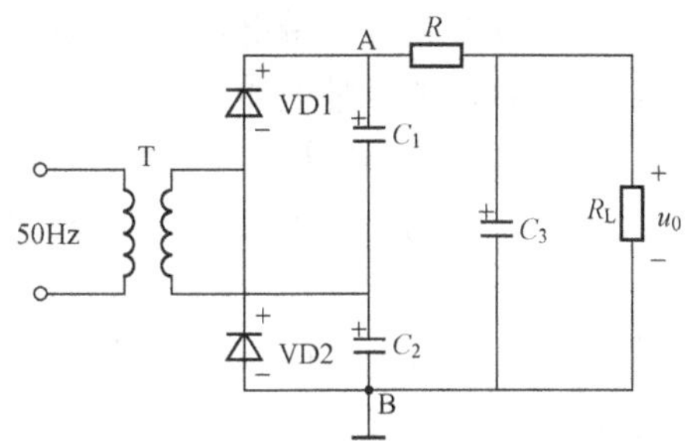

图 5-5　全波倍压整流电路

图 5-5 为全波倍压整流电路，其作用是将变压器二次侧交流电压整流、倍压、滤波，使输出电压 u_2 约为变压器二次侧电压峰值的 2 倍，且纹波电压很小。

该电路的工作原理：当电源电压为正半周时，VD1 导通将 C_1 充电至变压器二次侧电压的峰值 U_{2m}，同理，电源电压为负半周时，VD2 导通（VD1 截止）将 C_2 充电至变压器二次侧电压的峰值 U_{2m}，此二电压串联相加且数值相同，故 AB 间电压 U_{AB} 为 $2U_{2m}$。R 及 C_3 组成 RC 滤波电路，以减小负载 R_L 端电压 u_0 的波动。可见，R_L 两端的电压 u_0 略低于 $2U_{2m}$。

根据电路中各元件的作用，当这些元件发生故障时，将对电路运行状况产生不同的影响，见表 5-3。而当电路发生故障时，可逐级检查，并根据测量数据分析判断出故障元器件及故障类型。

表 5-3　图 5-5 中元器件故障对电路的影响

故障元件	U_0	U_0 的波纹	U_{AB}（直流分量）	U_{AB}的波纹	对其他元件的影响
C_1 开路	降低	大大增加	降低	大大增加	
C_2 开路	降低	大大增加	降低	大大增加	
C_3 开路	保持不变	大大增加	保持不变	保持不变	
C_1 短路	降低一半	没影响			VD1 过热
C_2 短路	降低一半	没影响			VD2 过热
C_3 短路	0		降低	增加	R 过热
VD1 开路	降至很低	没影响			
VD2 开路	降至很低	没影响			

注　U_0 为 u_0 的直流分量。

4. 激励—响应法

激励—响应法也称信号输入寻迹法，是指在电路某点输入某种激励（如电压），在另外某点测量其响应，再根据响应的大小和变化情况，确定故障性质及故障点。激励—响应法常用的激励源是各种信号发生器，测量响应的仪器是电子示波器等。

随着电路复杂程度的增加，故障诊断的难度也增加，这就要求改进、创新故障诊断技术，目前这方面已发展形成一门学科，如自诊断技术就是这门学科研究成果之一。

第四节　安 全 用 电 知 识

一、电对人体的作用

在工作和日常生活中，人们经常要接触各式各样的电气设备，特别是在进行工作时，工作人员要用工具、仪表、仪器对被测试的元件、设备及线路进行测试。而电是无形的，这些元件、设备及线路是否带电，其电压或电位之高低无法单凭眼睛看出来。如果工作人员粗心大意，不慎触及裸露带电体而由人体构成电流通路时，由于电流通过人体，就可能使人受到伤害。当加于人体的电压较低时，人还有可能摆脱带电体，只是感到难受或在触及部位有烧伤的斑痕，对人的损伤不大；当触及的带电体电压较高，又不能及时脱离带电体时，则会造成肌体的严重损伤，甚至死亡。此外，当人体靠近高压或超高压带电体时，由于高压电场击穿空气产生电弧放电（电弧温度可达 3000℃），极易造成严重烧伤肢体，导致截肢或死亡。

触电造成人体损伤的程度一般与以下因素有关：

1. 通过人体电流的大小

电流是触电伤害的直接因素，电流越大，伤害越严重。电击致死的原因比较复杂，例如高压触电事故中，可能因电弧或很大的电流通过人体烧伤而致命；低压触电事故中，因心室颤动或窒息时间过长而致命。在电流不超过数百毫安的情况下，电击致命的主要原因是电流引起心室颤动造成的。

当外来电流通过心脏时，使心脏原有的微弱电信号受到破坏，使心脏正常的跳动变为每分钟数百次以上的细微颤动，即所谓心室颤动。由于心室颤动极细微，心脏不再起压送血液的作用，即血液中止循环。

根据实验，当通过人体的工频交流男性达 1.1mA、女性达 0.7mA，直流男性达 5.2mA、女性达 3.5mA 时，触电者就已有通电的感觉。人体不需任何外来帮助，能自主摆脱带电体的最大交流（工频）电流为：男性约为 16mA，女性约为 10.5mA。人体对直流电流的抗抵能力较交流高，能自主摆脱直流带电体的能力为：男性约为 76mA，女性约为 51mA。据此，规定安全电流工频交流为 10mA，直流为 50mA。当通过人体的工频电流达 30～50mA 时，就会出现呼吸麻痹、心脏震颤，有生命危险。可见触电危险性交流比直流大，而交流中以 50～60Hz 工频电流的危险性最大。工频电流对人体作用的分析见表 5-4。

表 5-4　　工频电流对人体作用的分析

<table>
<tr><th>电流范围(mA)</th><th>通电时间</th><th>人体生理反应</th><th>电流范围(mA)</th><th>通电时间</th><th>人体生理反应</th></tr>
<tr><td>0～0.5</td><td>连续通电</td><td>没有感觉</td><td rowspan="2">50～数百毫安</td><td>低于心脏搏动周期</td><td>受强烈冲击，但未发生心室颤动</td></tr>
<tr><td>0.5～5</td><td>连续通电</td><td>开始有感觉，手指手腕有痛感，没有痉挛，可以摆脱带电体</td><td>超过心脏搏动周期</td><td>昏迷，心室颤动，解除部位留有电流通过的痕迹</td></tr>
<tr><td>5～30</td><td>数分钟以内</td><td>痉挛，不能摆脱带电体，呼吸困难，血压升高，是可以忍受的极限</td><td rowspan="2">超过数百毫安</td><td>低于心脏搏动周期</td><td>心室颤动，解除部位留有电流通过的痕迹</td></tr>
<tr><td>30～50</td><td>数秒到数分</td><td>心脏跳动不规则，昏迷，血压升高，强烈痉挛，时间过长及引起心室颤动</td><td>超过心脏搏动周期</td><td>心脏停止跳动，昏迷，可能致命电伤</td></tr>
</table>

2. 接触的电压高低

人体接触的电压越高，通过人体的电流越大、越危险。触电时，通过人体的电流大小，在低压时取决于人体的外部电阻、内部电阻以及人体所承受电压的大小；而触及高压带电体时，人体电阻已不起作用。

人体外部电阻指接触带电体部分的表皮与带电体之间的电阻，此电阻随加至人体的接触电压升高而下降。因此，工作时最好戴手套，穿绝缘良好的鞋以增大外部电阻，减小触电危险。

人体电阻可分为皮肤的电阻和内部组织的电阻两部分。皮肤的电阻大小主要取决于具有一定绝缘性能的皮肤角质外层，皮肤角质层厚度约为0.05～0.2mm，角质外层厚的电阻较大，反之较小，故不同部位皮肤电阻不同。此外，还与是否干燥，接触部位汗腺、血管的数量，外加电压大小，电流通过时间的长短，以及接触面积的大小等有关。人体内部组织的电阻，其数值因人而异，且不稳定，但阻值与外加电压的大小基本无关。人体电阻中主要是皮肤的电阻，人体电阻一般人平均值约为1000～1500Ω。在计算通过人体电流时，为安全起见，通常取800～1000Ω。

3. 触电时间长短

触电时间越长，由于发热、出汗增多、皮肤角质层遭到破坏等原因，导致人体电阻减小，流过人体的电流增大，危险性随之增大。因此，当发现有人触电时，应尽快使触电人脱离电源。实验表明，如触电时流过人体电流为50mA，脱离电源的时间即电流持续时间不超过1s，不会有生命危险。

4. 电流通过人体的途径

电流通过心脏会引起心室颤动、较大的电流会使心脏停止跳动，血液循环中断导致死亡；电流通过中枢神经或有关部位，会引起中枢神经系统强烈失调而导致死亡；电流通过头部会使人昏迷，若电流较大，会对大脑产生严重损害，使人不醒而死亡；电流通过脊髓，会使人瘫痪。电流通过人体的途径中从胸到左手的道路为最危险，从脚到脚是危险性较小的电流途径。

当人触电时，只要能自主摆脱带电体，就可避免触电的危险，故摆脱电流值是通过人体的允许电流。但影响电流变化的因素很多，而电压通常是较稳定的，因此衡量人体的安全条件常采用安全电压。安全电压是指人体接触带电体时，对人体各部分组织，如皮肤、心脏、呼吸器官和神经系统等，不会造成任何损害的，由特定电源供电的电压值。对安全电压值的规定，各国有所不同，我国规定安全电压的上限值交流（50～500Hz）为50V（有效值）、直流为120V（非脉动值），规定交流额定安全电压等级（有效值）分为42、36、24、12、6V五种。在采用超过24V的安全电压时，必须采取防止直接接触带电体的安全措施。安全电压等级的选用，应根据工作环境及设备操作特点来确定，工作环境条件差、容易造成触电的场所，安全电压要低一些。例如机床照明选用24V和36V；在容器内工作时，因空间小，易触电，应采用12V等。

安全电压的供电电源，应采用安全隔离变压器。需强调的是，绝不能用自耦变压器作为安全电压的电源，因其一、二次绕组间有电的联系，当一次侧相线、中性线接反或自耦变压器发生某些事故时，不慎触电的人体将承受的是一次侧电源电压，会造成触电伤害。

二、常发生的几种触电方式

（一）工频低压系统

日常工作、生活中，使用最多的是工频低压（380/220V）。由于电压较低，容易使人产生麻痹思想，以至粗心大意造成触电事故。在低压系统工作，常见的触电方式有以下几种。

1. 单线（相）触电

由于变压器低压侧中性点是直接接地的，当人体不慎与一相导线接触造成单线触电时，电流经线路—人体—大地构成回路，如图 5-6（a）所示。当接触电压为 220V，若人体电阻为 1500Ω，则通过人体电流将达 147mA，已远远超过人体的承受能力。可见，单线触电会造成严重后果以至危及生命。据统计，这类触电事故是最常见的，所以在低压系统中工作，务必认真仔细、小心谨慎，避免发生单线触电事故。

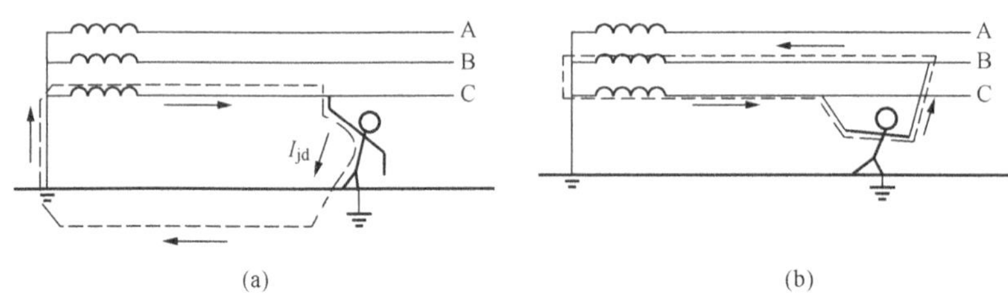

图 5-6 触电示意图

（a）单相触电示意图；（b）两相触电示意图

2. 两线（相）触电

当人体同时触及到两相裸露带电体时，如图 5-6（b）所示，由于电压较高（380V），造成的危害比单相触电更大。但工作人员同时触及两根裸露导线的几率较低，这类触电事故较少。

3. 接触绝缘损坏的设备

如果电气设备没有接地或接地不良，当其绝缘不良或被击穿，使外壳、机座等带电，人体触及外壳、机座时，就可能造成触电事故。

（二）高压系统

在发电厂、变电站等有高压设备的场所工作时，常发生的触电事故如下：

1. 弧光放电

人体靠近高压带电体时，由于电压甚高，导致空气被击穿，产生电弧放电，造成事故。据统计，高压触电事故中约有 80%是这类事故。这类事故的发生大多是由于不按安全规程操作，工作中疏忽大意所致。

2. 突然来电

在停电检修时，由于工作人员未按规程规定采取可靠的安全措施，如未接接地线等，运行人员又违反规程规定，检修人员尚未撤离时误送电，造成严重的触电事故。

3. 跨步电压触电

当带电设备接地时，电流在接地点周围土壤中产生电压降。人站在接地点周围，由于两脚处于不同的电位点，就有一个电位差，此电位差称为跨步电压。人体在接地点周围引起的触电称为跨步电压触电。

三、安全用电措施

为了防止触电和漏电造成的危害，通常采取以下安全措施：

1. 工作接地

为了保证电气设备在正常和事故情况下可靠地工作而进行的接地为工作接地，如变压器中性点的直接接地或经消弧线圈的接地、防雷设备的接地等。各种工作接地点都有其接地的作用。例如 110kV 电网中变压器的中性点直接接地可降低电网的绝缘水平及造价；而变压器中性点经消弧线圈接地，能在单相接地时消除接地短路点的电弧，避免系统出现过电压；防雷设备的接地，是为了对地泄放雷电流。

2. 保护接地

当用电设备的绝缘损坏时，会使设备正常情况下不带电的部分，如金属外壳、框架等带电，从而造成工作人员或使用电气设备的人发生触电危险，或引起设备损坏。为此，将电气设备正常情况不带电的金属部分与接地装置连接起来，称保护接地。接地装置是由埋入地中的金属导体（称接地体）和与其相连的接地线组成的。保护接地主要用于电源中性点不接地或经阻抗接地的系统，以及由公用配电变压器供电的电源中性点直接接地的系统。作用是：当电气设备带电部分的绝缘损坏碰壳时（称漏电），金属外壳就会带电，其电位与设备带电部分的电位相同，高于地电位，称对地电压。当人接触外壳时，人体承受电压（称接触电压，最大为外壳对地电压），将有电流流过人体，就会发生触电危险。如果将外壳接地，当触及外壳时相当于人体与接地装置相并联，而人体电阻比接地装置的电阻（称接地电阻）大得多，因而通过人体的电流就很小，从而避免了触电的伤害。

如图 5-7 所示说明保护接地的作用：如果电动机外壳没有接地，如图 5-7（a），则当电动机发生一相碰壳时，其外壳带有相电位，如果人接触到外壳，就有电容电流通过人体，这是很危险的；如果电动机外壳装有接地装置时，人即使触及外壳也没有多大危险。

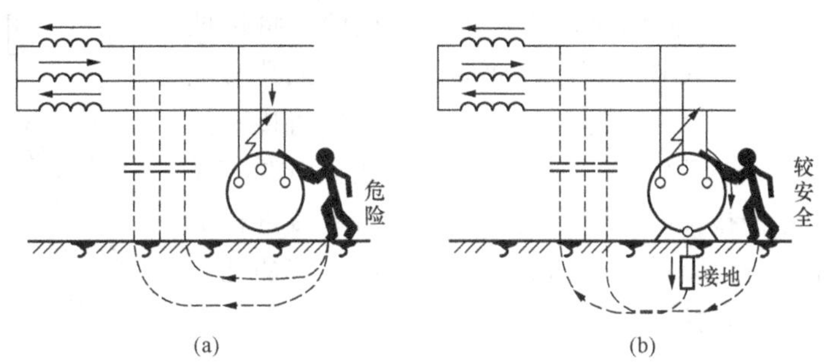

图 5-7 保护接地的示意图

（a）电动机外壳没有接地；（b）电动机外壳接地

保护接地电阻的大小，由在漏电时设备外壳的允许接触电压来决定。通常在干燥场所允许接触电压不超过 50V（有效值），在潮湿场所不超过 24V。触电危险性随保护接地电阻的增大而增加，接地电阻越大，漏电设备外壳对地电压就越高，触电危险性越大，而要减小接地电阻是比较困难的，并且要增加接地装置的工程费用。因此，接地电阻值的大小，需全面考虑来确定。

3. 保护接零

由于保护接地有一定局限性，所以也采用保护接零。保护接零是将电气设备正常情况下

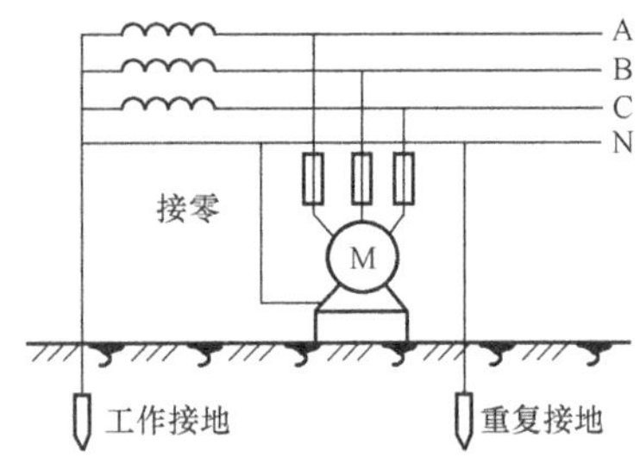

图 5-8　保护接零

不带电的金属部分，如金属外壳、框架等，用金属导体（导线）与低压供电系统的零线（中性线）连接起来，如图 5-8 所示，由图可见，当设备绝缘损坏碰壳时，相当于形成单相金属性短路，短路电流 I_k 直接经零线，形成“零—相”回路。因零线阻抗小，故短路电流大，将使熔断器熔丝迅速熔断或自动开关迅速跳闸，切断漏电设备的电源，从而保障了人身、设备安全。因此，保护接零的保安效果比保护接地好。

经验表明，在接零系统中，零线仅在电源处（中性点）接地是不够安全的。为此，还需在低压架空线的干线或分支线的端点，或在室内将零线与配电屏、容量较大的用电设备外壳等的接地装置相连接，形成零线上有多点与大地连接，称为重复接地，如图 5-8 所示。在有重复接地的低压供电系统中，因形成多路接地并联支路，使“相—零”回路阻抗减小，当发生接地短路时，能降低零线的对地电压，且因短路电流增大，使保护装置迅速动作；此外，如果发生零线断线，由于断线处后面仍有接地点，因而降低了接零设备外壳的对地电压，触电危险明显减少。因此，保护接零系统，零线必须装设足够的重复接地。

必须注意，在同一系统中，一般只宜采用同一种保护方式，即全部采用保护接地或者全部采用保护接零，而不要对一部分设备采用保护接地，而另一部分设备采用保护接零。因为在同一系统中，如有的设备外壳采用保护接地，而有的设备外壳采用保护接零，当采取接地的设备发生碰壳时，零线电位可能会升高，从而使得所有接零的设备外壳都带上危险的电压。

一些电动工具，如手提电钻，在使用时常用软线接到电源插座上，而生活中使用的家用电器，大都采用带有专用接地（零）触头的插头和插座。使用时，若采用保护接地需将接地插头用专用导线与设备金属外壳接牢，而插座的接地插孔必须与接地装置连接。若采用保护接零时，不能在插座内将接零插孔与相线插孔相接，如图 5-9（a）所示，这种接法当电源零线断开或电源相线与零线接反时，都会使设备外壳带有接近相电压的对地电压，是十分危险的。正确的接法是插座接零插孔要用专用导线与零线直接相接，如图 5-9（b）所示。

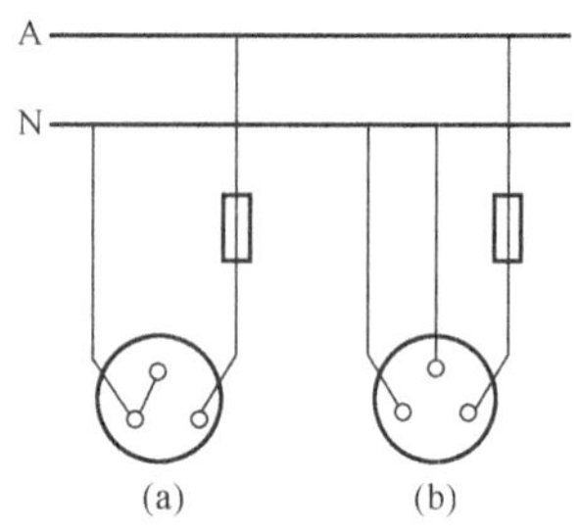

图 5-9　三孔插座的接线

（a）不正确；（b）正确

4. 漏电保护装置

漏电保护装置是当电路漏电或触电电流达到或超过给定值时，能自动断开电路的安全保护电器，即剩余电流动作保护器俗称漏电开关。当漏电电流达到整定值时，能自动断开电路。使用剩余电流保护器后，大大减少了人身触电事故，有效防止了由于漏电而引起的电气设备损坏及电气火灾事故，因此世界各国均十分重视剩余电流动作保护器的应用及研究。随着科学技术的发展，剩余电流动作保护器性能日益提高，保护功能不断完善，现今不仅在工农业中，而且在日用电器中都得到了普遍应用。

目前广泛采用的剩余电流动作保护装置为电流型，有电子式和电磁式两类，按使用场所制成单相、两相或三相四线式，剩余电流动作保护器种类较多，但基本工作原理相同。图 5-10 所示是用于单相电路的剩余电流动作保护器原理结构图。剩余电流动作保护器主要由主开关、检测漏电电流用的电流互感器（也称零序电流互感器）和脱扣器组成。有些剩余电流动作保护器还有由电子放大器或电磁放大器构成的放大元件，用来放大互感器二次绕组的输出信号，提高剩余电流动作保护器的灵敏度。

工作原理：主开关闭合，电路正常时，漏电电流 I_{jd}穿过环形铁芯的主电路电流 I_1 和 I_2 大小相等、方向相反，$\dot{I}_1+\dot{I}_2=0$，两电流在铁芯中产生的合成磁通 $\dot{\Phi}=\dot{\Phi}_1+\dot{\Phi}_2=0$，故零序互感器二次绕组中无感应电压 U_2 输出，放大器不工作，漏电脱扣器不动作，供电正常。当发生漏电时，产生漏电电流 $\dot{I}_1+\dot{I}_2=\dot{I}_{jd}$，于是在铁芯中产生合成磁通 $\dot{\Phi}=\dot{\Phi}_1+\dot{\Phi}_2=\dot{\Phi}_d$，则二次绕组中产生感应电压 U_2。当漏电电流达到或超过给定值时，放大器工作，脱扣器动作，主开关的锁扣被释放而断开电路。一般漏电保护动作时间不大于 0.1s，故从故障发生到断路的过程很短，从而保障了人身、设备的安全。

三相电子式电流型剩余电流动作保护装置工作原理如图 5-11 所示，它由零序电流互感器放大部分、执行机构等主要元件组成。

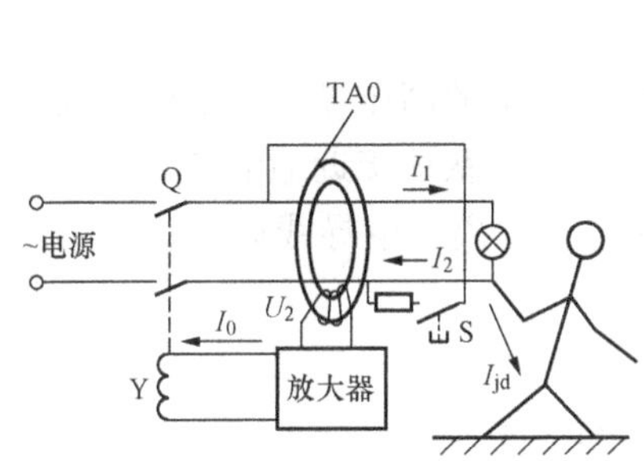

图 5-10 单相电子式漏电保护器原理图

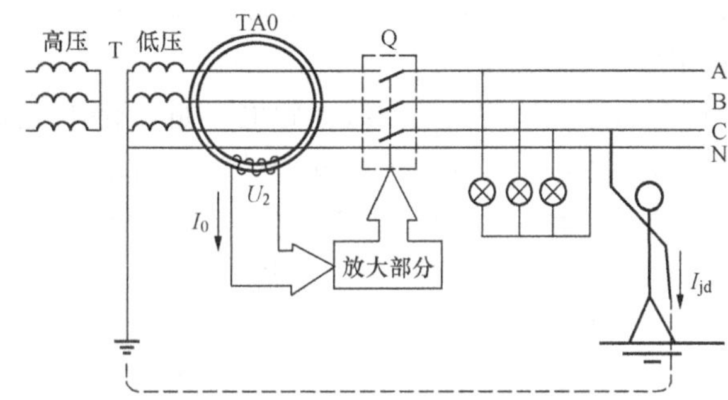

图 5-11 三相电子式电流型剩余电流动作保护装置工作原理图

剩余电流动作保护装置的保护方式分为总保护和分级保护，低压电网必须有总保护，使全网处在保护范围之内，可以安装在电源中性点接地线上、总电源线上或各条引出干线上；移动式电力设备和临时用电设备必须安装末级保护，家庭用电也需安装末级保护。

剩余电流动作保护器的动作电流（即给定值），一般分为 3 挡：

（1）动作电流值在 10mA 及以下，主要用于防止潮湿场所的人身触电。

（2）动作电流值在 15～30mA，用于防止一般场所的人身触电，如电动工具、家用电器等。

（3）动作电流值 100mA 及以上，主要用于开关柜等，可防止漏电引起的火灾。

四、触电的现场急救

为了防止触电事故的发生，必须采取有效的技术措施和组织措施。技术措施如设备外壳等应安全接地、加装保护等；组织措施如制定各种安全规程，定期进行考核等。通常工作人员在工作中只要胆大心细，严格遵守安全制度，是可以避免发生触电事故的。一旦发生触电事故，必须及时采取急救措施，正确地、分秒必争地进行抢救，减少伤亡。触电人所受的损伤程度，触电人员是否能获救在很大程度上取决于是否能立即脱离电源以及紧急救护是否正确。

1. 脱离电源

电流通过人体的时间越长，危害越大，因此一旦发生触电事故，首先要使触电者尽快脱离电源，断开人体电流通路。但使触电者脱离电源的工作有一定危险性，若方法不当还可能使救护人员本身也造成触电伤亡。同时，在救护时还应注意周围的环境，避免触电者脱离电源后碰伤、摔伤或遭受其他伤害。

对各种触电，脱离电源应采取如下措施：

(1) 低压设备上的触电。在低压设备触电时，如果条件允许，最好立即切断电源，如断开电源开关、用绝缘工具切断导线等，以便进行救护。如不可能切断电源，救护人员应使用干燥的衣服、木棒等绝缘物体作为工具拉开触电者或挑开导线，使触电者脱离电源。切不可直接用手去拉触电者身体未盖有衣服的部分，或用潮湿的物体、金属物体作为工具，以防救护人自己触电。如果触电人由于痉挛，将电线紧握在手中，这时可以先在触电人与地面之间插入木板等绝缘体，使之与地面绝缘，再去松开触电人的手就较容易。为使触电者与带电体解脱，救护人员最好用一只手进行施救。

(2) 在遇高压设备触电事故时，必须使用符合触电电压等级的绝缘工具使触电人脱离带电体。条件允许时，如在架空线路上触电，可采用抛短接金属导线等方法，造成人为短路，导致保护装置动作使开关跳闸，切断电源以便进行救护。抛短接线时要注意一定不要使短接线碰到触电人的身体。

(3) 断落在地的高压导线上触电。如果触电者触及断落在地上的高压导线，如尚未确证线路无电，救护人员在未做好安全措施（如穿绝缘鞋或双脚并紧跳跃地接近触电者）前，不能接近断线电至 8～10m 范围内，以防止跨步电压伤人。触电者脱离带电导线后亦迅速带至 8～10m 以外，并立即开始触电急救。

2. 伤员脱离电源后的处理

触电伤员如神志清醒者，应使其就地躺平，严密观察，暂时不要站立或走动。

触电伤员神志不清者，应就地仰面躺平，确保其气道通畅，并用 5s 时间呼叫伤员或轻拍其肩部，以判定伤员是否意识丧失。禁止摇动伤员头部呼叫伤员。

需要抢救的伤员，应立即就地坚持正确抢救，并设法联系医疗部门接替救治。

3. 呼吸、心跳情况的判定

触电伤员如意识丧失，应在 10s 内用看、听、试的方法，判定伤员的呼吸、心跳情况。

看：伤员的胸部、腹部有无起伏动作。

听：用耳贴近伤员的口鼻处，听有无呼气声音。

试：试测口鼻有无呼气的气流，再用两手指轻试一侧（左或右）喉结旁凹陷处的颈动脉有无搏动。

若看、听、试的结果为既无呼吸又无颈动脉搏动，则可判定呼吸、心跳停止。

4. 心肺复苏

触电伤员呼吸和心跳均停止时，应立即采取心肺复苏法正确进行就地抢救。心肺复苏措施主要有以下三种：

(1) 通畅气道。触电伤员呼吸停止，重要的是始终确保气道通畅。如发现伤员口内有异物，可将其身体及头部同时侧转迅速用一个手指或两手指交叉从口角处插入，取出异物。操作中要注意防止将异物推到咽喉深部。

通畅气道可采用仰头抬颏法，如图 5-12 (a) 所示。用一只手放在触电者前额，另一只手的手指将其下颌骨向上抬起，两手协同头部推向后仰，舌根随之抬起，气道即可通畅。严禁用枕头或其他物品垫在伤员头下，头部抬高前倾，会加重气道阻塞，并使胸外按压时流向脑部的血流减少，甚至消失。

（2）口对口人工呼吸。口对口人工呼吸法如图 5-12（b）～（d）所示。在保持伤员气道通畅的同时，救护人员用放在伤员额上的手的手指捏住伤员鼻翼，救护人员深吸气后，与伤员口对口紧合，在不漏气的情况下，先连续大口用力吹气两次，用力的程度以见到触电人的胸部像正常人呼吸时那样抬起为度。吹完后，立即移开嘴，放开触电人鼻孔，让触电人肺内气体自动呼出。每次 1～1.5s。如两次吹气后试测颈动脉仍无搏动，可断定心跳已经停止，要立即同时进行胸外按压。对儿童不必捏紧鼻子，注意不要让儿童胸部过分膨胀，防止吹破肺泡。

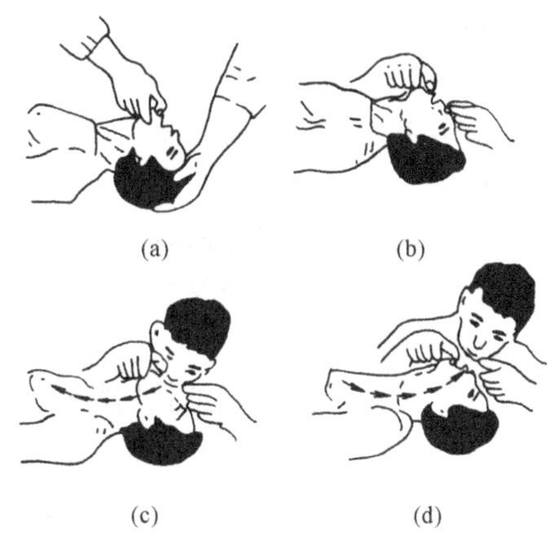

图 5-12 口对口人工呼吸法

（a）仰头抬额；（b）轻捏鼻翼；（c）吹气；（d）停顿

除开始时大口吹气两次外，正常口对口呼吸的吹气量不需过大，以免引起胃膨胀。吹气和放松时要注意伤员胸部应有起伏的呼吸动作。吹气时如有较大阻力，可能是头部后仰不够，应及时纠正。

（3）胸外按压：

1）按压位置。正确的按压位置是保证胸外按压效果的重要前提。确定正确按压位置的步骤为：①右手的食指和中指沿触电伤员的右侧肋弓下缘向上，找到肋骨和胸骨接合处的中点。②两手指并齐，中指放在切迹中点（剑突底部），食指平放在胸骨下部。③另一只手的掌根紧挨食指上缘，置于胸骨上，即为正确按压位置。正确的按压位置如图 5-13 所示。

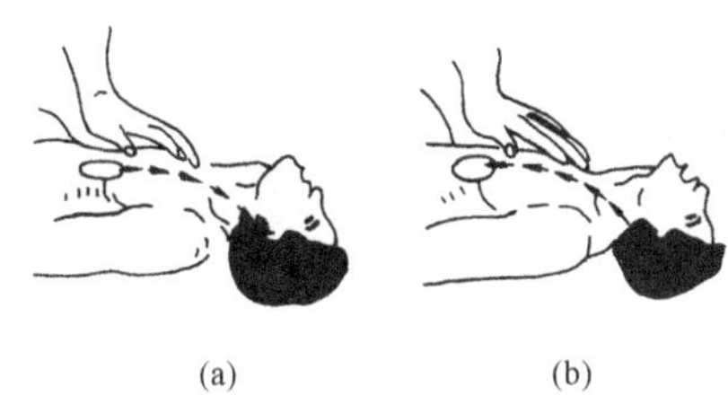

图 5-13 正确的按压位置图

（a）按压；（b）放松

2）按压姿势。正确的按压姿势是达到胸外按压效果的基本保证，正确的按压姿势应符合以下要求：①使触电伤员仰面躺在硬的地方，救护人员或立或跪在伤员一侧肩旁，救护人员的两肩位于伤员胸骨正上方，两臂伸直，肘关节固定不屈，两手掌根相叠，手指翘起，不接触伤员胸壁。②以髋关节为支点，利用上身的重力，垂直将正常成人胸骨压陷 3～5cm（儿童和瘦弱者酌减）。③压至要求程度后，立即全部放松，但放松时救护人员的掌根不得离开胸壁。按压必须有效，有效的标志是按压过程中可以触及颈动脉搏动。

3）操作频率：①胸外按压要以均匀速度进行，每分钟 80 次左右，每次按压和放松的时间相等。②胸外按压与口对口（鼻）人工呼吸同时进行，节奏为：单人抢救时，每按压 15 次后吹气 2 次（15∶2），反复进行；双人抢救时，每按压 5 次后另一人吹气 1 次（5∶1），反复进行。

（4）抢救过程中的再判定。按压吹气 1min 后（相当于单人抢救时做了 4 个 15∶2 压吹循环），应用看、听、试方法在 5～7s 时间内完成对伤员呼吸和心跳是否恢复的再判定。若判定颈动脉已有搏动但无呼吸，则暂停胸外按压，而再进行 2 次口对口人工呼吸，接着 5s 吹气一次（即 12 次/min）。如脉搏和呼吸均未恢复，则继续坚持心肺复苏方法抢救。

在抢救过程中，要每隔数分钟再判定一次，每次判定时间均不得超过 5～7s。在医务人员未接替抢救前，现场抢救人员不得放弃现场抢救。

5. 抢救过程中伤员的移动与转院

心肺复苏应在现场就地坚持进行，不要为方便而随意移动伤员，如确有需要移动时，抢救中断时间不应超过 30s。

移动伤员或将伤员送医院时，除应使伤员平躺在担架上并在其背部垫以平硬阔木板外，移动或送医院过程中还应继续抢救。心跳呼吸停止者要继续心肺复苏法抢救，在医务人员未接替救治前不能终止。

如伤员的心跳和呼吸抢救后均已恢复，可暂停心肺复苏方法操作。但心跳呼吸恢复的早期有可能再次骤停，应严密监护，不能麻痹，要随时准备再次抢救。初期恢复后，神志不清或精神恍惚、躁动，应设法使伤员安静。

思考题和练习题

5-1 实验有哪些环节？各有什么要求？

5-2 实验过程中发生异常情况应如何处理？

5-3 选择实验中使用的仪表仪器应考虑哪些因素？

5-4 简述设计测试方案的步骤及基本原则。

5-5 简述剩余电流动作保护器的基本工作原理。

5-6 保护接地与保护接零有何不同？保护接地有何局限性？

5-7 为什么保护接地与保护接零不能混用？

5-8 什么是重复接地？为什么在接零系统中要采用重复接地？

5-9 什么叫安全电压？对安全电压值有何规定？

5-10 简述查询故障的程序常采用的方法。

5-11 什么叫跨步电压？

5-12 触电受到的伤害程度与哪些因素有关？

5-13 怎样使触电者迅速脱离电源？

5-14 简述进行人工呼吸的方法及步骤。

第六章　电量与电参数的测量

电量和电参数的测量是电工测试的基础。本章主要介绍电压、电流、功率、电能、频率、相位、功率因数等电量及电阻、电感、电容等电参数的测试方法。

第一节　电压与电流的测量

电压和电流是反映电路和设备工作状态的重要特征量，是电工测量的主要对象。

一、电压的测量

测量电压最常用的方法是用电压表进行直接测量。测量时，应将电压表并联接在被测对象的两端，并且测量直流电压时，应注意极性，电压表的正端钮要接在电路中电位较高的一端。为了尽可能减小电压表负载效应的影响，电压表的内阻或内阻抗（亦称电压表的输入阻抗）应尽可能大。电压的测量分为以下三种：

1. 直流电压的测量

（1）用磁电系电压表测量。磁电系电压表可测几十毫伏至几千伏的电压。在测量高阻值两端的电压时，如果没有内阻合适的电压表，为避免因电压表负载效应而产生测量误差，可将毫安表或微安表与足够大的已知电阻 R_0 串联起来代替电压表，如图 6-1 所示，被测电压 U 可由毫安表内阻 R_m、读数 I_0 及已知串联电阻 R_0 算出，即

$$U = I_0(R_m + R_0) \tag{6-1}$$

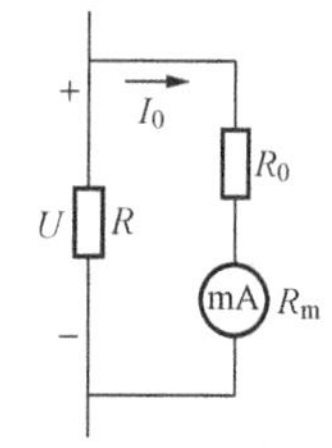

图 6-1　高阻值负载电压的测量

（2）用数字电压表、数字万用表测量。数字式仪表测量的准确度比磁电系电压表高，其输入电阻也比磁电系电压表高，约为 10MΩ。

2. 交流电压的测量

（1）用电磁系电压表测量。用电磁系电压表可直接测量十几伏至几百伏、频率不超过 1000Hz 的电压。要测量更高的电压，可通过电压互感器（TV）接入电路进行测量。

（2）用电动系电压表测量。电动系电压表可用于实验测试、精密测量或在实验室用作标准表。

（3）用整流式电压表测量。磁电系测量机构加上整流电路就构成了整流式仪表，可以用来测量交流量。万用表测量交流电压的原理就是整流式电压表的原理。

（4）用数字电压表、数字万用表测量。数字电压表可测量频率约为 100kHz 以下的电压，其准确度、输入电阻均比电磁系高。

（5）用电子电压表测量。电子电压表的测量频率范围为 20～20kHz，故常用其测量频率较高的电压。

3. 高电压的测量

（1）经电压互感器测量。在电力系统中广泛采用电压互感器（TV）与电压表配合测量交流高电压，接线如图 6-2 所示。

(2) 采用分压器测量高电压。由于电压很高时（高于 100kV）电压互感器体积大，价格高，因此在实际工作中，特别是在实验室中，可以采用电容分压法测量交流高压。如图 6-3 所示，U_x 经电容分压后再经过小型电压互感器进行测量，根据电容分压原理，可导出电压互感器一次侧的电压 U_1 与被测电压 U_x 的关系为

$$U_1 = U_x \frac{C_1}{C_1 + C_2} \frac{1}{\sqrt{1 + \frac{1 - 2b}{b^2(1 + a^2)}}} \tag{6-2}$$

$$a = \frac{R}{\omega L}$$

$$b = \omega^2 L(C_1 + C_2)$$

式中 R——互感器的等效电阻；

L——互感器的等效电感。

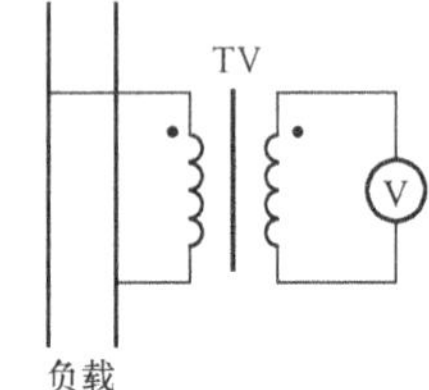

图 6-2 经电压互感器测量高电压

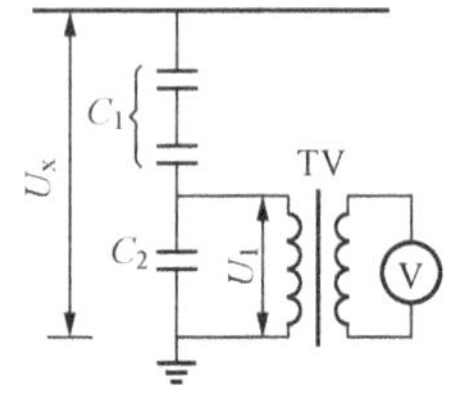

图 6-3 采用分压器测量高电压

对于直流高电压，采用电阻分压器测量。

(3) 用静电系电压表直接测量。静电系仪表是利用电荷同性相斥、异性相吸原理产生偏转力矩的仪表，它不受外磁场的影响，故可以将仪表直接接入高压电路中进行测量，它可以测量几十伏至 500kV 的直流、交流电压，且无需采用电阻分压器，因此用其测量高压较为方便。

二、电流的测量

测量电流最常用的方法是用电流表进行直接测量。测量时，应将电流表串联接入被测电路中，并且测量直流电流时，应注意极性，必须将电流表的正端钮接到电路中电位较高的点，即应使电流从正端钮进入电流表。为了尽可能减小电流表负载效应的影响，电流表的内阻或内阻抗（亦称电流表的输入阻抗）应尽可能小。

1. 直流电流的测量

(1) 常用磁电系电流表测量。磁电系电流表可直接测量微安级和毫安级电流，若带分流器则可测高达千安的电流。若要测低于微安级的电流，可采用检流计。

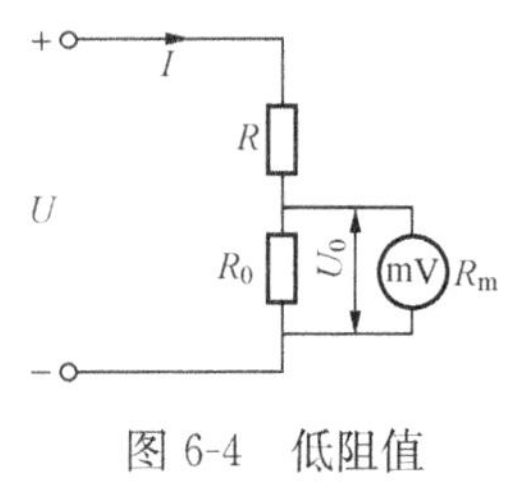

图 6-4 低阻值负载电流的测量

在测量低阻值负载的电流时，如果没有内阻合适的电流表，为避免因电流表负载效应而产生测量误差，可在被测电路中串联一个阻值足够小的已知标准电阻 R_0（称取样电阻），用毫伏表测量取样电阻两端的电压，如图 6-4 所示。若毫伏表内阻为 R_m、读数为 U_0，则被测电流为

$$I = \frac{R_0 + R_m}{R_0 R_m} U_0 \tag{6-3}$$

（2）用数字万用表测量。数字万用表的准确度比磁电系电流表高，可用于精密测量。

2. 交流电流的测量

（1）用电磁系电流表测量。电磁系电流表可直接测量 10mA 到几百安的电流。

（2）用电动系电流表测量。电动系电流表适用于实验室中用作标准表或用于实验测试、精密测量等。

（3）用数字万用表测量。数字万用表测量准确度高。

（4）用钳形电流表测量。钳形电流表测量时不需要切断电路，常用于对测量准确度要求不高的场合。

（5）用热电式电流表测量。热电式电流表可测量直流、极低频率至兆赫频率以上的电流。热电系仪表由热电变换器与磁电系测量机构组成，其中热电变换器由热丝及温差电偶组成，热丝通过电流时发热，使由双金属丝构成的温差热电偶产生毫伏级的温差电动势，送至磁电系毫伏表，从而间接测量出通过热丝的电流值。

3. 大电流的测量

（1）采用分流器测量。对于直流大电流，可采用分流器测量，接线如图 6-5 所示。

（2）通过电流互感器测量。测量交流大电流时，可将电流表通过电流互感器（TA）接入电路进行测量，如图 6-6 所示。

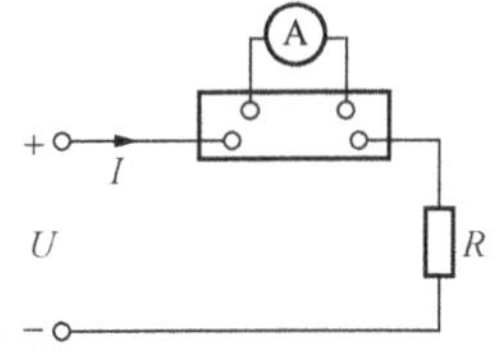

图 6-5　电流表经分流器接入

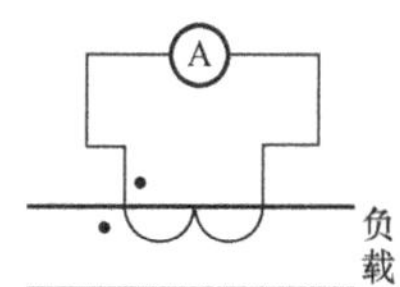

图 6-6　通过 TA 测量交流大电流

第二节　功率和电能的测量

一、功率的测量

（一）直流电路功率的测量

1. 用伏安表法测量

直流电路的功率 $P=UI$，因此可以用电压表和电流表分别测出电压 U、电流 I，然后经过计算得出功率的数值。这种方法称为伏安表法，接线方式有两种，如图 6-7 所示。

如果考虑仪表内阻的影响，则图 6-7（a）接线方式的测量结果为

$$P_1 = U_V I = (U + U_A) I = UI + U_A I = P + P_A$$

式中　U_A——电流表的电压降；

U_V——电压表的读数；

P_A——电流表所消耗的功率。

图 6-7（b）接线方式的测量结果为

$$P_2 = UI_A = U(I + I_V) = UI + UI_V = P + P_V$$

式中　I_V——电压表中的电流；

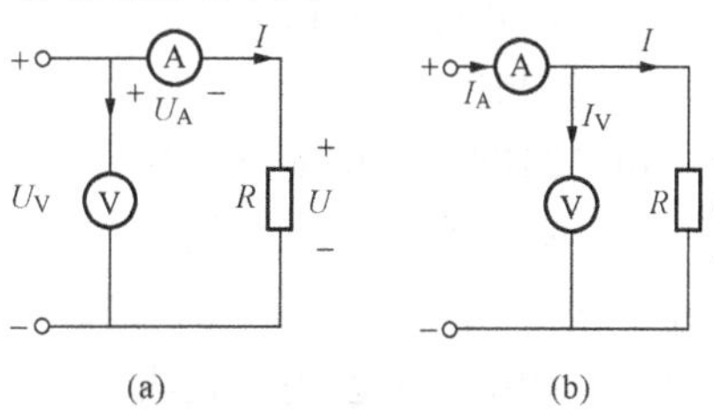

图 6-7　伏安表法测功率

（a）电压表前接；（b）电压表后接

I_A——电流表的读数；

P_V——电压表所消耗的功率。

由以上两式可见，由于仪表有功率消耗，所以测得的负载功率总比实际消耗的功率大，会产生测量误差。不同的接线方式产生不同的测量误差，两种接线方式产生的相对误差分别为

$$\gamma_1 = \frac{P_A}{P} = \frac{I^2 R_A}{UI} = \frac{IR_A}{U} = \frac{R_A}{R}$$

$$\gamma_2 = \frac{P_V}{P} = \frac{UI_V}{UI} = \frac{I_V}{I} = \frac{R}{R_V}$$

可见，随负载电流的减小（即负载电阻值增大），图 6-7（a）所示接法的相对误差减小，而图 6-7（b）所示接法误差增大。因此，测量时采用哪一种接线方式，要视负载电流的大小、电压表和电流表消耗的功率而定，通常当电源电压不变时，多选用图 6-7（a）所示电压表前接法。

伏安表法属于间接测量法，用这种方法测量功率，需经过计算才能获得结果，不仅麻烦，而且测量误差大，为测量电压和电流的误差之和。特别是在电流或电压值变动的情况下，不可能同时读出两只仪表的读数，误差会更大。

2. 用功率表测量

测量直流功率最方便的方法是利用电动系功率表进行直接测量。由于电动系功率表既有电压线圈又有电流线圈，所以与伏安表法一样，也有前接和后接两种方式，两种接法的误差分析与伏安表法相同。除此以外，也可用数字功率表测量功率。数字功率表实际上是由数字电压表和功率变换器构成的，由于数字电压表能比较准确地测出电压值，所以只要功率变换器足够准确，测出的功率就比较准确。现在数字功率表的准确度都比较高。

（二）单相交流电路中功率的测量

1. 间接测量

因为单相交流电路中的有功功率 $P=UI\cos\varphi$，故可用电压表、电流表、功率因数表分别测出被测电路两端电压 U、流过该电路的电流 I 及功率因数 $\cos\varphi$，再将三者相乘得到功率。但由于这种方法接线复杂，误差较大，所以很少使用。

2. 用功率表直接测量

测量单相交流电路功率最常用的方法是用功率表直接进行测量。电动系功率表既可以测量直流功率，又可以测量交流功率，它是一种测量功率的理想仪表。除此以外，还可以用变换式功率表测量交流功率。由于变换式功率表的结构简单，准确度高，抗干扰能力强，所以现在使用也很普遍。但在交流情况下，仍需电流表、电压表辅助检测电流和电压。

（三）三相交流电路中有功功率的测量

三相电路的有功功率可以用单相功率表或三相功率表进行测量。常用的功率表有电动系、铁磁电动系和变换式等几种。

1. 对称三相电路的功率测量

对称三相电路可以用一表法，即用一只功率表测出一相的功率，将读数乘以 3 即为三相总功率。功率表接入电路时，电流线圈应通入相电流，电压线圈应接相电压，如图 6-8（a）、（b）所示。如果无法从负载中性点接线或负载不能断开时，则可借助 3 个电阻构成人工中性

点，使电压回路承受相电压，如图 6-8（c）所示。配置电阻时应注意功率表电压回路串联的电阻和功率表电压回路本身的电阻之和应与另外两相的电阻值相等，以保证三相对称。

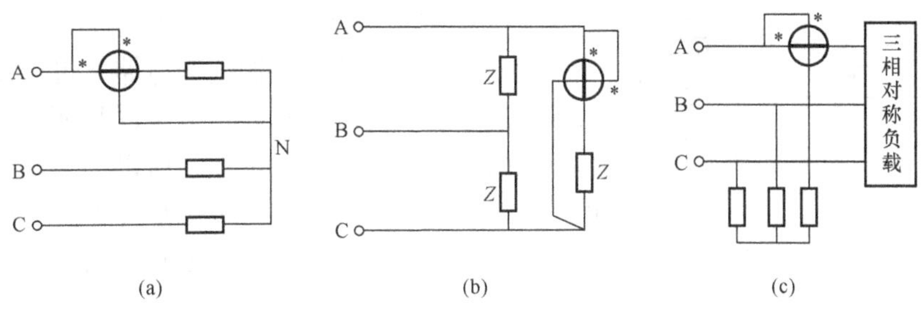

图 6-8　用一表法测量对称三相电路功率

（a）Y 负载时功率表接法；（b）△负载时功率表接法；（c）应用人工中性点接法

2. 三相三线制电路功率的测量

对于任意负载的三相三线制电路，可以用两只单相功率表来测量，接线方式如图 6-9 所示。两只功率表的电流线圈分别串入任意两端线中（图示为 A、C 两端线），它们电压线圈的电源端接在电流线圈所在线，而非电源端共同接到没有接电流线圈的第三条端线上（图示为 B 端线）。可以看出，这种测量方法中功率表的接线只触及端线，而与负载和电源的连接方式无关。这种方法习惯上称为两表法。

两表法是三相功率测量中最常用的一种方法，适用于三相三线制（三相四线制电路，中线电流为零的场合，理论上也可用），不仅用于负载对称，也用于负载不对称的情况。但在使用时，两只功率表的偏转有一些特殊情况，下面予以讨论。

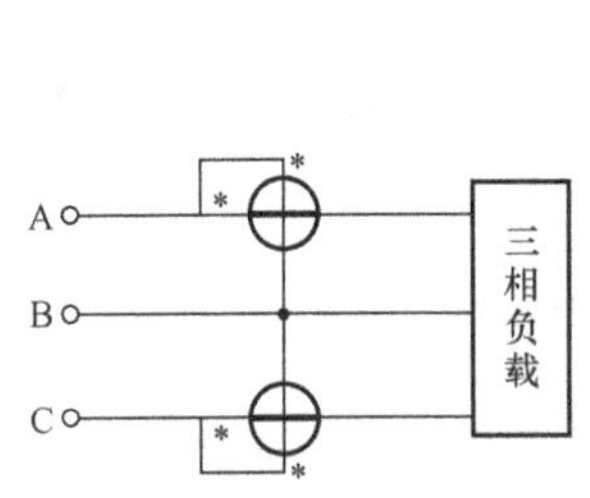

图 6-9　两表法测量三相三线功率

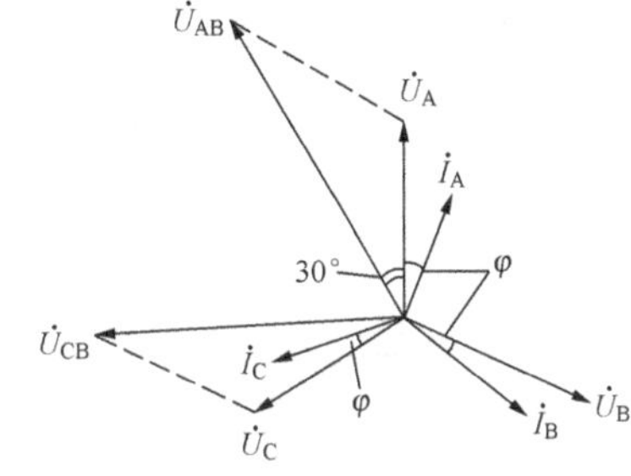

图 6-10　对称三相三线制电路的相量图

在对称三相电路中，假设负载为感性，其相量图如图 6-10 所示，由图可以得知两个表的读数分别为

$$P_1 = U_{AB} I_A \cos(30° + \varphi)$$
$$P_2 = U_{CB} I_C \cos(30° - \varphi)$$

式中　φ——负载阻抗角。

从上式可以看出，当负载功率因数为 1，即 $\varphi=0$ 时，$P_1=P_2$，两只表读数相同；当负载功率因数等于 0.5，即 $|\varphi|=60°$时，一只功率表读数为零；当负载功率因数小于 0.5，即 $|\varphi|>60°$时，其中一只表读数为负，表反向偏转，此时必须将该功率表电流线圈的两个端子互换，才能读数，这时总的功率等于没有反偏表的读数减去反偏表的读数。一般情况下，

一只功率表的读数没有实际意义。

对于任意负载的三相三线制电路，三相电网中普遍采用三相功率表直接测量。

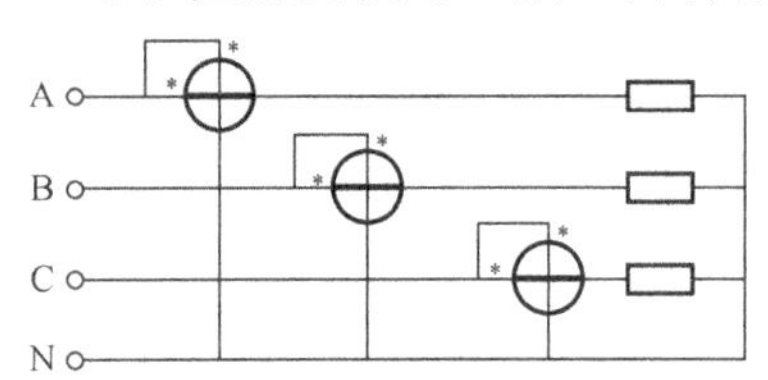

图 6-11 三表法测量三相四线功率

3. 三相四线制电路功率的测量

对于任意负载的三相四线制电路，可以用三只单相功率表进行测量，接线原理如图 6-11 所示。由于每只功率表接的都是相电压和相电流，所以三只功率表读数之和即为三相电路的总功率。这种方法称为称为三表法。

对于任意负载三相四线制电路，实际中常用三相三元件式功率表直接测量。

（四）三相电路中无功功率测量

三相电路中的无功功率的测量可以采用无功功率表测量，但在实际应用中仍然使用有功功率表进行测量，只是采取了特殊的接线方式。用有功功率表测量三相无功功率的方法很多，常用下面三种：

1. 用跨相 90°接线法测量

若将三只功率表的电流线圈分别接入三相电路，而电压回路跨接到另外两根端线上，如图 6-12（a）所示。根据相量图 6-12（b），可得

$$P_1 = U_{BC}I_A\cos(90^\circ - \varphi_A) = U_{BC}I_A\sin\varphi_A = \sqrt{3}U_AI_A\sin\varphi_A$$

同理

$$P_2 = \sqrt{3}U_BI_B\sin\varphi_B$$
$$P_3 = \sqrt{3}U_CI_C\sin\varphi_C$$

三只功率表读数之和为

$$P_1 + P_2 + P_3 = \sqrt{3}(U_AI_A\sin\varphi_A + U_BI_B\sin\varphi_B + U_CI_C\sin\varphi_C) = \sqrt{3}Q \tag{6-4}$$

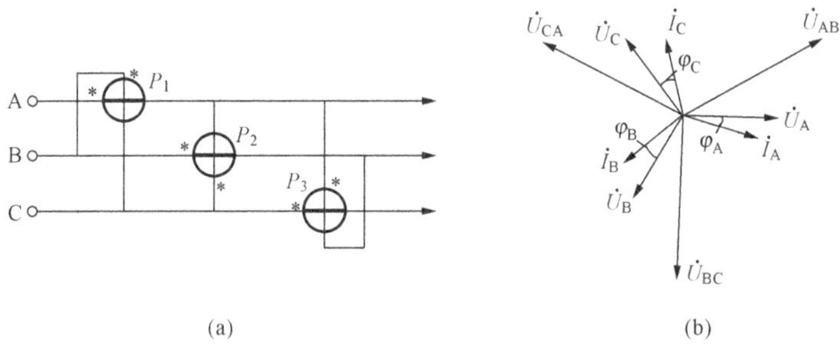

图 6-12 跨相 90°接线法测量三相电路中的无功功率
（a）接线图；（b）相量图

则三只功率表读数的代数和除以$\sqrt{3}$即为三相电路的无功功率。

上述方法为三表跨相 90°接线法，它适用于电源电压对称、负载不对称的三相三线或四线制电路。

当电源电压与负载都对称时，当然仍可用三表跨相法，只是三只功率表读数相同，因此只用一只功率表即可测出三相无功功率。只用一只表跨相时，该表读数乘以$\sqrt{3}$，即为三相

电路无功功率。

在电源电压与负载都对称的三相电路中，也可用两只功率表按跨相 90°接线法测量三相电路的无功功率，接线如图 6-12（a）所示中用任意两只功率表即可。此时，两表读数之和乘以$\sqrt{3}/2$ 即为三相电路的无功功率。

2. 人工中性点接线法

实际工作中，最常遇到的是电源电压对称、负载不对称的三相三线系统，这时可采用两表人工中性点接线法测量，接线原理如图 6-13 所示。图中附加电阻 R_{ad}的大小应与两只功率表电压回路的电阻完全相等，以保证加到功率表电压回路的三相电压对称。可以证明，两只功率表读数之和乘以$\sqrt{3}$即为三相无功功率。

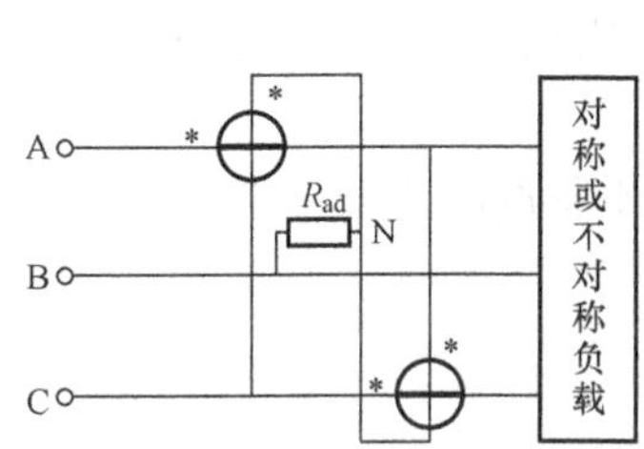

图 6-13　人工中性点接线法测量三相无功功率

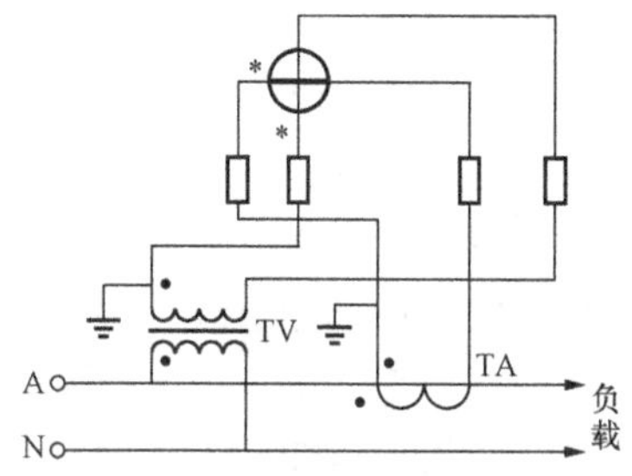

图 6-14　单相电能表经互感器接入电路

二、电能的测量

1. 单相交流电路中电能的测量

单相交流电路中常使用单相感应系电能表测量电能。对于低电压小电流的单相交流电路，电能表可直接接入线路进行测量。当电能表电流或电压量限不能满足要求时，就需经互感器接入。有时只需经电流互感器接入，有时需同时经电流和电压互感器接入，如图 6-14 所示。

如果要需测量 380V 单相负载（例如 380V 电焊机）的有功电能，则可用两只 220V 单相电能表进行测量，接线原理如图 6-15（a）所示。两只单相有功电能表的代数和就是负载消耗的有功电能。

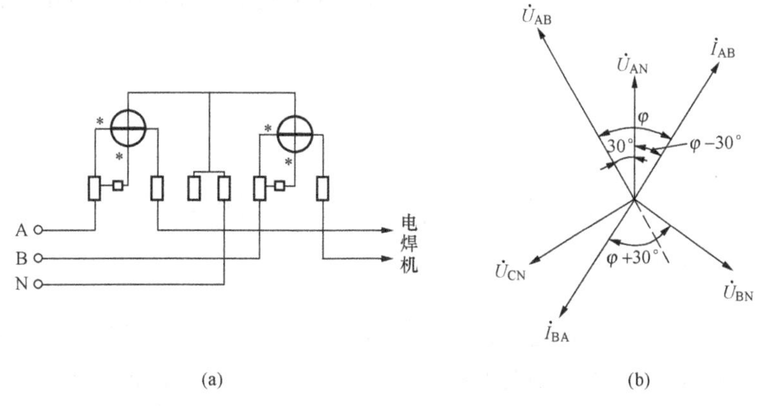

图 6-15　用单相电能表计量 380V 单相负载有功电能

（a）接线图；（b）相量图

现将这种接线方式的正确性证明如下：

由图 6-15（b）相量图可以看出，两只单相电能表反映的功率分别为

$$P_1 = U_{AN} I_{AB} \cos(\varphi - 30°)$$

$$P_2 = U_{BN} I_{BA} \cos(\varphi + 30°)$$

已知 $U_{AN} = U_{BN}$，$I_{AB} = I_{BA}$，$U_{AB} = \sqrt{3} U_{BN}$，所以两只电能表反映的功率之和为

$$P = P_1 + P_2 = U_{AN} I_{AB} [\cos(\varphi - 30°) + \cos(\varphi + 30°)]$$

$$= \sqrt{3} U_{AN} I_{AB} \cos\varphi = U_{AB} I_{AB} \cos\varphi$$

可见，两只功率表反映的功率之和恰好为单相负载所消耗的功率。

2. 三相交流电路中电能的测量

电力系统中，普遍使用三相有功电能表测量三相交流电路中的电能。对于三相三线制电路，采用三相二元件式电能表；对于三相四线制电路，采用三相三元件式电能表。三相电能表的接线方式见第三章。

对于三相高电压大电流系统的电能计量，电能表必须通过电流互感器和电压互感器接入，接线方式如图 6-16 和图 6-17 所示。

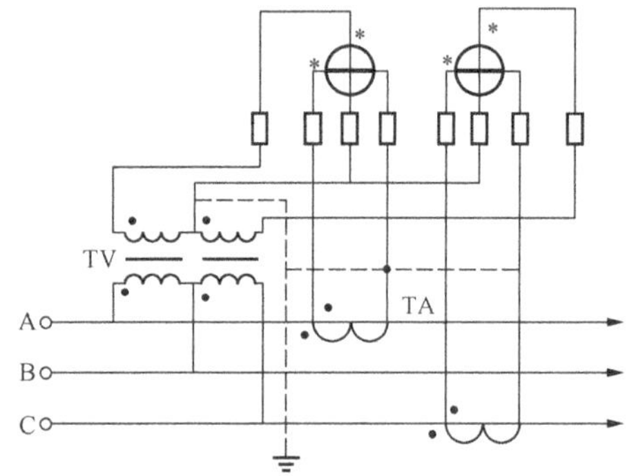

图 6-16 三相二元件式电能表经互感器接入

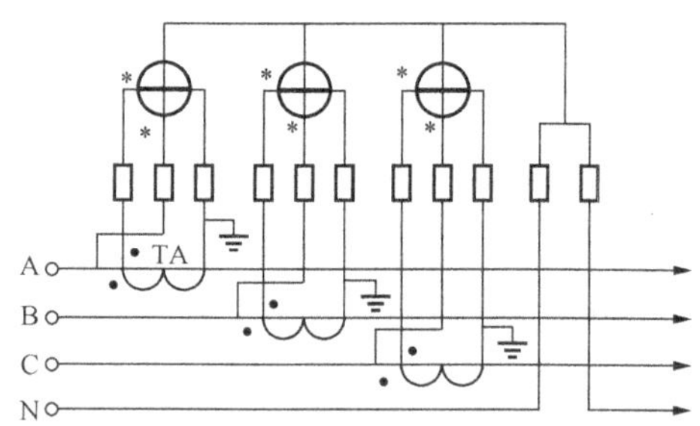

图 6-17 三相三元件式电能表经电流互感器接入

除了采用电能表测量电能以外，还可以采用间接法测量电能，即用功率表测出功率，用测时仪测出时间，然后算出电能。这种方法只适用于功率在被测时间范围内保持不变的场合，但由于功率表、测时仪器的准确度大大超过电能表的准确度，所以可用这种方法校准电能表。

3. 无功电能的测量

三相电网中普遍使用三相无功电能表测量电能。三相无功电能表的接线方式见第三章。

第三节 频率和相位的测量

一、频率的测量

频率是电能质量的基本指标之一，电路的阻抗、交流电动机的转速都与频率有关。为向用户提供高质量的电源，发电厂和变电站一般都装有频率表用来监视电网频率的变化。我国电力系统的额定频率为 50Hz，允许正负偏差 0.2～0.5Hz。测量频率的常用方法有以下几种：

1. 用频率表直接测量

测量频率应根据待测频率的高低及测量精度的要求选择频率测量仪表，对于工频及低频采用电动系频率表、变换式频率表或变换式数字频率表；对于声频及更高频率，主要采用数字频率表。

2. 用示波器测量

利用示波器不仅可以直观而形象地观察被测物理量的变化全貌，而且还可以通过它显示波形，测量电压、电流、频率和相位等，用途十分广泛。

用示波器测量频率的方法很多，下面主要介绍三种。

(1) 扫速定度法。如果示波器的扫描范围开关具有时间定度，即给出荧光屏上标尺线的每一横格与时间的关系，例如秒/格（s/div）、毫秒/格（ms/div）、微秒/格（μs/dit），那么将“t/div”微调旋钮置于校准位置，就可利用示波器显示出的被测信号波形，读出该信号波形的周期，其等于荧光屏上波形一个周期的水平距离乘以扫描范围开关所在位置的“t/div”。因为频率=1/周期，所以可由此计算出频率。例如：荧光屏上被测信号波形一个周期的水平距离为5格，扫描范围开关所在位置的读数是1ms/div，则被测信号的频率=1/周期=1/(5×1)=200(Hz)。为了提高扫速定度法测量频率的精度，应使荧光屏上显示的被测波形的周期数多一些，如果以x轴方向10格内占有几个周期来计算频率，算式为f=周期数/(时间/格×10)。

(2) 波形计数法。将频率为f的被测信号接至电子示波器的Y轴输入端，调整X通道扫描电压的频率f_0，当示波器荧光屏上被测信号的波形重复数为n时，则被测频率$f=nf_0$。

(3) 李沙育图形法。当示波器Y输入端和X输入端分别接有电压u_1、u_2时，由于两电压幅度、频率和相位的不同，荧光屏上就会出现各种不同的波形，这种图形就称为李沙育图形。

用李沙育图形测量频率的方法是：从Y轴输入被测频率f的信号电压，X轴输入一个频率可调、且数值已知的标准频率信号，即将X轴输入端钮与标准信号发生器相接，调节标准信号发生器的频率。当荧光屏上呈现的李沙育图形稳定后，在李沙育图形上引进一条水平线和一条垂直线，但应注意不要通过图形的交点，也不要与图形相切，应使引进的水平线和垂直线与李沙育图形交点最多。根据图形与水平线最多的交点数N_x与垂直线最多的交点数N_Y及标准频率f_n的数值，可求出被测频率

$$f=\frac{N_X}{N_Y}f_n \tag{6-5}$$

几种常见的李沙育图形及对应的频率比如图6-18所示。

用示波器测量频率很方便，但准确度不高。

3. 频率电桥法

平衡条件与频率有关的各种交流电桥都可测量频率。

4. 电容器充放电法

电容器充放电法测量频率的原理接线如图6-19所示。机械或电子开关S受频率为f的被测信号控制，以同样频率f动作，使标准电容器C时而被直流电源E充电，时而又放电。每次充电的电荷量为CE，因而每秒通过直流电流表的电流$I=fCE$。由电源电压E、标准电容器的电容量C及电流表的读数I，可求得被测频率$f=\frac{I}{CE}$。

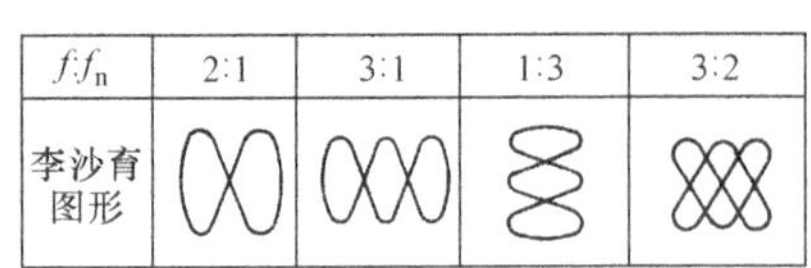

图 6-18　李沙育图形测量频率

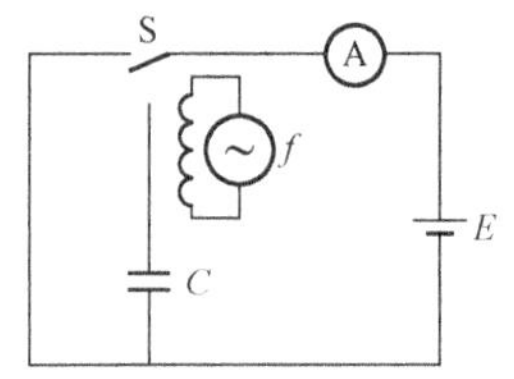

图 6-19　电容器充放电法测量频率

二、相位及功率因数的测量

工程上常用 φ 表示电路中电压与电流之间的相位差角，用 $\cos\varphi$ 表示功率因数。因为 φ 与 $\cos\varphi$ 是函数关系，所以测量相位和测量功率因数实质上没有什么区别，可利用相位差的测量方法，测出 φ 值再换算成 $\cos\varphi$ 值，反之亦然。一般在实验室和工程上常用以下方法测量相位差角 φ 及功率因数 $\cos\varphi$。

1. 用相位表或功率因数表测量

对于单相电路的功率因数，主要采用电动系功率因数表、数字相位表测量。对于三相电路的功率因数，常用三相铁磁电动系功率因数表、变换式功率因数表测量。

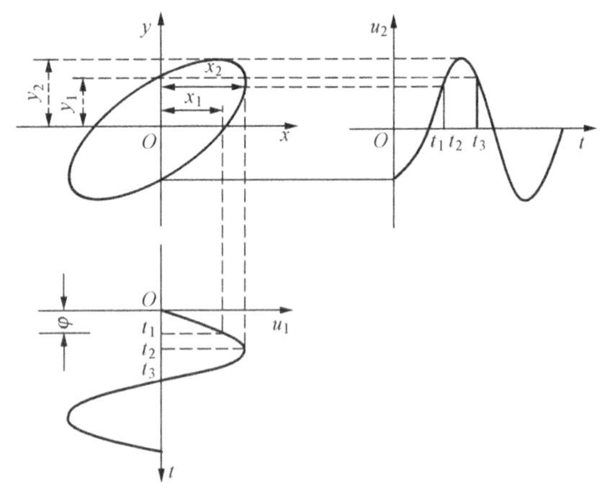

图 6-20　李沙育图形测量同频率信号相位差

2. 用李沙育图形测量同频率信号相位差

将被测相位差的两个信号 u_1 从示波器 X 端输入，u_2 从示波器 Y 端输入，荧光屏上将显示出 u_1 与 u_2 的合成图形，即李沙育图形。u_1 与 u_2 的相位差不同，形成的李沙育图形就不同。若李沙育图形如图 6-20 所示为一斜椭圆，图中截距 x_1 为 u_2 过零时刻 t_1 所对应的 u_1 值，最大水平偏转 x_2 对应为 u_1 的最大值。因为 u_1、u_2 之间的相位差 φ 对应的时间间隔为 $0\sim t_1$，由 u_1 波形可得

$$x_1 = x_2\sin\varphi$$

同理可得

$$y_1 = y_2\sin\varphi$$

故

$$\varphi = \arcsin\left(\frac{x_1}{x_2}\right) = \arcsin\left(\frac{y_1}{y_2}\right) \tag{6-6}$$

由图 6-20 可以看出，图形光点逆时针方向移动，表示 x 轴信号超前 y 轴信号。

几种相位差为特殊角时的李沙育图形如图 6-21 所示。

3. 间接法测量功率因数

（1）用间接法测量单相交流电路中 $\cos\varphi$。在单相交流电路中，有

$$\cos\varphi = \frac{P}{UI} \tag{6-7}$$

y_1/y_2	0	0.5	0.866	1	0
李沙育图形					
相位差	0°	30°	60°	90°	180°

图 6-21　相位差为特殊角时的李沙育图形

故可用功率表、电压表和电流表分别测出 P、

U、I 值，再经计算可得 $\cos\varphi$ 值。用此方法也可测量对称三相电路中 $\cos\varphi$。

（2）用间接法测量不对称三相电路中 $\cos\varphi$。在不对称三相电路中，每相的 $\cos\varphi$ 不同，为了不同的目的，三相功率因数有不同的定义。

1）定义一

$$\cos\varphi = \frac{P}{S} \tag{6-8}$$

式中　P——三相电路总的有功功率，可用三相功率表测得；

S——三相电路视在功率，可用三相功率表测得 P、三相无功功率表测得 Q，算出 S。

2）定义二。在工业企业等用电系统中，因负载和功率因数随时间不断变化，因此可由一段时间内有功电能表的读数 W_a 和无功电能表的读数 W_r，算出这段时间内的平均功率因数

$$\cos\varphi_{av} = \frac{1}{\sqrt{1+\left(\frac{W_r}{W_a}\right)^2}} \tag{6-9}$$

第四节　电阻的测量

电阻是基本的电参数之一，通常在直流条件下进行测量，有时也在交流条件下进行测量。在交流条件下测量时，由于集肤效应及邻近效应的影响，测量的电阻值与在直流情况下测量的值不同。但在工频条件下，通常可认为交流电阻等于直流电阻，而在要求较高或频率较高时，应该加以区分。工程上常使用的电阻阻值范围很宽，约为 $10^{-7}\sim10^{15}\Omega$，对于不同的阻值范围，需要采用不同的测量方法。从测量角度出发，一般把电阻分为三类：小电阻（1Ω 以下）、中值电阻（$1\sim10^6\Omega$）和大电阻（$10^6\Omega$ 以上）。

一、中值电阻的测量

1. 普通电阻表法

普通电阻表和万用表的欧姆挡都是测量中值电阻的直读仪表，用它们测量很方便，但准确度比较低。另外，使用时还应注意量程的选择，尽量使测量值在标度尺分度中心（中值电阻）附近。

2. 电桥法

用直流单臂电桥进行测量，利用这种方法可以获得较高的准确度。

3. 伏安表法

在被测电阻 R_x 通有电流的条件下，分别用电压表和电流表测出电阻两端的电压 U_x 及通过其中的电流 I_x，然后根据欧姆定律求出被测电阻，即

$$R_x = \frac{U_x}{I_x}$$

这种方法叫伏安表法，是一种间接测量法。

伏安表法测量电阻的线路通常有两种，如图 6-22 所示。图 6-22（a）中电压表接在电流表的前面，称为电压表前接。图 6-22（b）中电压表接在

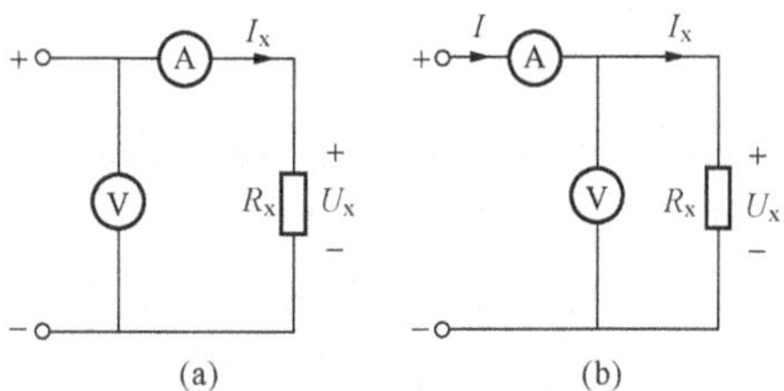

图 6-22　伏安表法测直流电阻

（a）电压表前接；（b）电压表后接

电流表的后面，称为电压表后接。

在电压表前接电路中，电流表的读数 $I=I_x$，但由于电流表与被测电阻串联，电压表的读数U不等于U_x，它还包含电流表的压降 I_xR_A，即$U=U_x+I_xR_A$。因此，按仪表读数计算出来的电阻为

$$R'_x=\frac{U}{I}=\frac{U_x+I_xR_A}{I_x}=R_x+R_A$$

R'_x中包括了电流表内阻 R_A，这就形成了测量误差，其结果将使测量值偏大。相对误差为

$$\gamma=\frac{R'_x-R_x}{R_x}\times 100\%=\frac{R_A}{R_x}\times 100\%$$

显然，$\frac{R_A}{R_x}$值越大，误差就越大，所以电压表前接的电路适用于测量 $R_x \gg R_A$ 情况，即测量较大电阻的情况。

在电压表后接电路中，电压表的读数U等于U_x，但电流表的读数 I 不等于 I_x，因为电压表和被测电阻直接并联，所以电流表的读数为被测电阻 R_x 的电流 I_x 和电压表的电流 I_V 之和，即 $I=I_x+I_V$，因此按仪表读数计算出来的电阻值为

$$R''_x=\frac{U}{I}=\frac{U_x}{I_x+I_V}=\frac{1}{\frac{I_x}{U_x}-\frac{I_V}{U_x}}=\frac{1}{\frac{1}{R_x}+\frac{1}{R_V}}=\frac{R_xR_V}{R_x+R_V}$$

它等于被测电阻 R_x 与电压表内阻 R_V 并联的等效电阻，因而测量结果偏小。相对误差为

$$\gamma=\frac{R''_x-R_x}{R_x}\times 100\%=\frac{-R_x}{R_x+R_V}\times 100\%$$

由此可见，$\frac{R_x}{R_x+R_V}$值越大，误差就越大，只有当 $R_x \ll R_V$ 时，$R''_x \approx R_x$。所以电压表后接的电路，适用于测量 R_x 阻值较小的情况。当 R_A 和 R_V 已知时，两种接法都可以通过计算来消除误差。

伏安表法的优点是能在工作状态下进行测量，这一点对非线性电阻的测量非常重要。另一个优点是适用于对大容量变压器一类具有大电感线圈电阻的测量。

二、小电阻的测量

小电阻指阻值在 1Ω 以下的电阻，如电机绕组的电阻、电流表内阻、分流器电阻、短导线电阻和汇流排电阻等。测量小电阻时，因为被测电阻本身的阻值很小，所以将被测电阻接入仪表时，连接导线的接线电阻和接头处的电阻是不容忽视的。接触电阻指电流从一个导体过渡到另一个导体时所遇到的电阻。接触电阻与接触表面的面积、接触表面的状况（平滑、粗糙、清洁等）及接触的紧密程度（压力）等因素有关。在测量小电阻时，必须采取措施，以消除接触电阻对测量结果的影响。常见的小电阻测量方法有以下几种：

1. 伏安表法

用伏安表法测小电阻时，被测电阻必须具有四端钮结构，通入被测电阻的电流要足够大，

并采用足够灵敏度的毫伏表测量该电阻两端的电压，如图 6-23 所示。图中 C1、C2 是被测电阻与测量线路的连接处，电流由 C1、C2 引入、引出，故 C1、C2 称电流端（接头）；毫伏表接于 C1、C2 的内侧，连接处 P1、P2 称电位端（接头）。可见，毫伏表的读数中不含电流回路接线电阻和 C1、C2 接触电阻的电压降。由于 P1、P2 的接触电阻和毫伏表引线的接线电阻远远小于毫伏表的内阻，因此它们对毫伏表的读数影响极小，可忽略不计。此外，测量时应尽量使用粗短导线连接，以减小接线电阻。采用上述方法，可以排除接线电阻和接触电阻对测量结果的影响。

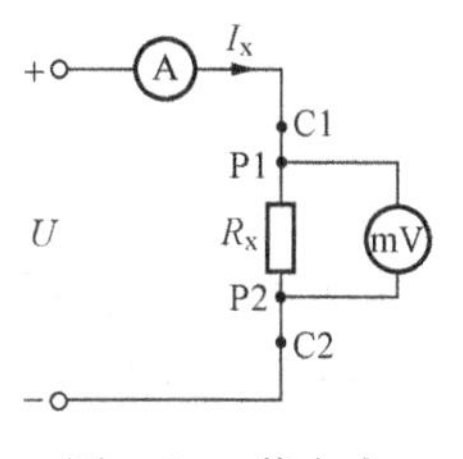

图 6-23　伏安表法测量小电阻

被测电阻值为

$$R_x = \frac{\text{毫伏表读数}}{\text{电流表读数}}$$

2. 微欧表法

用微欧表可以测量微欧级的电阻，现在世界各国都在研制数字微欧表，我国从 20 世纪 80 年代起也在从事这方面的工作，数字微欧表的优点是操作方便，省时快捷，但成本较高。

3. 电桥法

直流双臂电桥是测量小电阻的常用仪器，它可以消除接线电阻和接触电阻的影响，用它测量方便且准确度高。

三、大电阻的测量

大电阻是指 1MΩ 以上的电阻，实际工作中最常见的大电阻是绝缘电阻。绝缘电阻即绝缘材料的电阻，它是电气设备绝缘性能的重要标志。绝缘电阻值与温度、湿度及外加电压都有关。由于绝缘材料常因发热、受潮、污染、老化等原因使其绝缘电阻降低、泄漏电流增大，甚至绝缘破坏，从而造成漏电和短路事故，因此必须对绝缘电阻进行定期检查。但绝缘电阻不能用普通电阻表或万用表的欧姆挡测量，这是因为绝缘电阻的阻值比较大，例如几十兆欧或几百兆欧，在这个范围内万用表的刻度很不准确；另一方面主要是因为万用表测量电阻时所用的电源电压比较低，在低压下呈现的绝缘电阻值不能反映在高电压作用下的绝缘电阻的真正数值。通常大电阻采用以下测量方法：

1. 绝缘电阻表法

绝缘电阻表结构简单，携带方便，读数稳定，是测量绝缘电阻的一种很好的工具。实际工作中，常用绝缘电阻表直接测量各种电气设备的绝缘电阻。

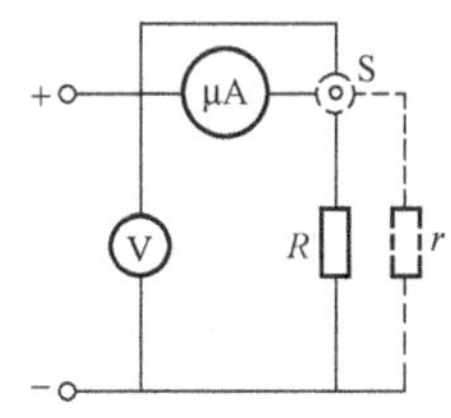

图 6-24　伏安表法测量大电阻

2. 伏安表法

用伏安表法也可以测量大电阻，测量电路如图 6-24 所示。由于大电阻表面会有漏电流通过，相当于在 R 两端并联着一个漏电阻 r，影响测量准确度。为了避免漏电流的影响，在 R 的一个端钮周围设置金属环 S，这样漏电流就不会通过电流表，而是直接回到电源。另外，用伏安法测量高值电阻时，应选用微安表。

四、接地电阻的测量

测量接地电阻的方法很多，可用伏安表法、电桥法等，但采用接地电阻测量仪是最常用的一种方法。

第五节 电感的测量

电感的测量包括电感线圈的电阻 R、电感量 L 及品质因数 Q 的测量。电感线圈根据其芯子材料的不同可分为空芯电感和铁芯电感两类。空芯电感是指以空气或其他大量非铁磁性材料为芯子的电感线圈，其电感参数 L 是常数，与工作电流的大小无关；铁芯电感是指以铁磁材料为芯子的电感线圈，只有当它工作在铁磁材料磁滞回线的线性区域时，才可以认为其电感参数 L 是常数，而在一般情况下，电感参数 L 不是常数，而与工作电流的大小有关。因此，测量时应根据被测量的性质和参数大小，以及对测量准确度的要求采用不同的测量方法。

一、空芯电感的测量

由于空芯电感线圈的参数是常量，其值与工作电压、电流无关，因此测量方法很多，下面介绍常用的几种。

1. 伏安表法

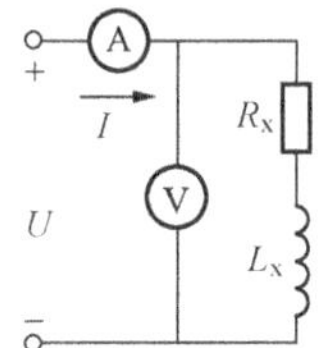

图 6-25 伏安表法测电感

伏安表法测电感的原理与伏安表法测电阻相同，如图 6-25 所示，先接入交流电源，测出线圈两端的电压 U 及通过电感线圈的电流 I，则

$$|Z_x| = \frac{U}{I}$$

式中 U——交流电压表读数；

I——交流电流表读数。

然后将交流电源改为直流电源，并将交流电压表、交流电流表换接为直流电压表、直流电流表，则

$$R_x = \frac{U_0}{I_0} \tag{6-10}$$

式中 U_0——直流电压表读数；

I_0——直流电流表读数。

再按下式计算线圈的电感值

$$L_x = \frac{1}{2\pi f}\sqrt{|Z_x|^2 - R_x^2} \tag{6-11}$$

式中 f——交流电源的频率。

伏安表法测电感的主要特点是设备简单，只要用电压表和电流表就可以进行测量，但测量误差较大。为了减少误差，要求电压表有较大的内阻，电流表有较小的内阻。伏安表法的另外一个特点是在测量时，被测元件可以通过工作电流，这对像铁芯电感一类的非线性元器件非常合适，以便在给定的工作状态下进行测量。

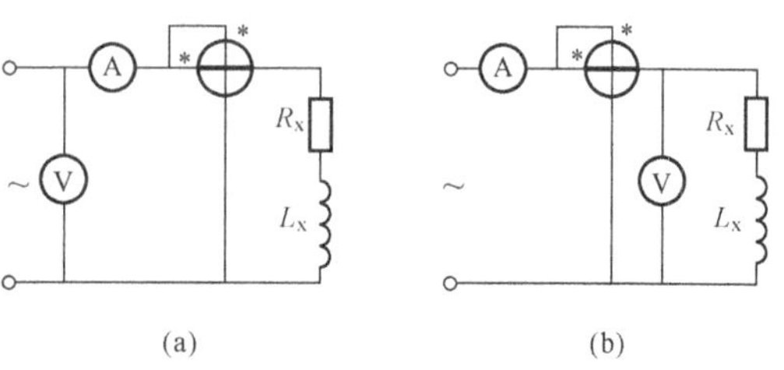

图 6-26 三表法测电感线圈参数

(a) 电压表前接；(b) 电压表后接

2. 三表法

三表法即用电压表、电流表和功率表测量电感的方法，测量电路如图 6-26 所示，图中 Z_x ($R_x + j\omega L_x$) 为被测阻抗。如不计仪

表内阻，测出电感线圈的端电压 U，通过线圈的电流 I 以及线圈的功率值 P 后，再根据电阻 R、电感 L 在交流电路中的特性，用下面公式可计算出 R_x 和 L_x 的值，即

$$R_x = \frac{P}{I^2} \tag{6-12}$$

$$L_x = \frac{1}{2\pi f}\sqrt{\left(\frac{U}{I}\right)^2 - R_x^2} \tag{6-13}$$

三表法测电感线圈参数的主要特点也是设备简单，但测量误差较大。减小误差的方法如下：

（1）采用适当的接线方式。如图 6-26 所示，图 6-26（a）适用于测量 $|Z|$ 较大的情况，图 6-26（b）适用于测量 $|Z|$ 较小的情况。

（2）根据测量时采用的线路和仪表内阻进行分析，在计算结果时进行修正。

3. 谐振法

利用谐振法测量电感的线路如图 6-27 所示。测量时调节信号发生器的频率（电容 C_n 的值一定）或调节 C_n（电源频率 f 一定），使电压表的读数为最大，这时电路达到谐振，则有

$$\omega_0 L_x = \frac{1}{\omega_0 C_n}$$

由此可计算出被测电感值为

$$L_x = \frac{1}{\omega_0^2 C_n} = \frac{1}{4\pi^2 f_0^2 C_n} \tag{6-14}$$

式中　f_0——谐振时信号发生器的频率。

因为谐振时，电路的电抗 $X = \omega_0 L - \frac{1}{\omega_0 C} = 0$，因而可按下式计算线圈电阻

$$R_x = \frac{U}{I} \tag{6-15}$$

式中　U——电压表读数；

　　I——电流表读数。

通常谐振法用于测量高频情况下的电感线圈参数，它能在 50kHz～100MHz 的范围内对 0.1～100mH 的空芯电感进行测量，因此广泛应用于无线电测量中。

此外，谐振法测量电感也可以采用桥式电路，原理线路如图 6-28 所示。调节各臂电阻及电容 C_n（或电源频率 f），使电桥平衡，由于其他 3 个桥臂都是纯电阻，所以此时包含被测电感的桥臂也必然是纯电阻的，即该桥臂必为一谐振电路。若电桥电源频率为 f_0，则有

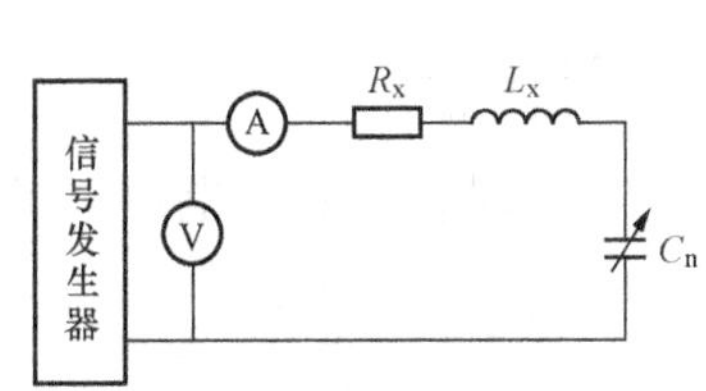

图 6-27　谐振法测量电感

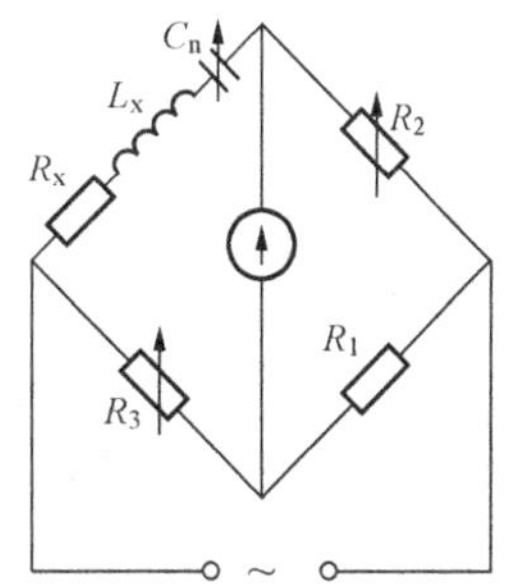

图 6-28　谐振法测量电感的桥式电路

$$R_x = \frac{R_2 R_3}{R_1} \tag{6-16}$$

$$L_x = \frac{1}{4\pi^2 f_0^2 C_n} \tag{6-17}$$

另外，利用交流电桥测量电感也是一种常用的方法，具体测试方法参见第二章第七节。

二、铁芯电感的测量

铁芯电感是非线性元器件，其参数与工作电流的大小有关，故测量时，必须在其工作电流条件下测量。另外，根据铁芯电感工作时有无直流分量通过，应采用不同的测量方法。

1. 无直流偏置的铁芯电感测量

若铁芯电感线圈工作时无直流分量通过，且其工作电流在铁芯磁化曲线的直线段，则可以近似看作是线性电感，并可采用测量空芯电感的方法测量铁芯电感。

当铁芯电感的工作电流较大，其非线性不容忽视时，一般采用伏安表法或三表法进行测量。由于这两种方法能测量在相应电流情况下的电感值，所以调节时要注意使之为工作电流，否则测量无意义。电桥提供的电流不一定满足被测电感的要求，故不能用电桥进行测量。

2. 有直流偏置的铁芯电感测量

若铁芯电感工作时有直流分量通过，则测量时必须加相同数值的直流偏置。大多数交流电桥在测量这类电感时都允许外加直流偏置电流。图 6-29 为交流电桥引入直流偏置的方法之一。由图可见，直流偏置电路与交流电源是并联的，电感 L 扼制交流分量通过直流电源，隔直电容 C_0 避免直流分量通过交流电源，因此直流偏置电流只通过被测铁芯元器件和桥臂电阻 R_2。偏置电流的大小可以用电流表监测，并通过调节电阻 R 来改变其数值。通过铁芯线圈交流分量的大小（指工作电流），则可通过电压表测量 R_2 上的交流电压来确定，由于与电压表串联的电容 C_2 起隔直作用，故电压表读数仅为 R_2 上的交流电压。

由于电压表的内阻很高，且指零仪 G 支路串联了隔直电容 C_1，故电桥的平衡条件与没有直流偏置时的电桥平衡条件完全一样。

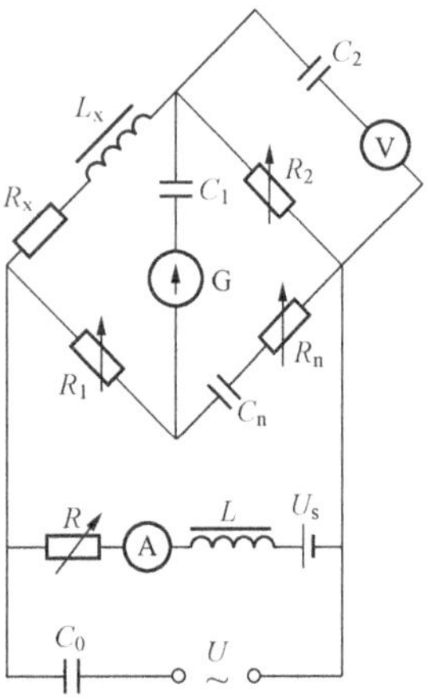

图 6-29　交流电桥引入直流偏置

三、互感的测量

互感测量与电感测量相似，但要考虑同名端的影响，下面是几种常用的方法。

1. 伏安表法

图 6-30 所示为两个互感线圈，当其中一个线圈通过交流电流 $\dot{I}$ 时，在另一个线圈两端就产生互感电压 $U=\omega MI$，因而若电源角频率 ω 已知，则根据电流表读数 I 和电压表读数 U 就可求出两线圈的互感系数为

$$M = \frac{U}{\omega I} \tag{6-18}$$

用伏安表法测量时，为了减小误差，要求电压表的内阻应足够大。

2. 等效电感法

耦合线圈串联连接时，有两种接线方式：①顺向串联，如

图 6-31（a）所示；②反向串联，如图 6-31（b）所示。顺向串联时的等效电感值为 $L_+ = L_1 + L_2 + 2M$，反向串联时的等效电感 $L_- = L_1 + L_2 - 2M$。如果先求出 L_+ 和 L_-，则可以求出互感系数 M 的大小为

$$M = \frac{L_+ - L_-}{4} \tag{6-19}$$

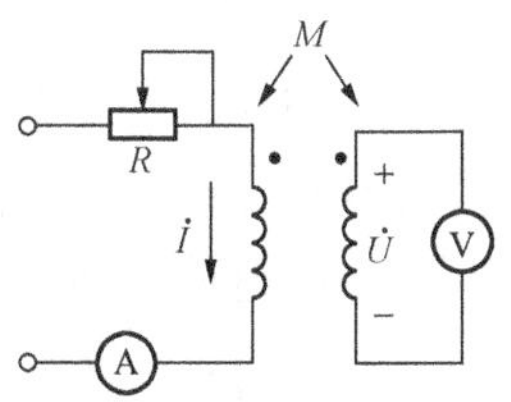

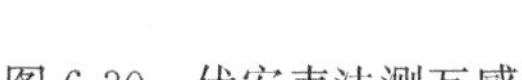
图 6-30　伏安表法测互感

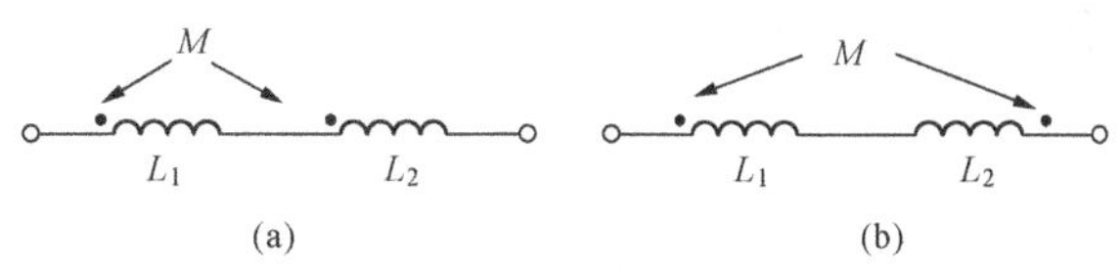

图 6-31　耦合线圈的串联
（a）顺向串联；（b）反向串联

应当注意，测量等效电感 L_+ 和 L_- 的方法原则上可以采用测量电感的任何一种方法，但准确度不高。特别是当互感 M 较小时，L_+ 和 L_- 数值较接近，误差就更大，故这种方法只在要求不太高时采用。另外，利用等效电感法可确定两线圈的同名端。

3. 坎贝尔桥法

坎贝尔桥法测量互感的线路如图 6-32 所示。图中 C 为可调标准电容器。调节 C 使检测仪表指零，根据电路理论，当检测仪表指零时，有

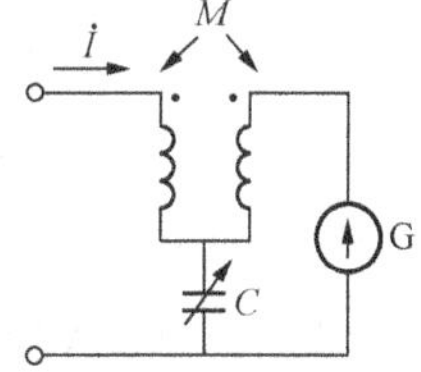

图 6-32　坎贝尔桥法测量互感

$$\mathrm{j}\omega M\dot{I} = \mathrm{j}\frac{\dot{I}}{\omega C}$$

因此可求出互感系数为

$$M = \frac{1}{4\pi^2 f^2 C} \tag{6-20}$$

式中　f——电源频率。

第六节　电 容 的 测 量

电容的测量方法很多，通常要根据电容器的不同结构采用不同的测量方法。下面分别介绍常用的几种测量方法。

1. 伏安表法

当略去电容器的介质损耗时，可用电压表、电流表分别测出电容 C_x 两端的电压 U 和电流 I，然后按式（6-21）计算出被测电容 C_x。

$$C_x = \frac{I}{2\pi f U} \tag{6-21}$$

式中　f——所用交流电源的频率。

这种方法适用于测量 100pF～1000μF 的电容，但测量的准确度较低，一般用于没有专用仪器或测量要求较低的场合。

2. 三表法

用电压表、电流表和功率表也可以测量电容器的电容及等效电阻，测量方法与电感的测量相同。

3. 谐振法

用谐振法测量电容的过程与测量电感相同。这种方法适用于测量 100pF 以下的电容。

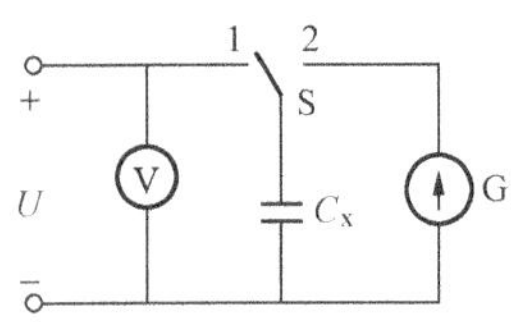

图 6-33　冲击法测量电容

4. 冲击法

用冲击法测量电容的原理接线如图 6-33 所示，图中检流计 G 为可测量电荷量的冲击检流计。对被测电容 C_x 施加直流电压 U，将开关 S 由位置 1 迅速投至位置 2，电容 C_x 中电荷 Q 通过检流计泄放，并由检流计 G 读出。电容量 C_x 可按公式 $C_x=\frac{Q}{U}$计算。

5. 用电容表测量

用电容表可直接测量电容，指针式电容表需外接工频电源，测量范围为 0.5～10μF。数字电容表用电池供电，测量范围为数皮法到数千微法。

6. 用电桥测量

要精确测量电容器的电容值，通常采用交流电桥测量。

7. 用万用表测量

（1）用万用表电压挡测量电容。用万用表电压挡测量电容的方法是：将被测电容与万用表的交流电压挡串联后，接至相应电压的交流电源上（例如，用万用表 250V 挡时，接至 220V 的交流电源上），如图 6-34 所示。设交流电源电压为 $\dot{U}$，万用表交流电压挡的内阻为 r，则这时被测电容两端的电压 U_C 为

$$U_C=\sqrt{U^2-U_r^2}$$

而电路中电流 I 为

$$I=\frac{U_r}{r}$$

所以

$$C=\frac{I}{2\pi fU_C}=\frac{\frac{U_r}{r}}{2\pi f\sqrt{U^2-U_r^2}}=\frac{1}{2\pi fr_0\sqrt{\left(\frac{U}{U_r}\right)^2-1}} \tag{6-22}$$

式中　U_r——万用表两端的电压，也就是万用表交流电压挡的读数。

这样，已知电源频率 f、电源电压 U 及万用表的内阻 r 时，便可由式（6-22）计算出被测电容 C。

有些万用表能测量电容，就是根据这一原理做成的。

（2）用万用表欧姆挡估测电容。用万用表欧姆挡测电容是常见方法之一，它可以粗略地测出电容量及电容器的好坏。方法是：将万用表转换到欧姆挡，并调好零点，再将电容器的引出线短接，使其充分放电后，用万用表的表笔与电容器的引出线连接，如图 6-35 所示。根据电路原理，电容器将被充电，充电电流为

$$i_C=\frac{U}{R_0}e^{-\frac{t}{R_0C}} \tag{6-23}$$

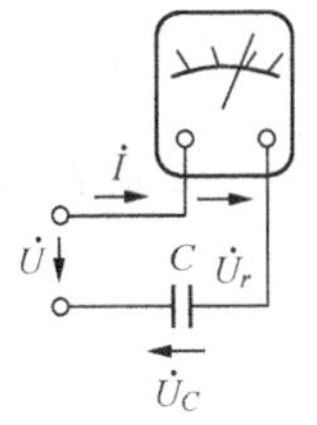

图 6-34　万用表电压挡测电容

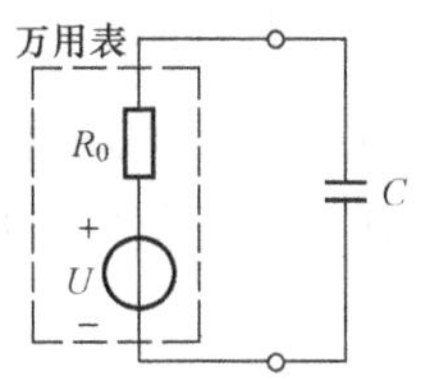

图 6-35　万用表欧姆挡测电容

所以电容器在接通瞬间通过一冲击电流，使指针向右有较大的偏转，然后逐渐返回，最后趋近于稳定位置（欧姆挡的无穷大点或某一数值）。电容器的容量越大，则时间常数越大，过渡过程时间越长，相应指针返回的时间越长；反之，电容量越小，则指针返回的时间越短。由式（6-23）可知：

当 $t=0$ 时，$i_C(0)=\dfrac{U}{R_0}$，万用表指针向右偏转到最大位置，对应的电流标度尺分度为 $I_{(0)}$。

当 $t=\tau$ 时，$i_C(\tau)=\dfrac{U}{R_0}e^{-1}=0.37i_C(0)$，此时，指针返回（向左）到 $I_{(0)}$ 的 37% 位置。

据此原理。对电容量较大的电容器通过测量可估算出其电容量。测量方法是：接通瞬间，记下指针偏转到达的最大位置 $I_{(0)}$，同时开始计时（用秒表），当指针返回到 $I_{(0)}$ 的 37% 位置时，停止计时，若这段时间为 t，则电容量为

$$C=\frac{t}{R_0} \tag{6-24}$$

式中　R_0——所选欧姆挡的万用表内阻。

测量时，要注意选择所用的欧姆挡，至少应保证：指针最大偏转位置 $I_{(0)}$ 超过满标度尺的 50% 以上；记录的时间 t 在 10～100s 之间，否则不易观测。

显然这种方法对电容器进行粗略测量很方便，但误差大。

8. 用分压比法测电解电容器的电容

由于电解电容的端钮有“+”、“−”极性标志，因而在工作和测试时应保证“+”极性端的电位高于“−”极性端的电位，即测量时一般应对电解电容施加正向直流偏置电压。

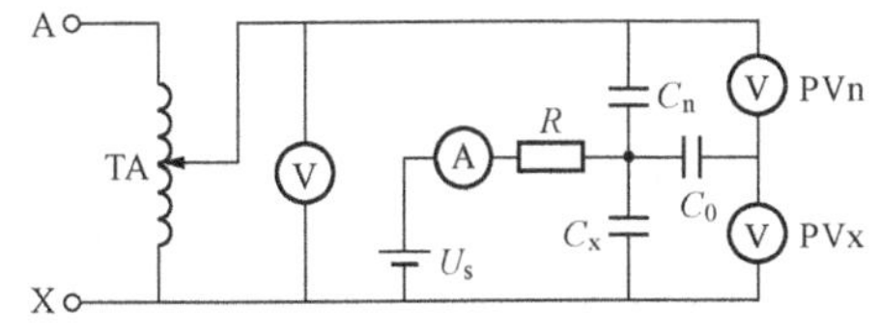

图 6-36　用分压比法测电解电容器容量

用分压比法测量电解电容器容量的接线如图 6-36 所示。该测量电路是一个直流电源和工频交流电源共同作用的非正弦交流电路。图 6-36 中 C_n 是已知电容，它与被测电解电容 C_x 串联。直流电压 U_s 为 C_x 提供偏置电压，保证电解电容 C_x 的极性与所加电压的极性相符。被测电容 C_x 的耐压应高于施加在该电容器上的直流电压分量和交流电压分量最大值之和。C_0 是隔直电容，以保证只有交流分量加到电压表上。R 为限流电阻，防止 C_x 击穿时直流电源短路。电流表用来监视电解电容器 C_x 是否被击穿。

在 $R \gg \frac{1}{\omega C_x}$ 时，电阻支路的交流分量近似为零。对工频交流电源而言，电路可视为 C_n 与 C_x 的串联电路。由于 C_0 的隔直作用，交流电压表读数 U_n、U_x 分别表示交流电流分量在电容 C_n 和 C_x 上电压降的有效值。即

$$U_n = \frac{I}{\omega C_n}$$

$$U_x = \frac{I}{\omega C_x}$$

式中 I——交流电流分量的有效值；

ω——交流电流分量的角频率。

将上述两式相比，可得

$$C_x = \frac{U_n}{U_x} C_n \tag{6-25}$$

测量时，通过调节调压器的输出，读取电压表的 U_n 和 U_x 的值，然后由式（6-25）求出 C_x 的值。

应当注意，电解电容的数值随频率的变化很大，其标称值是指 50Hz 时的电容值，所以测量时电源频率应以 50～100Hz 为宜。

思考题和练习题

6-1 用 2.5 级、量程为 100V、内阻为 200kΩ 的万用表和 0.5 级、量程为 100V、内阻为 2kΩ 的电磁系电压表，分别测量图 6-37 中电阻两端的电压，试分别计算两只表的读数及测量结果的相对误差。由此可得出什么结论？

6-2 用伏安法测量未知电阻的电路如图 6-38 所示。已知电流表的读数为 1.8mA，电压表在 100V 量程时读数为 90V，其每伏欧数为 10kΩ/V，试计算：

（1）测得的电阻值和实际电阻值。

（2）由于电压表负载效应引起的相对误差。

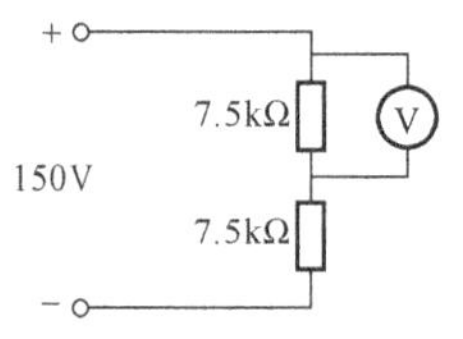

图 6-37 思考题与练习题 6-1 图

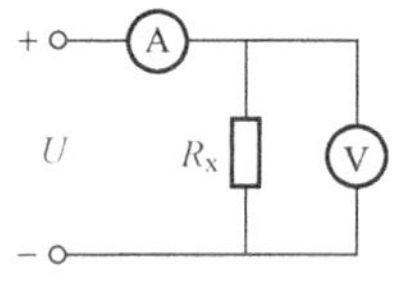

图 6-38 思考题与练习题 6-2 图

6-3 用电流表、电压表测量电流、电压时，应如何接线？对它们的内阻有什么要求？

6-4 测量交流功率时，除了接入功率表外，还应接入电压表和电流表，为什么？

6-5 功率表为什么会发生反转现象？什么情况下发生反转？发生反转时怎么办？

6-6 有两个负载，阻值分别为 $R_1=10\Omega$、$R_2=100\Omega$，负载两端电压为 220V，现用一功率表测量其功率，已知功率表电流线圈的电阻 $R_A=0.1\Omega$，电压线圈的电阻 $R_V=1.5\text{k}\Omega$，

试分别画出测量接线图，并分别计算测量时表耗功率。

6-7 用两表法测量负载为容性的三相三线制对称电路的功率，试分析当负载的功率因数角从 0°变到－90°时，两只功率表读数的变化情况。

6-8 用两表跨相法测量三相三线对称电路的无功功率，若用两只功率表的电流线圈分别串入 A、C 两相线路，且知线电压为 380V，线电流为 5A，负载为容性，$\cos\varphi=0.6$，试画出相量图，并计算两只表的读数及三相无功功率，并讨论两只功率表会不会反转？为什么？

6-9 能否用两元件式三相有功电能表测量三相四线制电路的电能？为什么？

6-10 图 6-39 为三相三线有功电能表经电流互感器与电压互感器测量电能的接线图，此接线是否正确？如果这样接线，电能表的读数将为多少？

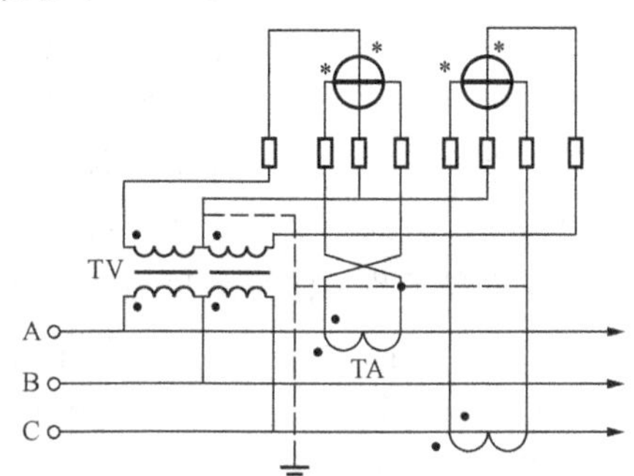

图 6-39 思考题与练习题 6-10 图

6-11 测量频率有哪些方法？各有何优缺点？

6-12 除本章介绍的方法外，还有哪些方法可以测量相位及功率因数？

6-13 测量电阻可以用万用表、绝缘电阻表、单臂电桥、双臂电桥、伏安法等，现要测量以下电阻，试选择一种最适用和最方便的方法。

（1）测量异步电机的绕组电阻。

（2）测量变压器绕组的绝缘电阻。

（3）测量某电桥桥臂的标准电阻。

（4）一般电子电路上使用的碳膜电阻。

（5）照明电灯通电时和断电时的钨丝电阻。

6-14 用伏安法测量阻值约为 100 Ω 的电阻，若电压表内组 $R_v=1000\ \Omega$，电流表内阻 $R_A=0.03\Omega$，试画出测量电路并说明理由。

6-15 用三表法测量某电感的交流参数，已知测量时三表读数为：$P=400$W、$U=220$V、$I=2$A，求该线圈的等效电阻 R_x 及电感 L_x。

第七章 智能测试技术

第一节 智能测试技术概述

一、智能仪器仪表

智能仪器仪表一般是指采用了微型计算机的仪器仪表。自20世纪70年代以来，由于微处理器、半导体存储器等大规模集成电路技术的发展和普及，微型计算机技术进入了仪器仪表的设计与制造领域，这使仪器仪表的原理、功能和准确度度水平都发生了革命性的变化。微型计算机的控制和计算能力，不但简化甚至淘汰了传统仪器设计中某些难于掌握和突破的关键问题，而且赋予这一代仪器以识别（判断）、记忆、分析计算和可程控等功能，人们称这些微机化的仪器仪表为智能仪器仪表。智能仪器仪表具有对若干电参数进行自动测量、自动量程选择、数据记录和处理、数据传输、误差修正、自检自校、故障诊断及在线测试等功能，不仅改变了若干传统测量概念，更对整个电子技术和其他科学技术产生了巨大推动作用。现在，电工测量技术（包括测量理论、方法，测量仪器装置等，已形成电工科学领域重要而发展迅速的分支。自1973年出现了第一台智能仪器，即内部装有微处理器的电容电桥以后，相继出现了智能电压表，智能示波器、数字式温度计、超声波导向装置，智能流量仪、智能天平，智能计数器/定时器等新型产品，近40年来，智能仪器的种类和销售量年年成倍增长，智能化（或微机化）已成为仪器仪表发展的主要方向。

智能仪器仪表并不是传统仪器与微处理器的简单组合，而是一种经过综合考虑后的重新设计，它体现了仪器仪表与微处理器一体化的思想。传统的仪器仪表，其所有的功能全是由硬件实现的，而带有微处理器的智能仪器仪表的设计是一种硬件和软件相结合的系统设计。由于利用了软件技术，使得仪器仪表的功能有了很大提高，并易于修改和扩充，设计的灵活性很大。也就是说，智能仪器仪表是把仪器仪表的主要功能"软化"在程序ROM中，这样，不需要全面改变硬件的设计，只要改变存放在ROM中的软件内容，就可以改变仪器仪表的功能。这种灵活性对于满足批量小，品种多，机种更新、更快的要求是极为重要的。可以看出，微处理器的应用正在使仪器仪表设计经历一场巨大的变革，它不仅使传统的仪器仪表变得更加灵巧，而且也促使各种完全崭新的仪器仪表相继出现。

二、智能仪器仪表的结构

如前所述，智能仪器仪表一般是指内部装有微处理器或微型计算机的仪器仪表。从计算机技术的角度来看，智能化仪器仪表就是一台具有某种测量（试）功能的专用微型计算机。智能仪器仪表的基本组成如图7-1所示。显然，这是典型的计算机结构，与一般的计算机的差别在于它多了一个"专用的外围设备"——专用测试电路，

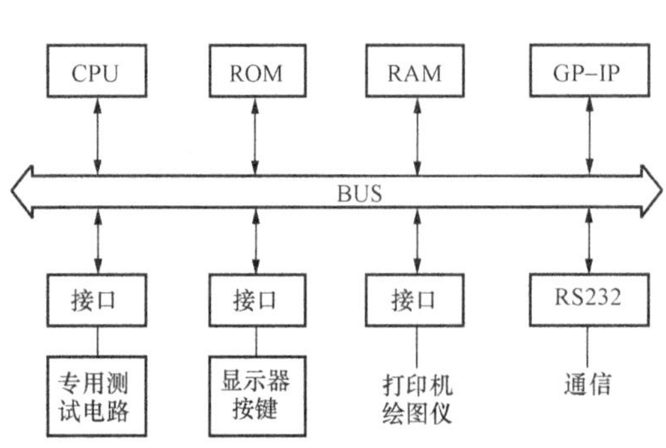

图7-1 智能仪器仪表的基本组成

同时，还在于它通常都带有 GP-IB 接口，也称 IEEE-488 接口。既然智能仪器仪表具有计算机结构，因此它的工作方式就与计算机一样，而与传统的测量仪器仪表差别较大。微处理器是整个智能仪器仪表的核心，固化在 ROM 内的程序是仪器仪表的“大脑”。智能仪器仪表一般采用一元化总线结构，所有外围设备（包括测试电路）和存储器都挂在总线上，微处理器按地址对它们进行访问。微处理器接受来自键盘或 GP-IB 接口的命令，解释并执行这些命令，诸如发出一个控制信号到某个电路，或者进行某种数据处理等。微处理器通过查询测试电路或测试电路向微处理器发出中断请求，使微处理器及时了解测试电路的工作状况。当测试电路完成一次测量后，微处理器读取测量数据，然后进行必要的数据处理工作，最后以某种方式输出，如送到显示器显示、打印机打印或通过通信接口将数据传送给系统的主控制器等。虽然智能仪器仪表中引入微处理机有可能降低对测试硬件的要求，但仍不能忽视测试硬件的重要性。有时，提高仪器仪表性能指标的关键，仍然在于测试硬件的改进。这一点在智能仪器仪表的设计、实现和维护过程中始终是要注意的。

三、智能仪器仪表的主要特点

智能仪器仪表在结构上体现了微处理器、仪器的一体化，硬件、软件相互融合。由于智能仪器仪表将计算机技术与测量控制技术有机地结合在一起，构成了“智能化测量控制系统”，主要具有以下特点：

(1) 可靠性高。先进的智能仪器仪表，在设计阶段就十分注意可靠性的分析与设计，并将可靠性指标从系统整机到部件级、元器件级逐级分配，从而使整机的可靠性得到保证。

(2) 可维修性设计。智能仪器仪表均以微处理器为基础，其自身在设计时就都设有自动检测系统，发生故障时，必有相应的故障显示标记，根据自检显示的不同内容，参照其原理方框图和说明书，即可粗略判断出故障的大概部位和原因。这样设计的智能仪器仪表给用户在测量和使用过程中提供了极大的方便。

(3) 系列化。几乎每一种类型的智能仪器仪表，都先后推出系列化产品。有简单到复杂的功能型系列，有低到高的量程范围型系列，有仪表附件、接口等不同的附件系列等，方便用户选择。

(4) 通用化。绝大多数智能仪器仪表都有通用接口系统，可以很方便地将系统互联并与计算机组建成自动测试系统，这样就使得仪器仪表的用途和使用范围进一步扩大。

四、智能仪器仪表的基本功能

(1) 具有自测功能。自测功能包括自动调零，自动故障与状态检验、自动校准、自动诊断及量程自动转换等。智能型仪器仪表在开机和使用时，微处理机能自动对主要部件进行测试，检测出故障的部位甚至故障的原因，并及时自动采取保护措施，极大地方便了仪器的维护。

(2) 具有数据处理功能。这是智能型仪器仪表的主要优点之一。智能仪器由于采用了单片机或微处理器，具有计算和控制能力，解决了许多原来用硬件逻辑难以解决或根本无法解决的问题，并且可以排除和减少由于干扰信号和模拟电路引起的误差，降低了对模拟电路的要求。例如，传统的数字万用表只能测量电阻和交直流电压、电流等，而智能型的数字万用表不仅能进行上述测量，而且还具有对测量结果进行诸如零点平移、取平均值、求极值、统计分析等复杂的数据处理功能，不仅能使用户从繁重的数据处理中解放出来同时，还有效地提高了仪器的测量准确度。

(3) 具有操作自动化功能。仪器的整个测量过程，如键盘扫描，量程选择，开关启动闭合，数据的采集、传输与处理以及显示打印等，都用单片机或微控制器来控制操作，实现测量过程的全部自动化。

(4) 具有友好的人机对话功能。智能仪器使用键盘代替传统仪器中的切换开关，操作人员只需通过键盘输入命令，就能实现某种测量功能。与此同时，智能型仪器仪表还通过显示屏将仪器的运行情况、工作状态以及对测量数据的处理结果及时告诉操作人员，使仪器的操作更加方便直观。

五、智能仪器仪表的发展趋势

仪器仪表历来是改造传统工业、提高产业产能、增强企业竞争率的重要基础，是科学技术发展和科技创新的重要支柱。当前，随着社会的发展、科技的进步以及应用的需求，智能仪器仪表的发展主要呈现出四大趋势。

(1) 微型化。微机电系统（Miero Electro-Me-ehaniea System，MEMS）是一项被视为21世纪广泛应用的传感器及信号处理新技术，并且被列为美国“对国家安全及繁荣有重大影响”的22项重大技术之一，主要是依托微型化技术。应用MEMS技术的微型仪器仪表被称为芯片上的仪器仪表，它是一种集成了微传感器、微执行器、信号处理和控制电路、通信接口和电源等部件，实现感应和控制物理环境的芯片级设备。它具有许多传统传感器无法比拟的优点，不仅可替代传统传感器，而且低成本、高性能的优势使其能在更多领域得到应用，从而开辟了更广阔的新兴市场。

(2) 网络化。通常，基于Internet的测控系统以一个功能强大的微处理器和一个嵌入式操作系统为支撑，使其前端模块不仅完成信号的采集和控制，还兼顾实施对信号的分析与传输。在这个平台上，使用者可以方便地实现各种测量功能模块的添加、删除以及不同网络传输方式的选择。基于Internet的测控系统最为显著的特点，是信号传输的方式发生了改变，它对测量、控制信号等的传输，完全是建立在公共的Internet之上。一方面，不管身在何处，使用者都可通过客户机方便地浏览到各种实时数据，了解设备的现行工作情况；另一方面，在客户端的控制中心，可调用所拥有的智能化软件和数据库系统对测试结果进行分析，并为使用者下达控制指令或作决策提供帮助。

(3) 虚拟化。在虚拟现实系统中，数据分析和显示用PC机的软件来完成，只要额外提供一定的数据采集硬件，就可以与PC机组成测量仪器仪表。在虚拟仪器仪表中，使用同一个硬件系统，只要应用不同的软件编程，就可得到功能完全不同的仪器仪表。作为虚拟仪器仪表核心的软件系统具有通用性、通俗性、可视性、可扩展性和升级性。“软件就是仪器”代表着当今仪器仪表发展的新方向，软件就是仪器的提出，彻底打破了传统仪器只能由生产厂家定义，用户无法更改的局面。虚拟仪器仪表的出现使仪器仪表的结构概念和设计观点都发生了突破性的变化，它是仪器仪表发展史上的一场革命，代表着仪器仪表发展的方向和潮流，对科学技术的发展和工业生产将产生不可估量的影响。

(4) 数字化、智能化。微电子技术的进步，使仪器仪表与微处理器、PC技术融合得更为紧密，其数字化、智能化程度不断提高。尤其在仪器仪表的设计中采用了大量的超大规模集成（VLSL）的新器件，表面贴装技术（SMT）、多层线路板印刷、圆片规模集成（WSI）和多芯片模块（MCM）等新工艺以及CAO、CAM、CA丁等计算机辅助手段，使多媒体、人机交互、模糊控制、人工神经元网络等新技术在智能仪器仪表中得到了广泛应用。使得越来越多的智能化仪器仪表具有专家系统和推断、分析、决策、优化控制功能以及通信功能。同时，在遥控诊断信息、测试速度和精确性等方面均有大幅度提高。

智能化仪器仪表有时据具体情况也称“仪器”，或称“仪表”。

第二节 A/D、D/A 转换器

A/D（模/数）转换器是将模拟量转换成数字量的器件。D/A（数/模）转换器的作用与A/D转换器相反，是将数字量转换成模拟量的器件。

在智能仪表中，被测参数如电量（电压、电流）和非电量（温度、流量，压力、物位、成分、重量、速度）等大都为模拟量，而微型计算机只能接受数字量，因此，在将被测参量送到微型计算机之前必须进行 A/D 转换。同样，在将微型计算机处理后的结果输出时，有时需要以模拟量的形式输出，因此，还必须用 D/A 把数字量转变成模拟量，即完成数/模转换。由此可见，A/D 与 D/A 转换器是智能仪表与外部的模拟信号进行连接的唯一桥梁。因此，在智能仪表中，应具备完善的 A/D、D/A 转换通道。

一、D/A 转换器原理及应用电路

D/A 转换器是把数字量转换成模拟量的器件。数字量是按某种码制编码的断续量（一般用二进制表示），而与时间成连续函数关系的物理量则称为模拟量。D/A 转换器的输出大多数为电流输出形式，如 DAC0832，AD7520/23/33 等；有的在内部设有运算放大器，可直接输出电压信号，如 AD558、AD7224 等，电压输出形式有单极性和双极性输出两种。D/A 转换器按数字量二进制表示的位数来分，有 6～16 位数种。随着大规模集成电路的发展，现在已经生产出各种用途的 D/A 转换器、如双 D/A 转换器、4 路 D/A 转换器以及串行输入的 D/A 转换器等，有的还可以直接输入 BCD 码。为了能与现在广泛使用的电动单元组合仪表配合使用，还生产出能直接输出 4～20mA 电流的 D/A 转换器，正因为如此，D/A 转换器的应用越来越广泛。

1. D/A 转换器原理

D/A 转换器的基本组成框图如图 7-2 所示，它由模拟开关、电阻网络、基准源和运算放大器四大部分组成。根据电阻网络结构的不同，D/A 转换器有两种类型：一种是权电阻网络的 D/A 转换器，另一种是 T 形或反 T 形电阻网络的 D/A 转换器。T 形电阻网络中有一种 R—$2R$ 电阻网络，这也是目前大多数 D/A 转换器采用的电阻网络。

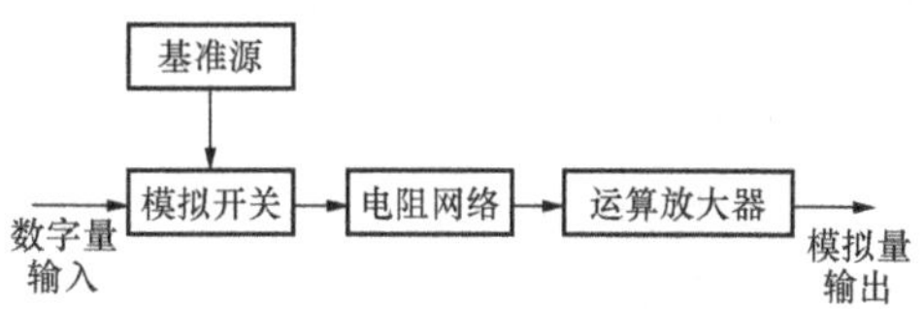

图 7-2 D/A 转换器的基本组成框图

R—$2R$ 电阻网络 D/A 转换器的原理如图 7-3 所示，它是一种电流求和电路，整个电路由若干个相同的电路 T 形环节组成，模拟开关 S1～Sn 受输入的 n 位二进制数字量控制。当 BIT（i）=1 时，其对应的开关 S_i 接通 I_{out1} 节点；当 BIT（i）=0 时，其对应的开关 S_i 接通 I_{out2} 节点。即当 BIT（i）=1时，支路电流 I_i 流向 I_{out1}；当 BIT（i）=0 时，支路电流 I_i 流向 I_{out2}。注意到 I_{out2} 接地，I_{out1} 为虚地，因此不论 S_i 是接至 I_{out1} 或是 I_{out2}，该支路的电流 I_i 是不变的，而且各支路电流是以 1/2 的比例递减的。

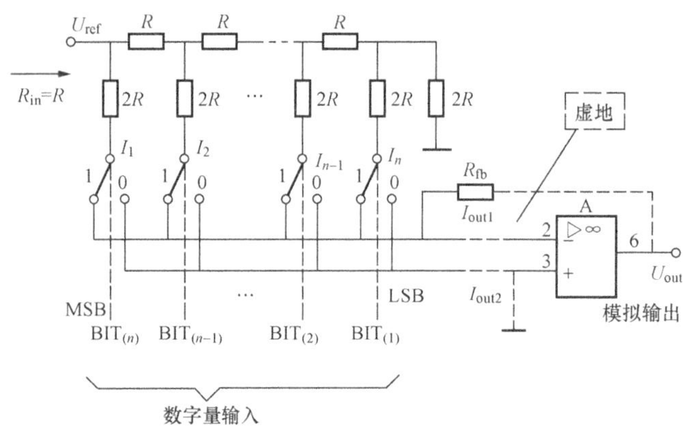

图 7-3　R—2R 电阻网络 D/A 转换器的原理

设　$I=\dfrac{U_{ref}}{R}$，则有

$$I_1=\frac{I}{2};$$

$$I_2=\frac{I_1}{2}=\frac{I}{2};\cdots;I_n=\frac{I}{2^n}$$

由于 I_{out1} 端输出电流是对应 BIT（i）=1［i=1，2，…，n］时的支路电流总和$\sum I_i$，而输出电压 $U_{out}=-I_{out1}\times R_{fb}$，则

$$U_{out}=-R_{fb}\times\sum I_i=-R_{fb}\frac{U_{ref}}{R}\left(\frac{a_1}{2^1}+\frac{a_2}{2^2}+\cdots+\frac{a_n}{2^n}\right)\tag{7-1}$$

式中　a_i=BIT（i）=1［i=1，2，…，n］

若 $R_{fb}=R$，则式（7-1）为

$$U_{out}=-U_{ref}\left(\frac{a_1}{2^1}+\frac{a_2}{2^2}+\cdots+\frac{a_n}{2^n}\right)$$

$$=-\frac{U_{ref}}{2^n}(a_1 2^{n-1}+a_2 2^{n-2}+\cdots+a_n 2^n)=-\frac{U_{ref}}{2^n}D\tag{7-2}$$

D 即是输入的 n 位二进制数字量，它的取值范围为 $0\sim2^{n-1}$。对 8 位的 D/A，$D=0\sim255$；对 12 位的 D/A，$D=0\sim4095$。

2. D/A 转换器的主要技术指标

（1）转换准确度。是指在 D/A 转换器的输入端加上给定的数字量时所测得的实际模拟量输出值与理论输出值之间的差异程度。通常用最大绝对误差或相对误差来表示。

（2）分辨率。D/A 的分辨率是指其数字量输入变化一个最小单位时，所对应的模拟量输出的变化量与满度输出值之比。通常用 D/A 的位数来表示，如 12 位的 D/A 转换器有 12 位二进制数的分辨率$\left(\dfrac{1}{2^{12}}\right)$。

（3）线性度。通常用 D/A 转换器的非线性误差来表示其线性度。它是指转换器实际的输入—输出特性曲线与理想的输入—输出直线的偏离程度。

（4）微分非线性误差。它表示在输入数字量的整个范围内，相邻各数码之间引起的模拟量输出跃变值的差异程度。若相邻跃变值相等，则微分非线性误差为零。

（5）D/A 转换时间。指当输入数字量产生满度值的变化时，其模拟量输出达到稳态值所需的时间。

3. 常用 D/A 芯片应用电路

（1）AD7524 是 8 位乘法型 D/A 转换器，输入端兼容性较强，芯片内部带锁存器，可直接与微处理机相连接，外部供给基准电压，单电源工作（+5V 或+15V），转换时间非常小，只有 150ns。图 7-4 所示为 AD7524 组成单极性和双极性输出的电路图。

（2）DAC1210 是 12 位 D/A 转换器，外部供给基准电源，单电源工作（11.4～15.75V），可在四象限进行乘法运算。其内部具有双锁存器，可直接与 8 位或 16 位微处理机相连，它的转换时间为 1μs。如在 8 位 D/A 转换器不能满足其转换精度要求时，12 位 D/A转换器是较好的选择。图 7-5 所示是 DAC1210 组成单、双极性电压输出的应用电路图。

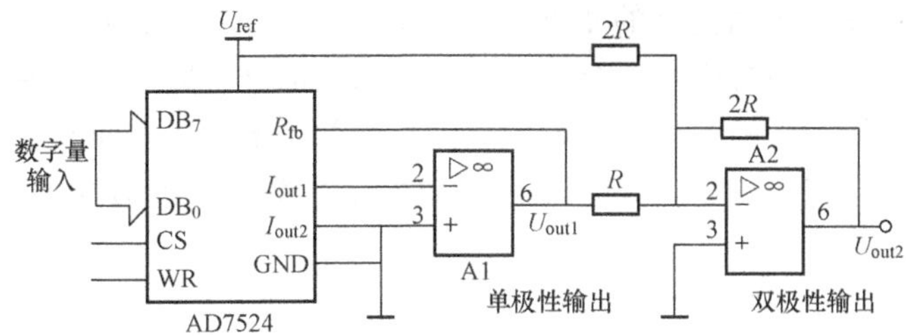

图 7-4 AD7524 的应用电路

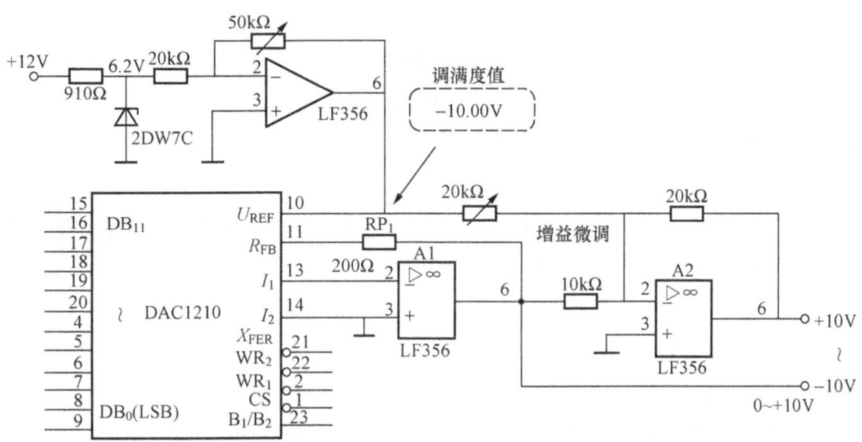

图 7-5 DAC1210 的应用电路

(3) 用 D/A 转换器与运算放大器可构成可编程放大器。可编程放大器常用在智能仪表的模拟信号输入通道中，作为实现仪表自动量程转换的功能。它是一个放大（衰减）可受微机控制的信号放大器。用 D/A 来实现可编程放大器功能，不仅价格低，而且可调范围大，精度也较高。图 7-6 所示电路为程控增益在 1/（$2^{B_2}-1$）～（$2^{B_1}-1$）范围内变化（B_2 为 DAC2 的位数，B_1 为 DAC1 的位数)，从而实现调节增益从衰减到放大的可变成放大器。

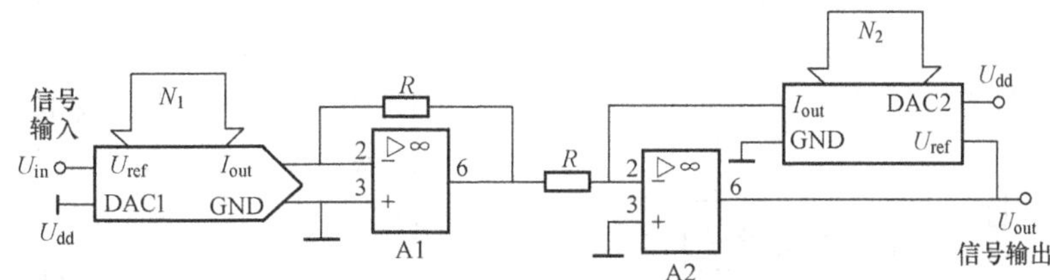

图 7-6 从衰减到放大增益的可编程放大器电路图

二、A/D 转换器

A/D 转换器是智能仪表和微型计算机控制系统的基本部件之一，它直接关系到测量的准确度、分辨率和速度，关系到控制系统的精确程度。

1. A/D 转换器的主要技术特性

(1) 准确度。在输入相同信号的条件下，A/D 转换器的输出与理想数学模型输出的接近程度表示为准确度。它包含模拟误差和数字误差两大部分：数字误差主要表示为量子化误差，一般为分度值的一半；模拟误差主要包含偏移误差、增益误差和非线性误差等。

(2) 转换速率。是指单位时间内完成 A/D 转换的次数，它近似等于完成一次 A/D 转换所需时间的倒数。

(3) 分辨率。分辨率反映了 A/D 转换器所能分辨的被测量的最小值，一般用 A/D 转换器输出的数字量的位数来表示。例如 12 位的 A/D，分辨率为 12 位，模拟电压的变化范围被分成 ($2^{12}-1$) 级 (4095 级)。对同样的模拟输入电压，位数越高的 A/D 转换器所能测量的最小值就越小，也就越灵敏。一般来说，部件的死区、漂移、干扰和噪声等是限制分辨率的因素。

(4) 稳定度。稳定度是指在被测量不变的条件下，一段时间内 A/D 输出显示数的稳定性。它常分为短期 (例如 1h 或 24h) 稳定度和长期 (例如 3 个月、半年或一年) 稳定度。偏移、漂移和噪声是影响稳定度的主要因素。

2. A/D 转换器分类

A/D 转换器的类型繁多，品种规格更多，分类方法也有好几种。例如按转换速率分、按准确度等级分、按显示位数分、按转换方法分等。

对于直接比较型，较常用典型的芯片有 6 位 (AD9000、75MHz)、8 位 (ADC0808、AD7575/7576)，10 位 (AD573、AD7571)，12 (AD1674、AD574、LTC1290、ADC1210)，14 位的 (ADC194、ICL7115)，16 位 (ADC71，ADC76，AD676) 超高速A/D,等。

间接比较型典型的芯片有 MC14433、ICL7135、AD7555 等。

这里只简要介绍几种在智能仪表中常用的 A/D 转换芯片。

3. 12 位 A/D 转换器 AD1674/AD574 原理与应用

AD1674 是一个完整的多用途 12 位模拟到数字的转换器，它由对用户透明的片内采样/保持放大器 (SHA)、10V 的电压基准、时钟和对微处理器接口的三态输出缓冲器几部分组成，原理框图如图 7-7 所示。

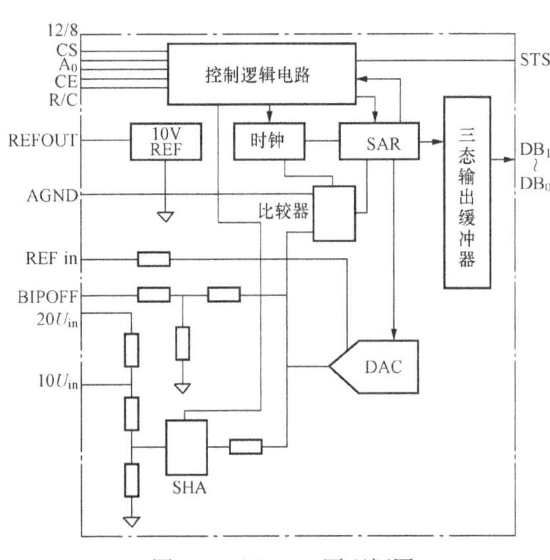

图 7-7 AD1674 原理框图

AD1674 与工业标准的 AD574 和 AD674 的引脚兼容，它包含了采样功能，同时还具有更快的转换速率，片内的 SHA 有一个较宽的输入带宽，它支持了转换器在全奈奎斯特带宽范围内的 12 位精度。

AD1674 的 AC 参数都经过完全的精确测量，由于 AC 和 DC 的特性参数优良，因此在信号处理和传统的 DC 测量应用中，AD1674 是一个理想的选择。

AD1674 有五种不同产品可供使用：

AD1674J 级和 K 级的品种专用于在 0～+70℃温度范围内工作；A 级和 B 级的品种专用于在−40～+85℃的温度范围内工作；T 品种用于−55～125℃的范围。J 级和 K 级的品种可以买到 28 引脚塑料 DIP 封装的产品，所有其他的品种可以买到的产品都是 28 引脚气密密封的陶瓷 DIP 封装。

AD1674 有下列特性：

(1) 工业标准引出脚。AD1674 利用了由工业标准 AD574 和 AD674 建立的引出脚，在独立方式下，AD1674 与 AD574 和 AD674 的接口要求是一样的。

(2) 集成电路的 SHA。AD1674 有一个集成电路的 SHA（采样保持放大器），它支持转换器的全奈奎斯特带宽。SHA 的作用对用户是透明的，SHA 的采集不需要等待状态。

(3) 灵活的数字接口。片内的多种方式的三态输出缓冲器和接口逻辑允许 AD1674 与大多数微处理器进行直接连接。

A/D1674 转换器与微处理器接口时，提供了一个输出信号 STS，它可以指示转换正在进行或已结束，处理器可对该信号进行定时查询。如果系统的时间要求很严格，并且在 A/D 的转换周期内处理器还要完成其他的任务，那么 STS 信号也用于在转换完成时产生一个中断申请信号。还有其他定时方法，假设 A/D 需要时间 t（单位 μs）用于转换，因此 CPU 将足够的空操作指令插入到其间，以保证处理器等待时间 t（单位 μs）。

4. 带光电隔离的串行输出 12 位高速 A/D 转换器 MAX171

MAX171 是一个完全的 5.8μs、12 位模拟到数字的转换器。在其模拟输入到数字输出接口引脚之间提供超过 1500V 有效值的电器隔离。它包含有一个串行输出的 12 位 ADC、3 个光电耦合器和 1 个低漂移电压基准源，是一个标准的 16 引脚塑料 DIP 封装。MAX171 的原理图如图 7-8 所示。内部的数字/模拟转换器（DAC）由逐次逼近寄存器（SAR）控制，其输出阻抗为 2.5kΩ，模拟输入与 DAC 输出用 2.5 kΩ 的电阻连接。比较器基本上是一个过零检测器，其输出反馈到 SAR 的输入。所需外部元件只限于电源、基准源的去耦电容和 3 个电阻，典型的功耗是 265mW。

MAX171 在一些场合非常有用，如当模拟信号必须从电气上与控制电路进行隔离以避免危险时。另外，MAX171 不仅提供了抗噪声能力，还可为较大的地电势差进行分流。

MAX171 的特性为：①光电隔离超过 1500Vrms ；②12 分辨率和直线性；③5.8 μs 转换时间；④所在的温度范围内无丢失码；⑤串行输出；⑥完整的片内基准电源；⑦标准的 16 引脚塑料封装。

MAX171 组合了一个逐次逼近 A/D 转换器和 3 个光耦合器，能将 1 个未知的模拟输入信号转换成从电气上隔离的 12 位串行输出代码，光耦合的数字接口用 3 个接口信号来工作，即转换启动输入信号（S_+，S_-）、时钟输入（CK_+，CK_-）和串行数据输出 DATA。

MAX171 工作电路如图 7-9 所示，MAX171 中的比较器对模拟电源（ISO U_+，ISO U_-）上的高频噪声很敏感这些电源应该用 0.1μF 和 10μF 的电容旁路到设备模拟地上，连接线要尽量短。

MAX171 需要 3 个电源：在被隔离的芯片模拟一侧（ISO U_+，ISO U_-）需要电源 +5V 和−12～−15V,在完成数据输出发送的数字隔离区一侧需要一个独立的 +5V 电源。

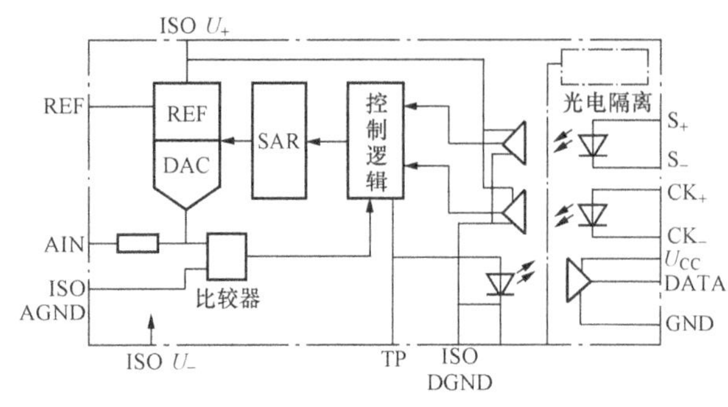

图 7-8 MAX171 的原理图

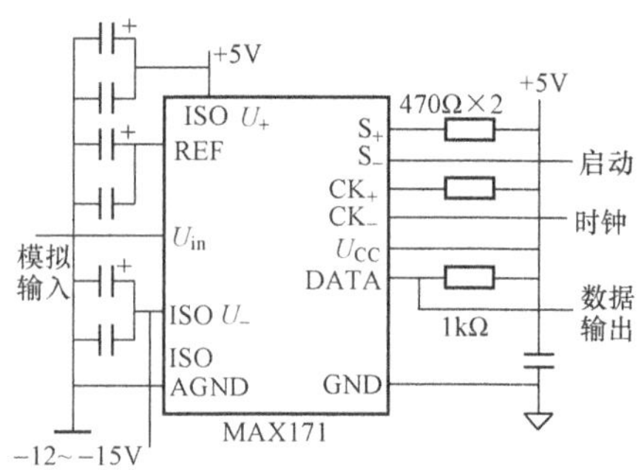

图 7-9 MAX171 工作电路图

第三节 智能仪表的常用算法及软件设计

一、智能仪表的常用算法

在智能仪表中，被测量通过模拟测量环节和 A/D 转换器转换成相应的数字量，然后送入仪表中的微处理机，微处理机对它进行分析处理，然后输出作显示或作控制之用，整个过程按照一程序所规定的算法来进行。程序设计是智能仪表设计的重要部分，而算法则是程序设计的核心。

(一) 算法的基本概念

算法是指解题的方法，即为了获得某种特定的处理结果而规定的一套详细的解题方法和步骤。只要按照它一步一步地进行，许多复杂的问题都可得到所需要的处理结果，同时解题（计算）工作可以由机器来完成，这正是计算机得以工作的基础。

算法大多可以用数学表达式来描述。例如：求二进制数 10101 的十进制等效值，可以写出算法如下：

$$(10101)_2=1\times2^4+0\times2^3+1\times2^2+0\times2^1+1\times2^0=(21)_{10}$$

算法有时也可以与程序等量齐观，有些文献把算法和程序看成是同义语，更确切地说，算法是程序的核心部分，算法的产生应先于具体程序的编写，要获得一个正确的而且高效率的程序，最重要的一步就是在具体编写程序之初，为程序设计一个优良的算法。优良的算法是得出优良程序的必要条件，如果能用明确的算法形式来陈述所需解决的问题，那么具体程序的设计就容易得多。

由于同一问题可以有不同的算法，因此选择最佳算法或近于最佳的优良算法是软件设计者的重要任务。例如，求解下列问题

$$Y=aX^3+bX^2+cX+d \tag{7-3}$$

最直截了当的算法是

$$Y=aX\uparrow3+bX\uparrow2+cX+d \tag{7-4}$$

然而，对于阶数不高的整幂，重复乘法比求幂的效率要高得多，因此，更好一点的算法应是

$$Y=aXXX+bXX+cX+d \tag{7-5}$$

这里需要做 6 次乘法和 3 次加法，显然效率也是不高的，进一步的改进方法是采用多项式因子分解，即

$$Y = X[X(aX+b)X+c]+d \tag{7-6}$$

利用式（7-6）这个算法，只需做 3 次乘法和 3 次加法即可获得结果，显然，这个算法优于上两个算法。从这个例子可以看到选择优良算法的重要性。

（二）测量算法

具体的测量算法取决于具体的测量技术和具体的测量电路。具体的计算算法取决于具体的计算问题和手头所拥有的计算工具（如手册、数表、计算器等）一样，无法一概而论。测量算法的设计与测量装置本身的设计或程序设计一样，也是进行由顶向下、逐步求精的过程。首先，把一台仪器的测量全过程逐步细分为若干个较为具体的独立的任务，每个具体任务又可分为若干基本独立的算法模块。最常用的也是最核心的算法模块称为内务算法或后台算法，它相当于程序编制时的子程序。在进行智能仪表的测量算法设计时，往往会发现有许多并列的工作，这些任务如何安排布置？先执行哪个或哪几个任务？通过什么方式方法来挑选或进入各项工作？这些问题都属于主序算法或称前台算法，相当于程序编制的主程序。

图 7-10 所示是一台数字电压表的算法框图，其中，测校准参数、编制计算程序、键控

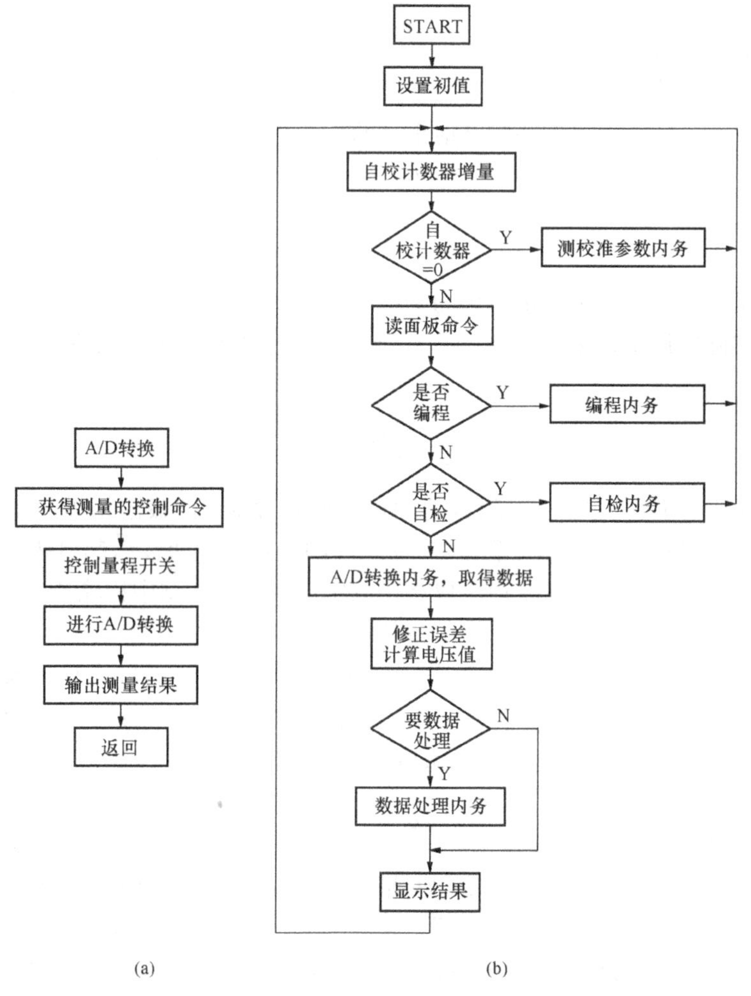

图 7-10　数字电压表的算法框图

（a）内务算法；（b）主序算法

自检、模/数转换、数据处理等算法模块，可作为相互完全独立的内务算法，图 10-7（a）所示为模/数转换的内务算法，而主序算法如图 7-10（b）所示。

（三）数字滤波与随机误差的消除

随机测量误差是指在相同的条件下多次测量同一被测量时，误差的变化没有确定的规律，也不可预见，但具有抵偿性。所谓抵偿性，是指正误差的总和与负误差的总和在测量次数越多时越接近于相等。所以，一次测量的随机误差没有规律，不可预见，不可控制，也不能用实验方法加以消除。但是，在多次重复测量时，随机误差的算术平均值随测量次数的无限增加而趋于零，则测定值的数学期望将等于被测量 x 的真值 A_0，这时测量结果将不受随机误差的影响，即可消除随机误差。即使测量次数不是趋于无限大，而是有限次，那么取有限次测量的平均值 $\overline{x}$，也远比各次分别的测定值逼近于真值。因此，把测定值的算术平均值称为被测量最可信赖的值。

1. 算术平均值 $\overline{x}$

$$\overline{x}=\frac{1}{n}\sum_{i=1}^{n}x_i \tag{7-7}$$

式中 n——测量次数。

求算术平均值的算法比较简单，它只涉及加和除法的运算。在智能仪表中，采取多次测量并求算术平均值以减小随机误差和其他干扰的方法称为数字滤波。具体办法有两种：①先进行一组测量，然后计算算术平均值；②边测量边计算平均值，测量数据取一丢一，但总是以常数 N 为一组。

2. 方差

实际使用中，只反映一组测量结果的平均值是不够的，而且需要知道多次测量的随机误差，因此，在实际应用中还采用方差——标准偏差的平方值来衡量测量数据的随机误差大小。方差即

$$\sigma^2=\frac{1}{n-1}\sum_{i-1}^{n}(x_i-\overline{x})^2 \tag{7-8}$$

在实际测量中，有时只需知道测量的随机不确定度 λ，即极限误差。根据误差理论知道，随机不确定度与标准偏差的关系为 $\lambda=3\sigma$，当测定值的随机误差超过极限误差时，可以认为这次测量中含有疏失误差，从而可以将该测定值从测量数据中剔除掉，再重新计算测量值的平均值和标准偏差，这样可以提高测量的精密度。

设有 N 个数据存于表 1，而表 2 和表 3 分别存放偏差（各测量值与算术平均值 AVER 之差）和方差 QER，指针 B_1、B_2、B_3 分别表示表 1、表 2、表 3 的首址，C 和 SUM 为寄存器，则计算平均值和方差的流程如图 7-11 所示。

（四）系统误差的修正

1. 利用误差模型修正系统误差

系统误差是在同一条件下多次测量同一量时，误差的绝对值和符号保持恒定或按某一规律变化的误差。系统误差与随机误差不同，系统误差是不能依靠概率统计的办法来消除或减弱的。对于系统误差的处理，不可能像随机误差那样得出一些普遍的通用处理方法，而只能针对每一具体情况采取不同的处理措施。例如可建立系统误差模型，由误差模型求出修正误差的表达式，式中含有若干个误差因子，然后通过校准技术来求得这些误差因子，最后利用

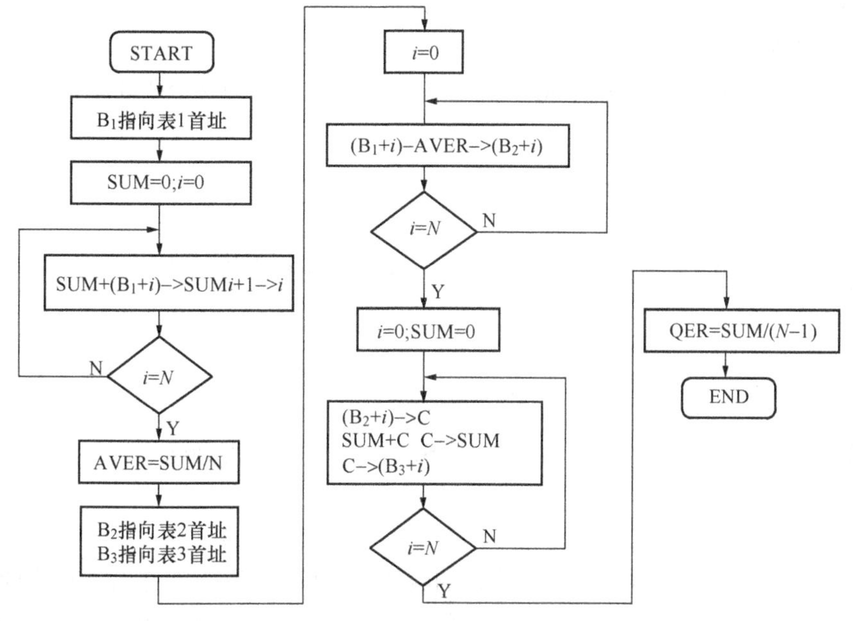

图 7-11　计算平均值和方差的流程图

误差因子和修正公式来消除或大大削弱统误差的影响。误差模型的建立，必须具体情况具体分析，没有统一的方法可循，这里举一个较为典型的例子供参考。

在智能仪表中，如图 10-9 所示的一种误差模型具有相当普遍意义。图中 x 是输入的被测量（例如直流放大器的输入电压），y 是带有误差的测量结果（例如放大器的输出电压），e 是影响量（例如零点漂移或干扰），i 是偏置量（例如直流放大器的偏置电流），k 是影响特性（例如放大器增益的变化），从输出端引一反馈量到输入端以改善系统的稳定性。在无误差的理想情况中：$e=0$，$i=0$，$k=1$，于是存在关系 $y=x$；在有误差的情况下，则有

$$x = ay + b \tag{7-9}$$

如果能求出误差因子 a 和 b 之值，即可修正图 7-12 所示的系统误差。误差因子的求取可通过校准技术来完成。误差修正公式中含有两个误差因子 a 和 b，因此需要做两次校准工作，由此得出两个关系式，从这两个方程即可解出两个未知的误差因子。例如，可以按照图 7-13 所示的办法进行校准，其过程如下：

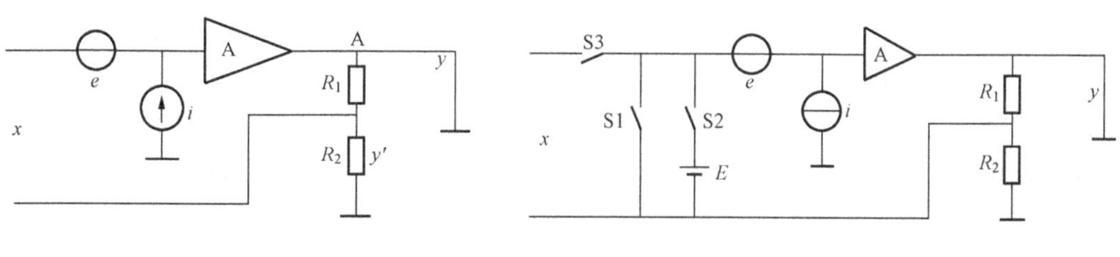

图 7-12　误差模型　　　　图 7-13　校准原理

（1）先令输入端短路，即开关 S1 闭合，S2 和 S3 开路，此时有 $x=0$，得到输出为 y_0。按式（7-9）可以写出

$$0 = ay_0 + b \tag{7-10}$$

这个步骤也称之为“零点校准”。

(2) 令输入端接上一个已知的标准电压，开关 S2 闭合，S1 和 S3 开路，此时有 $x=E$，得输出为 y_1，于是有

$$E = ay_1 + b \tag{7-11}$$

这个步骤也称为“增益校准”。

(3) 联立求解式 (7-10) 和式 (7-11)，即可求得两个误差因子为

$$\begin{aligned} a &= \frac{E}{y_1 - y_0} \\ b &= \frac{E}{1 - y_1/y_0} \end{aligned} \tag{7-12}$$

(4) 在进行实际测量时，开关 S3 闭合，S1 和 S2 开路，得到输出为 y，于是被测量的真值为

$$x = ay + b = E(y - y_0)/(y_1 - y_0) \tag{7-13}$$

这里 y_1 和 y_0 是二次校准过程中所测得的数值，都是已知数。由于智能仪表的测量过程都是自动进行的，一次测量过程是非常迅速的，所以在每次实际测量开始之初，都可以预进行校准，取得当时的误差因子值，进行近似于实时的误差修正，这样，即使各误差因子随时间有缓慢的变化（漂移），其影响也很微小。当这些误差因子变化相当迅速时，则可以当作随机误差来处理。

2. 利用校准曲线通过查表法修正系统误差

如上所述，要建立起适当的误差模型，必须对各项误差的来源以及对测量装置的工作原理和工作过程有充分的了解，但这一点未必总能办到。在较为复杂的仪器中，上述理论分析往往难以进行，这时可通过实验，即通过实际校准求得测量的校准曲线，然后把曲线上各个校准点的数据存入存储器的一个校准数据表中，在以后实际测量时，通过查表来求得修正的测量结果。

例如，可以在仪器的输入端逐次加大一个已知电压，并得到实际测出的结果，作出一条校准曲线，并将实际测得的结果和对应的输入值作为内容存入其中，这就在存储器中建立了一张校准数据表。然后，在实际测量时测得一个值，就令微处理器去访问这个地址，读出其输入量的内容，即为经过修正的被测量值。

3. 非线性校正

非线性校正又称线性化过程，是智能仪表很重要的一项功能。非线性校正的方法很多，例如：利用校准曲线用查表法作修正；利用分段折线法获得非线性校正算法；利用平方插值法获得非线性校正算法；直接从所描绘的非线性方程中获得其算法等。究竟采用什么方法进行非线性校正，主要根据校正精度要求并兼顾微处理机内存容量和程序设计复杂程度等因素选择。

（五）自动测量的算法

对于智能仪表，测试过程自动化是它的特点。由于智能仪表种类繁多，功能及性能差别极大，测试过程也不相同，因此测试过程自动化的设计应结合具体仪器来考虑，下面仅讨论一些测试自动化的共同问题。

1. 量程自动切换算法

大多数数字式电压表、万用表均采用自动量程切换，这里仅讨论微处理机如何实现量程的自动切换。

量程切换通常由输入电路来实现，通过不同的衰减系数和前置放大器的不同放大倍数组合来实现不同的测试量程。一台智能电压表量程切换的原理图如图 7-14 所示，它有 4 个不同的量程范围 400mV、4V、40V 和 400V。

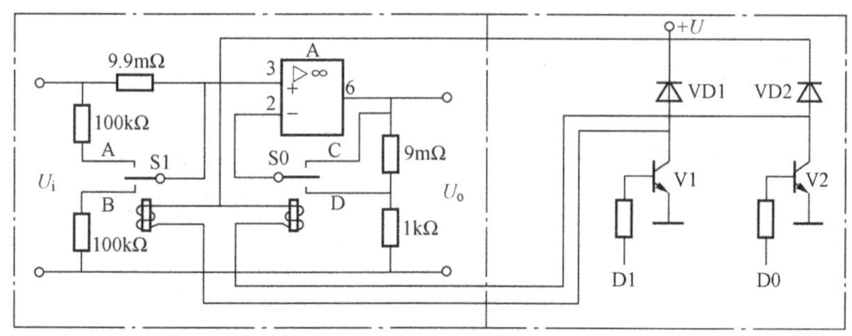

图 7-14 智能电压表量程切换的原理图

当开关 S1 接 A，S0 接 D 时，衰减系数为 1，放大倍数为 10，得 400mV 量程。

当开关 S1 接 A，S0 接 C 时，衰减系数为 1，放大倍数为 1，得 4V 量程。

当开关 S1 接 B，S0 接 D 时，衰减系数为 10，放大倍数为 10，得 40V 量程。

当开关 S1 接 B，S0 接 C 时，衰减系数为 100，放大倍数为 1，得 400V 量程。

于是得微处理机控制量程自动切换的接口电路如图 7-14（b）所示，量程自动切换控制流程图如图 7-15 所示。

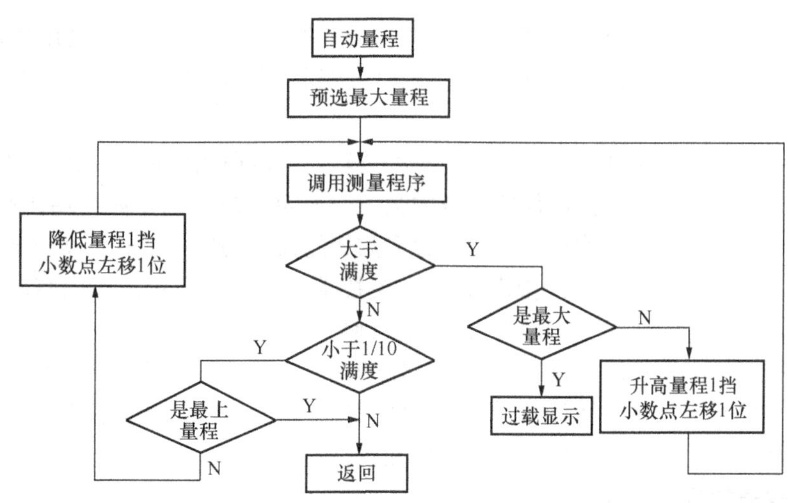

图 7-15 量程自动切换控制流程图

2. 故障自动检测算法

故障自动检测给仪器的使用和维修都带来了极大的方便。仪器的自检应该不影响仪器的正常测量，常见的自检可以分为以下三种类型：

(1) 开机自检。每当仪器的电源接通或总清复位之后，仪器将进行一次自检。主要检查显示器能否正常显示、有关插件是否插入，并检查 ROM 和 RAM 和总线和插件进行等有关部分工作是否正常。例如：

1) 对 RAM 的检查。对 RAM 的自检通常在 RAM 中尚未存入信息的情况下进行，检查它是否能正常写入和读出数据。检查通常采用步进法，工作原理如下：把“0”写入所有 RAM 单元，然后从 A_0（始地址）到 A_{N-1}（末地址）依次把每个单元的内容读出，检查是否为“0”；接着依次改写为全“1”，再依次把每个单元的内容读出，并检查是否为全“1”，这样便能判断出 RAM 是否能正常写入和读出。

2) 对插件的检查。插件自检包括两方面的内容：①检查插件（模件）是否已经插入；②检查插件是否能够正常工作。由于总线式结构的插件中，每个插件等效于 1 个或多个存储单元，每当进行某种测量时，必须对有关插件进行寻址。插件被寻址之后必须向微处理机发出应答信号，表明自己已接受寻址。利用这个应答信号出现与否，可以判断插件是否已插入或者是否失效。要对插件是否能正常工作进行全面自检是比较困难的，可采用模拟方法进行。

总之，无论对显示器、ROM、RAM、总线，还是对插件进行自检主要由软件来完成。设计者的任务就是找出一些适合某项目检测试的方法（即算法），并尽可能利用被检测对象本身能提供的信号、电路等现有条件，必要时可增加少许附加硬件，使仪器能够既简单又方便地进行自检。

(2) 周期性自检。为了使仪器一直处于最佳工作状态，在仪器运行过程中不断地、周期地插入自检操作。仪器的自检是自动进行的，即在测量的间歇期间，仪器进行某项自检，这种操作既不影响仪器的正常运行，也不为操作人员所觉察。只有在仪器发出故障报警显示之后，操作人员才知道仪器在进行自检。

(3) 键控自检。有些仪器的面板上具有“自检”按键，可由操作人员用来启动自检程序。这种自检方式简单方便，人们可在测量过程中找到一个适当的机会执行自检操作而又不影响正常测量工作。

自检过程中，如果检测到仪器已经出现某种故障，应以适当的形式发出报警显示提醒操作人员注意。报警显示一般都借用仪器本身的数字显示器，故障显示除了给出故障代码外，往往还伴随着指示灯闪烁或音响报警信号。大多数智能仪表均以文字和数字形式显示“出错代码”，操作人员可以根据“出错代码”查阅有关技术说明文件确定故障内容。出错代码通常以“Error X”字样表示，“X”为故障内容的代码。

仪器的自检内容比较广泛，自检项目与仪器的功能、特性等有关。一般来说，自检内容包括对 ROM、RAM、总线、插件、电压、特殊部件等进行检测。智能仪器能自检的项目越多，使用和维修越方便，但是相应的自检硬件和软件也越复杂。

二、智能仪表的软件设计

(一) 软件设计方法

软件设计是智能仪表设计的主要内容和重点。软件设计一般是从流程图开始，根据流程图用汇编语言或高级语言进行编程。然而，当程序规模比较大、结构比较复杂、功能比较繁多时，例如一台多功能的微处理机万用表，其整个汇编语言程序可能占有 10KB 左右的内存单位，为这样既庞大又复杂的程序画完整的流程图是十分困难的，一般采用结构化编程的设计方法。

结构化编程的设计方法，是一种由顶向下的编程方法，即把编程过程看作为把数学函数一步步地展开成为逻辑关联词和子函数的结构，一直展到所导出的子函数能直接用编程语言来实现时为止。它包括以下三方面的工作：

(1) 由顶向下设计。把程序分成多层次，上一层的程序可以调用下一层的程序块。

(2) 模块化编程。力求模块独立，其正确与否不依赖于上一层模块，从而非常便于调试和检验。

(3) 结构化编码。使用若干结构良好的转移和控制，而避免用 GOTO 语句。

1. 由顶向下设计

由顶向下设计又称构造化编程、系统化编程或分层设计，是一种逐步求精的方法，就是把整个问题划分为若干个大问题，每个大问题又分为若干个小问题，这样一层一层分下去，直到最底层的每一个问题都可以分别予以处理时为止。例如，在智能仪表的硬件设计中，先由总框图开始，逐层分为更细的框图，直到最后能用一个单元电路来实现的小框图为止。

软件设计中由顶向下设计应注意以下几点：

(1) 对于每个程序模块，应明确规定输入、输出和功能，不能笼统地给出说明或含糊不清的规定。

(2) 不论哪一层，不管每一个模块的具体规定表示方法是编码或是流程图，均不能过分庞大，否则应进一步细分。

(2) 对于数据的设计应与算法同样重视，很多情况下，数据是模块的接口，应仔细规定。

2. 模块化编程

若程序中某段程序的逻辑部分可以任意更改而不影响程序的其余部分，这样的一个程序段可看作为一个可调用的子程序，这就是程序模块。把整个程序按照由顶向下的设计来分层分块，一直分到最下一层的每一个模块能够容易地编码为止，这就是所谓模块化编程。它的优点如下：

(1) 模块易于编码、调试、排错和维护。

(2) 一个模块可用于整个程序的很多地方，甚至可用于其他程序。

(3) 便于程序的划分。

(4) 遇到出错时，便于诊断。

模块应具有独立性，一个模块应尽可能独立于其他模块，一个模块内部的更改不应影响其他模块，应尽量使每个模块只有一个入口和一个出口。同时，模块应具有解决一个问题的完整算法，当出错时应给出一个出错信息。

3. 结构化编码

把一个程序逐步分解、一直分解到仅含有个别语句为止，这就是结构化编码。结构化编码与模块化编程的差别在于：模块化编程不能把模块分得很小，因为考虑到模块的独立性，可能分到有上百条语句组成的模块时，就很难再细分了；而结构化编码则是把每个模块在分解，直到一条语句。

在结构化编码中，应尽可能少地使用无条件转移 GOTO 语句。在一个小小的模块中可以采用 GOTO 语句来将程序转移到模块内的任何地方，而绝不允许利用 GOTO 语句将程序转移到该模块以外的任何地方。

在结构化编码中，同样采用由顶向下设计的步骤，首先编出主线程序，再逐步求精。

（二）监控程序

监控程序又称管理程序，是用来管理智能仪表正常工作的程序。通常，当智能仪表工作时，其工作完全受面板键盘操作控制，所以，智能仪表的监控程序将围绕键盘程序进行设计。

键盘分析程序的任务是：扫描键盘，及时发现闭合的按键；翻译键意，解释各种指令，使仪表按照指令的要求转到相应的动作程序去执行规定的操作。按键指令可分为单义键和多义键两类。单义键是指仪器执行的操作仅与某个按键本身有关，而与其他按键是否按下无关；多义键是指一个按键的键义不是单一的，而是具有多重含义。因此，对键义的解释不仅与按键本身有关，而且同配合该按键使用的按键有关。例如，一个按键既可是一功能键，又可是一数字键。因此，键盘分析程序必须对每个键的键义给出正确的解释。键盘分析程序设计与键盘规模、指令格式、指令数目等多种因素有关，常用的方法如下：

1. 单键单义键盘的直接分析法

对于功能较简单或按键数目较少的测量仪器，往往采用一键一义方式定义它的键盘，这样不仅简化了键盘，而且也为操作人员提供了极大的方便。由于键盘由单义键组成，每个按键的键义是固定的，无论何时，只要按下某个按键，仪器就执行一种固定的动作。为了让微处理器能识别出闭合的是哪个按键，对每个按键要分配一个键码，键码应具有唯一性，一个键码对应一个按键。当某个按键被按下之后，分析程序应根据闭合的按键所在行、列位置译出键码，并根据键码决定键义，从而转到对应的动作程序去。键码与程序之间的联系由“转移表”来实现，转移表就是将各个动作程序的入口地址汇集成一张表，根据闭合按键的键码查阅转移表，决定程序应转到何处去。某键盘分析流程图如图 7-16 所示。

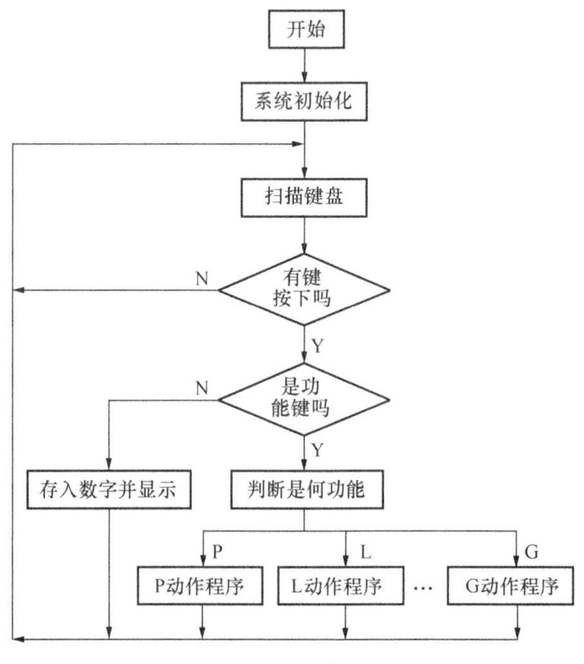

图 7-16 某键盘分析流程图

2. 键盘的状态分析法

对于多键指令的键盘程序，采用状态分析法。例如，将一台信号发生器的输出电平调到 856mV，可以按下列顺序从键盘输入指令："幅度"，"8" "5" "6" "执行"，当按下执行键后，仪器自动将输出电压调到 856mV。其状态流程如下：当电源接通后，键盘处于初始状态，一般记为 "0" 态，这是键盘分析程序处于等待输入指令的状态。如果按下了 "幅度" 键之后，键盘系统处于第 1 态，即处于准备接受有关幅度调节参数值。如果再按下数字键 "8"，系统便脱离第 1 态进入第 2 态，与此同时，调用动作程序将数值 8 存入幅度调节信息的缓冲器之中。倘若又按下一个键 "5"，键盘系统便进入第 3 态，也调用动作程序，将数值 5 存入缓冲去，按下数值键 "6" 后，键盘系统便进入第 4 态，并调用动作程序将数值 6 存入缓冲区。最后按 "执行" 键，键盘系统回到 0 态，并执行指令，使信号发生器输出电平调节到 856 mV ，即完成了一条指令的输入和执行，其键盘状态变化流程图如图 7-17 所示。

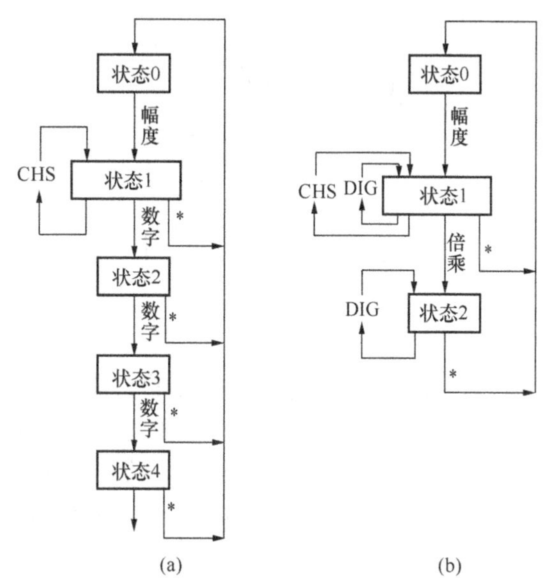

图 7-17　键盘状态变化流程图

(a) 状态变化流程图；(b) 简化的状态变化流程图

* 表示按下执行键后的返回标志。

第四节　智能电测量仪表

一、智能型电压监测仪

在电力系统中应用得较早、较多、较典型的智能化仪表是电压监测仪。早期对电压的监测，主要采用走字轮结构的记录式仪表记录电压的超上限值、超下限值及发生超限的时间。该形式仪表的响应速度和分辨率均较低，且无数据分析和统计能力，难以适应电力生产自动化测量、统计分析及控制、管理上的要求，未能得到广泛应用。随着微处理器技术的发展，使监测仪表逐步抛弃了以往那种靠人工记录、统计、分析的传统测试方法，实现了对监测数据的存储、判断、分析等功能，大大提高了仪表的测量准确度和可靠性。

(一) 智能型电压监测仪的工作原理

智能型电压监测仪用于对电网电压质量的监测，并能自动地将监测数据进行记录、存储，按给定的程序统计出每天或每月中的最大电压值、最小电压值及这些电压值发生的时刻，统计出每天或每月的电压合格率、超上限率与超下限率。智能型电压监测仪的基本工作原理框图如图 7-18 所示。

图 7-18 中，各电路作用及工作情况如下：

(1) 采样信号取自电压互感器二次侧电压，通过仪表内部的隔离变压器和输入衰减电路将信号降为 200mV，经 AD737 真有效值转换电路，直接输出与输入信号相对应的直流信

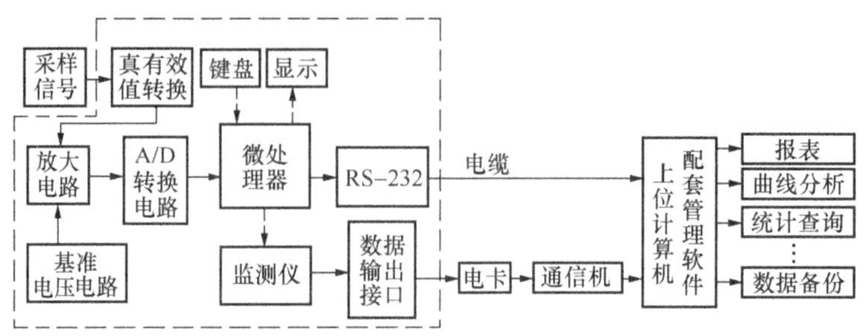

图 7-18 智能型电压监测仪工作原理框图

号，该直流信号送入放大电路和 A/D 转换电路。

（2）基准电压电路是智能型电压监测仪进行电压监测的一个重要组成部分，它的作用不仅是建立一个标准电压与被测电压比较，进行数据处理，而且在对被测量测量时，外界温度发生变化，可利用误差模型对测量范围各点误差进行自修正。

（3）微处理器采用 8031 芯片。该芯片功耗低，功能强，工作可靠性程度高。

（4）监测仪除具有必不可少的 ROM 程序芯片及人机对话键盘、接口等外围设备外，还具有电源监视电路、存储器、时钟及数据输出电路。

1）电源监视电路的作用是当仪表出现异常情况或当工作电源低于额定值时，输出一个复位信号，停止 CPU 工作，避免存储的数据和时钟芯片被破坏。电源监视电路的另一个作用是充当“看门狗”，监视 CPU 程序的正常运行。在正常运行中，程序在规定的时间（1s）内，“喂狗”一次；当外围电路有较强的干扰影响正常运行时，程序不再“喂狗”，看门狗在时隔 1.6s 时，发出一个复位信号，迫使程序纳入正常轨道，从而保证了仪表的可靠运行。

2）数据存储器采用了一种串行输入输出的 E^2PROM。它的优点是无需后备电池，也能使仪表在失去工作电源时，内部所存储的数据不丢失或改变。数据存储器通过地址总线选定某一地址再通过数据总线把数据存入该单元。

3）监测仪的数据输出电路有三个：①通过键盘从 LED 显示器中查询存储单元中的测量数据；②用电卡采集仪表中所存储的测量数据，再通过上位机显示，并统计、分析、打印出各类报表和图形；③通过 RS-232 标准接口，由通信电缆直接与调制解调器连接，利用电话通信网络，用计算机 CRT 进行实时监视或调用监测仪所存储的测量及统计数据。

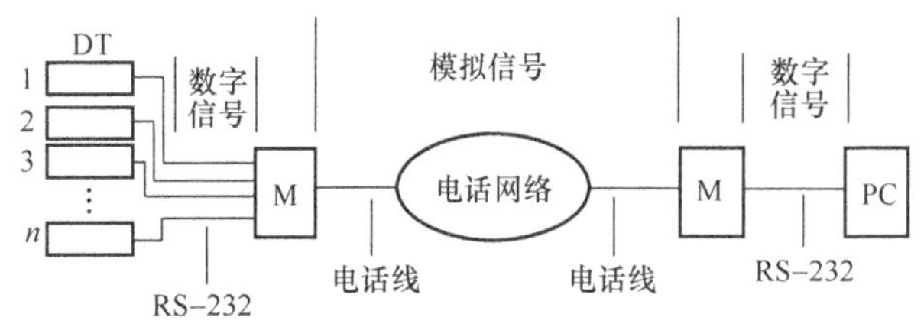

图 7-19 RS-232 接口工作系统简图

DT—电压监测仪；M—调制解调器；PC—微计算机

RS-232 接口工作系统简图如图 7-19 所示。信号的发送端和接收端都采用差动方式两线传输，对干扰信号抑制能力强，传输距离远，速率高。

（二）智能型电压监测仪的主要技术性能

20 世纪 90 年代初期，我国生产智能型电压监测仪的厂家不下 10 家，其名称、型号各不相同，而且监测的内容、准确度、采样周期、统计方法也不尽相同，相同内容不同仪表的统计值偏差较大的情况时有发生。1993 年，DL 500—1992《电压监测仪订货技术条件》规定了智能型电压监测仪所用术语的定义、技术要求及检验方法，从而对电压监测仪的制造、鉴定、验收及周期检定工作有了一个统一的技术规范。

电压监测仪在技术性能上的主要特点和与一般统计型数字仪表或装置（RTU）的不同点如下：

1. 采样周期与统计周期

按 DL 500—1992 要求，电压监测仪对被测量每秒采样 1 次，以 1min 平均值作为一个统计单元，然后，按电压合格区域的上、下限定值进行预处理，并储存于电压合格区域、超下限区域和超上限区域内，再分别统计出每天或每小时的电压合格率、超上限率和超下限率。

【例 7-1】 某电压监测仪接于 35kV 母线电压互感器的二次侧，作电压质量考核，其电压合格区域的上、下限定值分别为 35.7、34.3kV，从 0 时到 24 时，合格区域内、超上限区域内和超下限区域内分别存入 1150、230、60 个点，问该表统计的电压合格率、电压超上限率和电压超下限率为多少？

解 24h 内对电压的监测点数共有

$$24\times 60=1440\ (\text{点})$$

则该 35kV 母线端电压合格率为

$$\frac{1150}{1440}\times 100\% = 79.9\%$$

电压超上限率为

$$\frac{230}{1440}\times 100\% = 16\%$$

电压超下限率为

$$\frac{60}{1440}\times 100\% = 4.1\%$$

上述每天 1440 点是建立在每小时 60 点的基础上的，倘若每秒不是采样 1 次，或不是以电压瞬时值 60 点平均值作每分钟统计值，那么，上述合格率的计算结果会有很大差别。有些数据采集装置，如 SCADA 系统（监视控制与数据采集系统）对电压合格率的统计与上述对电压采样的时间与计算方法基本相同，只是对电压采样的时间很随意，既可以是 1 次/s，也可以 1 次/2s、1 次/5s。在对采样值取平均值的方法上，可以每分钟作一个统计单元，也可每 2min、每 5min 作一个统计单元，采样时间上有一个宽度，对平均值的取值方法上比较灵活，因此，得到的电压合格率的统计值差别很大。

2. 交流电压测量方式

智能型电压监测仪采用了真有效值转换原理对被测电压进行测量，避免了由于被测量谐波侵入而引入的测量误差，并使统计值具有很高准确度。若用电压变送器对交流电压进行测量，然后由 SCADA 系统进行电压合格率的统计，则会产生较大误差。电压变送器对交流电压信号的测量原理是利用平均值 AC/DC 电路获得，再根据正弦波电压有效值 U 与平均值的关系，使输出量表现为有效值。当被测电压信号波形中含有谐波或被测电压信号波形为非正弦波时，若未考虑波形系数，仍用平均值 AC/DC 转换器仪表去测量时，会引起较大的测量误差。

【例 7-2】 某一铁磁线圈磁通存在饱和，其输出电压波形为矩形波，波形系数 $K_F=2$，问用平均值响应的仪表与用真有效值响应的仪表去测量，误差分别为多少？

解　平均值响应仪表的测量值为

$$U_1 = 0.9U_{av}$$

真有效值响应仪表的测量值为

$$U_1 = 0.9K_F U_{av}$$

此时，平均值响应仪表的示值相对误差为

$$\gamma = \frac{U_1 - U_2}{U_2} \times 100\% = \frac{0.9U_{av} - 1.8U_{av}}{1.8U_{av}} \times 100\% = -50\%$$

由此可见，若用平均值响应的变送器或仪表去测量失真的正弦波电压，会引入很大的测量误差，通常称其为“波形误差”。诚然，[例 7-2] 是在非正弦波的情况下对平均值响应的仪表进行波形误差演算，其误差较大。但如果被测电压波形中存在着谐波，用平均值仪表去测量，同样也会产生较大的波形误差，这在电压测量中显然是不允许的，更何况是在电压质量的考核工作中。因此，用于电压质量考核的电压监测仪对电压的测量必须采用真有效值响应电路，它能准确地测量各种电压波形的有效值，而不必考虑波形参数或失真度的大小。

二、智能型数字电能表

微处理器（简称 CPU）进入仪器仪表内部，使仪器仪表具有了控制、存储、运算、逻辑判断及自动操作等智能性能，并在测量准确度、灵敏度、可靠性、自动化程度、运算功能和解决测量技术问题的深度及广度等方面都有了巨大进步。它具有测量过程控制的软件化、数据处理能力和功能多样化的特点，从而使仪器仪表硬件结构变得简单，体积与功耗减小，测量准确度提高。

（一）智能型数字电能表的硬件结构

智能型数字电能表，即内置微处理器的数字电能表的硬件结构可简可繁，以适应不同应用场合的实际需要。最基本的结构应包括输入电路、采样保持电路、A/D 转换电路、RAM、EPROM、微处理器和显示器。复杂的硬件结构还可包括通信接口、监控输出、键盘、日历时钟、读卡装置等。功能较多的智能型数字电能表的硬件结构如图 7-20 所示。

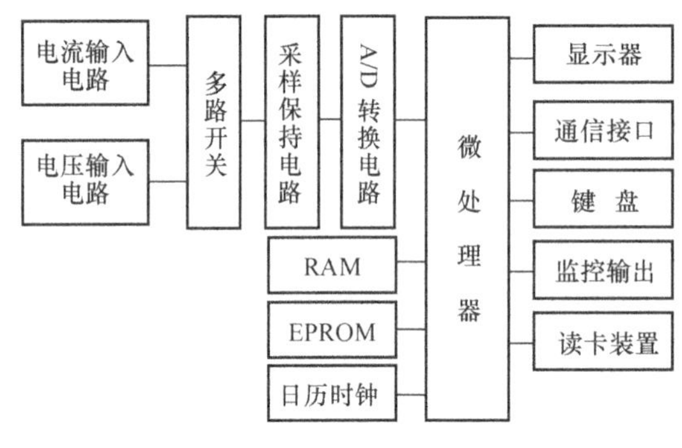

图 7-20　智能型数字电能表的硬件结构

1. 微处理器（CPU）

微处理器是仪表的核心，它根据编制的程序完成数据传送和各种数学计算等功能。目前被广泛应用的有 8 位（例如 MCS-51 系列单片机）、16 位（如 MCS-96 系列）或 32 位的 CPU。目前 CPU 的品种繁多，选择合适的 CPU 对降低仪表造价、简化硬件结构是至关重要的。例如美国 Microchip 公司的 8 位 PIC 系列产品具有实用、低价、省电和高速等特点，具有一次烧结的低价位 OPT 芯片，其中 PIC16C71 单片机内部集成了 4 路模拟量输入、采样保持、8 位 A/D 转换器，1k 程序空间、36 字节通用 RAM，其 A/D 转换在 20s 内即可完成，而且 PIC16C84 单片机内存有 64 字节 EEPRAM 型数据存储器。

扩展芯片如下：

RAM 是数据存储区，CPU 可以将数据写入 RAM，也可以从 RAM 中读出，如 6216、

6264、62256等。

EPROM是程序存储区，把事先编制好的程序用专用设备固化在EPROM中，CPU只能从其中读，但不能在里面写，如2732、2764、27256等。

日历时钟给CPU提供准确的年、月、日、时、分、秒，如DALLAS公司的DS12887时钟芯片。

2. 输入通道

模拟量采集采用交流采样技术，采集的模拟量有负载电压、电流。模拟电压经幅值衰减送多路开关，电流经幅值衰减和电流/电压转换送入多路开关，经采样保持器保持后送到模/数转换器，由模/数转换器转换为数字量并分别存入相应的存储单元中。转换好的数字量经过单片机的处理，计算出所需的有功功率、无功功率和电能量。

多路开关又称多路模拟电子开关，它有多个信号输入端以及一个信号输出端，它根据CPU给定的地址选择信号，将多个输入信号中与地址信号相对应的一路输入作为输出信号。

A/D转换器将模拟量变换成数字量，以便CPU进行数字量处理。

数字式仪表只能处理数字量，所以必须把模拟量变成数字量，但是在转换过程中应保证被测电压不变，因此测量一个随时间变化的电压时，应把要测量的瞬间电压暂时寄存起来以供A/D进行转换，寄存的时间必须大于A/D转换的时间，完成寄存电压瞬间值的器件叫采样保持器。采样保持器有分立元件的，也有单片集成的。单片集成式采样保持器常见的有LF198、LF298、LF398、AD582、AD583及SHA系列等，下面对采样保持器的工作原理进一步说明。

采样保持器的电路原理如图10-21（a）所示，它由一个电子模拟开关S和保持电容C_h以及阻抗变换器Ⅰ、阻抗变换器Ⅱ组成。开关S的闭合与断开受CPU发出的逻辑电平控制。当逻辑电平为采样电平时，S闭合，电路处于采样状态，经很短时间（捕捉时间）C_h迅速充电或放电到输入电压u_i，随后电容电压随u_i变化。当逻辑电平为保持电平时，S断开，电路处于保持状态，C_h上将保持S断开时的电压。当电容C_h为定值时，采样时间越短越好，即采样回路的时间常数要小，故用阻抗变换器Ⅰ；因其输出阻抗极小；同时在保持时间里为使电容C_h上的电压尽量保持不变，保持回路时间常数要大，故用阻抗变换器Ⅱ，其输入阻抗很高。图10-21（b）所示出了实际采样保持器的工作波形。

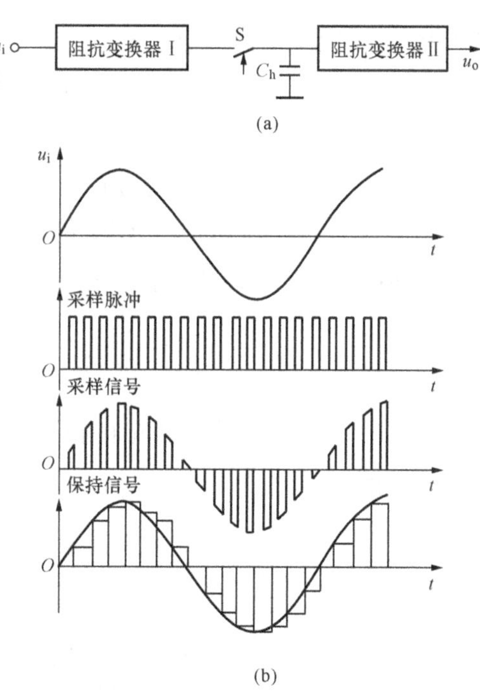

图7-21 交流信号的采样与保持

（a）电路原理；（b）工作波形

3. 输出通道及键盘显示

为了便于人机联系，仪表设有操作面板，通过键盘可实现时钟校时，计费平、峰、谷时段划分等功能。

显示器一般使用液晶 LCD 显示屏或数码管 LED 显示块，在它上面可显示总累计电量、累计峰电量、累计平电量、累计谷电量等数据。

通过通信接口可将表内数据通过专用通信线、电话线、电力线等传给上级用电管理部门，用电管理部门也可对该表进行远程参数设置、负荷控制等。另外一种工作方式是通信接口以远红外方式与抄表器通信，实现自动抄表。

对预付费电表，CPU 可通过读卡装置对电卡（又称智慧卡或 IC 卡）或磁卡进行读写，实现先买电、后用电的电费预付制。当电卡电量快用尽时，发报警信号；当超功率运行时间大于给定延时时，给出跳闸信号。同时，还可实现过电流（过载）保护跳闸。

（二）智能型数字电能表的软件与算法

智能型数字电能表的程序（软件）可分为几大模块，如上电初始化模块、数据采集模块、数据运算处理模块、显示模块、通信模块、键处理模块、自检模块等。具体编写时可编成主程序、子程序和中断服务程序三大类程序块。按模块化处理，程序可读性好、增删容易。数字电能表程序的关键还在于数据的运算处理模块，下面对数据运算处理时常采用的一种电能的软件算法做一简单介绍。

1. 有功功率 P 和无功功率 Q 的计算方法

（1）单相 P、Q 的算法。若 $u(t)$、$i(t)$ 分别代表被测周期电压和电流信号的瞬间值，被测信号的周期为 T，则有功功率为

$$P=\frac{1}{T}\int_0^T p(t)\mathrm{d}t=\frac{1}{T}\int_0^T u(t)i(t)\mathrm{d}t \tag{7-14}$$

每隔微小时间间隔 T_S，电压信号和电流信号采样一次，随即算出瞬间电压与电流之积，然后对测量时间段 T 内所有离散采样点上电压与电流乘积求和并取平均，便估算出积分式所表示的有功功率的近似值为

$$P\approx\frac{1}{N}\sum_{K=1}^{N}u_K i_K \tag{7-15}$$

$$N=T/T_S$$

式中 u_K，i_K——电压和电流的第 K 次采样值；

N——电压或电流一周期 T 内的采样点数。

因无功功率 Q 与有功功率 P 仅在电压、电流的相位差上相差 $\frac{\pi}{2}$，故

$$Q=\frac{1}{N}\sum_{K=1}^{N}u_K i_{K+N/4} \tag{7-16}$$

式中 $i_{K+N/4}$——第 $K+\frac{N}{4}$ 次电流采样值，当 $K+\frac{N}{4}$ 大于 N 时，$i_{K+N/4}$ 取为 $i_{K+N/4-N}$。

（2）三相 P、Q 的算法。根据电路原理，三相有功功率为

$$P=\frac{1}{T}\int_0^T(u_a i_a+u_b i_b+u_c i_c)\mathrm{d}t \tag{7-17}$$

经离散化处理有

$$P=\frac{1}{N}\sum_{K=1}^{N}(u_{aK}i_{aK}+u_{bK}i_{bK}+u_{cK}i_{cK}) \tag{7-18}$$

$$Q=\frac{1}{N}\sum_{K=1}^{N}(u_{aK}i_{a(K+N/4)}+u_{bK}i_{b(K+N/4)}+u_{cK}i_{c(K+N/4)}) \tag{7-19}$$

对只有两相变流器的线路，P、Q 值可按下述公式计算

$$P=\frac{1}{T}\int_{0}^{T}[u_{ab}(t)i_{a}(t)+u_{cb}(t)i_{c}(t)]\mathrm{d}t$$

离散化公式有

$$P=\frac{1}{N}\sum_{K=1}^{N}(u_{abK}i_{aK}+u_{cbK}i_{cK}) \tag{7-20}$$

$$Q=\frac{1}{N}\sum_{K=1}^{N}(u_{abK}i_{a(K+N/4)}+u_{cbK}i_{c(K+N/4)}) \tag{7-21}$$

式（7-21）中，当 $K+\frac{N}{4}$ 大于 N 时，取 $K+\frac{1}{4}N-N$。

2. 电能量的计算方法

假设以零为累计电能的计时起点，电能计量时间起点至时刻 t 经过的正弦信号周期数为 M，则 $MT\leqslant t\leqslant(M+1)T$。再设第 K 个周期内的平均有功功率为 $P(K)$，则累计有功电能为

$$\begin{aligned}W&=\int_{0}^{t}p(t)\mathrm{d}t\\&=\int_{0}^{MT}p(t)\mathrm{d}t+\int_{MT}^{t}p(t)\mathrm{d}t\\&=\int_{0}^{1T}p(t)\mathrm{d}t+\int_{T}^{2T}p(t)\mathrm{d}t+\cdots+\int_{(M-1)T}^{MT}p(t)\mathrm{d}t+\int_{MT}^{t}p(t)\mathrm{d}t\\&=\sum_{K=1}^{M}\int_{(K-1)T}^{KT}p(t)\mathrm{d}t\\&=\sum_{K=1}^{M}TP(K)\end{aligned} \tag{7-22}$$

当式（7-22）中 P（K）用 kW 而 T 用 h 作单位时，则上式应除以 3 600 000，得到的有功电能 W_a 为

$$W_{a}=\frac{1}{36\ 000\ 000}\sum_{K=1}^{M}TP(K)\quad \text{kWh} \tag{7-23}$$

同理，无功功率 W_r 为

$$W_{r}=\frac{1}{36\ 000\ 000}\sum_{K=1}^{M}TQ(K)\quad \text{kvarh} \tag{7-24}$$

由于电力系统的频率会随时间发生变化，所以在需要对电能做更准确的计量时，应将式中的 T 换成 T（K），并随时测量当时的交流信号周期，同时采样间隔 T_S 也应随周期 T 变化而改变，即保证在每一个交流信号周期内都能均匀采样。

3. 交流采样的程序设计

对于交流采样，一般采用定时中断方式，用定时器规定好中断间隔时间 Δt，只要中断是开放的，则时间一到就能转入中断服务子程序进行采样。

采样程序框图如图 7-22 所示，中断服务子程序框图如图 7-23 所示。

在初始化阶段，要做以下工作：

（1）规定中断矢量。

（2）设置工作方式（定时）。

(3) 规定数据存放区首地址。

(4) 给中断计数器赋初值。

(5) 确定中断方式。

(6) 开中断。

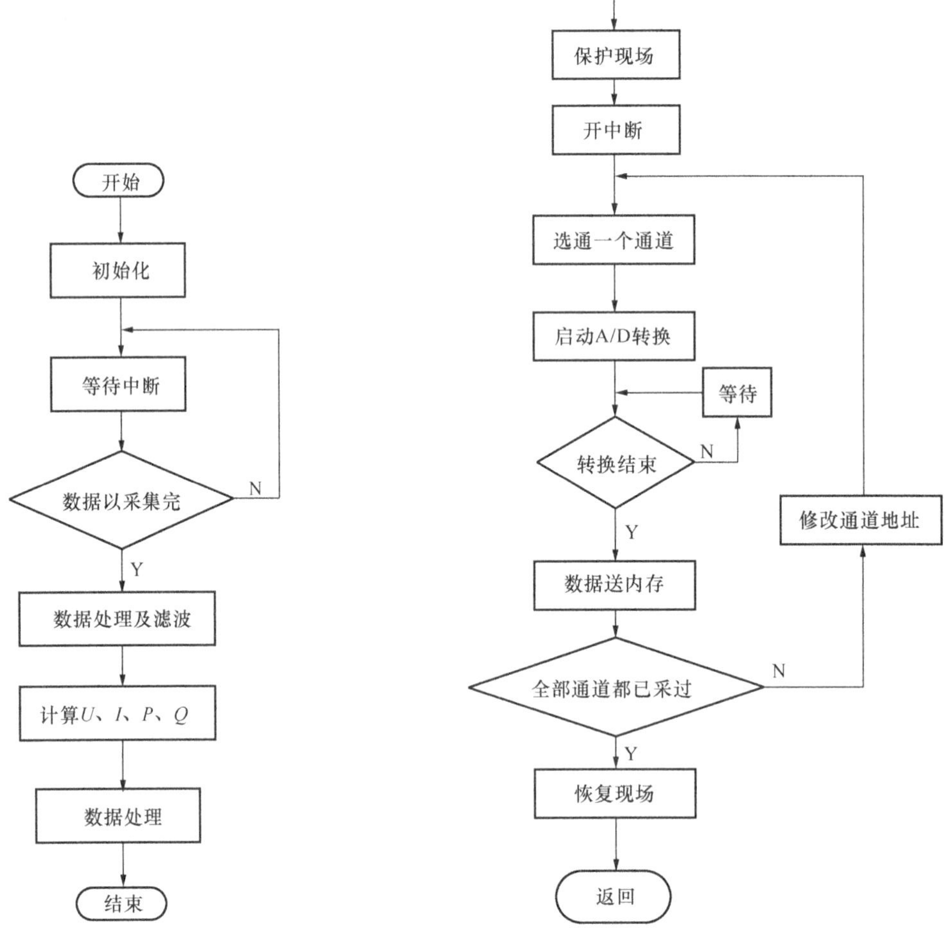

图 7-22 采样程序框图 图 7-23 中断服务子程序框图

定时器时间一到就转入中断服务子程序，把所有通道的数据采集一遍以后即返回，接着判断数据是否已采完，若未采完，则返回等待下一次中断；如已采完，则进入数据处理和计算阶段。

数据处理要做以下几项工作：

(1) 将数据按通道集中存放和排队。

(2) 按选定的公式计算功率和能量。

(3) 进行二进制数→十进制数（BCD 码）及（ASCII 码）转换。

(4) 送显示或通信缓冲区。

键处理模块可采用微处理器的外部中断子程序。

思考题和练习题

7-1　何为智能仪器仪表？简述智能仪器仪表的主要特点。

7-2　简述智能仪器仪表的发展趋势。

7-3　简述智能仪器仪表的各种自动测量功能及实现方法。

7-4　简述智能仪器仪表中典型数字滤波技术及其思想方法。

7-5　常用的数字滤波算法有哪些？说明各种滤波算法的特点和使用场合。

7-6　各种常用的滤波算法能组合使用吗？若能，请举例说明；若不能，请说明理由。

7-7　检测信号是幅度较小的直流电压，经过适当放大和 A/D 转换，由于 50Hz 工频干扰使测量数据呈现周期性波动，设采样周期 $T_s=1ms$，采用算术平均滤波算法，是否能够消除工频干扰？平均点数 N 如何选择？

7-8　某一铁磁线圈由于磁通的饱和，其输出电压波形为矩形波，波形系数 $K_F=1.8$，试问用平均值响应的仪表去测量，误差为多少？

7-9　试述智能化仪表中软件设计的思想。

7-10　简述智能电压监测仪中测量误差的自行修正方法。

7-11　为什么将具有微处理器的数字电能表称为智能型数字电能表？

7-12　简述采样保持器的工作原理。

第八章　电　工　实　验

科学理论与科学实验是相辅相成、互相促进的，科学理论的建立以大量的实验为依据，新理论的提出必须经过实验加以验证。

先进的仪表仪器和测试技术是发展科学技术，实现工业、农业及国防现代化必不可少的重要技术手段。测试，特别是电工测试是工业生产必不可少的部分，产品质量的保证与改善、劳动生产率的提高在很大程度上取决于企业对生产全过程的监测和控制。设备的维修，特别是新产品的研制更离不开测量与实验。实现生产的自动控制以及工艺过程及检验工序的自动化，就需要对各种过程的各种指标进行测量、运算、干预和控制，这些同样也与电工测试密不可分。

鉴于上述原因，大学生在校学习期间，必须加强测量和实验技能的培养。掌握电工测试技术的有关基本理论与操作技能，这不仅是为了巩固和加深所学理论，更重要的是提高学生应用所学知识来分析和解决问题的能力，树立严谨求实的作风，为今后从事生产工作及科学研究打下基础。为此，本课程要做一系列不同类型的实验，为了达到预期效果，要求认真完成下列各环节的任务。

一、预习

要高质量地完成实验，很重要的一个环节就是在实验前必须认真预习准备，明确本次实验的目的、任务、实验设备、注意事项，本次实验中应观察哪些现象，记录哪些数据。本课程的实验分为三类，预习的要求有所不同，但总的要求是通过预习，做到心中有数，即要明确"进实验室要做什么？如何做？按理论分析预期有怎样的结果？"

1. 给定指导书的实验项目

这类实验是在教师指导下进行的，即给定完整的实验指导书，学生如能认真地按指导书的要求去做，就能顺利完成实验，达到预期效果。实验前应做到：

（1）认真阅读指导书，明确实验的目的、要求、要测量的电学量，应阅读有关书籍、资料，复习实验原理涉及的有关理论。

（2）熟悉实验线路、方法、步骤，准备好数据原始记录表格。

（3）认真思考、解答自测题，按理论分析预测估算实验结果。

（4）记住实验中应注意的事项。

2. 给出任务书的实验项目

这类实验是在给定条件下，学生自己组织实验，旨在培养学生应用基本理论解决实际问题，以及独立工作的能力。因此，任务书通常只给出实验目的、任务要求、可供选择使用的部分仪表、仪器、元件等，要求预习时完成以下准备工作。

（1）根据实验项目的要求、任务，查询有关的书籍、资料，拟定出实验电路、实验方法以及实验步骤。

（2）根据有关理论，估算并选定实验电路中各元件的参数。

（3）根据实验测试内容的要求以及实验室的条件，选择仪表、仪器。

(4) 慎重考虑在实验过程中可能出现的问题，如是否会出现过电流、过电压现象，特别要考虑实验过程中如何保证人身、设备的安全。

(5) 设计数据记录表格，准备好原始记录表。

(6) 综合上述各项工作，写出该实验项目的完整的实验任务书。

3. 综合性实验

这类实验要求学生综合运用所学知识，查阅、参考有关资料，对给定的实验项目自行设计并组织实施；或对某一装置，拟定出测试方案，进行参数、性能测试；或设计某种装置，并进行安装、调试，完成该装置的制作。针对不同的实验项目，要求学生对测试结果进行分析、论证，撰写出符合工程要求的测试报告，产品说明或论文。综合性实验的目的是为了更好地培养学生的自学能力，独立进行测试工作和解决实际问题的能力，以及生产的工程意识。

综合性实验项目的准备工作，与给定任务书的实验项目相同，但由于这类项目不是直接取自已学课程，它涉及的面较广，与工程实际结合紧密，因此必须对实验项目进行设计及充分的论证。

二、基本操作程序

做实验时，一般按下列程序进行。

1. 熟悉设备

首先应了解所使用的仪表仪器和各种元件设备的使用方法，将它们的编号、规格及满标分度登记在记录表格上。熟悉电源的操作方式，以便在发生事故时能及时切断电源。

2. 连接线路

参照实验电路原理图上仪表、仪器设备的分布位置，将实际的仪表、仪器设备初步放置好，再按以下原则进行调整：

(1) 仪表放置的位置应便于观测读数。

(2) 需要调节设备的把手，旋钮要顺手，以便于操作。

(3) 连接导线要尽量少交叉，以使布线合理并保证实验的顺利进行。

仪表设备位置放好后，按照实验电路图，先接主要的串联电路，一般可从电源的一端开始，顺序连接，回到电源的另外一端，然后再连接分支电路。

接线时连接导线都应接于仪表、仪器、设备的接线端钮上，而且一个端钮上连接的导线尽可能不要超过 3 根，以保证连接可靠，不易脱落。接线时，不允许不通过接线端钮而将几根导线缠绕在一起。电路中的调压器、电位器类器件，调节手柄均应置于起始位置或规定位置。

线路接好后要认真自查，确认无误，遵照规定请指导教师复查同意后方可接通电源。

3. 操作记录

接通电源后，如无不正常现象即可按实验步骤进行操作。读数时姿势要正确，认真仔细，读取的数值应为有效数字，数据要如实记入事前准备好的记录表格内，需要经换算才能得出测量值的数据，一般可记录分度数及量程，实验后再进行换算。读取数据的多少视实验要求而定，如要求将数据绘成曲线时，数据量必须满足能描绘出一条光滑曲线。在曲率大的部分要尽可能多读几点，且可将所得数据在坐标纸上大致描绘一下，如有不足之处，及时补上。在读数时，应随时分析是否合理，发现异常要及时查找原因，加以纠正。

4. 核对检查

完成全部实验后，应检查实验数据是否完整合理，经指导教师审核认可后才能拆除线路。拆完线后应将仪表，仪器、设备、导线等放置整齐。

5. 注意事项

根据实验要求，需要改变接线时，应切断电源再改接。不论电压高低都不允许带电操作，送合电源前要招呼全组人员（呼“送电了!”)，在得到全组人员许可应答（“可以送电”）后，方可送电，以确保人身、设备安全，并养成良好习惯。

实验过程中若发生事故，首先要立即切断电源，报告教师，共同分析事故原因，排除故障重新进行。

注意了解和遵守实验室规章制度。

三、实验报告的编写

实验报告是实验成果的书面总结，编写实验报告是一项重要的基本训练，必须认真完成。报告应按学校规定的格式编写，一般应包括以下主要内容：

（1）实验目的及任务。

（2）实验电路及使用的设备。

（3）实验数据。

（4）数据处理。数据的整理、误差估算，按任务要求进行计算，得到实验结果，绘制表示实验结果的实验曲线等。

（5）结论与分析讨论。通过实验得出的结论，对实验中发生的现象、问题、事故等进行分析讨论，并讲述实验的收获体会以及对改进实验的建议等。

第（4）、（5）两项是编写报告的重点内容，是培养分析和解决实际问题以及独立工作能力的重要手段，所以应尽最大努力，认真独立地编写实验报告。

实验一　基本电工仪表的使用与测量误差的计算

一、实验目的

（1）熟悉实验台上各类电源及各类测量仪表的布局和使用方法。

（2）掌握指针式电压表和电流表内阻的测量方法。

（3）熟悉电工仪表测量误差的计算方法。

二、原理说明

为了准确地测量电路中实际的电压和电流，应保证仪表接入电路后不会改变被测电路的工作状态。这就要求电压表的内阻为无穷大，电流表的内阻为零。而实际使用的指针式电工仪表都不能满足上述要求。这就导致仪表的读数值与电路原有的实际值之间出现误差。误差的大小与仪表本身内阻的大小密切相关。只要测出仪表的内阻，即可计算出由其产生的测量误差。以下介绍几种测量指针式仪表内阻的方法。

1. 用“分流法”测量电流表的内阻

如图 8-1 所示，PA 为被测内阻为 R_{PA} 的直流电流表，满量程电流为 I_m，测量时先断开开关 S，调节恒流源的输出电流 I，使 PA 表满偏。然后合上开关 S，并保持 I 值不变，调节电阻箱 R 的阻值，使电流表的指针指在 1/2 满量程位置，即

$$I_{PA}=I_R=\frac{I_m}{2}$$

则电流表的内阻 $R_{PA}=R$。

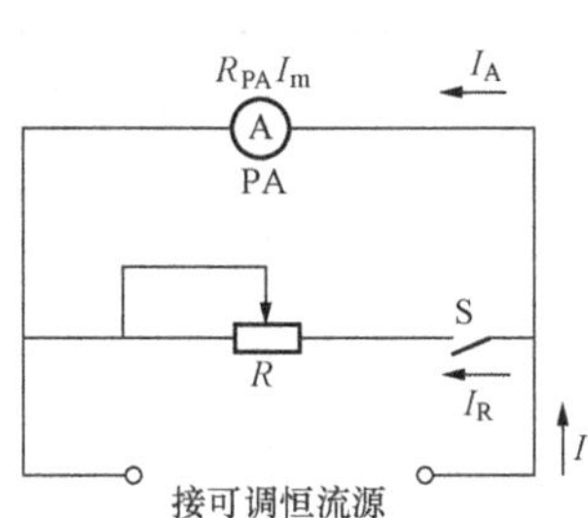

图 8-1　用“分流法”测量电流表内阻电路

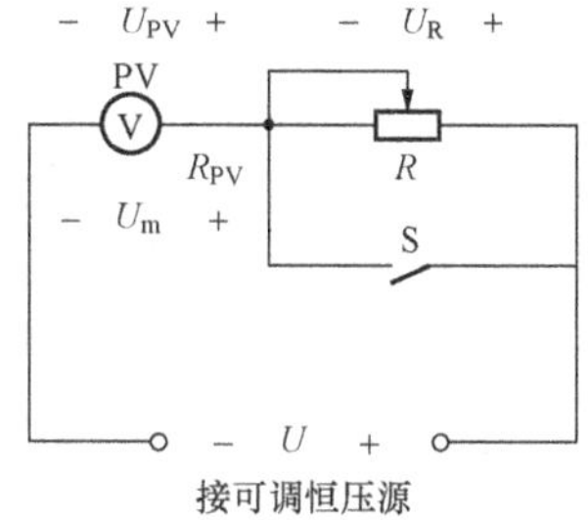

图 8-2　用“分压法”测量电压表内阻电路

2. 用“分压法”测量电压表的内阻

如图 8-2 所示，PV 为被测内阻为 R_{PV}的电压表，满量程电压为 U_m，测量时先闭合开关 S，调节恒压源的输出电压 U，使电压表指针为满偏，即 $U=U_{PV}=U_m$。然后断开开关 S，并保持 U 值不变，调节电阻箱 R 使电压表的指示值减半，此时有

$$R_{PV}=R$$

3. 测量误差计算

仪表内阻引起的测量误差通常称为方法误差，而仪表本身结构引起的误差称为仪表基本误差。以图 8-3 所示电路为例，R_2 上的电压为 $U_2=\frac{R_2}{R_1+R_2}U$，若 $R_1=R_2$，则 $U_2=U/2$。

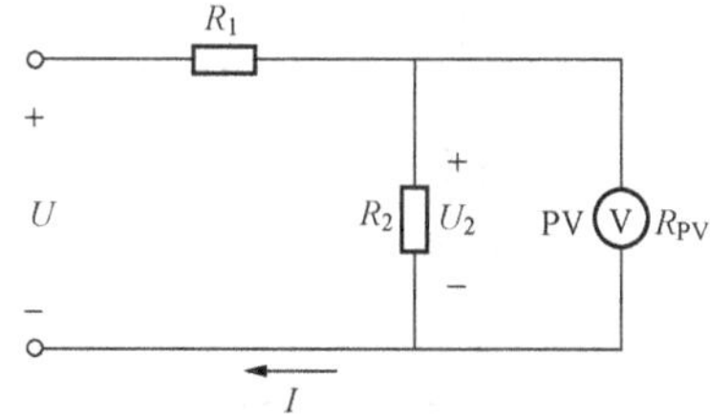

图 8-3　测量误差计算电路

现用一内阻 R_{PV} 的电压表来测 U_2 值，当 R_{PV} 与 R_2 并联后，$R'_2=\frac{R_{PV}R_2}{R_{PV}+R_2}$，以此来代替 R_2，则得

$$U'_2=\frac{\frac{R_{PV}R_2}{R_{PV}+R_2}}{R_1+\frac{R_{PV}R_2}{R_{PV}+R_2}}U$$

绝对误差为

$$\Delta U=U_2-U'_2=\left(\frac{R_2}{R_1+R_2}-\frac{\frac{R_{PV}R_2}{R_{PV}+R_2}}{R_1+\frac{R_{PV}R_2}{R_{PV}+R_2}}\right)U=\frac{R_1R_2^2}{(R_1+R_2)(R_1R_2+R_2R_{PV}+R_{PV}R_1)}U$$

若 $R_1=R_2=R_{PV}$，则得 $\Delta U=\frac{U}{6}$

$$\text{相对误差 }\Delta U(\%)=\frac{U_2-U'_2}{U_2}\times 100\%=\frac{\frac{U}{6}}{\frac{U}{2}}\times 100\%=33.3\%$$

三、实验设备

实验设备见表 8-1。

表 8-1 **实验设备**

序号	名称	型号与规格	数量
1	可调直流稳压电源	0～30V	2 路
2	可调恒流源	0～200mA	1
3	指针式万用表	MF.47 或其他	1
4	可调电阻箱	0～9999.9Ω	1
5	电阻器	按需选择	

四、实验内容

（1）根据分流法原理测定直流电流表 1mA 和 10mA 量程的内阻。实验电路如图 8-1 所示，其中 R 用电阻箱（下同）将测量结果填入表 8-2。

表 8-2 **分流法测定直流电流表内阻测量值**

被测表量程（mA）	S 断开，调节恒流源，使 $I=I_{PA}=I_m$（mA）	S 闭合，调节电阻 R，使 $I_R=I_{PA}=I_m/2$（mA）	R（Ω）	计算内阻 R_{PA}（Ω）
1				
10				

（2）根据分压法原理按图 8-2 所示接线，测定直流电压表 1V 和 10V 量程的内阻，将测量结果填入表 8-3。

表 8-3 **分压法测定直流电压表内阻测量表**

被测表量程（V）	S 闭合，调节恒压源，使 $U=U_{PV}=U_m$（V）	S 断开，调节电阻 R，使 $U_R=U_{PV}=U_m/2$（V）	R（Ω）	计算 R_{PV}（Ω）
1				
10				

（3）方法误差的测量与计算。实验电路如图 8-3 所示，其中 $R_1=R_2=300\Omega$，用 10V 量程电压表测量电压 U_2 之值，并计算测量的绝对误差和相对误差，并将结果填入表 8-4。

表 8-4 **方法误差的测量与计算**

U	R_{PV}(kΩ)	计算值 U_2	实测值 U_2'	绝对误差 $\Delta U=U_2-U_2'$	相对误差 $\Delta U/U_2\times100\%$
12V					

五、实验注意事项

（1）在开启试验箱的电源开关前，应使两路电压源的输出电压调节旋钮或电流调节旋钮调至最小，接通电源后，再根据需要缓慢调节。

（2）理论上恒压源输出不允许短路，恒流源输出不允许开路（观察实际现象，解释实际和理论不同的原因）。

（3）电压表并联测量，电流表串入测量，并且要注意极性与量程的合理选择。

六、思考题

（1）根据已知表头的参数（1mA、160Ω），计算出组成1、10V电压表的倍压电阻以及1mA和10mA的分流电阻。

（2）用量程为10A的电流表测实际值为8A电流时，仪表读数为8.1A，求测量的绝对误差和相对误差。

七、实验报告要求

（1）根据列表实验数据，计算各被测仪表的内阻值，并与实际的内阻值相比较。

（2）对思考题进行计算。

（3）其他（包括实验的心得、体会及意见等）。

实验二　基尔霍夫定律的验证

一、实验目的

（1）验证基尔霍夫定律的正确性，加深对基尔霍夫定律的理解。

（2）学会用电流插头、插座测量各支路电流。

二、原理说明

基尔霍夫定律是电路的基本定律，任一电路的各支路电流及电压，应分别满足基尔霍夫电流定律（KCL）和电压定律（KVL），即：对电路中的任一节点而言，应有$\Sigma I=0$；对任何一个闭合回路而言，应有$\Sigma U=0$。

应用上述定律时必须注意各支路或闭合回路中电流的正方向，此方向可预先任意设定。

三、实验设备

实验设备见表8-5。

表8-5　　　　实　验　设　备

序　号	名　称	型号与规格	数　量
1	可调直流稳压电源	0～30V	2路
2	直流数字电压表	0～200V	1
3	直流数字毫安表	0～200mA	1
4	基尔霍夫定律/叠加原理实验箱		1

四、实验内容

利用基尔霍夫定律/叠加原理线路，按图8-4接线。

（1）实验前先任意设定3条支路和3个闭合回路的电流正方向，图8-4中的I_1，I_2，I_3的方向已设定。3个闭合回路的电流正方向可设为ADEFA、BADCB和FBCEF。

（2）分别将两路直流稳压电源接入电路，令$U_1=6V$，$U_2=12V$。

（3）熟悉电流插头的结构，将电流插头的两端插入数字电流表的+、-接线端，（注意不要接反）。

（4）将电流插头分别插入3条支路的3个电流插座中，读出并将各个电流值记入表8-6中。

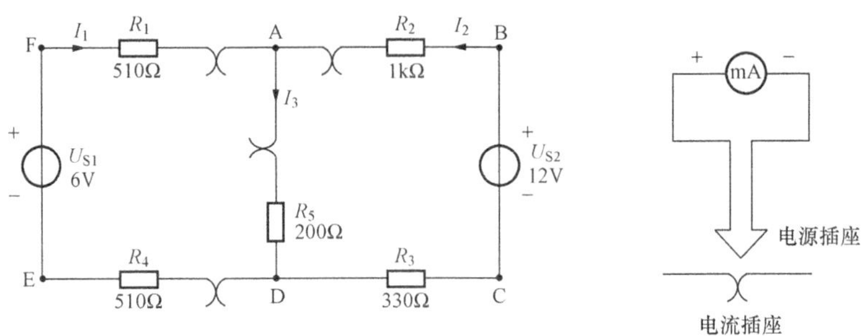

图 8-4 基尔霍夫定律验证

(5) 用直流数字电压表分别测量两个电源及电阻元件上的电压值，并将测量值记入表 8-6 中。

表 8-6 **测 量 结 果**

项 目	测 量 值									
被测值	I_1	I_2	I_3	U_{S1}	U_{S2}	U_{R_1}	U_{R_2}	U_{R_3}	U_{R_4}	U_{R_5}
计算值										
测量值										
相对误差										

五、实验注意事项

(1) 本实验线路板系多个实验通用，实验时还要用到电流插头。

(2) 所有需要测量的电压值，均以电压表测量的读数为准，不以电源表盘指示值为准。

(3) 防止电压源两端碰线短路。

(4) 若用指针式电压表或电流表进行测量时，要识别电流插头所接电流表的“+、−”极性，如果仪表指针反偏，此时必须调换仪表极性，重新测量。若用数显电压表或电流表进行测量，则可直接读出电压或电流值。但要注意：所读得的电压或电流值的正、负号应根据设定的电流参考方向来判断。

六、思考题

(1) 根据图 8-4 的电路参数，计算出待测的电流 I_1、I_2、I_3 和各电阻上的电压值，记入表 8-6 中，以便实验测量时，可正确地选定毫安表和电压表的量程。

(2) 实验中，若用指针万用表直流毫安挡测各支路电流，什么情况下可能出现毫安表指针反偏？应如何处理？在记录数据时应注意什么？若用直流数字毫安表进行测量时，则会有什么显示呢？

七、实验报告

(1) 根据实验数据，选定实验电路中的任一个节点，验证 KCL 的正确性。

(2) 根据实验数据，选定实验电路中的任一个闭合回路，验证 KCL 的正确性。

(3) 误差原因分析。

(4) 心得体会及其他。

实验三 线性电路叠加性和齐次性的研究

一、实验目的

验证线性电路叠加原理的正确性，加深对线性电路的叠加性和齐次性的认识和理解。

二、原理说明

叠加原理指出：在有几个电源共同作用下的线性电路中，通过每一个元件的电流或其两端的电压，可以看成是由每一个电源单独作用时在该元件上所产生的电流或电压的代数和。

线性电路的齐次性：是指当激励信号（如电源作用）增加或减小 K 倍时，电路的响应（即在电路其他各电阻元件上所产生的电流和电压值）也将增加或减小 K 倍。

叠加性和齐次性都只适用于求解线性电路中的电流、电压。对于非线性电路，叠加性和齐次性都不适用。

三、实验设备

实验设备见表 8-7。

表 8-7 实 验 设 备

序 号	名 称	型号与规格	数 量
1	可调直流稳压电源	0～30V	2 路
2	直流数字电压表	0～200V	1
3	直流数字毫安表	0～200mA	1
4	基尔霍夫定律/叠加原理实验箱	EEL—53	1

四、实验内容

叠加原理验证实验，实验电路如图 8-5 所示，用基尔霍夫定律/叠加原理实验箱。

（1）将 2 路稳压电源的输出分别调节为 12V 和 6V，接入 U_{S1} 和 U_{S2} 处。

（2）U_{S1} 电源单独作用（将开关 S1 投向 U_{S1} 侧，开关 S2 投向短路侧），用直流数字毫安表和电压表测量各支路电流和各电阻元件两端电压，并将数据记录记入表格 8-8 中。

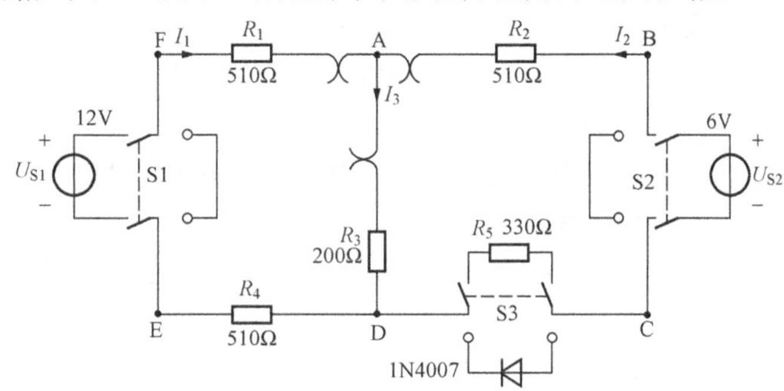

图 8-5 叠加原理验证

（3）U_{S2} 电源单独作用（将开关 S1 投向 U_{S1} 短路侧，开关 S2 投向 U_{S2} 侧），重复实验步骤（2）的测量和记录，数据记录记入表格 8-8 中。

（4）U_{S1} 和 U_{S2} 共同作用时（开关 S1 和 S2 分别投向 U_{S1} 和 U_{S2} 侧），重复步骤（2）的测量，数据记录记入表格 8-8 中。

（5）将 U_{S2} 的数值调至＋12V，重复第（2）步的测量，并将数据记录在表 8-8 中。

（6）将开关 S3 投向二极管 VD 侧，即电阻 R_5 换成一只二极管 1N4007，重复实验（1）

～（5）的测量过程，并将数据记入表 8-9 中。

表 8-8　　实验数据表 1

实验内容＼测量项目	U_{S1} (V)	U_{S2} (V)	I_1 (mA)	I_2 (mA)	I_3 (mA)	U_{AB} (V)	U_{CD} (V)	U_{AD} (V)	U_{DE} (V)	U_{FA} (V)
U_{S1}单独作用	12	0								
U_{S2}单独作用	0	6								
U_{S1}、U_{S2}共同作用	12	6								
$2U_{S2}$单独作用	0	12								

表 8-9　　实验数据表 2

实验内容＼测量项目	U_{S1} (V)	U_{S2} (V)	I_1 (mA)	I_2 (mA)	I_3 (mA)	U_{AB} (V)	U_{CD} (V)	U_{AD} (V)	U_{DE} (V)	U_{FA} (V)
U_{S1}单独作用	12	0								
U_{S2}单独作用	0	6								
U_{S1}、U_{S2}共同作用	12	6								
$2U_{S2}$单独作用	0	12								

五、实验注意事项

（1）用电流插头测量各支路电流时，应注意仪表的极性，正确判断测得值的＋、－号后，记入数据表格。

（2）注意仪表量程的及时更换。

（3）电源单独作用时，去掉另一个电压源，只能在实验板上用开关 S1 或 S2 操作，而不能直接将电源短路。

六、思考题

（1）叠加原理中 U_{S1}、U_{S2} 分别单独作用，在实验中应如何操作？可否将要去掉的电源（U_{S1} 或 U_{S2}）直接短接？

（2）实验电路中，若有一个电阻改为二极管，试问叠加性与齐次性还成立吗？为什么？

七、实验报告要求

（1）根据实验数据表格，进行分析、比较、归纳、总结实验结论，验证线性电路的叠加性与齐次性。

（2）各电阻所消耗的功率能否用叠加原理计算得出？试用上述实验数据计算并作结论。

（3）根据表 8-9 实验数据，你能得出什么样的结论？

（4）心得体会及其他。

实验四　戴维南定理和诺顿定理的验证

一、实验目的

（1）验证戴维南定理、诺顿定理的正确性，加深对该定理的理解。

（2）掌握测量有源二端网络等效参数的一般方法。

二、原理说明

戴维南定理指出：任何一个有源二端网络，总可以用一个理想电压源 U_S 和一个电阻 R_S 串联组成的实际电压源来代替，其中：理想电压源 U_S 等于这个有源二端网络的开路电压 U_{OC}，内阻 R_S 等于该网络中所有独立电源均置零（电压源短接，电流源开路）后的等效电阻 R_0。

诺顿定理指出：任何一个有源二端网络，总可以用一个理想电流源 I_S 和一个电阻 R_S 并联组成的实际电流源来代替，其中：理想电流源 I_S 等于这个有源二端网络的短路短路 I_{SC}，内阻 R_S 等于该网络中所有独立电源均置零（电压源短接，电流源开路）后的等效电阻 R_0。

U_S（U_{OC}）、R_0 和 I_S（I_{SC}）、R_S 称为有源二端网络的等效参数。

有源二端网络等效参数的测量方法有以下几种。

1. 开路电压、短路电流法测 R_0

在有源二端网络输出端开路时，用电压表直接测其输出端的开路电压 U_{OC}，然后再将其输出端短路，测其短路电流 I_{SC}，则内阻为

$$R_0 = \frac{U_{OC}}{I_{SC}}$$

若有源二端网络的内阻值很低时，将其输出端口短路易损坏其内部元件，因此不宜用此法。

2. 伏安法测 R_0

用电压表、电流表测出有源二端网络的外特性曲线，如图 8-6 所示。开路电压为 U_{OC}，根据外特性曲线求出斜率 $\tan\varphi$，则内阻为

$$R_0 = \tan\varphi = \frac{\Delta U}{\Delta I}$$

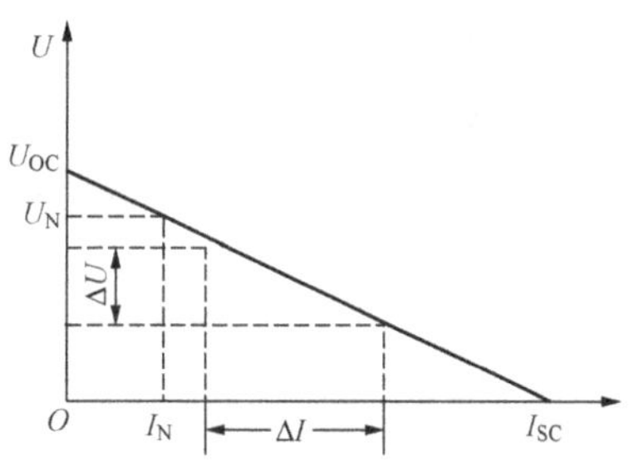

图 8-6　有源二端网络的伏安特性

也可以先测量开路电压 U_{OC}，再测量额定电流 I_N 时的输出端额定电压 U_N，则内阻为

$$R_0 = \frac{U_{OC} - U_N}{I_N}$$

3. 半偏电压法测 R_0

如图 8-7 所示，当负载电压为被测网络开路电压的一半时，负载电阻（由电阻箱的读数确定）即为被测有源二端网络的等效内阻值。

4. 零示法测 U_{OC}

在测量具有高内阻有源二端网络的开路电压时，用电压表直接测量可能会造成较大误差。为了消除电压表内组的影响，往往采用零示测量法，如图 8-8 所示。

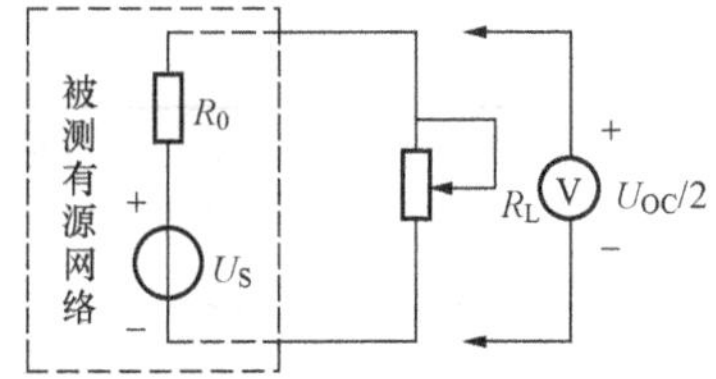

图 8-7　半电压法

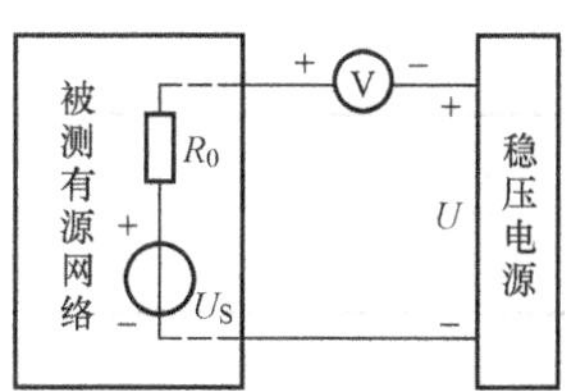

图 8-8　零示测量法

零示法测量原理：使用低内阻的稳压电源与被测有源二端网络进行比较，当稳压电源的输出电压与有源二端网络的开路电压相等时，电压表的读书将为0。然后将电路断开，测量此时稳压电源的输出电压，即为被测有源二端网络的开路电压。

三、实验设备

实验设备见表8-10。

表 8-10 实 验 设 备

序 号	名 称	型号与规格	数 量
1	可调直流稳压电源	0～30V	1
2	可调直流恒流源	0～500mA	1
3	直流数字电压表	0～200V	1
4	直流数字毫安表	0～200mA	1
5	可调电阻箱	0～99 999.9Ω	1
6	戴维南定理实验箱	EEL—53	1

四、实验内容

被测有源二端网络如图8-9（a）所示。

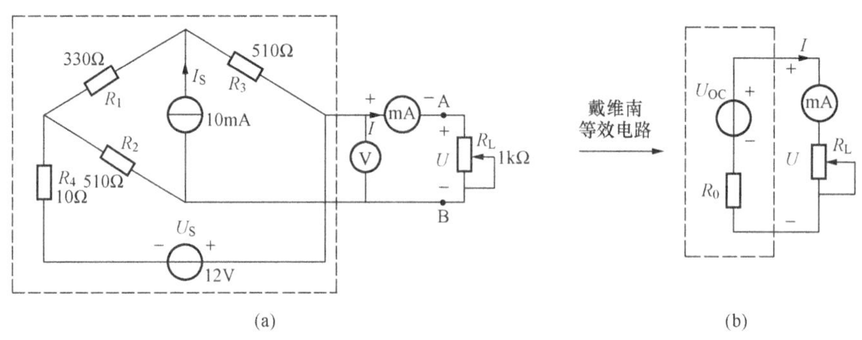

图8-9 有源二端网络戴维南等效电路

（a）二端网络；（b）等效电路

（1）用开路电压、短路电流法测戴维南等效电路的U_{OC}、R_0和诺顿等效电路的I_{SC}、R_0。按图8-9（a）接入稳压源$U_S=12V$和恒流源$I_S=10mA$，不接入R_L。测U_{OC}，再短接测I_{SC}，计算出$R_0=U_{OC}/I_{SC}$，填入表8-11中。

表 8-11 测 试 结 果 一

参 数	U_{OC}（V）	I_{SC}（mA）	$R_0=U_{OC}/I_{SC}$
测量值			

（2）负载实验。按图8-9（a）接入R_L，改变R_L阻值，测量有源二端网络的外特性，将测试结果填入表8-12中。

表 8-12　　**测 试 结 果 二**

参　数	测　量　值									
R_L（Ω）	990	900	800	700	600	500	400	300	200	100
U（V）										
I（mA）										

（3）验证戴维南定理。用电阻箱将其阻值调整到等于按步骤（1）所得的等效电阻 R_0 值，然后令其与直流稳压电源［调到步骤（1）时所测得的开路电压 U_{OC} 之值］相串联，如图 8-9（b）所示，仿照步骤（2）测其特性，将测量结果填入表 8-13 中，对戴维南定理进行验证。

表 8-13　　**测 试 结 果 三**

参　数	测　量　值									
R_L（Ω）	990	900	800	700	600	500	400	300	200	100
U（V）										
I（mA）										

（4）验证诺顿定理。用电阻箱将其阻值调整到等于按步骤（1）所得的等效电阻 R_0 值，然后令其与直流恒流源［调到步骤（1）时所测得的短路电流 I_{SC} 之值］相串联，如图 8-9（b）所示，仿照步骤（2）测其特性，将测量结果填入表 8-14 中，对诺顿定理进行验证。

表 8-14　　**测 试 结 果 四**

参　数	测　量　值									
R_L（Ω）	990	900	800	700	600	500	400	300	200	100
U（V）										
I（mA）										

（5）测定有源二端网络等效电阻（又称入端电阻）的其他方法。将被测有源网络内的所有独立源置零（将电流源 I_S 去掉，也去掉电压源，并在原电压端所接的两点用一根短路导线相连），然后用伏安法或者直接用万用表的欧姆挡去测定负载 R_L 开路后 A、B 两点间的电阻，此即为被测网络的等效内阻 R_{eq} 或称网络的入端电阻 R_1。

（6）半电压法和零示法测量被测网络的等效电阻及开路电压。测试电路及数据表格自拟。

五、实验注意事项

（1）测量时，注意电流表量程的更换。

（2）实验内容步骤（5）中，电压源置零时不可将稳压源短接。

（3）用万用表直接测 R_0 时，网络内的独立源必须先置零，以免损坏万用表。其次，万用表的欧姆挡必须调零后再进行测量。

(4) 用零示法测量U_{OC}时，应先将稳压电源调至接近U_{OC}，在按图 8-8 测量。

(5) 改接线路时，要关掉电源。

六、思考题

(1) 如何测量有源二端网络的开路电压和短路电流？在什么情况下不能直接测量开路电压和短路电流?

(2) 说明测量有源二端网络开路电压及等效内阻的几种方法，并比较其优缺点。

七、实验报告要求

(1) 根据实验内容步骤 (2)、(3)、(4) 分别绘出曲线，验证戴维南定理和诺顿定理的正确性，并分析产生误差的原因。

(2) 根据实验内容步骤 (1)、(5)、(6) 各种方法测得的U_{OC}与R_{eq}与预习时电路计算的结果作比较，能得出什么结论?

(3) 归纳总结实验结果。

(4) 心得体会及其他。

实验五　线性受控电源特性的实验研究

一、实验目的

通过测试线性受控电源的外特性及其转移参数，进一步理解线性受控电源的物理概念，加深对线性受控电源的认识和理解。

二、原理说明

受控源向外电路提供的电压或电流受其他支路的电压或电流控制，因而受控源是双口元器件：一个为控制端口或称输入端口，输入控制量（电压或电流）；另一个为受控端口或称输出端口，向外电路提供电压或电流。输出端口的电压或电流，受输入端口的电压或电流的控制。根据控制变量与受控变量的不同组合，受控源可分为 4 类；如图 8-10 所示。

(1) 电压控制电压源（VCVS）。如图 8-10 (a) 所示，其特性为

$$u_2 = \mu u_1$$

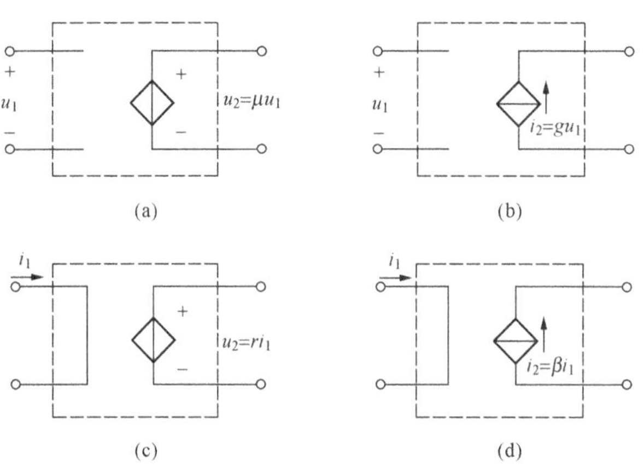

图 8-10　受控源电路

(a) VCVS; (b) VCCS; (c) CCVS; (d) CCCS

$$\mu = \frac{u_2}{u_1}$$

式中　μ——转移电压比（即电压放大倍数）。

(2) 电压控制电流源（VCCS）。如图 8-10 (b) 所示，其特性为

$$i_2 = g u_1$$

$$g = \frac{i_2}{u_1}$$

式中　g——转移电导。

(3) 电流控制电压源（CCVS）。如图 8-10 (c) 所示，其特性为

$$u_2 = r i_1$$

$$r = \frac{u_2}{i_1}$$

式中 r——转移电阻。

(4) 电流控制电流源（CCCS）。如图 8-10（d）所示，其特性为

$$i_2 = \beta_{i1}$$

$$\beta = \frac{i_2}{i_1}$$

式中 β——转移电流比（即电流放大倍数）。

三、实验设备

实验设备见表 8-15。

表 8-15 **实 验 设 备**

序 号	名 称	型号与规格	数 量
1	可调直流稳压电源	0～30V	1
2	可调直流恒流源	0～500mA	1
3	直流数字电压表	0～200V	1
4	直流数字电流表	0～200mA	1
5	可调电阻箱	0～99 999.9Ω	1
6	线性受控电源实验箱	EEL—54	1

四、实验内容

(1) 测试受控电源（VCVS）的转移特性 $U_2 = f(U_1)$ 及负载特性 $U_2 = f(R_L)$，实验电路如图 8-11 所示。

1) 不接电流表，固定 $R_L = 2k\Omega$（用电阻箱），调节恒压源输出电压 U_1（以电压表读数为准），测量对应的输出电压 U_2，记入表 8-16 中。

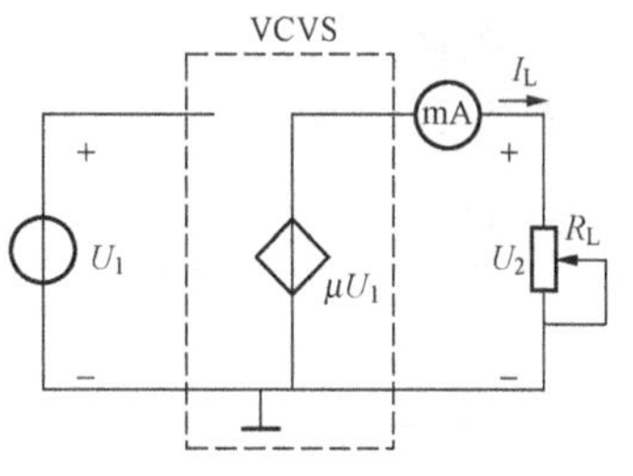

图 8-11 电压控制电压源

表 8-16 **测 试 结 果 表 一**

参 数	测 量 值									
U_1（V）	0	1	2	3	4	5	6	7	8	9
U_2（V）										
μ										

在方格纸上绘出电压转移特性 $U_2 = f(U_1)$，并在其线性部分求出转移电压比 μ。

2) 接入电流表，保持 $U_1 = 2V$，调节 R_L 可变电阻箱的阻值，测 U_2 及 I_L，将结果记入表 8-17，绘制负载特性曲线 $U_2 = f(I_L)$。

表 8-17 测 试 结 果 二

参　数	测　量　值								
R_L（Ω）	50	70	100	200	300	400	500	1000	2000
U_2（V）									
I_L（mA）									

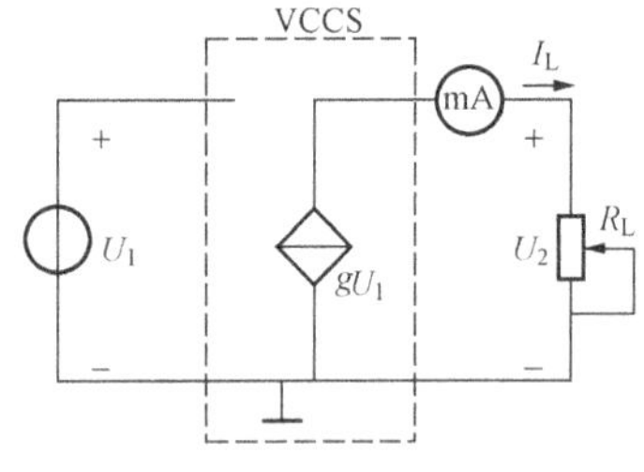

图 8-12　电压控制电流源

（2）测试受控电源（VCCS）的转移特性 $I_L = f(U_1)$ 及负载特性 $I_L = f(U_2)$，实验电路如图 8-12 所示。

1）固定 $R_L=2k\Omega$（用电阻箱），调节恒压源输出电压 U_1，测出相应的 I_L 值，填入表 8-18 中，绘制 $I_L = f(U_1)$ 曲线，并由其线性部分求出转移电导 g。

表 8-18 测 试 结 果 三

参　数	测　量　值								
U_1（V）	0	0.5	1	1.5	2	2.5	3	3.5	4
I_L（mA）									
g									

2）测试 VCCS 的负载特性 $I_L=f(R_L)$，保持 $U_1=2V$，令 R_L 从大到小变化，测处相应的 I_2 及 U_2，填入表 8-19 中绘制 $I_L = f(U_2)$ 曲线。

表 8-19 测 试 结 果 四

参　数	测　量　值								
R_L（kΩ）	50	20	10	5	3	1	0.5	0.2	0.1
I_L（mA）									
U_2（V）									

（3）测试受控电源（CCVS）的转移特性 $U_2 = f(I_1)$ 及负载特性 $U_2 = f(I_L)$，实验电路如图 8-13 所示。

1）固定 $R_L=2k\Omega$，调节恒流源输出电流 I_1，测出相应的 U_2 值，填入表 8-20，绘制 $U_2 = f(I_1)$ 曲线，并由其线性部分求出转移电阻 r。

表 8-20 测 试 结 果 五

参　数	测　量　值							
I_1（mA）	0	0.05	0.1	0.15	0.2	0.25	0.3	0.4
U_2（V）								
r								

2）保持 $I_1=0.2\text{mA}$，并调节 R_L 其大小，测出 U_2 及 I_1，填入表 8-21 中，绘制 $U_2=f(I_L)$ 负载特性曲线。

表 8-21　测试结果六

参　数	测　量　值								
R_L	50Ω	100Ω	150Ω	200Ω	500Ω	1kΩ	2kΩ	10kΩ	80kΩ
U_2（V）									
I_L（mA）									

（4）测试受控电源（CCCS）的转移特性 $I_L=f(I_1)$ 及负载特性 $I_L=f(U_2)$，实验电路如图 8-14 所示。

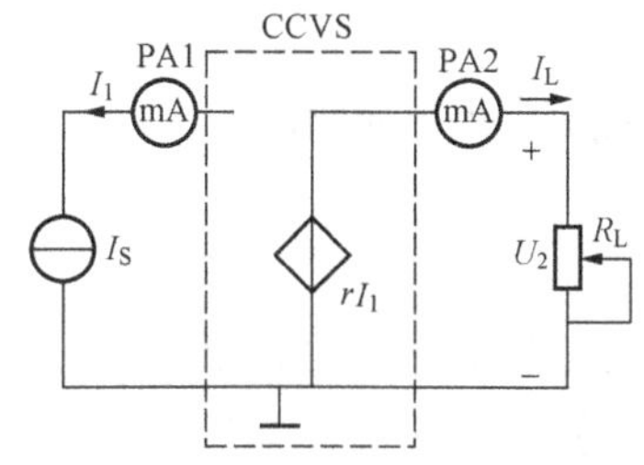

图 8-13　电流控制电压源

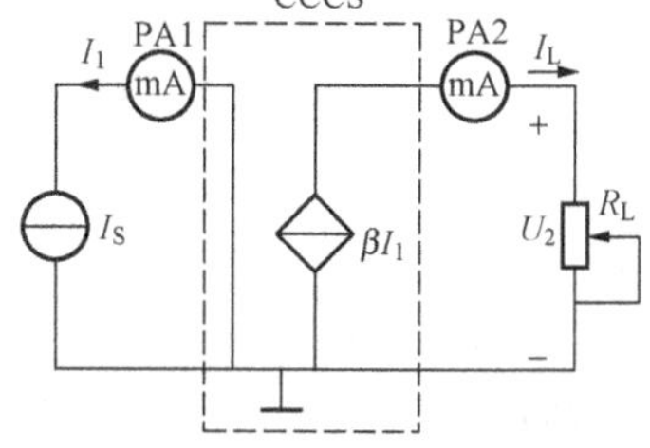

图 8-14　电流控制电流源

1）参照（3）中 1）测出 I_L，填入表 8-22 中，绘制 $I_L=f(I_1)$ 曲线，并由其线性部分求出转移电流比 β。

表 8-22　测试结果七

参　数	测　量　值						
I_1（mA）	0	0.05	0.1	0.15	0.2	0.25	0.3
I_2（mA）							
β							

2）保持 $I_1=0.2\text{mA}$，调节 R_L 其大小，测出相应的 I_L，填入表 8-23 中，绘制 $I_L=f(U_2)$ 曲线。

表 8-23　测试结果八

参　数	测　量　值								
R_L	50Ω	100Ω	150Ω	200Ω	500Ω	1kΩ	2kΩ	10kΩ	80kΩ
I_2（mA）									
U_2（V）									

五、实验注意事项

（1）用恒流源供电的实验中，不允许恒流源开路。

（2）每次改接线路，必须事先断开供电电源。

六、思考题

（1）什么是线性受控电源？了解 4 种线性受控电源的电路模型、控制量与被控量的关系。

(2) 4 种线性受控电源中的转移参量 μ、g、r 和 β 的意义是什么？如何测得？

(3) 若线性受控电源控制量的极性反向，试问其输出极性是否发生变化？

(4) 如何由两个基本的 CCVC 和 VCCS 获得其他两个 CCCS 和 VCVS，它们的输入输出如何连接？

七、实验报告要求

(1) 根据实验数据，在方格纸上分别绘出 4 种线性受控电源的转移特性和负载特性曲线，并求出相应的转移参量。

(2) 对实验的结果做出合理的分析结论，总结对 4 种线性受控电源的认识和理解。

(3) 心得体会及其他。

实验六 *RC* 一阶电路暂态过程的研究

一、实验目的

(1) 研究 *RC* 一阶电路的零输入响应、零状态响应和全响应的规律和特点。

(2) 学习一阶电路时间常数的测量方法，了解电路参数对时间常数的影响。

(3) 掌握微分电路和积分电路的基本概念。

二、原理说明

动态网络的过渡过程是十分短暂的单次变化过程。要用普通示波器观察过渡过程和测量有关的参数，就必须使这种单次变化的过程重复出现。为此，利用信号发生器输出的方波来模拟阶跃激励信号，即利用方波输出的上升沿作为零状态响应的正阶跃激励信号，利用方波的下降沿作为零输入响应的负阶跃激励信号。只要选择方波的重复周期远大于电路的时间常数，那么电路在这样的方波序列脉冲信号的激励下，它的响应就和直流电接通与断开的过渡过程是基本相同的。

图 8-15 所示的 *RC* 一阶电路的零输入响应和零状态响应分别按指数规律衰减和增长，其变化的快慢决定于电路的时间常数 τ。

时间常数 τ 的测定方法：用示波器测量零输入响应的波形如图 8-15 所示。

根据一阶微分方程的求解得知 $u_C = U_S e^{-\frac{t}{\tau}}$。当 $t=\tau$ 时，u_C 下降到 $0.368U_m$ 所需要的时间称为时间常数 τ，$\tau=RC$。也可用零状态响应波形测得，如图 8-15 (c) 所示，*RC* 一阶电路的零状态响应为 $u_C = U_S - U_S e^{-\frac{t}{\tau}}$，当电容电压增加到 $0.632U_m$ 时所对应的时间即为时间常数 τ。

测定方法如下：

电阻 R、电容 C 串联与方波发生器的输出端连接，用双踪示波器观察电容两端电压 u_C，便可观察到稳定的指数曲线，如图 8-15 (c) 所示，在荧光屏上测得电容电压最大值 $U_m = a(\text{cm})$，取 $b = 0.632a(\text{cm})$，与指数曲线交点对应时间 t 轴 x 点对应的时间即为该电路的时间常数 τ。

三、实验设备

实验设备见表 8-24。

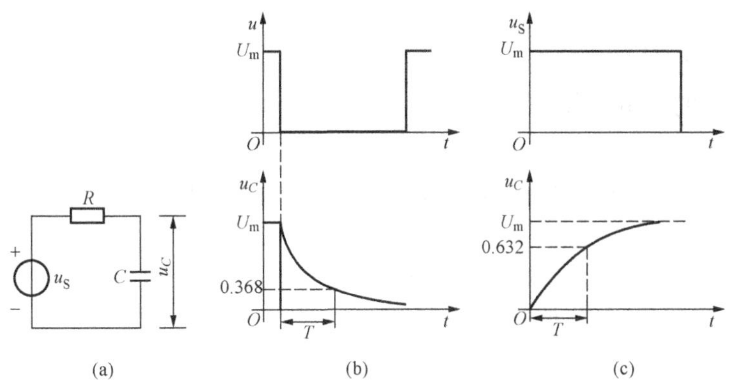

图 8-15 *RC* 一阶电路及其零输入响应和零状态响应

(a) *RC* 一阶电路；(b) 零输入响应；(c) 零状态响应

表 8-24 实 验 设 备

序 号	名 称	型号与规格	数 量
1	函数信号发生器		1
2	双踪示波器		1
3	动态电路实验箱	EEL—51	1

四、实验内容

RC 一阶响应实验电路如图 8-16 所示，图中电阻 *R*、电容 *C* 从实验箱上选取（请看懂线路板的走线，认清激励与响应端口所在的位置，认清 *R*、*C* 元件的布局及其标称值，以及各开关的通断位置等），用双踪示波器观察电路激励（方波）信号和响应信号。

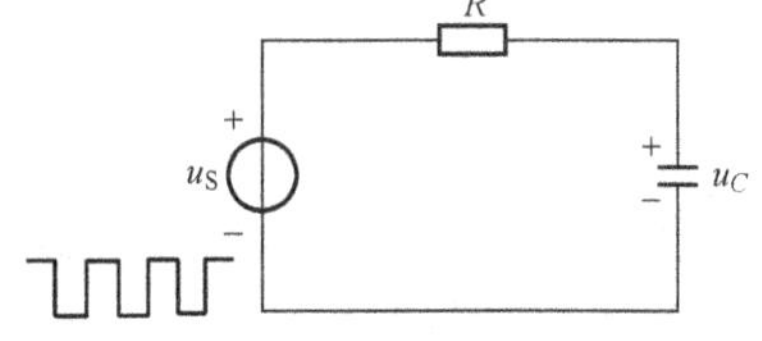

图 8-16 *RC* 一阶响应实验电路

(1) *RC* 一阶电路的充、放电过程。选择组件上的 *R*、*C* 元件，令 $R=10\text{k}\Omega$，$C=0.01\mu\text{F}$，u_S 为方波输出信号，调节信号源输出，从示波器上观察，使方波的峰—峰值 $U_{P-P}=2\text{V}$，$f=1\text{kHz}$。用示波器观察激励 u_S 与响应 u_C 的变化规律，测算出时间常数 τ，并用方格纸按 1∶1 比例描绘波形。

(2) 令 $R=10\text{k}\Omega$，$C=0.01\mu\text{F}$，观察并描绘响应的波形，继续增大 *C*（取 0.01μF～0.1μF）或增大 *R*（取 10kΩ 或 30kΩ），定性地观察对响应的影响。

(3) 积分电路，令 $R=100\text{k}\Omega$，$C=0.01\mu\text{F}$，用示波器观察激励 u_S 与响应 u_C 的变化规律。

(4) 微分电路，令 $R=100\Omega$，$C=0.01\mu\text{F}$，用示波器观察激励 u_S 与响应 u_R 的变化规律。

五、实验注意事项

(1) 调节电子仪器各旋钮时，动作不要过猛。实验前，尚需熟读双踪示波器的使用说明，特别是观察双踪时，要特别注意开关、旋钮的操作与调节。

(2) 信号源的接地端与示波器的接地端要连在一起（称共地），以防外界干扰而影响测量的准确性。

(3) 模拟示波器的辉度不应过亮，尤其是光点长期停留在荧光屏上不动时，应将辉度调暗，以延长示波管的使用寿命。

六、思考题

(1) 用示波器观察 RC 一阶电路零输入响应和零状态响应时，为什么激励宜用方波信号?

(2) 何谓积分电路和微分电路，它们必须具备什么条件? 它们在方波激励下，其输出信号波形的变化规律如何? 这两种电路有何功能?

七、实验报告要求

(1) 根据实验观测的结果，在方格纸上绘出 RC一阶电路充、放电时 u_C 与激励信号对应的变化曲线，由曲线测得 τ 值，并与参数的理论计算结果作比较，分析误差原因。

(2) 根据实验观测结果，绘出积分电路、微分电路输出信号与输入信号对应的波形。

(3) 心得体会及其他。

实验七　二阶电路暂态过程的研究

一、实验目的

(1) 测试二阶电路的零输入响应、零状态响应，了解电路参数对响应的影响。

(2) 观察、分析二阶电路响应的三种变化曲线及其特点，加深对二阶电路响应的认识与理解。

二、原理说明

用二阶微分方程描述的动态电路称为二阶电路，激励采用方波脉冲，二阶电路在方波正、负阶跃信号的激励下，可获得零状态与零输入响应，其响应的变化轨迹取决于电路的固有频率。当改变电路的元件参数，使电路的固有频率分别为负实数、共轭复数及虚数时，可获得单调的衰减、衰减振荡和等幅振荡响应的响应。还可以获得过阻尼、欠阻尼和临界阻尼这三种响应曲线。

RLC 串联电路和 RLC 并联电路是最简单的二阶电路，这两者之间存在对偶关系，本实验仅对 RLC 并联电路进行分析研究。

三、实验设备

实验设备见表 8-25。

表 8-25　　实　验　设　备

序　号	名　称	型号与规格	数　量
1	函数信号发生器		1
2	双踪示波器		1
3	动态电路实验箱	EEL—51	1

四、实验内容及步骤

利用动态电路实验箱中的元件与开关配合作用，组成如图 8-17 所示的 RLC 并联电路，

令 $R_1=10\text{k}\Omega$，$L=15\text{mH}$，$C=0.01\mu\text{F}$，R_2 为 $10\text{k}\Omega$ 可调电阻，令信号发生器输出为 $U_m=2\text{V}$、$f=1\text{kHz}$ 的方波脉冲，通过插头接至实验电路的激励端，同时用同轴电缆将激励端和响应输出端接至双踪示波器的 YA 和 YB 两个输入口。

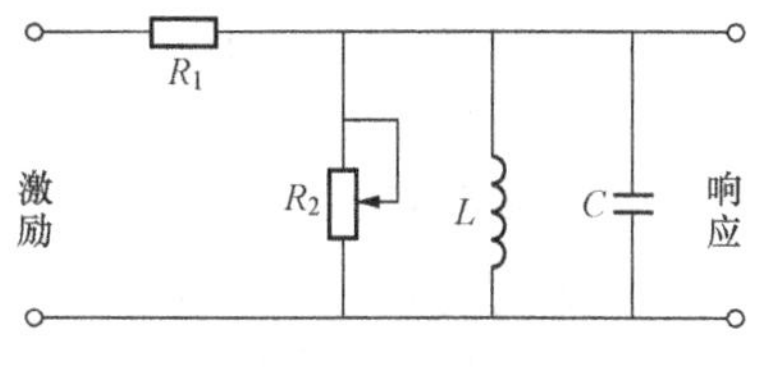

图 8-17　*RLC* 并联电路

(1) 调节可变电阻器 R_2，观察二阶电路的零输入响应和零状态响应由过阻尼过渡到临界阻尼，最后过渡到欠阻尼的变化过渡过程，分别定性地描绘响应的典型变化波形。

(2) 调节 R_2 使示波器荧光屏上呈现稳定的欠阻尼响应波形，定量测定此时电路的衰减常数 δ 和振荡频率 ω。

(3) 改变电路参数，如增、减 L 或 C 之值，重复步骤 (2) 的测量，仔细观察改变电路参数时 δ 和 ω 的变化趋势，并将结果记入表 8-26 中。

表 8-26　　　　**测 试 结 果**

实验次数	元器件参数				测量值	
	R_1 (kΩ)	R_2 (kΩ)	L (mH)	C (μF)	δ	ω
1	10	调至欠阻尼状态	15	1000pF		
2	10		15	3300pF		
3	10		15	0.01		
4	30		15	0.01		

五、实验注意事项

(1) 调节电位器 R_2 时，要细心、缓慢，临界阻尼状态要找准。

(2) 在双踪示波器上同时观察激励信号和响应信号时，显示要稳定，如不同步，则可采用外同步法（看示波器说明书）触发。

六、思考题

(1) 根据二阶电路实验电路元件的参数，计算出处于临界阻尼状态的 R_2 之值。

(2) 在示波器荧光屏上，如何测得二阶电路零状态响应和零输入响应欠阻尼状态的衰减系数 δ 和振荡频率 ω？

七、实验报告及要求

(1) 根据观测结果，在方格纸上描绘二阶电路过阻尼、临界阻尼和欠阻尼的响应波形。

(2) 测算欠阻尼振荡曲线上的衰减系数 δ、振荡频率 ω。

(3) 归纳、总结电路元器件参数的改变对响应变化趋势的影响。

(4) 心得体会及其他。

实验八　单相正弦交流电路的分析

一、实验目的

(1) 学会用交流电压表、电流表、功率表和测量元件交流等效参数的方法。

(2) 加深对阻抗、阻抗角及相位差等概念的理解。

(3) 学习功率表的接法和使用交流数字仪表测定交流电路参数的方法。

二、原理说明

(1) 正弦交流电路中各个元件的参数值。可以用交流电压表、交流电流表及功率表，分别测量出元件两端的电压U，流过该元件的电流I和它所消耗的功率P，然后通过计算求得各个元件的参数值，这种方法称为三表法，是用来测量交流电路参数的基本方法。计算的基本公式为：

电阻元件的电阻

$$R=\frac{U_R}{I}$$

电感元件的感抗

$$X_L=\frac{U_L}{I}$$

电感

$$L=\frac{X_L}{2\pi f}$$

电容元件的容抗

$$X_C=\frac{U_C}{I}$$

电容

$$C=\frac{1}{2\pi fX_C}$$

串联电路阻抗的模

$$|Z|=\frac{U}{I}$$

阻抗角

$$\varphi=\arctan\frac{X}{R}$$

等效电阻

$$R=\frac{P}{I^2}$$

等效电抗

$$X=\sqrt{|Z|^2-R^2}$$

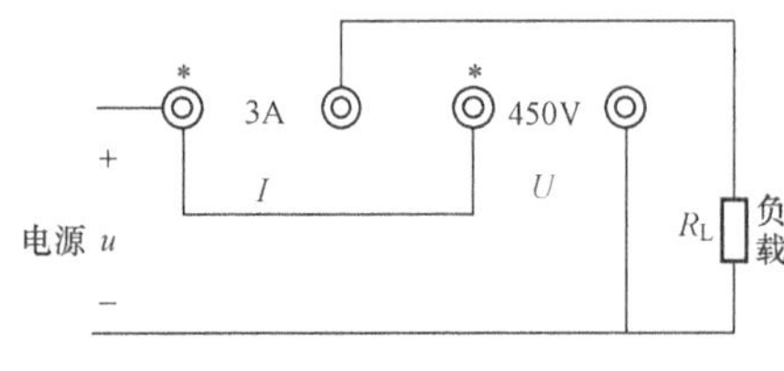

图 8-18 功率测量示意图

(2) 用功率表测量电路功率。功率表（又称为瓦特表）是一种电动式仪表，其中电流线圈（具有两个电流线圈，可串联或并联，以便得到两个电流量程）与负载串联，而电压线圈与负载并联，电流线圈和电压线圈的同名端（标有 * 号端）必须连在一起，如图 8-18 所示。数字式功率表测量电功率的连接方法与电动式功率表相同。

三、实验设备

实验设备见表 8-27。

表 8-27　**实 验 设 备**

序　号	名　称	型号与规格	数　量
1	交流电压表	0～500V	1
2	交流电流表	0～5A	1
3	功率表	0～450V，3A	1
4	自耦调压器		
5	元件实验箱	含白炽灯 220V、40W，日光灯 30W、镇流器，电容器 4μF、2μF/400V(EEL—17)	1

四、实验内容

测试电路如图 8-19 所示。

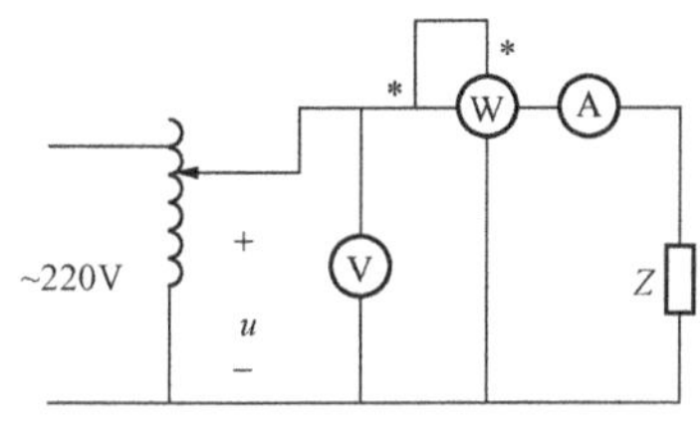

图 8-19　测试电路

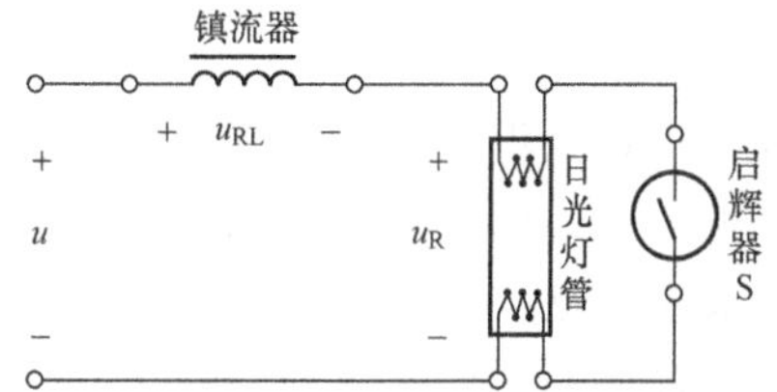

图 8-20　日光灯电路

(1) 电路中的 Z 分别接 220V、40W 的白炽灯，4μF 的电容器和镇流器，测试其电压、电流和功率。

(2) 测量 L、C 串联与并联后的等效参数。

(3) 测量日光灯电路，如图 8-20 所示，用该电路取代图 8-20 所示电路中的 Z，将电压 U 调到 220V，测量日光灯管两端电压 U_R、镇流器电压 U_{RL} 和总电压 U 以及电流和功率记入表 8-28 中。

表 8-28　**测 量 结 果**

被测阻抗	测量值			计算值		电路等效参数		
	U (V)	I (A)	P (W)	$\cos\varphi$	Z (Ω)	R (Ω)	L (mH)	C (μF)
40W 白炽灯								
电感线圈								
电容器								
L 与 C 串联								
L 与 C 并联								
日光灯								

五、实验注意事项

(1) 功率表通常不单独使用，要有电压表和电流表监测，以保证不超过功率表电压线圈和电流线圈的量限。

(2) 注意功率表的正确接线，上电前必须经指导教师检查。

(3) 自耦调压器在接通电源前，应将其手柄置在零位上，调节时，使其输出电压从零开始逐渐升高。每次改接实验负载或实验完毕，都必须先将自耦调压器的旋柄慢慢调回零位，再断电源。必须严格遵守这一安全操作规程。

六、思考题

(1) 在 50Hz 的交流电路中，测得一只铁芯线圈的 P、I 和 U，如何计算它的电阻值及电感量?

(2) 参阅课外资料，了解日光灯的电路连接和工作原理。

(3) 当日光灯上缺少启辉器时，人们常用一根导线将启辉器插座的两端短接一下，然后迅速断开，以使日光灯点亮；或用一只启辉器去点亮多只同类型的日光灯，这是基于什么原理?

七、实验报告要求

(1) 根据实验数据，完成各项计算。

(2) 完成思考题。

(3) 心得体会及其他。

实验九　*RLC* 串联谐振电路

一、实验目的

(1) 加深理解电路发生谐振的条件、特点，掌握电路品质因数、通频带的物理意义及其测量方法。

(2) 学习用实验方法绘制 *RLC* 串联电路的幅频特性曲线。

二、原理说明

(1) 在图 8-21 所示的 *RLC* 串联电路中，电路复阻抗 $Z=R+\mathrm{j}\left(\omega L-\frac{1}{\omega C}\right)$，当电源的频率改变时，电路中的感抗、容抗随之改变，电路中的电流也随着改变。若 $\dot{U}$ 为激励信号，$\dot{U}_R$ 为响应信号，当输入电压 $\dot{U}$ 的幅值不变时，在不同频率信号的激励下，以 f 为横坐标、U_R/U 为纵坐标，绘出的曲线称为幅频特性曲线，如图 8-22 所示。

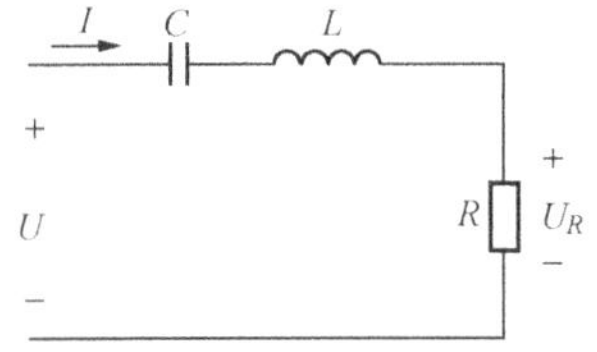

图 8-21　*RLC* 串联电路

(2) $f=f_0=\frac{1}{2\pi\sqrt{LC}}$，幅频特性曲线所对应的点称为谐振频率。此时。电路呈纯阻性，电路阻抗达到最小值，电路中的电流达到最大值，且与输入电压同相位。电路发生串联谐振时，$U_R=U$，$U_L=U_C=QU$，Q 称为品质因数，与电路的参数 R、L、C 有关。谐振电路中 $U_R=0.707U$ 所对应的两个频率 f_L 和 f_H 称为下限频率和上限频率。f_H-f_L 为通频带。通频带的宽窄与电阻 R 有关，如图 8-23 所示。

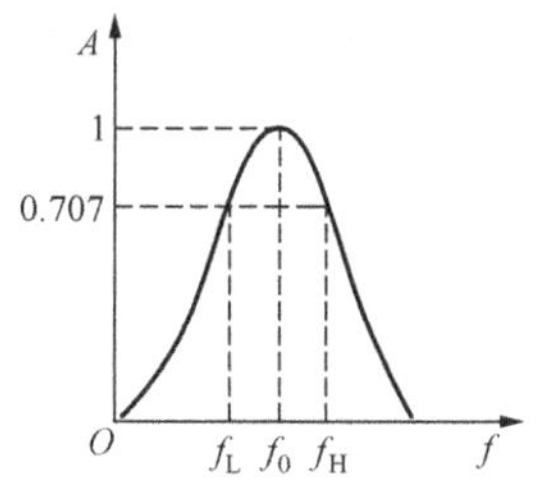

图 8-22 幅频特性曲线

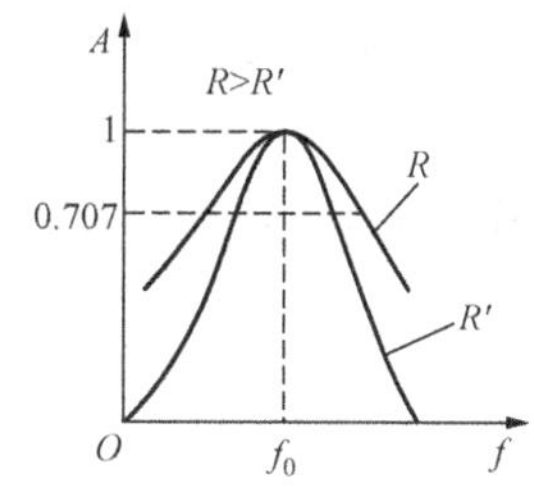

图 8-23 电阻阻值对通频带的影响

(3) 电路品质因数的测量方法

用交流毫伏表测量不同频率下的电压 U、U_R、U_L、U_C，绘制 RLC 串联电路的幅频特性曲线，根据 $\Delta f=f_H-f_L$ 计算出通频带，根据 $Q=\dfrac{U_L}{U}=\dfrac{U_C}{U}$ 或 $Q=\dfrac{f_0}{f_H-f_L}$ 计算出品质因数。电路发生串联谐振时，Q 值越大，幅频特性曲线越尖锐，通频带越窄，电路的选择性越好。在恒压源供电时，电路的品质因数、选择性与通频带只决定于电路本身的参数，而与信号源无关。

三、实验设备

实验设备见表 8-29。

表 8-29 实 验 设 备

序 号	名 称	型号与规格	数 量
1	函数信号发生器		1
2	双踪示波器		1
3	交流毫伏表	0～600mV	1
4	频率计		1
5	谐振电路实验箱	EEL—33、EEL—52	1

四、实验内容

实验电路如图 8-24 所示，图中：$L=16.5\text{mH}$，R、C 可选不同数值，调节信号源正弦波输出电压 u，并用交流毫伏表测量，输入电压 u 的有效值 $U=1\text{V}$，并保持不变，信号源正弦波输出电压的频率用频率计测量。

(1) 测量 RLC 串联电路谐振频率。选取 $R=50\Omega$，$C=9000\text{pF}$，调节信号源正弦波输出电压频率，由小逐渐变大（注意要维持信号源的输出电压不变，用交流电压表不断监视），并用交流电压表测量电阻 R 两端电压 U_R，当 U_R 的读数为最大时，读得频率计上的频率值即为电路的谐振频率 f_0；测量此时的 U_C 与 U_L 值（注意及时更换电压表的量限），并记录。

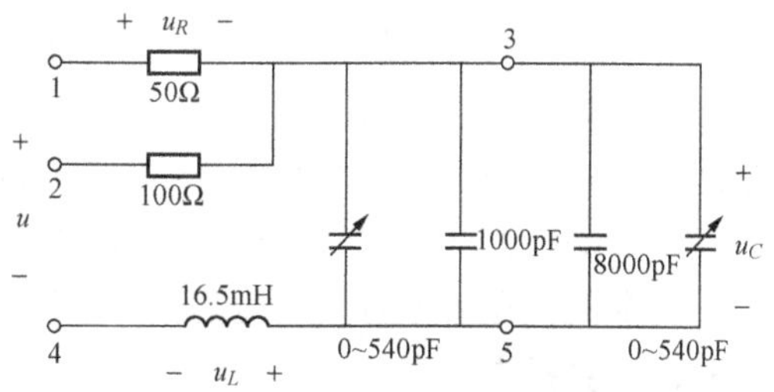

图 8-24 实验电路

(2) 测量 RLC 串联电路的幅频特性。在谐振点两侧，调节信号源正弦波输出频率，按频率递增或递减 500Hz 或 1000Hz，依次各取 7 个测点，逐点测出 U_R、U_L 和 U_C 值，记入表 8-30 中。

(3) 改变电阻值，使 $R=100\Omega$，重复步骤 (1)、(2) 的测量过程，将结果记录于表 8-31。

表 8-30 测试结果表（一）

参 数	测 量 值														
f (kHz)															
U_R (V)															
U_L (V)															
U_C (V)															
$U=1V_{P-P}$，$R=50\Omega$，$C=9000pF$，$f_0=$ ，$f_2-f_1=$ ，$Q=$															

表 8-31 测试结果表（二）

参 数	测 量 值														
f (kHz)															
U_R (V)															
U_L (V)															
U_C (V)															
$U=1V_{P-P}$，$R=100\Omega$，$C=9000pF$，$f_0=$ ，$f_2-f_1=$ ，$Q=$															

五、实验注意事项

(1) 测试频率点的选择应在靠近谐振频率附近多取几点，在改变频率时，应调整信号输出电压，使其维持在 1V 不变。

(2) 在测量 U_L 和 U_C 数值前，应将电压表的量限改大，而且在测量 U_L 与 U_C 时毫伏表的“+”端接电感与电容的公共点。

(3) 实验室、信号源的外壳应与毫伏表的外壳绝缘（不共地），如能用浮地式交流电压表，效果更好。

六、思考题

(1) 根据元件参数值，估算电路的谐振频率。

(2) 改变电路的哪些参数可以使电路发生谐振，电路中 R 的数值是否影响谐振频率?

(3) 如何判别电路是否发生谐振? 测试谐振点的方案有哪些?

(4) 电路发生串联谐振时，为什么输入电压 u 不能太大，如果信号源给出 1V 的电压，电路谐振时，用交流电压表测 U_L 和 U_C，应该选择用多大的量限? 为什么?

(5) 要提高 RLC 串联电路的品质因数，电路参数应如何改变?

(6) 本实验在谐振时，对应的 U_L 和 U_C 是否相同? 如有差异，原因何在?

七、实验报告要求

(1) 根据测量数据，绘出不同 Q 值的三条幅频特性曲线：

$$U_R = f(f), U_L = f(f), U_C = f(f)$$

(2) 计算出通频带与 Q 值，说明不同 R 值时对电路通频带与品质因素的影响。

(3) 对两种不同的测量 Q 值的方法进行比较，分析误差原因。

(4) 心得体会及其他。

实验十 互感线圈电路的研究

一、实验目的

(1) 学会测定互感线圈同名端、互感系数以及耦合系数的方法。

(2) 理解两个线圈相对位置的改变，以及线圈用不同导磁材料时对互感系数的影响。

二、原理说明

1. 判断互感线圈同名端的方法

(1) 直流法。如图 8-25 所示，当开关 S 闭合瞬间，若毫安表的指针正偏，则可断定“1”、“3”为同名端；指针反偏，则“1”、“4”为同名端。

(2) 交流法。如图 8-26 所示，将两个绕组 N_1 和 N_2 的任意两端（如 2、4 端）连在一起，在其中的一个绕组（如 N_1）两端加一个低电压，用交流电压表分别测出端电压 U_{13}、U_{12} 和 U_{34}，若 U_{13} 是两个绕组端压之差，则 1、3 是同名端；若 U_{13} 是两绕组端压之和，则 1、4 是同名端。

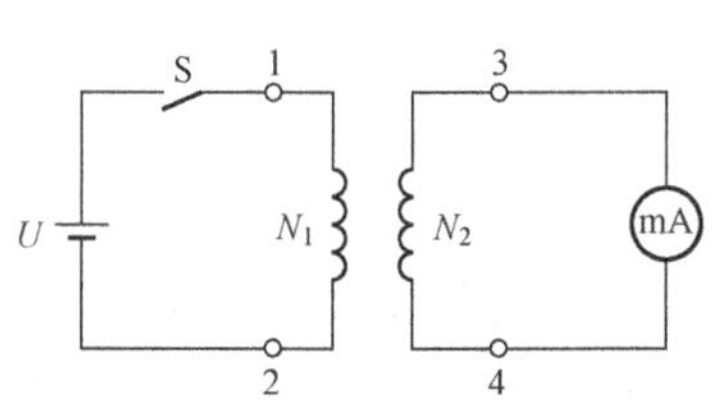

图 8-25 直流法

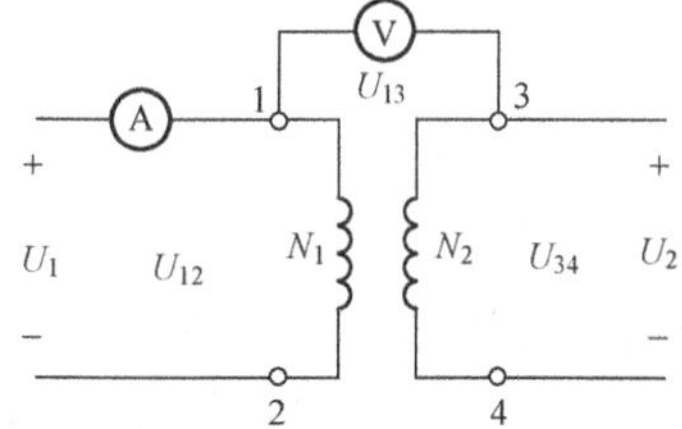

图 8-26 交流法

2. 两线圈互感系数 M 的测定

在图 8-26 电路中，互感线圈的 N_1 侧施加低压交流电压 U_1，测出 I_1 及 U_2。根据互感电势 $E_{2M} \approx U_{20} = \omega M I_1$，可算得互感系数为

$$M = \frac{U_2}{\omega I_1}$$

3. 耦合系数 K 的测定

两个互感线圈耦合紧密的程度可用耦合系数 K 来表示

$$K = M/\sqrt{L_1 L_2}$$

如图 8-26 先在 N_1 侧加低压交流电压 U_1，测出 N_2 侧开路时的电流 I_1；然后再在 N_2 侧加电压 U_2，测出 N_1 侧开路时的电流 I_2，根据 $U = \omega L I$，可分别求出自感 $L_1 L_2$，可算得 K 值。

三、实验设备

实验设备见表 8-32。

表 8-32 实 验 设 备

序 号	名 称	型号与规格	数 量
1	数字直流毫安表	0～200mA	1
2	交流电压表	0～500V	1
3	交流电流表	0～5A	1
4	空心互感线圈	N_1 为大线圈，N_2 为小线圈	1 对
5	粗、细铁棒，铝棒		各 1 个
6	滑线变阻器	200Ω/2A	1
7	元件实验箱	含 100Ω/3W 电位器、510Ω/8W 线绕电阻、发光二极管（EEL—51 组件）	1

四、实验内容

1. 分别用直流法和交流法测定互感线圈的同名端

（1）直流法。实验电路如图 8-27 所示，将线圈 N_1、N_2 同心式套在一起，并放入铁芯。U_1 为可调直流稳压电源，调至 6V，然后改变可变电阻器 R（由大到小调节），使流过 N_1 侧的电流不超过 0.4A（选用 5A 量程的数字电流表），N_2 侧直接接入 2mA 量程的毫安表。将铁芯迅速地拔出和插入，观察毫安表正、负读数的变化，来判定 N_1 和 N_2 两个线圈的同名端。

（2）交流法。实验电路如图 8-28 所示。

1）将小线圈 N_2 套在线圈 N_1 中。N_1 串接电流表（选 0～5A 的量程）后接至自耦调压器的输出，并在两线圈中插入铁芯。接通电源前，应首先检查自耦调压器是否调至零位，确认后方可接通交流电源，令自耦调压器输出一个很低的电压（约 2V 左右），使流过电流表的电流小于 1.5A，然后用 0～20V 量程的交流电压表测量 U_{13}、U_{12}、U_{34}，判定同名端。

2）拆去 2、4 连线，并将 2、3 相接，重复上述步骤，判定同名端。

3）拆去 2、3 连线，互感线圈的 N_2 开路，N_1 侧施加 2V 左右的电压 U_1，测出 U_1、I_1、U_2。计算出互感系数 M。

4）N_1 开路，互感线圈的 N_2 侧施加 2V 左右的交流电压 U_2，测出 U_2、I_2、U_1。计算两线圈的耦合系数 K。

2. 观察互感现象

在图 8-28 所示电路中，线圈 N_1 侧加 2V 左右交流电压，N_2 侧接入 LED 发光二极管与

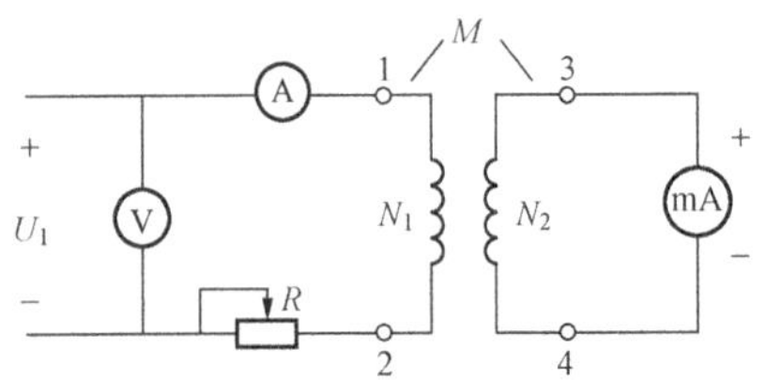

图 8-27 直流法

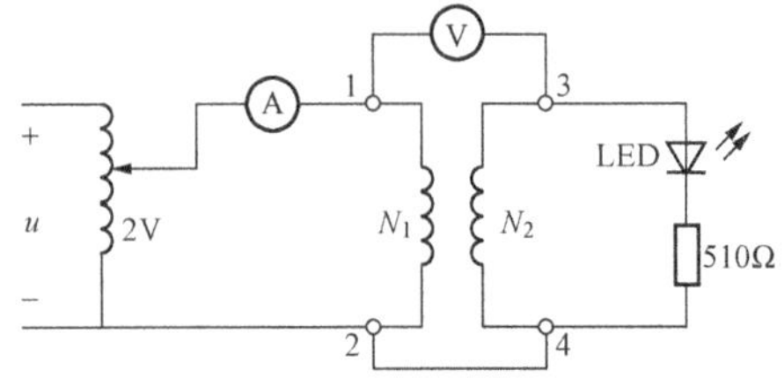

图 8-28 交流法

510Ω 电阻串联的支路。

(1) 将铁芯慢慢地从两线圈中抽出和插入，观察 LED 亮度及各仪表读数的变化，记录变化现象。

(2) 改变两线圈的相对位置，观察 LED 亮度及各仪表读数的变化。

(3) 改用铝棒替代铁棒，重复步骤 (1)、(2)，观察 LED 亮度及各仪表读数的变化，记录变化现象。

五、实验注意事项

(1) 整个实验过程中，注意流过线圈 N_1 的电流不超过 1.5A，流过线圈 N_2 的电流不得超过 1A。

(2) 测定同名端及其他测量数据的实验中，都应将小线圈 N_2 套在大线圈 N_1 中，并行插入铁芯。

(3) 如实验室有 200Ω、2A 的滑线变阻器或大功率的负载，则可接在交流实验时的 N_1 侧。

(4) 实验前，首先要检查自耦调压器，要保证手柄置在零位，因实验时所加的电压只有 2～3V。因此调节时要特别仔细、小心，要随时观察电流表的读数，不得超过规定值。

六、思考题

(1) 用直流法判断同名端时，如何根据 S 断开瞬间毫安表指针的正、反偏来判断同名端?

(2) 两个互感线圈相串联的总电感与同名端有何关系?

七、实验报告要求

(1) 总结测定互感线圈同名端的方法以及互感系数的实验测试方法。

(2) 自拟测试数据表格，完成计算任务。

(3) 解释实验中观察到的现象。

(4) 心得体会及其他。

实验十一 三相交流电路电压、电流的测量

一、实验目的

(1) 掌握三相负载的星形连接和三角形连接的方法，了解三相电路线电压与相电压、线电流与相电流之间的关系。

(2) 了解三相四线制供电系统中中线的作用。

二、原理说明

(1) 三相负载可接成星形（又称 Y 形）或三角形（又称△形）。当三相对称负载作 Y 形连接时，线电压 U_l 是相电压 U_p 的$\sqrt{3}$倍，线电流 I_l 等于相电流 I_p，即：$U_l=\sqrt{3}U_p$，$I_l=I_p$，流过中线的电流为 0。

当三相对称负载作△形连接时，有

$$I_l=\sqrt{3}I_p \quad U_l=U_p$$

（2）不对称三相负载作 Y 连接时，必须采用 Y_0 接法，而且中线必须牢固连接，以保证三相不对称负载的每相电压等于电源的相电压（三相对称电压）。若中线断开，会导致三相负载电压的不对称，致使负载轻的那一相的相电压过高，使负载遭受损坏，负载重的一相的相电压又过低，使负载不能正常工作。

（3）对于不对称负载作△连接时，$I_l \neq \sqrt{3} I_p$，但只要电源的线电压 U_l 对称，加在三相负载上的电压仍是对称的，对各相负载工作没有影响。

三、实验设备

实验设备见表 8-33。

表 8-33　　实　验　设　备

序　号	名　　称	型号与规格	数　量
1	交流电压表	0～500V	1
2	交流电流表	0～5A	1
3	万用表		1
4	三相自耦调压器		1
5	三相灯组实验箱	220V、20W 白炽灯 EEL—17	1

四、实验内容

1. 三相负载星形连接（三相四线制供电）

实验电路如图 8-29 所示，将白炽灯连接成星形接法。将三相调压器的旋钮置于三相电压输出为 0V 的位置（即逆时针旋到底的位置），然后旋转旋钮，调节调压器的输出，使输出的三相线电压为 220V。测量线电压、相电压，相电流、中线电流、电源和负载中点间的电压，将数据记录入表 8-34。并记录各灯的亮度。

表 8-34　　测　试　结　果

中线连接	每相灯数			负载相电压（V）			电流（A）				U_{NN}	亮度比较
	A	B	C	U_A	U_B	U_C	I_A	I_B	I_C	I_N	(V)	A、B、C
有	1	1	1									
	1	2	1									
	1	断开	2									
无	1	断开	2									
	1	2	1									
	1	1	1									
	1	短路	3									

2. 三相负载三角形连接

按图 8-30 改接电路，调节三相调压器的输出电压，使输出的三相线电压为 220V。测量三相负载对称和不对称时的各相电流、线电流和各相电压，并记入表 8-35 中，记录数据及各灯的亮度。

表 8-35　　测　试　记　录

每相灯数			相电压（V）			线电流（A）			相电流（A）			亮度
A-B	B-C	C-A	U_{AB}	U_{BC}	U_{CA}	I_A	I_B	I_C	I_{AB}	I_{BC}	I_{CA}	比较
1	1	1										
1	2	3										

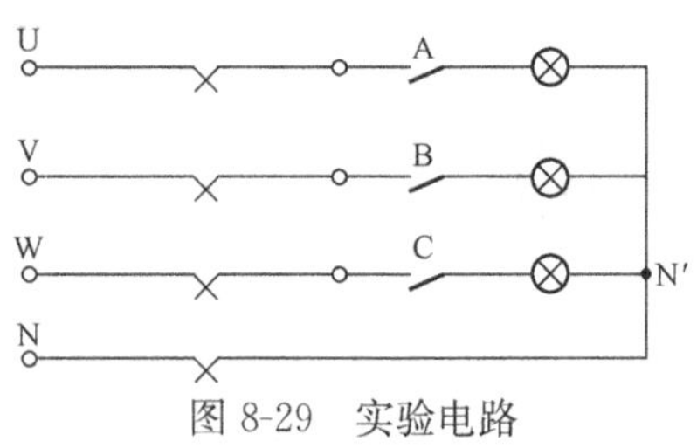

图 8-29　实验电路

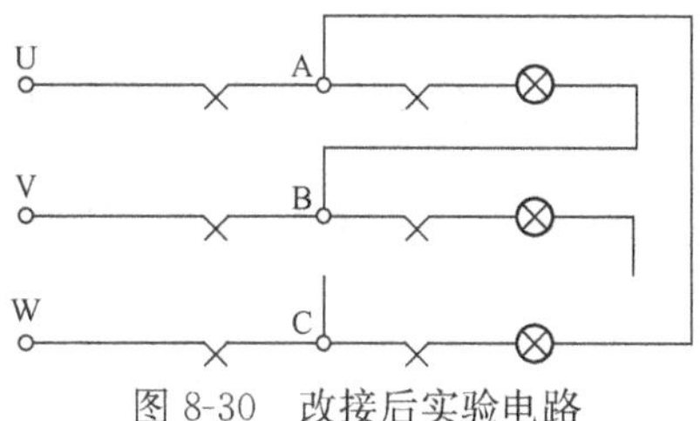

图 8-30　改接后实验电路

五、实验注意事项

(1) 每次接线完毕，同组同学应自查一遍，然后经指导教师检查确认无误后，方可接通电源，必须严格遵守"先接线、后通电；先断电，后抓线"的实验操作原则。

(2) 星形负载作短路实验时，必须首先断开中线，以免发生短路事故。

(3) 测量、记录各电压、电流时，注意分清它们是哪一相、哪一线，防止记错。

六、思考题

(1) 三相负载根据什么原则作星形或三角形连接？

(2) 三相负载按星形或三角形连接，它们的线电压与相电压、线电流与相电流有何关系？当三相负载对称时又有何关系？

(3) 说明在三相四线制供电系统中中线的作用。中线上能安装熔丝吗？为什么？

七、实验报告要求

(1) 用实验数据验证对称三相电路中$\sqrt{3}$的关系。

(2) 用实验数据和观察到的现象，总结三相四线制供电系统中中线的作用。

(3) 不对称三角形连接的负载，能否正常工作？实验是否能证明这一点？

(4) 根据不对称负载三角形连接时的实验数据，画出各相电压、相电流和线电流的相量图，并证实实验数据的正确性。

(5) 心得体会及其他。

实验十二　三相电路功率的测量

一、实验目的

(1) 掌握用功率表测量三相电路功率的方法；

(2) 掌握功率表的接线和使用方法。

二、原理说明

(1) 三相四线制供电，负载星形连接（即 Y_0 接法），对于三相对称负载，用一只单相功率表测量即可，若功率表的读数为 P_{PW}，则三相功率 $P=3P_{PW}$，称为一瓦特表法。

对于三相不对称负载，用三只单相功率表测量，测量电路如图 8-31 所示，三个单相功率表的读数为 P_{PW1}、P_{PW2}、P_{PW3}，则三相功率 $P=P_{PW1}+P_{PW2}+P_{PW3}$，这种测量方法称为三瓦特表法。

(2) 三相三线制供电系统中，不论三相负载是否对称，也不论负载是 Y 接还是△接，都可用两功率表法测量三相负载的有功功率。测量电路如图 8-32 所示，若两个功率表的读数为 P_{PW1}、P_{PW2}，则三相总功率为

$$P=P_{PW1}+P_{PW2}$$

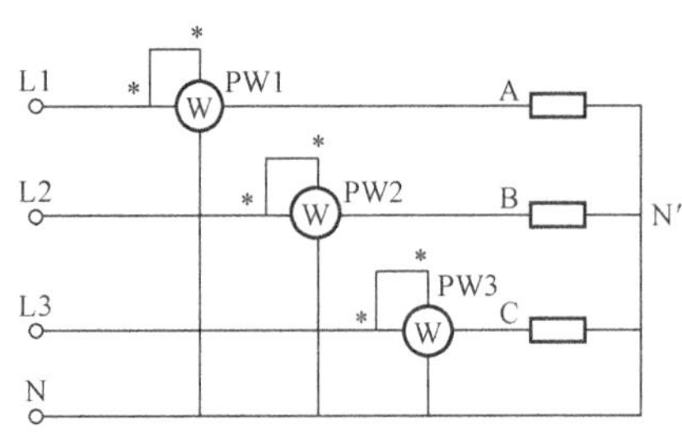

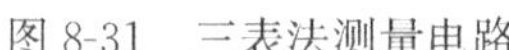
图 8-31 三表法测量电路

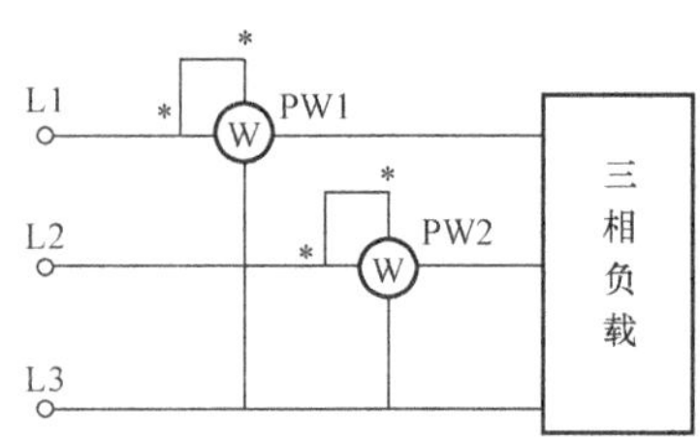

图 8-32 二表法测量电路

若负载相位差 $\varphi>60°$，则有一个功率表的读数为负值，该功率表指针将反方向偏转，这时应将功率表电流线圈的两个端子调换（不能调换电压线圈端子），而读数应记为负值，这时有

$$P=P_{PW1}+(-P_{PW2})=P_{PW1}-P_{PW2}$$

除图 8-32 的 I_A、U_{AC}与 I_B、U_{BC}接线外，还有 I_B、U_{AB}与 I_C、U_{AC}及 I_A、U_{AB}与 I_C、U_{BC}两种接法。

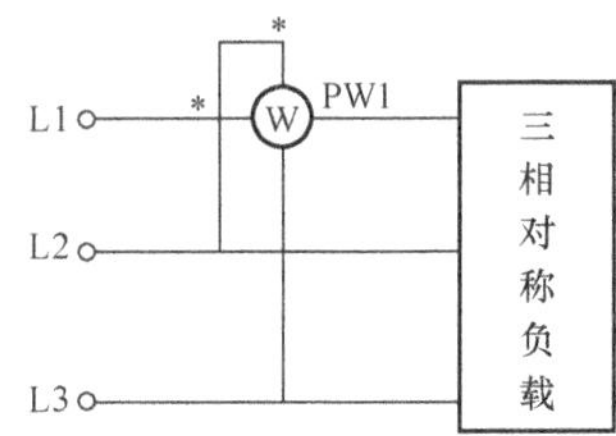

图 8-33 无功功率测量电路

(3) 对于三相三线制供电的三相对称负载，可用一功率表法测得三相负载的总无功功率 Q，电路如图 8-33 所示。图示功率表读数的$\sqrt{3}$倍即为对称三相电路总的无功功率。除了此图给出的一种接法 I_A、U_{BC}外，还有另外两种接法，即接成 I_B、U_{AC}或 I_C、U_{AB}。

三、实验设备

实验设备见表 8-36。

表 8-36 实 验 设 备

序 号	名 称	型号与规格	数 量
1	交流电压表	0～500V	2
2	交流电流表	0～5A	2
3	单相功率表	0～500V，3A	2
4	万用表		1
5	三相自耦调压器		1
6	三相灯组实验箱	220V，20W 白炽灯 (EEL—55A)	1
7	三相电容实验箱	1μF、2.2μF、4.7μF/500V (EEL—60)	1

四、实验内容

(1) 用一功率表法测定三相负载功率，实验电路如图 8-34 所示，线路中的电流表和电压表用以监视三相电流和电压，不要超过功率表电压线圈和电流线圈的量程。经指导教师检查后，接通三相电源开关，将调压器的输出由 0 调到 380V（线电压），按表 8-37 的要求进行测量及计算。

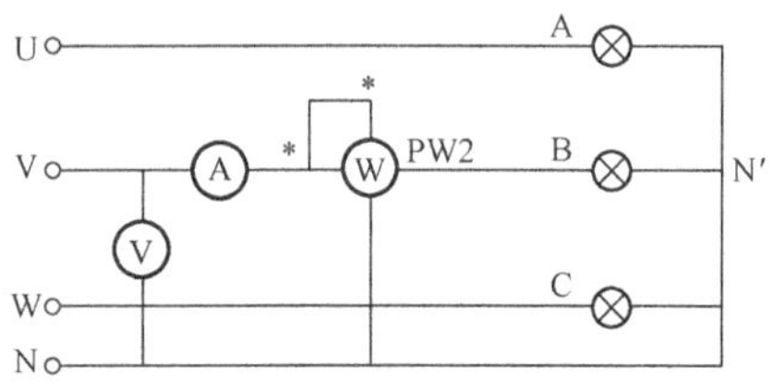

图 8-34 一表法测量实验电路

本实验用一只功率表分别测量每相功率，实验电路如图 8-34 所示，步骤与（1）相同，将数据记入表 8-37 中。

表 8-37　三相四线制负载星形连接数据

负载情况	开灯盏数			测量数据			计算值
	A相	B相	C相	P_A（W）	P_B（W）	P_C（W）	P（W）
Y_0 接对称负载	3	3	3				
Y_0 接不对称负载	1	2	3				

（2）三相三线制供电，测量三相负载功率。

1）用两功率表法测量三相负载 Y 连接的三相功率，实验电路如图 8-35（a）所示，三相灯组负载接线如图 8-35（b）所示，经指导教师检查无误后，接通三相电源，调节三相调压器的输出，使线电压为 220V，按表 8-38 的内容进行测量计算。

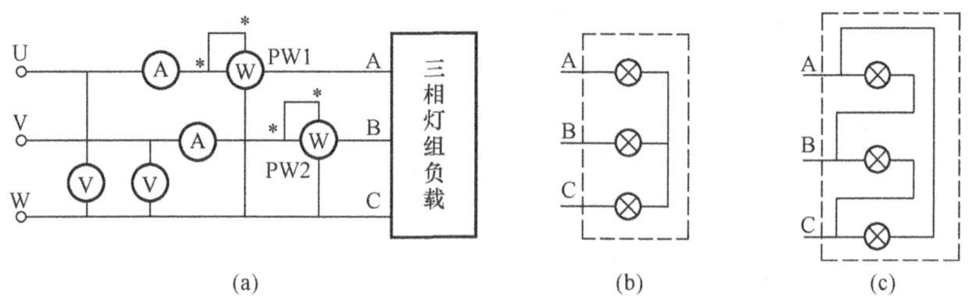

图 8-35　两表法测量实验电路

（a）实验电路；（b）、（c）三相灯组负载接法

2）将三相灯组负载改成△接法，如图 8-35（c）所示，重复 1）的测量步骤。

表 8-38　三相三线制三相负载功率数据

负载情况	开灯盏数			测量数据		计算值
	A相	B相	C相	P_1（W）	P_2（W）	P（W）
Y接对称负载	3	3	3			
Y接不对称负载	1	2	3			
△接不对称负载	1	2	3			
△接对称负载	3	3	3			

（3）三相对称负载的无功功率测量。用一功率表法测定三相对称星形负载的无功功率，实验电路如图 8-36（a）所示，图中三相对称负载接法见图 8-36（b），每相负载由 3 个白炽

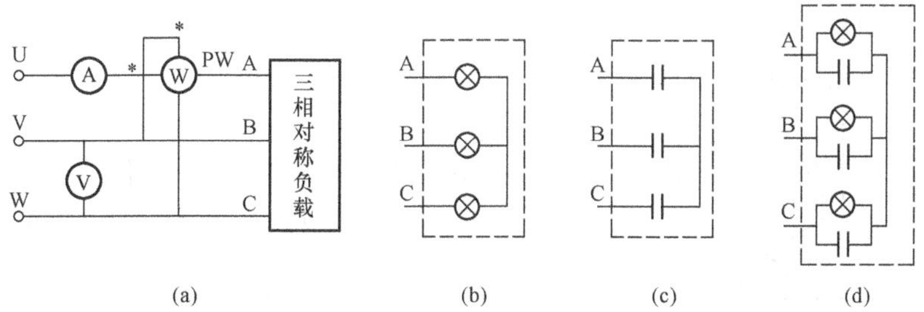

图 8-36　一功率表法测定三相对称星形负载的无功功率实验电路

（a）实验电路；（b）、（c）、（d）三相对称负载接法

灯组成，检查接线无误后，接通三相电源，将三相调压器的输出线电压调到 380V，将测量数据记入表 8-39 中。

更换三相负载性质，图 8-36（a）中的三相对称负载分别按图 8-36（c）、图 8-36（d）连接，按表 8-39 的内容进行测量、计算，并将数据记入表中。

表 8-39　　三相对称负载无功功率数据

负载情况	测量值			计算值
	U（V）	I（V）	W（var）	$Q=\sqrt{3}P_{PW}$
三相对称灯组（每相 3 盏）				
三相对称电容（每相 3.47μF）				
上述灯组、电容并联负载				

五、实验注意事项

每次实验完毕，均需将三相调压器旋钮调回零位。每次改变接线，均需新开三相电源，以确保人身安全。

六、预习与思考题

（1）复习两功率表表法测量三相电路有功功率的原理。

（2）复习一功率表表法测量三相对称负载无功功率的原理。

（3）测量功率时，为什么在线路中通常都接有电流表和电压表?

七、实验报告要求

（1）整理、计算表格的数据，比较一功率表表法和两功率表表法的测量结果。

（2）总结、分析三相电路功率测量的方法。

（3）心得体会及其他。

实验十三　功率因数表的使用及相序测量

一、实验目的

（1）掌握三相交流电路相序的测量方法。

（2）熟悉功率因数表的使用方法，了解负载性质对功率因数的影响。

二、实验原理

1. 相序指示器

图 8-37 为相序指示器电路，用以测定三相电源的相序。它是由一个电容器和两个白炽灯按星形连接的电路，用来指示三相电源的相序。相序是相对的，任何一相均可作为 A 相，但 A 相确定后，B 相和 C 相也就确定了。

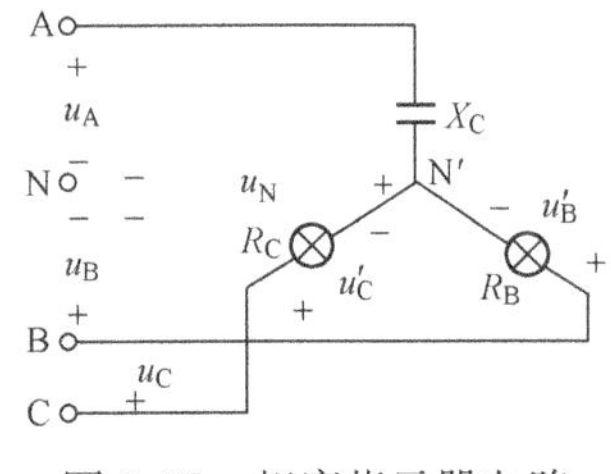

图 8-37　相序指示器电路

如果连接电容器的一相是 A 相，那么，白炽灯较亮的一相是 B 相，较暗的一相是 C 相。分析如下：

设 $X_C=R_B=R_C$，$\dot{U}_A=U_p\angle 0°=U_p$，则中点电压为

$$\dot{U}_N=\frac{\dfrac{\dot{U}_A}{-jX_C}+\dfrac{\dot{U}_B}{R_B}+\dfrac{\dot{U}_C}{R_C}}{\dfrac{1}{-jX_C}+\dfrac{1}{R_B}+\dfrac{1}{R_C}}$$

解得
$$\dot{U}_N=(-0.2+j0.6)U_p$$
则：
$$\dot{U}'_B=\dot{U}_B-\dot{U}_N=(-0.3-j1.466)U_p$$
$$U'_B=1.49U_p$$
$$\dot{U}'_C=\dot{U}_C-\dot{U}_N=(-0.3+j0.266)U_p$$
$$U'_C=0.4U_p$$

可见 $U'_B>U'_C$，B 相的白炽灯比 C 相的亮。

2. 负载的功率因数测试

负载的功率因数测试电路如图 8-38 所示，负载的有功功率 $P=UI\cos\varphi$，其中 $\cos\varphi$ 为功率因数，功率因数角 $\varphi=\arctan\frac{X_L-X_C}{R}$，且 $-90°\geqslant\varphi\leqslant 90°$。当 $X_L>X_C$，$\varphi>0$，$\cos\varphi>0$，感性负载；当 $X_L<X_C$，$\varphi<0$，$\cos\varphi>0$，容性负载；当 $X_L=X_C$，$\varphi=0$，$\cos\varphi=1$，电阻性负载。可见，功率因数的大小和性质由负载参数的大小和性质决定。

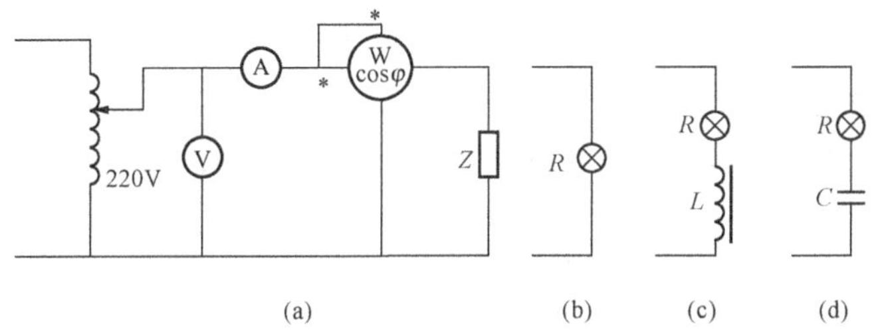

图 8-38 功率因数测试电路

(a) 测试电路；(b)、(c)、(d) 负载形式

三、实验设备

实验设备见表 8-40。

表 8-40 实 验 设 备

序 号	名 称	型号与规格	数 量
1	单相功率表	0～500V，3A	1
2	交流电压表	0～500V	1
3	交流电流表	0～5A	1
4	三相调压器		1
5	三相电路实验箱	40W 白炽灯（EEL—17）	1
6	电感线圈	30W 镇流器（EEL—52）	1
7	电容	4.7μF/400V	1

四、实验内容

1. 测定三相电源的相序

(1) 用两个 220V、40W 的白炽灯和 2.5μF/400V 的电容按图 8-37 接线，调节三相调压器，输出线电压为 220V 的三相交流电压，观察两只灯泡的亮、暗，试判断 B、C 相。

(2) 将电源线任意调换两相后，再接入电路，重复步骤 (1)，判断三相电源的相序。

2. 负载功率和功率因数的测定

按图 8-38（a）接线，负载阻抗 Z 分别用电阻、感性负载和容性负载代替，如图 8-38（b）、（c）、（d）所示，测量数据并记录入表 8-41 中。

表 8-41 测定负载功率因数数据

负载情况	U（V）	I（A）	P（W）	$\cos\varphi$	负载性质
电阻					
感性负载					
容性负载					

五、实验注意事项

每次改接线路都必须先断开电源。

六、思考题

（1）什么是负载的功率因数？它的大小和性质由谁决定？

（2）测量负载的功率因数有几种方法？如何测量？

七、实验报告要求

（1）根据测定的 U、I、P 数据，计算出负载的功率因数，并与功率因数表的读数比较，分析存在误差的原因。

（2）分析负载性质与功率因数的关系。

（3）心得体会及其他。

实验十四 双口网络测试

一、实验目的

（1）加深理解双口网络的基本理论。

（2）掌握直流双口网络传输参数的测试方法。

二、原理说明

1. 双口网络

对于任何一个线性双口网络，通常关心的往往只是输入端口和输出端口电压与电流间的相互关系。双口网络端口的电压和电流四个变量之间的关系，可以用多种形式的参数方程来表示。本实验采用输出口的电压 U_2 和电流 I_2 作为自变量，以输入口的电压 U_1 和电流 I_1 作为因变量，所得的方程称为双口网络的传输方程，如图 8-39 所示的无源线性双口网络的传输方程为

图 8-39 无源线性双口网络

$$\begin{cases} U_1 = AU_2 + B(-I_2) \\ I_1 = CU_2 + D(-I_2) \end{cases}$$

式中的 A、B、C、D 为双口网络的传输参数，其值完全决定于网络的拓扑结构及各支路元件的参数值，这四个参数表征了该双口网络的基本特性。

2. 双口网络传输参数的两种测试方法

（1）双端口同时测量法。在网络的输入口加上电压，在两个端口同时测量其电压和电

流，由传输方程可得 A、B、C、D 四个参数为：

$$A=\frac{U_{10}}{U_{20}}\ (\text{令}\ I_2=0\text{，即输出口开路时})$$

$$B=\frac{U_{1S}}{U_{2S}}\ (\text{令}\ U_2=0\text{，即输出口短路时})$$

$$C=\frac{I_{10}}{U_{20}}\ (\text{令}\ I_2=0\text{，即输出口开路时})$$

$$D=\frac{I_{1S}}{U_{2S}}\ (\text{令}\ U_2=0\text{，即输出口短路时})$$

（2）双端口分别测量法。先在输入口加电压，而将输出口开路和短路，测量输入口的电压和电流，由传输方程可得

$$R_{10}=\frac{U_{10}}{I_{10}}=\frac{A}{C}\ (\text{令}\ I_2=0\text{，即输出口开路时})$$

$$R_{1S}=\frac{U_{1S}}{I_{1S}}=\frac{B}{D}\ (\text{令}\ U_2=0\text{，即输出口短路时})$$

然后在输出口加电压，而将输入口开路和短路，测量输出口的电压和电流，由传输方程可得

$$R_{20}=\frac{U_{20}}{I_{20}}=\frac{D}{C}\ (\text{令}\ I_1=0\text{，即输入口开路时})$$

$$R_{2S}=\frac{U_{2S}}{I_{2S}}=\frac{B}{A}\ (\text{令}\ U_1=0\text{，即输入口短路时})$$

R_{10}、R_{1S}、R_{20}、R_{2S}分别表示一个端口开路和短路时另一端口的等效输入电阻，这四个参数中有三个是独立的，因此，只要测量出其中任意三个参数（如 R_{10}、R_{20}、R_{2S}），与方程 $AD-BC=1$（双口网络为互易双口，该方程成立）联立，便可求出四个传输参数

$$A=\sqrt{R_{10}/(R_{20}-R_{2S})},\ B=R_{2S}A,\ C=A/R_{10},\ D=R_{20}C$$

3. 双口网络级联电路

双口网络级联后的等效双口网络的传输参数也可采用上述方法之一求得。根据双口网络理论推得：双口网络 1 与双口网络 2 级联后等效的双口网络的传输参数，与网络 1 和网络 2 的传输参数之间有如下的关系

$$A=A_1A_2+B_1C_2$$

$$B=A_1B_2+B_1D_2$$

$$C=C_1A_2-D_1C_2$$

$$D=C_1B_2+D_1D_2$$

三、实验设备

实验设备见表 8-42。

表 8-42　　实　验　设　备

序　号	名　　称	型号与规格	数　量
1	可调直流稳压电源	0～30V	1
2	直流电压表	0～200V	1
3	直流毫安表	0～200mA	1
4	双口网络实验箱	EEL—31	1

四、实验内容

双口网络实验线路如图 8-40 所示。将直流稳压电源的输出电压调到 10V，作为双口网络的输入电压 U_1。

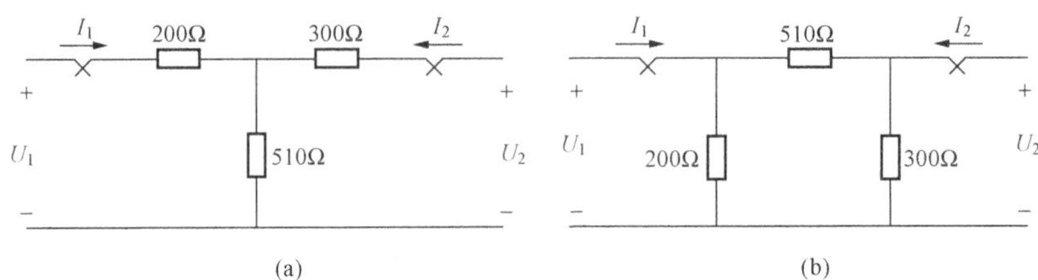

图 8-40
(a) T 形网络；(b) Π 形网络

(1) 根据双端口同时测量法，分别测量双口网络的电压、电流，填入表 8-43 中，计算出传输参数 A_1、B_1、C_1、D_1 和 A_2、B_2、C_2、D_2，填入表并列出它们的传输方程。

表 8-43 测 试 结 果 一

		测量值			计算值	
双口网络a	输出端开路 $I_2=0$	U_{10} (V)	U_{20} (V)	I_{10} (mA)	A_1	C_1
	输出端短路 $U_2=0$	U_{1S} (V)	I_{1S} (mA)	I_{2S} (mA)	B_1	D_1
		测量值			计算值	
双口网络b	输出端开路 $I_2=0$	U_{10} (V)	U_{20} (V)	I_{10} (mA)	A_2	C_2
	输出端短路 $U_2=0$	U_{1S} (V)	I_{1S} (mA)	I_{2S} (mA)	B_2	D_2

(2) 将两个双口网络级联，即将网络 a 的输出接至网络 b 的输入，用双端口分别测量法，测量各参数的值填入表 8-44 中，计算出等效输入电阻和传输参数 A、B、C、D，并验证等效双口网络传输参数与级联的两个双口网络传输参数之间的关系。

表 8-44 测 试 结 果 二

输出端开路 $I_2=0$			输出端短路 $U_2=0$			计算传输参数
U_{10} (V)	I_{10} (mA)	R_{10}	U_{1S} (V)	I_{1S} (mA)	R_{1S}	
输入端开路 $I_1=0$			输入端短路 $U_1=0$			A B C D
U_{20} (V)	I_{20} (mA)	R_{20}	U_{2S} (V)	I_{2S} (mA)	R_{2S}	

五、实验注意事项

用电流插头插座测量电流时，要注意判别电流表的极性及选取适合的量程（根据所给的电路参数，估算电流表量程）。

六、思考题

（1）什么是双口网络的传输参数？它们有何物理意义？

（2）试述双口网络同时测量法与分别测量法的测量步骤、优缺点及其适用场合。

（3）两个双口网络组成的级联双口网络的传输参数如何测定？

七、实验报告要求

（1）整理各个表格中的数据，完成指定的计算。

（2）列写传输方程。

（3）验证级联双口网络的传输参数与级联的两个双口网络传输参数之间的关系。

（4）心得体会及其他。

实验十五　三相异步电动机的控制实验

一、实验目的

（1）掌握三相异步电机单方向启动停止、点动控制，以及正、反转控制线路的工作原理、接线方法、调试及故障排除技能。

（2）熟悉各电气元件的使用方法及其在线路中所起的作用。

二、原理说明

在生产中，经常采用继电—接触控制系统对中小功率笼型异步电动机进行直接启动，其控制线路大都由继电器、接触器、按钮等有触头电器组成。

（1）图 8-41 所示为点动控制原理图。当按下启动按钮 SB2 时，电动机转动；松开按钮后，由于按钮自动复位，电动机停转。点动启停的时间长短由操作者手动控制。

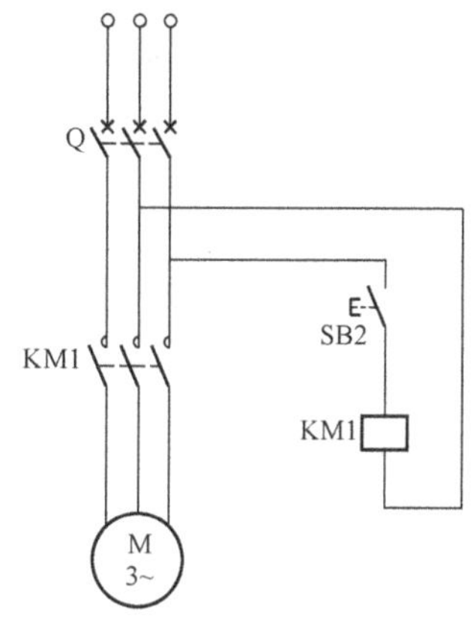

图 8-41　电动机点动控制电路

（2）图 8-42（a）所示为单向运行控制原理图，此时主回路上应装设热继电器作长期过载保护。当按下起动按钮 SB2 时，电动机转动，按下停止按钮 SB1，电动机停转。图 8-42（b）所示可实现点动和长动两种工作状态，其中，SB2 为电动机连续工作启动按钮，SB1 为电动机停止按钮，SB3 为电动机点动按钮。

（3）图 8-43 所示为正反转控制原理图，利用了两套启动按钮和接触器分别控制电动机的正转和反转。在主电路中，KMF 主触点闭合时，电动机正转；KMR 主触点闭合时，电动机反转。控制回路的左边为正转控制，其中，SBF 为电动机正转启动按钮，KMF 为“自锁”实现电动机连续运转，KMR 为“互锁”防止电动机短路。控制回路的右边为反转控制，其中，SBR 为电动机反转启动按钮，KMR 为“自锁”实现电动机连续运转，KMF 为“互锁”防止电动机短路。SB1 为电动机停止按钮，可以使电动机停转。

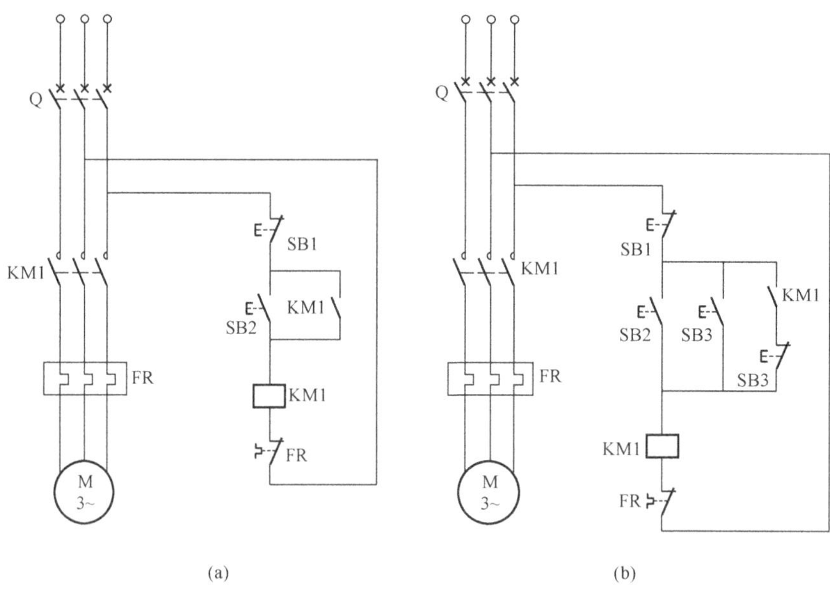

图 8-42 电动机连续运动控制电路

(a) 单向运行；(b) 点动和长动运行

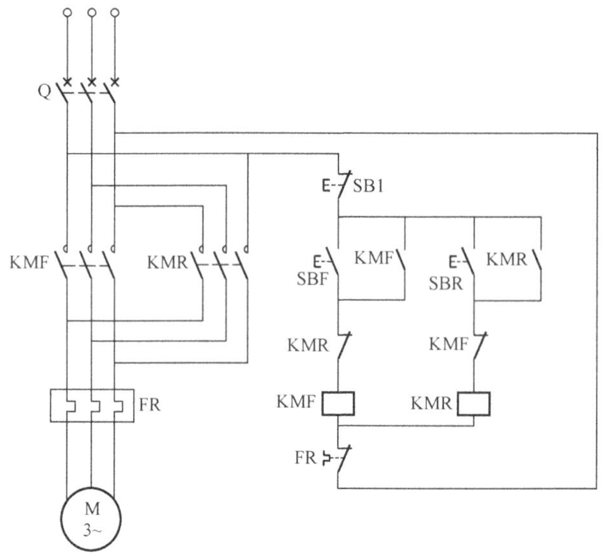

图 8-43 电动机正反转控制电路

三、实验设备

实验设备见表 8-45。

表 8-45 实 验 设 备

序 号	名 称	型号与规格	数 量
1	三相四线制电源	380、220V	1
2	M14 型异步电动机		1
3	控制电路实验箱	配置接触器，按钮等	1

四、实验内容

(1) 按图 8-41 正确接线，先接主回路，再接控制回路。自己检查无误并经指导教师检查认可后，方可合闸通电进行实验。合上三相电源开关。按下启动按钮 SB2，观察电动机工作情况，体会点动操作（注意，操作次数不宜过多过频繁）。

(2) 按图 8-42 (a) 正确接线，按下按钮 SB2，并与步骤 (1) 相比较。手动断开热元件 FR 动断触头一端导线（模拟线路中热继电器动作），观察 FR 动作对线路的影响。

(3) 按图 8-42 (b) 接线，控制操作，观察电动机工作情况，体会电路的优缺点。

(4) 按图 8-43 接线，进行电动机正、反转控制操作，体会电路的优缺点。

五、注意事项

每次接线、拆线或长时间讨论问题时，必须断开三相电源，以免发生触电事故。正常操作时，如电动机不转动，应立即断开电源，请指导老师检查接线。

六、思考题

(1) 在图 8-42 (a) 中，若自锁动合触点错接成动断触点，会发生什么现象？

(2) 在图 8-42 (b) 中，说明按下按钮 SB3 时电动机为何是点动工作？

七、实验报告要求

(1) 根据实验现象，分析电动机正、反转控制的工作原理，说明自锁和互锁的作用。

(2) 回答思考题 (1)、(2)。

(3) 心得体会及其他。

实验十六　三相异步电动机的星形—三角形启动实验

一、实验目的

掌握三相异步电机星形—三角形启动控制线路的工作原理、接线方法、调试及故障排除技能。

二、原理说明

国内三相星形系列电动机额定电压为 380V，功率为 4kW 以上为三角形接法，因此，电动机启动时接成星形连接，电压将为额定电压的$1/\sqrt{3}$，启动后再换成三角形连接。星形连接时启动电流仅为三角形连接的 1/3，相应的启动转矩也是三角形连接的 1/3。因此，星形—三角形启动仅适用于空载或轻载下启动。

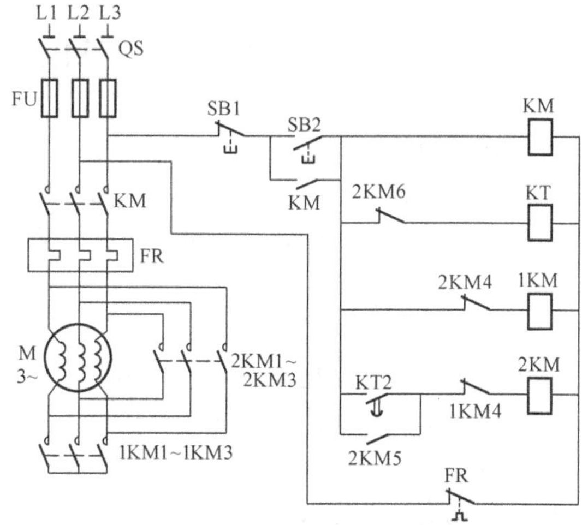

图 8-44　星形—三角形降压启动控制电路

图 8-44 为星形—三角形降压启动控制电路，其中 KM 为接通电源接触器，1KM 为星形连接接触器，2KM 为三角形连接接触器，KT 为启动时间继电器。

电路工作情况：合上电源隔离开关 QS，按下启动按钮 SB2，KM 通电并自锁，1KM 通电，1KM1～31KM 闭合，电动机接成Y连接，进行降压启动，同时时间继电器KT通电并开始计时。经一段时间延时后，KT的延时动断触点断开，1KM断电释放，电动机星形连接中性点断开，同时，KT的延时动合触点闭合，2KM三角形通电并自锁，电动机接成三角形连接运行，同时用2KM6断开KT的线圈，另外，2KM4和1KM4为互锁触点，防止1KM和2KM同时带电。至此，电动机星形—三角形降压启动过程结束，电动机投入正常（在额定电压下）运行。停车时，按下SB1即可。

三、实验设备

实验设备见表8-46。

表8-46　　实　验　设　备

序　号	名　　称	型号与规格	数　量
1	三相四线制电源	380、220V	1
2	M14型式异步电动机		1
3	控制电路实验箱	配置接触器、按钮等	1

四、实验内容

（1）按图8-44接线，检查接线正确后合上主电源。时间继电器延时时间定为10s，启动发动机，观察接触器、时间继电器和电动机的工作情况。

五、注意事项

连接线路时使用的导线较多，要注意哪个是接触器1KM，哪个是接触器2KM。如电动机不转动，应立即断开电源，请指导老师检查。

六、思考题

（1）分析电动机星形—三角形降压启动的工作原理。

（2）对启动电流和稳定工作电流进行比较，说明它们不同的原理。

七、实验报告要求

（1）根据实验现象，分析电动机星形—三角形降压启动的工作原理。

（2）回答思考题（1）、（2）。

（3）心得体会及其他。

实验十七　三相异步电动机制动控制

一、实验目的

（1）了解三相异步电动机常用的制动方法及其优缺点。

（2）掌握三相异步电动机反接制动、能耗制动的接线及操作方法，以及各种制动方式的制动时间。

二、原理说明

运行时电动机及其拖动的生产机械具有惯性，电动机切断电源后并不能立即停转。因此，在希望电动机迅速停车或准确停在某个位置，或缩短辅助工时及保障安全时，都需要采取制动措施。

电气制动有以下方法。

（1）反接制动。反接制动是在电动机停车时，将其所接的三根电源线中任意两根对调，如此由于电源相序改变了，会产生一个与原来方向相反的电磁转矩，这对由于惯性作用仍沿原方向旋转的电动机会起到制动作用，当电动机转速接近零时，要断开电源。这种方法制动转矩大，制动迅速，但制动电流很大，一般要在定子电路中串入电阻。

（2）能耗制动。当电动机停车与交流电源断开后，立即给定子绕组通入直流电流，产生一个静止的磁场，而电动机由于惯性作用沿原方向继续旋转，根据电磁学理论，转子绕组中感应的电流与静止磁场作用，会产生一个与原方向相反的制动转矩，使电动机迅速停车。这种方法停车准确，但制动过程要消耗电能，使转子发热，故实施时一般要在转子电路中串入电阻。

三、实验设备

实验设备见表 8-47。

表 8-47　　实　验　设　备

序　号	名　　称	型号与规格	数　量
1	三相四线制电源	380、220V	1
2	M14 型式异步电动机		1
3	三相可变电阻		1
4	控制电路实验箱	配置接触器，按钮等	1

四、实验内容

（1）电动机无制动措施自然停车。按图 8-45 所示接线，启动电动机，当转速稳定后按下停止按钮 SB1，电动机在惯性下逐渐减速直至停转。操作时一边按下 SB1，一边用秒表开始计时，读出电动机停转时的时间。重复两次，并将制动时间记入表 8-48 中。

（2）反接制动，按图 8-46 所示接线，按下正转启动按钮 SBF，电动机正转并达到稳定速度，制动时按下反转启动按钮 SBR，使电动机反转，观察电动机转动部分，在速度为零的瞬间立即按下停车按钮 SB，切断三相电源，用秒表读出从按下反转启动按钮 SB。到电动机停转的时间。重复两次，并将停制动时间记入表 8-48 中。

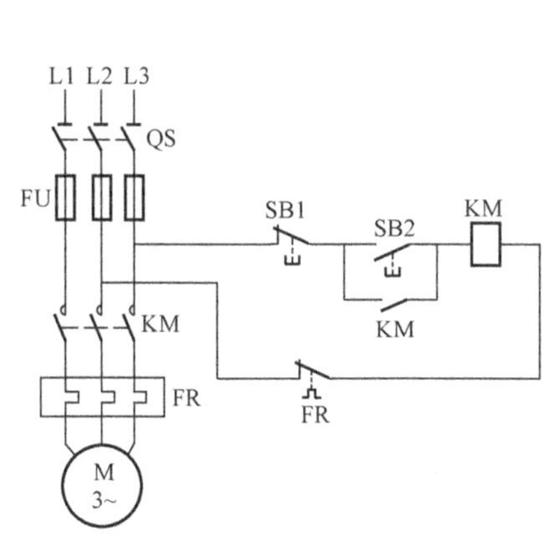

图 8-45　电动机无制动措施自然停车电路

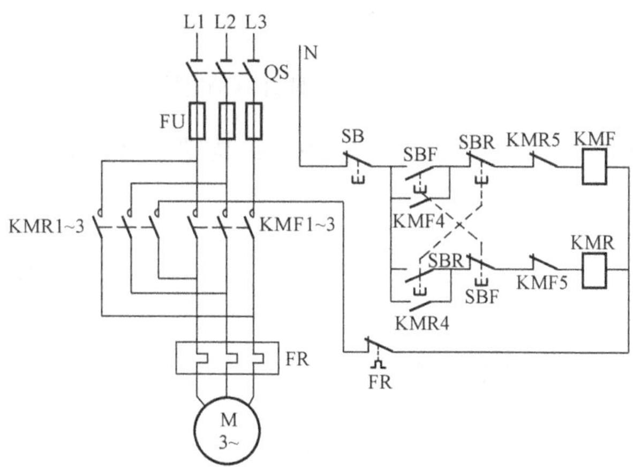

图 8-46　反接制动电路

（3）能耗制动，按图 8-47 接线，其中二极管 VD 对交流电进行整流，提供能耗制动所需要的直流电源，电阻 R 用来限制流入绕组的电流大小，一般控制在等于或小于绕组的额定电流。按启动按钮 SB1，电动机启动，转速达到稳定。停车时按下停车按钮 SB2，切断 KM1，接通 KM2 和 KT，开始制动并计时，经过一段时间，KT 的延时“动断”触点断开，制动结束。重复两次，将制动时间记入表 8-48 中。

表 8-48　　制　动　时　间

次　数	方　式		
	自然停车	反接制动	能耗制动
第一次制动时间			
第二次制动时间			
平均制动时间			

五、注意事项

（1）每次接线、拆线或长时间讨论问题时，必须断开三相电源，以免发生触电事故。

（2）连接线路时使用的导线较多，要注意哪个是接触器 KMF，哪个县接触器 KMR。

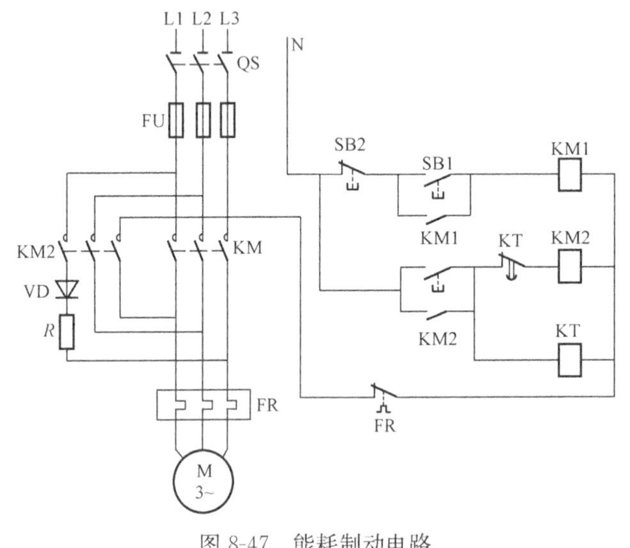

图 8-47　能耗制动电路

六、思考题

（1）了解电动机制动的原理和方法，说明各种制动方法的优缺点。

（2）反接制动电动机速度到零时，如果没有及时断电会出现什么问题？

（3）能耗制动电动机速度到零时，如果没有及时断电，会不会反转？为什么？

七、实验报告要求

（1）分析图 8-46、图 8-47 所示电路的工作原理。

（2）根据控制原理和实验数据，分析电动机几种制动方法的优缺点及适用场合。

（3）心得体会及其他。

实验十八　波形变换器的设计（设计型实验）

一、实验目的

（1）设计一个简单的 RC 微分电路，将方波变换成尖脉冲波。

（2）设计一个简单的 RC 积分电路，将方波变换成三角波。

二、原理说明

（1）微分电路和积分电路是 RC 一阶电路中典型的电路，它对电路元件参数和输入信号有一定的要求。在方波信号 u_S 作用在电阻 R、电容 C 串联电路中，当满足电路时间常数 τ 远远小于方波周期 T 的条件时，电阻两端（输出）的电压 u_R 与方波输入信号 u_S 近似成微分关系，$u_R \approx RC\frac{du_S}{dt}$，该电路称为微分电路。在设计微分电路时，通常应使方波宽度至少大于时间常数 τ 的 5 倍以上。

(2) 当满足电路时间常数 τ 远远大于方波周期 T 的条件时，电容 C 两端（输出）的电压 u_C 与方波输入信号 u_S 近似成积分关系，$u_C \approx \frac{1}{RC}\int u_S dt$，该电路称为积分电路。设计积分电路，通常要求电路时间常数大于方波宽度的 5 倍以上。

微分电路和积分电路的输出、输入关系如图 8-48 所示。

如果将积分电路的充电回路和放电回路的时间常数设计得不一样，例如充电时间常数小而放电时间常数大（或相反），则积分电路还可以将方波电压变换成锯齿波电压。

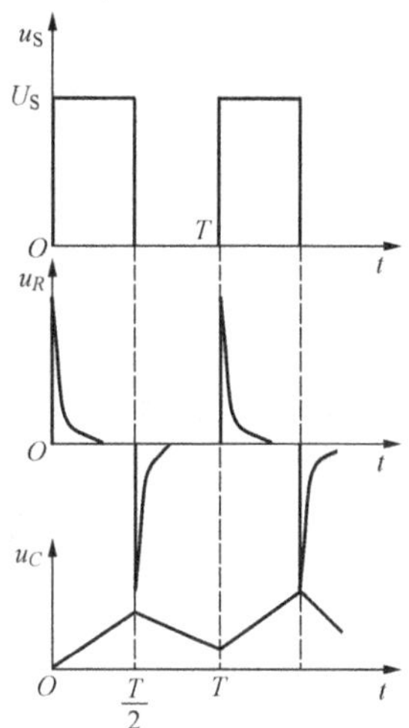

图 8-48　微分电路和积分电路的响应

三、实验设备

实验设备见表 8-49。

表 8-49　实　验　设　备

序　号	名　　称	型号与规格	数　量
1	函数信号发生器		1
2	双踪示波器		1
3	组件实验箱	电容、电阻若干	

四、实验内容

(1) 设计一个 RC 微分电路，使频率为 5kHz、幅度 2V（峰—峰值）的方波电压通过此电路变为尖脉冲电压。给定 R=6V，试计算电容的选取范围。选择三个不同大小的 C 值（其中一个在计算范围之外），观察输入、输出波形并记录下来。

(2) 设计一个 RC 积分电路，使频率为 5kHz、幅度 2V（峰—峰值）的方波电压通过此电路变为三角波尖电压。给定 $C=0.01\mu F$，试计算电阻的选取范围。选择三个不同大小的 R 值（其中一个在计算范围之外），观察输入、输出波形并记录下来。

(3) 积分电路输出特性实验，将上述积分电路输入矩形脉冲，频率仍为 5kHz、幅度不变，脉冲宽度为周期的 1/4，观察输出波形是否为锯齿波，并解释。

五、注意事项

观察微分、积分电路波形时，双踪示波器的上线和下线接地端应在电路中连在一起，否则会引起干扰，波形不稳定。

六、思考题

(1) 微分电路中电容 C 变化时，对输出脉冲幅度是否有影响？为什么？

(2) 积分电路中电阻 R 变化时，对输出波形是否有影响？为什么？

(3) 实验内容中（3）是否能观察到锯齿波？为什么？

七、实验报告要求

(1) 写出设计微分、积分电路的计算过程。

(2) 将观察到的各种电路波形绘制在坐标纸上，并分析得到的结论。

(3) 心得体会及其他。

实验十九　简单万用表的设计（设计型实验）

一、实验目的

（1）掌握多量程电阻表、直流电压表、电流表扩展量程的原理和设计方法。

（2）学会校验仪表的方法。

二、原理说明

（1）万用表中的电阻挡——电阻表原理图如图 8-49 所示，磁电系表头、电源 U_S 和限流电阻 R_1 组成测量电路，A、B 两端与被测电阻 R_x 相接，用表头测出电流 I 即可间接反映电阻 R_x 的值，即

$$R_x = U_S / I - R_0 - R_1$$

当 $R_x = 0$ 时，流过表头的电流正好是满偏电流，即

$$I = I_m = \frac{U_S}{R_0 + R_1}$$

则限流电阻 $R_1 = U_S / I_m - R_0$

图 8-50 所示为一个具有三个中值电阻 $R_m \times 1$、$R_m \times 10$、$R_m \times 100$ 的电阻表电路，其中，R_{S1}、R_{S2}、R_{S3} 为分流电阻，R_{L1}、R_{L2}、R_{L3} 为限流电阻。

设计欧姆表电路的方法是：

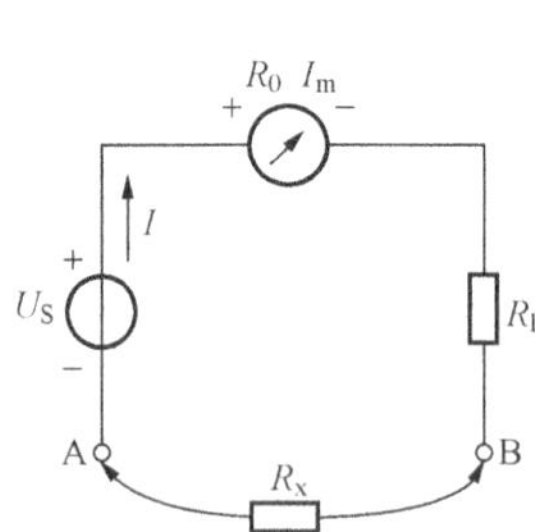

图 8-49　电阻表测量原理

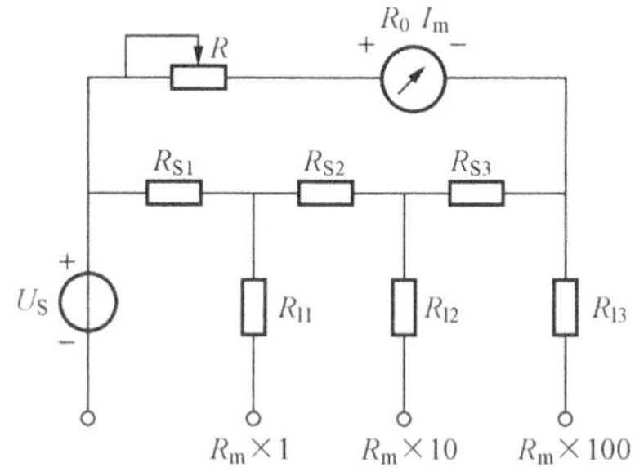

图 8-50　具有三个中值电阻的测量电路

1）根据给定的 R_m、U_S、R 和 R_0、I_m 的值，计算出分流电阻 R_{S1}、R_{S2} 和 R_{S3}。

2）计算三个限流电阻 R_{l1}、R_{l2} 和 R_{l3}。

U_S 通常使用 1.5V 的干电池，但该电池用久了，其电压 U_S 会逐渐下降，R_x 从而产生测量误差。为此，用一个可调电阻 R 与表头串联，在 U_S 降低时减小 R 值，以减小测量误差。所以使用欧姆表测量电阻前，要先将 R 调到合适的数值。调节方法是：将电阻表的外接两端钮短路，调节可调电阻 R，使指针指向零刻度。这一操作称为“欧姆挡调零”。在使用电阻表测量电阻时，必须首先进行“欧姆挡调零”。

（2）多量程电压表或电流表由表头和测量电路组成。通常，用一个适当阻值的电位器与表头串联，以便校验仪表时校正测量数值。多量程（如 1、10V）测量电路如图 8-51 所示，其表头参数和倍压电阻满足下列方程

$$I_m (R_0 + R + R_1) = 1\text{V}$$

$$I_m (R_0 + R + R_1 + R_2) = 10\text{V}$$

多量程（10、100、500mA）电流表的测量电路如图 8-52 所示，其表头参数和分流电阻参数之间满足

$$I_m(R_0+R)=(R_3+R_4+R_5)\times(10\times10^{-3}-I_m)$$

$$I_m(R_0+R+R_3)=(R_4+R_5)\times(100\times10^{-3}-I_m)$$

$$I_m(R_0+R+R_3+R_4)=R_5\times(10\times10^{-3}-I_m)$$

当表头参数确定后，倍压电阻和分流电阻均可计算出来。

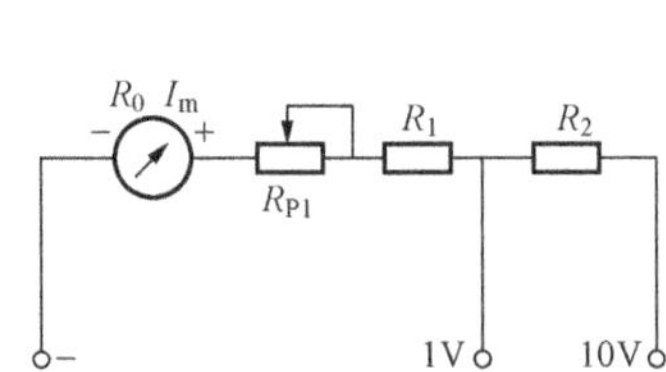

图 8-51 多量程电压表测量电路

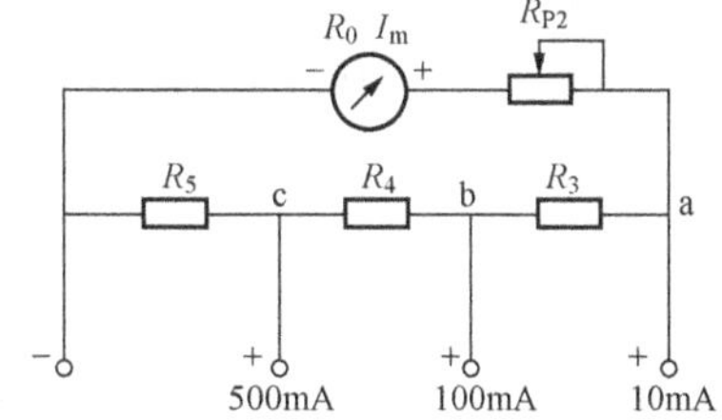

图 8-52 多量程电流表测量电路

三、实验设备

实验设备见表 8-50。

表 8-50 实 验 设 备

序 号	名 称	型号与规格	数 量
1	可调直流稳压电源	0～30V	两路
2	磁电系表头	1mA、160Ω	1
3	直流数字电压表		1
4	直流数字电流表		
5	可调电阻箱	0～9999.9Ω	1
6	电位器	按需选择	

四、实验内容

(1) 设计、制作具有三个中值电阻 $R_m\times1$、$R_m\times10$、$R_m\times100$ 的电阻表电路。$U_S=1.5V$，$R_m=12\Omega$，$R=100\Omega$，$R_0=160\Omega$，$I_m=1mA$。

(2) 设计多量程电压表。根据原理说明，用磁电系表头串联一电位器和两个阻值适当的电阻，构成多量程电压表，量程分别为 1、10V。

(3) 设计多量程电流表。用磁电系表头串联一电位器再并三个阻值适当的电阻，构成多量程电流表，量程分别为 1、100、500mA。

(4) 用设计好的多量程电压表测量恒压源可调电压输出端电压，并用直流数字电压表校验，如有误差再用电位器 R 调整，然后校验其他各点，并记录，表格自拟。

(5) 用直流数字电流表校验多量程电流表，如在满量程时有误差，用电位器 R 调整，然后校验其他各点，并记录。表格自拟。

五、注意事项

(1) 磁电系表头有正、负两个连接端，使用时一定要保证电流从正端流入，否则，指针将反向偏转。

(2) 电流表的表头和分流器要可靠连接，不允许分流电阻断开。校验电流表时，应串联

一个电位器，用以限制电流，使流过毫安表的电流不超过其满偏值。

六、思考题

(1) 欧姆表的刻度盘为什么具有反向和不均匀刻度的特性?

(2) 根据实验要求，设计电阻表、电压表和电流表的测量电路，并计算出分流电阻和限流电阻。表格自拟。

(3) 电压表和电流表的表盘如何进行刻度?

七、实验报告要求

(1) 画出具有三个中值电阻 $R_m\times1$、$R_m\times10$、$R_m\times100$ 的电阻表电路，并标明限流电阻和分流电阻的阻值。

(2) 画出 1、10V 电压表和 10、100、500mA 电流表的测量电路，标明倍压电阻和分流电阻的阻值。

(3) 根据校验数据写出电压表和电流表的校验报告。

(4) 心得体会及其他。

实验二十　运算放大器的使用(综合性实验)

一、实验目的

了解运算放大器的应用，加深对受控源电路模型的认识。

二、原理说明

(1) 受控源向外电路提供的电压或电流受其他支路的电压或电流控制，因而受控源是双口元件：一个为控制端口，或称输入端口，输入控制量(电压或电流)；另一个为受控端口或称输出端口，向外电路提供电压或电流。受控端口的电压或电流受控制端口的电压或电流所控制。

(2) 运算放大器的电路符号如图 8-53 所示，具有两个输入端——同相输入端 u_+ 和反相输入端 u_-，一个输出端 u_o。其放大倍数为 A，则 $u_o=A\ (u_+-u_-)$

对于理想运算放大器，放大倍数 A 为∞，输入电阻为∞，输出电阻为 0，由此可得出两个特性：①特性 1：$u_+=u_-$；②特性 2：$i_+=i_-=0$。

应用运算放大器不仅可以实现诸如加、减、乘、除、比例、求和、微积分、对数等运算功能，而且运算放大器还广泛应用于自动化及信号获取等方面，如幅度比较、选择、采样保持、滤波、信号处理等，又如正弦波、矩形波、三角波、锯齿波等信号的发生。

(3) 数模转换解码电路原理。由一个运算放大器及一个电阻网络组成的具有四个二进制位的电路如图 8-54 所示。

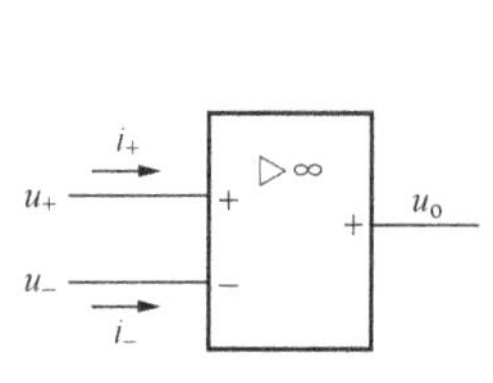

图 8-53　运算放大器电路符号

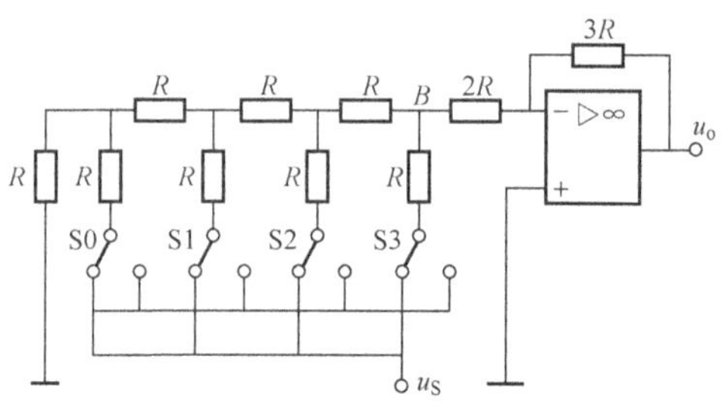

图 8-54　二进制位电路

该电路可以对二进制数进行解码，使之转换为相应的模拟量电压值，实现由数字量到模拟量的转换。该电路按照由高位到低位排列为 S3（d_3），S2（d_2），S1（d_1），S0（d_0）。开关位置代表了二进制码（$d_3d_2d_1d_0$）。当某个开关接地时代表“0”，接 u_S 时代表“1”。可以证明，该电路的输出为

$$u_o = -\frac{u_S}{2^4}(d_0 2^0 + d_1 2^1 + d_2 2^2 + d_3 2^3)$$

三、实验设备

实验设备见表 8-51。

表 8-51　　实 验 设 备

序　号	名　　称	型号与规格	数　量
1	可调直流稳压电源	0～30V	两路
2	直流数字电压表		1
3	直流数字电流表		1
4	恒流源（可调）	0～500mA	1
5	电阻组件		1
6	运算放大器实验箱		1

四、实验内容

（1）用运算放大器构成的 VCVS，实验电路如图 8-55 所示，其中，U_1 接恒压源的可调电压输出端，$R_1=R_2=10\text{k}\Omega$，$R_L=2\text{k}\Omega$（用电阻箱），调节恒压源输出电压 U_1（以电压表读数为准），用电压表测量对应的输出电压 U_2，将测试数据记入表 8-52 中由测试数据做出 U_1-U_2 关系曲线，求出控制系数 μ 填入表 8-52。

表 8-52　　VCVS 的转移特性实验数据

参数	测　量　值								
U_1（V）	0	1	2	3	4	5	6	7	8
U_2（V）									
μ									
μ_{av}									

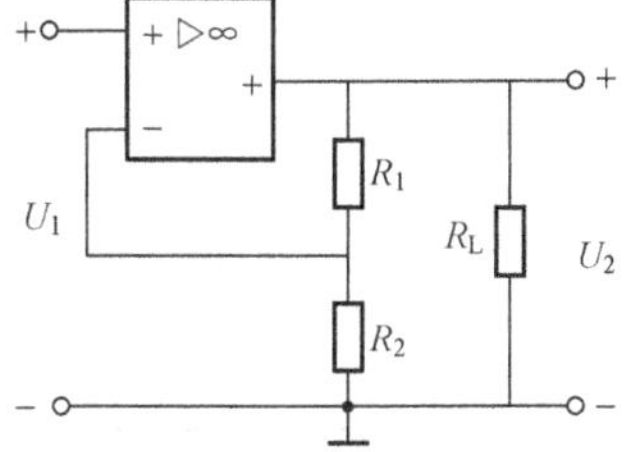

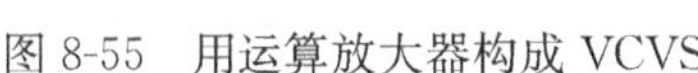
图 8-55　用运算放大器构成 VCVS

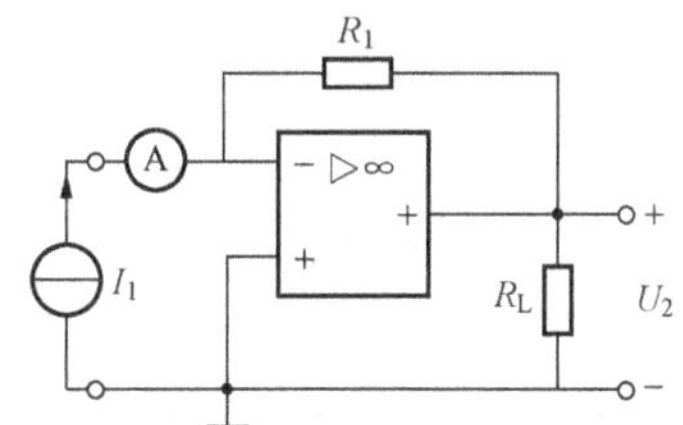

图 8-56　用运算放大器构成 CCVS

（2）用运算放大器构成的 CCVS，实验电路如图 8-56 所示，其中，I_1 为恒流源，$R_1=10\text{k}\Omega$，$R_L=2\text{k}\Omega$（用电阻箱）。调节恒流源输出电流 I_1（以电流表读数为准），用电压表测

量对应的输出电压 U_2，将测试数据记入表 8-53 中，由测试数据作出 I_1-U_2 关系曲线，求出控制系数 r_m。

表 8-53 CCVS 的转移特性数据

参　数	测　量　值							
I_1 (mA)	0	0.05	0.1	0.15	0.2	0.25	0.3	0.4
U_2 (V)								
r_m								
r_{mav}								

(3) 电压跟随器的构成，为观察电压跟随器带负载的能力，与简单的直流分压器进行比较。

1) 分压器。最简单的分压器可以采用直流电阻分压电路构成，如图 8-55 所示，测定空载电压与带载输出电压的特性，并记录入表 8-54 中。

表 8-54 测 试 结 果 一

参　数	U_{AE}			U_{BE}			U_{CE}			U_{DE}		
空载电压 (V)												
负载 (kΩ)	0.4	4	400	0.3	3	30	0.2	2	20	0.1	1	10
电压 (V)												
变化率 (%)												

2) 电压跟随器。由运算放大器构成的电压跟随器如图 8-57 所示，应用“虚短”、“虚断”概念分析，很显然可以得出 $U_0=U_1$，即具有电压跟随作用。

因为其输入端不取用电流，且具有跟随作用，可以用来作为分压器与负载之间的隔离作用，实现各种级别电压供给的作用。另外，由于其输出阻抗很小，可以大大增加其带负载能力，消除负载效应。测量电路如图 8-58 所示，测定空载电压与带载输出电压的特性，并记入表 8-55 中。

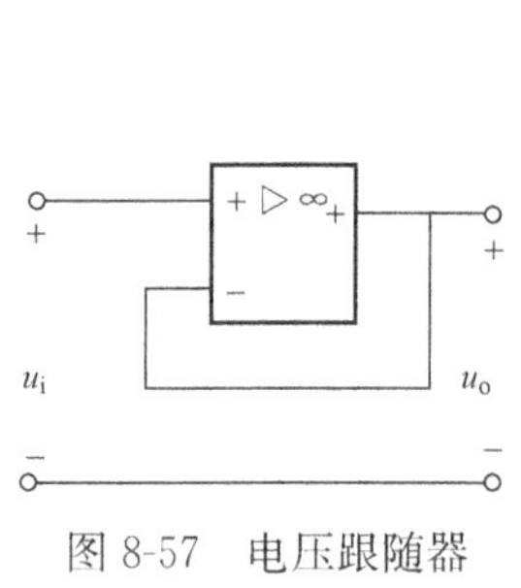

图 8-57　电压跟随器

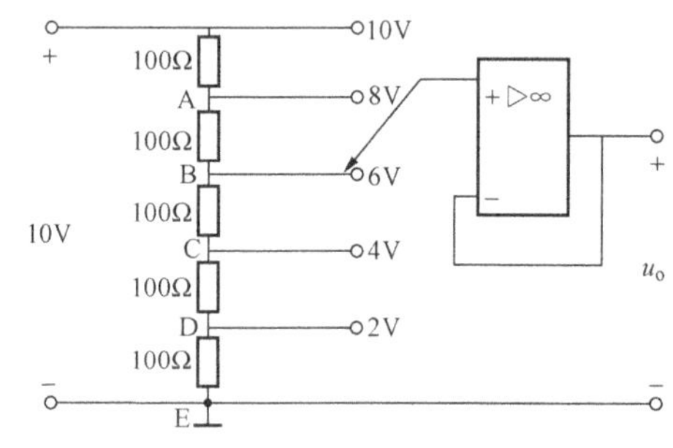

图 8-58　测量输出特性电路

表 8-55 测 试 结 果 二

参　数	U_{AE}			U_{BE}			U_{CE}			U_{DE}		
空载电压 (V)												
负载 (kΩ)	0.4	4	400	0.3	3	30	0.2	2	20	0.1	1	10
电压 (V)												
变化率 (%)												

（4）解码电路特性测试。如在图 8-56 中，取 $R=1\text{k}\Omega$，运算放大器工作直流电压取 ±8V，其中+8V 还同时供给 u_S，按表 8-56 所列数据测量记录相对应的模拟输出电压值。

表 8-56　　测试结果三

十进制	二进制（数字量）	输出电压（模拟量）	十进制	二进制（数字量）	输出电压（模拟量）
1	0001		6	0110	
2	0010		7	0111	
3	0011		8	1000	
4	0100		9	1001	
5	0101				

五、注意事项

运算放大器输出端不能与地短路，输入端电压不宜过高（小于 5V）。运算法器工作时，注意要接通偏置电源。

六、思考题

（1）如何由两个基本的 CCVS 和 VCCS 获得其他两个 CCCS 和 VCVS，它们的输入输出如何连接？

（2）了解数模转换的原理，根据叠加定理和戴维南定理证明图 8-58 的输出。

七、实验报告要求

（1）结合本次实验中各项内容测试要求，自行设计实验报告。

（2）试叙述数模转换的工作原理。

（3）心得体会及其他。

实验二十一　电路的直流工作点分析和交流频率分析（仿真实验）

一、实验目的

（1）了解和掌握仿真电子工作平台（Electronics Workbench，EWB）在电路实验中的应用。

（2）掌握电路的直流工作点分析和交流频率的分析方法。

二、原理说明

EWB 的基本操作为：视窗下双击 EWB 图标进入 EWB 电路工作窗口；单击鼠标操作打开元器件库或选中元器件。

（1）根据实验电路，将鼠标指向信号源元件库图标，单击鼠标，该库被打开。该库内包含的元件，如图 8-59 所示。

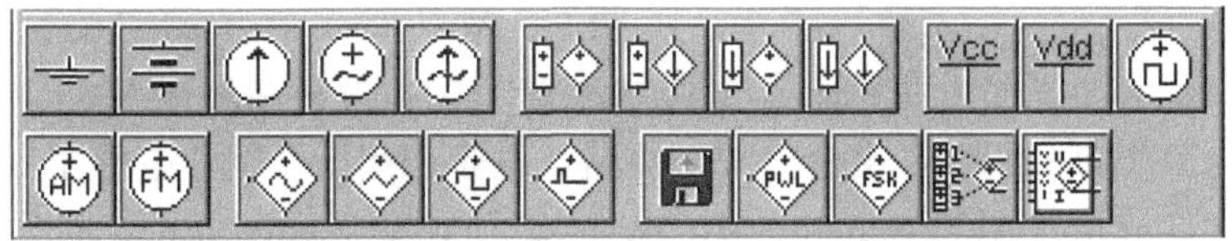

图 8-59　信号源元件库包含元件

(2) 将鼠标指针移到电池元件处，单击鼠标，该元件被选中。被选中的元件以红色显示，便于识别。按住鼠标左键，将对象拖动到电路工作区的目标位置，释放鼠标。采取同样方法，可选中基本元件库，“拖放”电阻、电容、接地和开关等元件到电路工作区的目标位置。

为了使电路便于连接、布局合理，常常需要对元器件进行旋转或反转操作。这可先选中待旋转或反转的元器件，然后选择菜单栏的“Circuit/Rotate”(电路/旋转)、“Circuit/Horizontal”(电路/水平反转)、“Circuit/Vertial”(电路/垂直反转)命令进行操作。

可使用菜单中的命令“Edit/Cut”、“Edit/Copy”、“Edit/Paste”、“Edit/Delete”等对被选中的元件进行相应的操作。也可使用键盘 Delete 键删除元件：选中要删除的元件，然后按 Delete 键，“确认”后即可删除。

若对元件的标签、编号、数值、模型参数等进行设置，可双击被选中的元件，或在选中元件后，选择菜单命令“Circuit/Component properties”(电路/元件特性)、弹出元器件特性设置对话框，然后对 Label (元件标识)、Refrence ID (编号)、Value (数值) 和 Models (模型) 等参数进行设置。

(3) 导线操作。导线的连接。将鼠标指针移到需连接导线的元器件的端点或引脚处，Workbench 便会自动出现一个放大的连接点，按住鼠标左键拖动，从起始端点开始出现导线，跟随鼠标移动到另一元器件的连接点，导线就连到这里。当连线到达连接的端点或引脚处，并在此出现放大的接线点 (放大的连接黑点的白色缺口为连接线的连入方向) 时释放鼠标，Workbench 便会自动连线；需要拐弯时，也会自动以直角形式寻找空隙走线。

要删除已连接好的导线时，只需用鼠标抓住导线的一个连接点 (即将鼠标的指针移到一个连接点并显示出放大的小黑圆点时，按住鼠标左健) 拖到电路工作区空白处，释放鼠标，该连接线便会自动被删除。也可以将鼠标抓住的连接导线的端点，移动到另一个元器件的接线端处，释放鼠标，实现与另一个元器件的连接，即实现了连线的改接。

三、实验设备

安装了 Electronics Workbench 软件的计算机。

四、实验内容

(1) 电子工作台上创建需进行分析的电路图，如图 8-60 所示，同时选定“电路”栏 (Circuit) 中的“作图任选项”(Schematic Options)，选定“显示节点” (Show Nodes) 把电路的节点标志 (ID) 显示在电路图上。

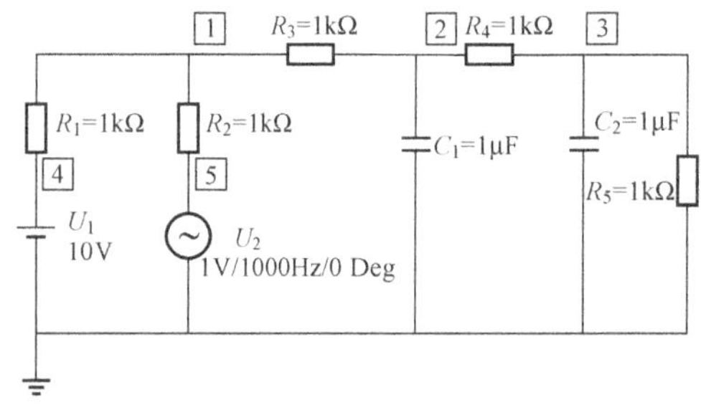

图 8-60 需分析电路图

(2) 直流工作点分析。在“分析”(Analysis) 栏内选定“直流工作点”(DC Operating Point)，电子工作台会自动把电路中所有节点的电压数值和电源支路的电流数值显示在“分析”(Analysis) 栏中的“显示图”(Display-Graph) 中，分析结果如图 8-61 所示。

在进行直流工作点分析时，交流电源被短路，电容相当于开路，电感相当于短路。

(3) 交流频率分析 (AC Frequency Analysis)。所谓交流频率分析，即分析电路的频率特性。需先选定被分析的电路节点，在分析时，电路中的直流电源将自动置零，交流信号源、电容、电感等均处在交流模式，输入信号也被设定为正弦波形式。若把函数信号发生器的其他信号作为输入激励信号，在进行交流频率分析时，会自动把它作为正弦信号输入。因此，输出响应也是该电路交流频率的函数。

交流频率分析步骤如下：

1）在电子工作台上创建需进行分析的电路图，确定输入信号的幅度和相位，同时选择“分析”栏（Analysis）中的“交流频率”（AC frequency）。

Node/Branch	Voltage/Current
1	4.28571
2	2.85714
3	1.42857
4	10.00000
5	0.00000
V1#branch	5.71429m
V2#branch	4.28571m

图 8-61　分析结果

2）对话框中，确定需分析的电路节点（节点 3）、分析的起始频率（FSTART）、终点频率（FSTOP）、扫描形式（Sweep type）、显示点数（Number Points）和纵向尺度（Vertical seale），可按默认设置。

3）按仿真（Simulate）键，即可在显示图上获得被分析节点的频率特性波形。按 ESC 键，将停止仿真的运行。

交流频率分析的结果，可以显示成幅频特性和相频特性两个图。如果用波特图仪连至电路的输入端和被测节点，同样也可以获得交流频率特性的曲线图。

交流频率分析结果如图 8-62 所示。

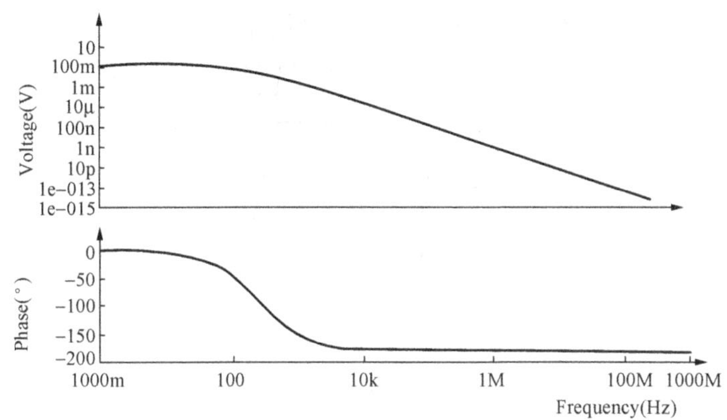

图 8-62　交流频率分析结果

五、实验注意事项

(1) 电路中的连接点一定要可靠连接。

(2) 交流频率分析参数设置对话框中的各项参数的设置必须正确。

(3) 在对模拟小信号电路进行交流频率分析的时候，数字器件将被视为高阻接地。

六、思考题

(1) 预习 EWB 软件的使用方法。

(2) 电路的直流工作点分析和交流频率分析结果说明了什么？

七、实验报告要求

(1) 写出所选择的交流频率分析参数设置对话框中的各项参数设置。

(2) 画出所分析的电路，写出直流工作点分析、交流频率分析的仿真计算结果。

(3) 心得体会及其他。

实验二十二　一阶电路过渡过程分析（仿真实验）

一、实验目的

(1) 掌握用虚拟仪器观察和分析电路过渡过程响应的方法。

（2）研究 RC 一阶电路的零输入响应、在直流激励下的零状态响应和方波响应的基本规律和特点，了解一阶电路时间常数对过渡过程的影响，并测定时间常数。

（3）研究 RC 电路的积分、微分响应。

二、原理说明

实验原理见实验六。

三、实验设备

安装了 Electronics Workbench 软件的计算机。

四、实验内容

（1）研究 RC 一阶电路的零输入响应、零状态响应。在 EWB 上创建实验电路，如图 8-63 所示。同时，选定“电路”栏（Circuit）中的“作图任选项”（Schematic Options），选定“显示节点”（Show Nodes），把电路的节点标志（ID）显示在电路图上。

观察电容元件的充放电过程。在菜单“Analysis”中选择“Transient”（瞬态分析），根据对话框的要求，设置参数。开关的动作时间为 7s，开关必须打开。

按“仿真”(Simulate)键，即可在显示图中获得被分析节点(3)的瞬态波形，如图 8-64 所示。

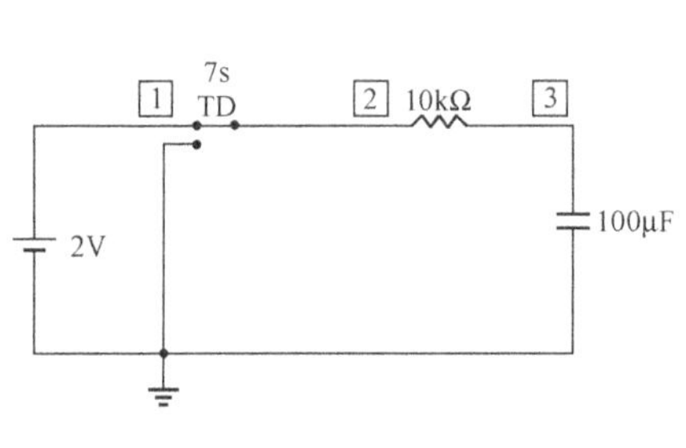

图 8-63　仿真电路

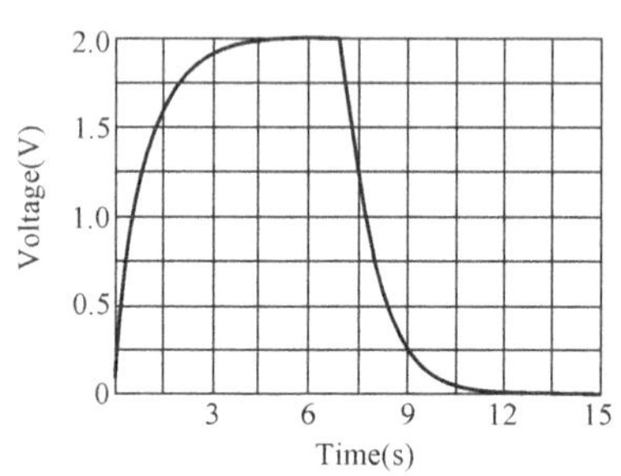

图 8-64　瞬态波形

示波器是用来显示电信号波形的形状、大小、频率等的仪器。示波器面板如图 8-65 所示。

瞬态分析的结果，即电容电压的波形图，也可使用示波器观察。连接示波器后的电路如图 8-66 所示，打开电源开关，在示波器上将观察到如图 8-64 所示的波形。

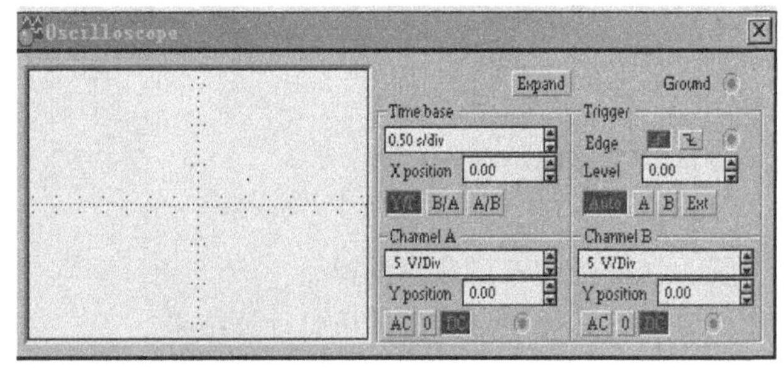

图 8-65　示波器面板图

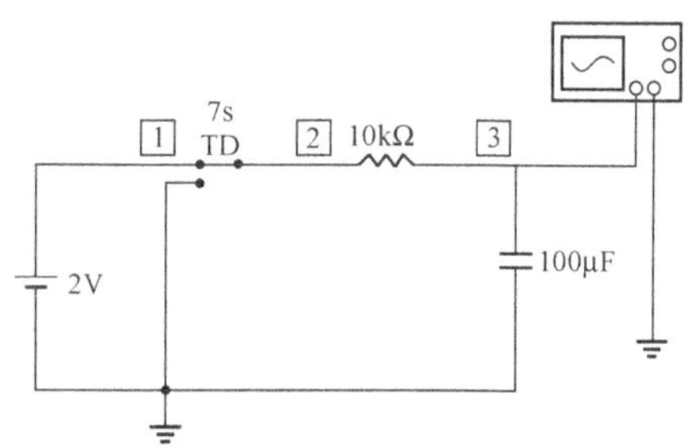

图 8-66　示波器连接示意

（2）测定时间常数。电容器上的电压 u_C 是按指数规律上升或下降的。u_C 的变化快慢取决于电路时间常数的数值 τ。τ 小则变化快，τ 大则变化慢。τ 可由电路参数 R 和 C 求得，也可用示波器测量得到。设响应起始时间为 $t=0$，经 $t=\tau$ 时间的电压为

$$u_C\ (t)\ =U_S\ (1-e^{-t/\tau})\ =0.632U_S$$

故从零状态响应曲线上的起点 $u_C=0$ 开始，读取 u_C 上升至 $0.632U_S$ 所对应的时间间隔即为 τ 值，如图 8-64 所示。

（3）观察积分波形，将电路信号源改为方波信号源，去掉原电路中的定时开关，如图 8-67 所示。进行瞬态分析或用示波器观察电容电压波形，如图 8-68 所示。

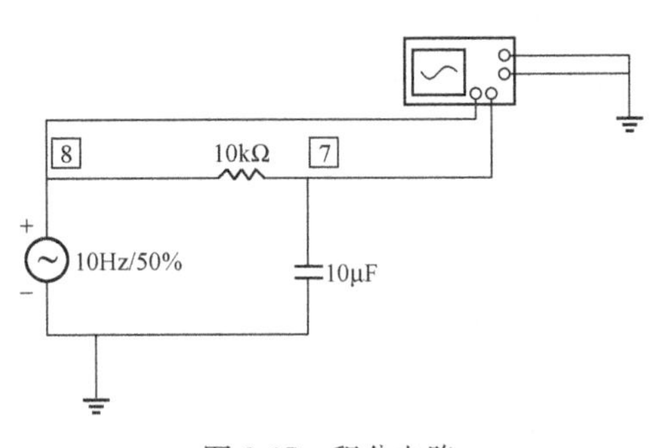

图 8-67　积分电路

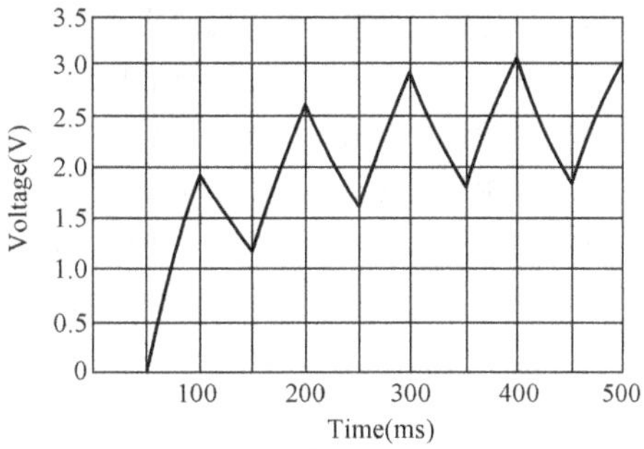

图 8-68　积分电路电压波形电容电压波形

（4）观察微分波形，将积分电路中电容和电阻位置交换，组成如图 8-69 所示电路。将 R 改为 1kΩ，以减少时间常数，可进行瞬态分析或用示波器观察电容电压波形，如图 8-70 所示。可改变电路中电容或电阻的数值，观察在不同时间常数下的微分波形。

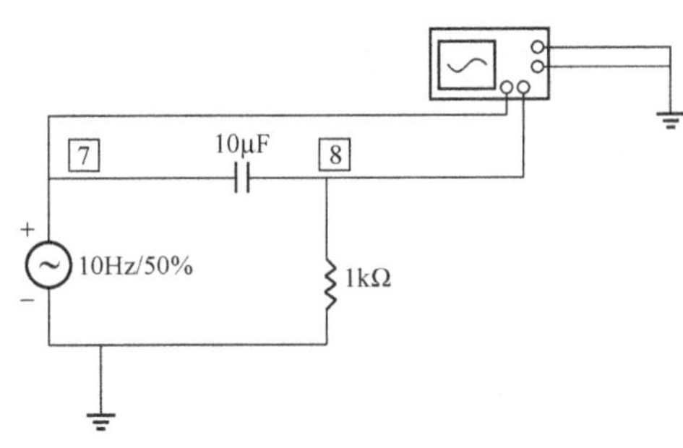

图 8-69　微分电路

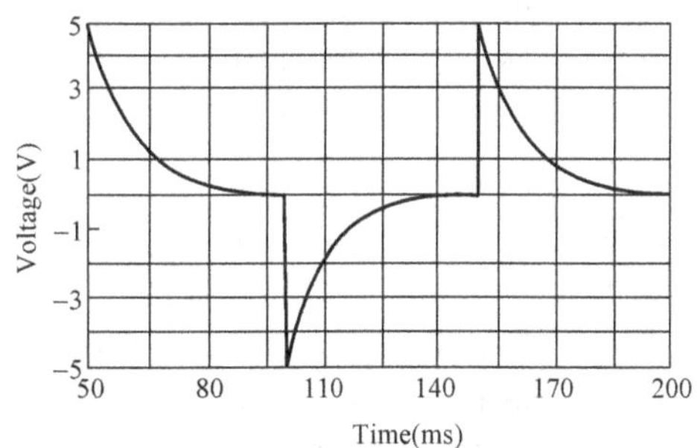

图 8-70　微分电路电容电压波形

五、实验注意事项

分析实验结果时，应注意实际元件与理想模型之间的差别，因为实际电容器都具有损耗电阻。

六、思考题

（1）测量一阶电路时间常数时，为什么要使方波的周期 $T\geqslant 8\tau$？当 $T<8\tau$ 时会出现什么问题？τ 是否越大越好？

（2）当电容具有初值时，RC 电路在阶跃激励下，可否出现没有暂态的现象？为什么？

七、实验报告要求

（1）分析电路各参数对电路零输入响应和零状态响应的影响。

（2）绘制不同 τ 时微分电路 $u_C(t)$ 的波形，比较分析给出结论。

（3）绘制不同 τ 时积分电路 $u_C(t)$ 的波形，比较分析给出结论。

（4）从方波 $u_C(t)$ 的波形中估算出 τ，并与理论计算值进行比较。

（5）心得体会及其他。

参 考 文 献

[1] 汉泽西，肖志红，董浩. 现代测试技术. 北京：机械工业出版社，2006.
[2] 徐祥征，傅钦翠. 电工电子测试技术基础. 重庆：西南交通大学出版社，2006.
[3] 田化梅，李玲远. 电路测试与电工基础实验. 北京：科学出版社，2006.
[4] 方昌林，徐刚. 电气测量仪器. 北京：化学工业出版社，2006.
[5] 周启龙. 电工仪表及测量. 北京：中国水利水电出版社，2008.
[6] 贺令辉. 电工仪表与测量. 北京：中国电力出版社，2006.
[7] 孟凡利. 运行中电能计量装置错误接线检测与分析. 北京：中国电力出版社，2006.
[8] 黄伟. 电能计量技术. 北京：中国电力出版社，2004.
[9] 鹿继续，罗顶瑞，朱兆华. 电工安全技术. 北京：化学工业出版社，2006.
[10] 王勇. 现代测试技术. 西安：西安电子科技大学出版社，2007.
[11] 张颖. 电路测试技术. 修订版. 湖南：湖南大学出版社，2008.
[12] 林德杰. 电气测试技术. 3 版. 北京：机械工业出版社，2008.
[13] 金维香，谢玉梅，王耀南. 电子测试技术(修订版). 湖南：湖南大学出版社，2008.
[14] 徐科军. 电气测试技术. 2 版. 北京：电子工业出版社，2008.
[15] 申忠如，郭福田，丁晖. 现代测试技术与系统设计. 2 版. 西安：西安交通大学出版社，2009.
[16] 杨欣荣. 智能仪器原理设计与发展. 长沙：中南大学出版社，2003.
[17] 杨世海，程彦华. 电测仪表及其应用. 北京：中国电力出版社，2009.
[18] 杨学新. 电测仪表. 北京：中国电力出版社，2004.
[19] 赵卫东. 电气测试基本技术. 北京：中国电力出版社，2009.
[20] 朱一纶. 智能仪器基础. 北京：电子工业出版社，2007.
[21] 刘文革. 电工与电测技术. 北京：中国水利水电出版社，2009.
[22] 李巧娟，王玲桃. 电工测试与实验基础. 北京：中国电力出版社，2009.
[23] 杜逸鸣，王平. 电气控制实训教程. 南京：东南大学出版社，2006.
[24] 孙宏军、张涛、王超编. 智能仪器仪表. 北京：清华大学出版社，2007.
[25] 徐爱钧. 智能化测量控制仪表原理与设计. 2 版. 北京：北京航空航天大学出版社，2004.
[26] 凌志浩. 智能仪表原理与设计技术. 2 版. 上海：华东理工大学出版社，2008.
[27] 柳桂国，葛鲁波. 智能仪表技术. 北京：北京师范大学出版社，2008.
[28] 罗桂娥. 检测技术与智能仪表. 3 版. 长沙：中南大学出版社，2009.